Springer-Lehrbuch

Weitere Bände in dieser Reihe
http://www.springer.com/series/1183

Peter Höflich · Wolfgang Schriever
André Bartmeier

Grundriss Vollzugsrecht

Das Recht des Strafvollzugs,
der Untersuchungshaft und
des Jugendvollzugs

4. Auflage

Peter Höflich
Berlin
Deutschland

Wolfgang Schriever
JVA Köln
Köln
Deutschland

André Bartmeier
Fachhochschule für öffentliche
Verwaltung Nordrhein-Westfalen
Köln
Deutschland

ISSN 0937-7433
ISBN 978-3-642-35184-6   ISBN 978-3-642-35185-3 (eBook)
DOI 10.1007/978-3-642-35185-3
Springer Heidelberg Dordrecht London New York

Die Deutsche Nationalbibliothek verzeichnet diese Publikation in der Deutschen Nationalbibliografie; detaillierte bibliografische Daten sind im Internet über http://dnb.d-nb.de abrufbar.

© Springer-Verlag Berlin Heidelberg 1995, 1998, 2003, 2014
Dieses Werk ist urheberrechtlich geschützt. Die dadurch begründeten Rechte, insbesondere die der Übersetzung, des Nachdrucks, des Vortrags, der Entnahme von Abbildungen und Tabellen, der Funksendung, der Mikroverfilmung oder der Vervielfältigung auf anderen Wegen und der Speicherung in Datenverarbeitungsanlagen, bleiben, auch bei nur auszugsweiser Verwertung, vorbehalten. Eine Vervielfältigung dieses Werkes oder von Teilen dieses Werkes ist auch im Einzelfall nur in den Grenzen der gesetzlichen Bestimmungen des Urheberrechtsgesetzes der Bundesrepublik Deutschland vom 9. September 1965 in der jeweils geltenden Fassung zulässig. Sie ist grundsätzlich vergütungspflichtig. Zuwiderhandlungen unterliegen den Strafbestimmungen des Urheberrechtsgesetzes.
Die Wiedergabe von Gebrauchsnamen, Handelsnamen, Warenbezeichnungen usw. in diesem Werk berechtigt auch ohne besondere Kennzeichnung nicht zu der Annahme, dass solche Namen im Sinne der Warenzeichen- und Markenschutz-Gesetzgebung als frei zu betrachten wären und daher von jedermann benutzt werden dürften.

Gedruckt auf säurefreiem und chlorfrei gebleichtem Papier

Springer ist Teil der Fachverlagsgruppe Springer Science+Business Media (www.springer.com)

Vorwort

Zehn Jahre nach der 3. Auflage erscheint die 4. Auflage unseres Buches. Diese Zeit ist von beträchtlichen Umwälzungen auf dem Gebiet des Vollzugsrechts geprägt gewesen. Endlich sind der Jugendvollzug und der Untersuchungshaftvollzug auf eine gesetzliche Grundlage gestellt worden. Eine Entwicklung, die überfällig war. Der Strafvollzug hat aber auch seine Einheitlichkeit verloren. Die Auswirkungen bleiben abzuwarten. Die Föderalismusreform hat damit positive Auswirkungen gebracht, da ohne sie z. B. ein bundeseinheitliches Untersuchungshaftvollzugsgesetz wahrscheinlich nicht so schnell realisiert worden wäre, während die Ländergesetzgebung in diesem Bereich zügig abgeschlossen worden ist. Andererseits ist die fehlende Einheitlichkeit im Vollzug der Freiheitsstrafe in den Ländern zumindest problematisch, auch wenn es bisher keine Anzeichen des ursprünglich befürchteten „Wettbewerbs der Schäbigkeit" gibt. Wir haben uns bemüht, die Gemeinsamkeiten im Vollzugsrecht der Bundesrepublik Deutschland herauszustellen, wobei unsere Darstellung auf der nordrhein-westfälischen Gesetzgebung aufbaut. Die Rechtsprechung in den Ländern zu den Einzelgesetzen haben wir an den entsprechenden Stellen einbezogen.

Mit dieser Auflage ist Peter Höflich aus der Bearbeitung des Werks ausgeschieden. An seine Stelle ist Dozent FH André Bartmeier getreten, wodurch der für dieses Werk prägende Mix aus Theorie und Praxis erhalten wurde. Mit der Neuauflage sind einige Veränderungen im Layout und bei den Fußnoten erfolgt. Die Zahl der Praxisfälle ist auf 72 gestiegen, zudem haben wir etliche neue Abbildungen und Tabellen eingefügt. Das Recht des Untersuchungshaftvollzugs ist fast vollständig neu gefasst, das Jugendstrafvollzugsrecht neu aufgenommen worden. Auch der Sicherungsverwahrung haben wir angesichts der gestiegenen Bedeutung ein eigenes Kapitel gewidmet. Rechtsprechung und Literatur sind bis zum Mai 2013 berücksichtigt worden. Wir hoffen, dass diese Auflage von den Lesern genauso gut aufgenommen werden wird wie die vorherigen. Für Anregungen, wie das Buch noch verbessert werden könnte, sind wir dankbar und würden uns darüber freuen.

Köln, im Mai 2013   Wolfgang Schriever und André Bartmeier

Aus dem Vorwort zur 1. Auflage

Das vorliegende Buch beruht auf den mehrjährigen Lehrerfahrungen der Verfasser im Fachbereich Strafvollzug der Fachhochschule für Rechtspflege Nordrhein-Westfalen in Bad Münstereifel, an dem die Anwärterinnen und Anwärter des gehobenen Vollzugs- und Verwaltungsdienstes aus 11 Bundesländern ihre fachwissenschaftliche Ausbildung erhalten. Das Fach „Vollzugsrecht" nimmt im Rahmen dieser Ausbildung breiten Raum ein. Im Vordergrund steht die Vermittlung von Handlungskompetenz für eine erfolgreiche Berufspraxis, nicht der Transfer abstrakten Wissens. Die Studentinnen und Studenten sollen befähigt werden, die angeeigneten Kenntnisse in sachgerechte, überzeugend begründete Entscheidungen umsetzen zu können.

Dem folgt unser Lehrbuch. Die Leser sollen sich die Materie – im Wesentlichen anhand von konkreten Fragestellungen und praktischen Fällen – „induktiv" erarbeiten. Die Darstellung orientiert sich an Problemen der Vollzugspraxis, konzentriert sich auf die Vermittlung von exemplarischem Grundlagenwissen und bildet Schwerpunkte. Kriminologische und psychologische Erkenntnisse (insbesondere Methoden zur Persönlichkeitserforschung und zur Erhebung prognostischer Befunde) werden nicht selbstständig behandelt, sondern bei der Falllösung, besonders wenn es um die Auslegung unbestimmter Rechtsbegriffe und die sachgerechte Ermessensausübung geht, mit eingebracht.

Das Mitlesen in den einschlägigen Gesetzestexten und wichtigen Verwaltungsvorschriften ist für eine sinnvolle Benutzung des Buches unabdingbar. Neben der Aneignung des Vollzugsrechts sollen die Leser auch die für die Praxis notwendigen Verwaltungstechniken des Vermerks (Gutachten), der Verfügung, des Berichts, der Stellungnahme und des Bescheids erlernen.

Das Buch eignet sich – außer für die Ausbildung des gehobenen Vollzugs- und Verwaltungsdienstes – auch für das juristische Studium im Wahlfach „Kriminologie", das Studium an Fachhochschulen für Sozialwesen, die Ausbildung an Justizvollzugsschulen, Praktiker in Justizvollzugsanstalten und Aufsichtsbehörden, Richter und Verteidiger in Vollzugssachen sowie für Gefangene als Betroffene.

Cottbus/Bad Münstereifel, im Februar 1996   Peter Höflich, Wolfgang Schriever

Inhaltsverzeichnis

Teil I Das Recht des Strafvollzugs 1

1. Einführung in Ziel und Aufgabe des Vollzugs 3
    1.1 Übersicht über die Geschichte des Strafvollzugs 3
    1.2 Die mit Freiheitsentziehung im Justizvollzug verbundenen Zwecke 6
    1.3 Strafzwecke sowie Zielkonflikte zwischen Strafzwecken und Vollzugsziel 7
    1.4 Der Standort des Vollzugs im System der Rechtspflege 12
    1.5 Freiheitsentzug als letzte Stufe möglicher Kriminalsanktionen ... 13

2. Verfassungsrechtliche und gesetzliche Grundlagen des Strafvollzugs 15
    2.1 Eingriff und Erfordernis gesetzlicher Eingriffsermächtigung 15
    2.2 Grundrechte im Strafvollzug 17
    2.3 Internationale Rechtsquellen 18
    2.4 Bindung an Gesetz und Recht; Verwaltungsrichtlinien zur Ausgestaltung des Vollzugs im Einzelfall 18
    2.5 Aufbau der meisten Vorschriften des Strafvollzugsgesetzes 19

3. Aufgaben, Zuständigkeit und Organisation des Vollzugs 21
    3.1 Organisation der Vollzugsverwaltung 21
    3.2 Aufgabenschwerpunkte zur Vollzugszielerreichung im Überblick 23
    3.3 Zuständigkeit der Justizvollzugsanstalten 24
    3.4 Zuständigkeitsbestimmung durch den Vollstreckungsplan 24
    3.5 Zuständigkeitsbestimmung durch die Einweisungsanstalt/-abteilung 29

4. Unterbringung im offenen Vollzug, §§ 10,141,201 Ziff. 1 35
    4.1 Bedeutung des offenen Vollzugs (oV) 35
    4.2 Zuständigkeit des offenen Vollzugs 36

4.3	Kennzeichen des offenen Vollzugs, § 141II und Nr. 2 VV zu § 141	37
4.4	Besondere Anforderungen des offenen Vollzugs	37
4.5	Voraussetzungen der Unterbringung; hierbei Anwendung unbestimmter Rechtsbegriffe und von Ermessen	38

5. Verlegung in Abweichung vom Vollstreckungsplan, § 8 43

6. Grundsätze der Vollzugsplanung, Vollzugsgestaltung sowie Stellung des Gefangenen im Vollzug der Freiheitsstrafe 49

6.1	Grundsätze des § 3	49
6.2	Grundzüge des Aufnahmeverfahrens, § 5	51
6.3	Grundzüge der Behandlungsuntersuchung sowie der Vollzugsplanerstellung	51
6.4	Exkurs: Therapievermittlung und Therapiemöglichkeiten während einer Inhaftierung gemäß § 35 BtMG	53
6.5	Beteiligung/Mitwirkung des Gefangenen	54
6.6	Soziale Hilfe bei der Aufnahme, während des Vollzugs, zur Entlassung	55

7. Unterbringung der Gefangenen, §§ 17,18, 201 Nrn. 2 und 3 57

7.1	Unterbringung während Arbeitszeit, Freizeit, Ruhezeit	57
7.2	Möglichkeiten der Unterbringung nichtschulpflichtiger Kinder, §§ 80,1	61

8. Größe, Ausstattung und Ausgestaltung der Hafträume, Belegungsfähigkeit und Überbelegung 63

8.1	Pflichten der Vollzugsbehörde bezüglich Größe, Ausgestaltung und Belegung der Hafträume, §§ 143 ff.	63
8.2	Rechte des Gefangenen auf Ausstattung seines Haftraums	64
8.3	Kleidung der Gefangenen, § 20	66

9. Ausgestaltung der Arbeitspflicht, Grundsätze der Arbeitszuweisung, §§ 37, 41, 42 67

9.1	Begründung der Arbeitspflicht	67
9.2	Zuweisungsgrundsätze im einzelnen, § 37 (Abb. 9.1)	69
9.3	Freistellung von der Arbeitspflicht, § 42	70
9.4	Vorverlegung des Entlassungszeitpunkts, § 43	76
9.5	Berechnung einer Ausgleichsentschädigung, § 43 XI	78
9.6	Freies Beschäftigungsverhältnis und Selbstbeschäftigung, § 39	80
9.7	Ablösung von der Arbeit; Hinweise zum Widerruf begünstigender Maßnahmen	81

10. Bezüge und Guthaben der Gefangenen, §§ 43 ff., 83 11 3 85

10.1	Verwaltungsbefugnis der Vollzugsbehörde	85
10.2	Einkünfte aus freiem Beschäftigungsverhältnis oder Selbstbeschäftigung und deren Verwaltung	86

10.3	Verfügungsbefugnis der Gefangenen	88
10.4	Taschengeld, § 46	92
10.5	Verwertungsbefugnis der Vollzugsbehörde	94

11. Persönlicher Gewahrsam der Gefangenen an Gegenständen des Gebrauchs und Verbrauchs ... 103

11.1	Kontrollbefugnis der Vollzugsbehörde vor der Überlassung von Gegenständen	103
11.2	Rechtsposition des Gefangenen bei der Überlassung von Gegenständen und die Ermächtigung der Vollzugsbehörde zur Einschränkung oder zum Vorenthalt	104
11.3	Konkretisierung der Begriffe „Sicherheit" und „Ordnung"	104
11.4	Ausstattung des Haftraums mit eigenen Sachen, § 19	104
11.5	Einkauf von Nahrungs- und Genussmitteln sowie Mitteln zur Körperpflege, § 22	105
11.6	Empfang von Paketen, § 33	106
11.7	Überlassung von religiösen und weltanschaulichen Schriften etc., §§ 53,55	108
11.8	Bezug von Zeitungen und Zeitschriften, § 68	108
11.9	Zulassung eigener Radio- und Fernsehgeräte, § 69 II	110
11.10	Gegenstände für die Freizeitbeschäftigung, § 70	113

12. Datenschutz ... 115

13. Besuchs- und Schriftverkehr der Gefangenen ... 119

13.1	Grundsatz	119
13.2	Besuchsempfang, §§ 24 ff	119
13.3	Schriftverkehr, §§ 28 ff	123
13.4	Telefonverkehr und Telegramme, § 32	126
13.5	Sonderregelungen für Verteidiger, §§ 26, 27 III, IV, 29 I, 31 IV StVollzG, §§ 148, 148a StPO	127
13.6	Kontaktsperregesetz, §§ 31–38 EGGVG	129

14. Vollzugslockerungen, §§ 11, 12, 35, 36 ... 131

15. Urlaub aus der Haft, §§ 13, 15, 35, 36, 124, 134 ... 135

15.1	Rechtsgrundlagen	135
15.2	Regelurlaub	135
15.3	Sonderurlaub, §§ 15 III und IV, 35 I und II, 36 I	144
15.4	Freigängerurlaub, § 15 IV	147

16. Sicherheit und Ordnung, §§ 81 ff. ... 149

16.1	Allgemeines	149
16.2	Allgemeine Sicherungsmaßnahmen	150
16.3	Besondere Sicherungsmaßnahmen, §§ 88 ff.	153

17. Unmittelbarer Zwang (§§ 94 ff., 178) ... 161

17.1	Allgemeine Voraussetzungen	161

17.2	Unmittelbarer Zwang und Notrechte, § 94 III	165
17.3	Unmittelbarer Zwang gegen andere Personen, § 94 II	167
17.4	Besondere Voraussetzungen für den Schusswaffengebrauch, §§ 99, 100	167
17.5	Handeln auf Anordnung, Zwangsmaßnahmen auf dem Gebiet der Gesundheitsfürsorge, §§ 97, 101	169

18. Disziplinarmaßnahmen, § 102 ff. 175
    18.1 Formelle und materielle Voraussetzungen von Disziplinarmaßnahmen 175
    18.2 Vollzug der Disziplinarmaßnahmen 182
    18.3 Problemfälle 183

19. Rechtsbehelfe des Gefangenen 191
    19.1 Formlose Rechtsbehelfe 191
    19.2 Beschwerde gemäß § 108 I 192
    19.3 Förmliche Rechtsbehelfe 193
    19.4 Bestimmung des Rechtsbehelfs 193

20. Antrag auf gerichtliche Entscheidung, §§ 109 ff. 203
    20.1 Anwendungsbereich der §§ 109 ff. 203
    20.2 Voraussetzungen des Antrags auf gerichtliche Entscheidung und Antragsarten 203
    20.3 Besondere Antragsarten 218
    20.4 Rechtsbeschwerde, §§ 116 ff. 221
    20.5 Prozessuale Grundsätze 225

Teil II Das Recht der Untersuchungshaft 227

21. Rechtsgrundlagen der Untersuchungshaft 229
    21.1 Die Neuregelung des Rechts der Untersuchungshaft und Untersuchungshaftvollzuges 229
    21.2 Die wesentlichen Neuregelungen der Strafprozessordnung 230
    21.3 Die Untersuchungshaftvollzugsgesetze der Länder im Überblick 232

22. Daten zum Untersuchungshaftvollzug in der Bundesrepublik Deutschland 235
    22.1 Zahl der Untersuchungsgefangenen und Dauer der Untersuchungshaft 235
    22.2 Anlasstaten und Haftgründe für die Anordnung von Untersuchungshaft 237
    22.3 Soziodemographischer Hintergrund der Untersuchungsgefangenen 238

23. Voraussetzungen für die Anordnung und den Vollzug der Untersuchungshaft 241
    23.1 Materielle Voraussetzungen der Anordnung der Untersuchungshaft 241

23.2	Formelle Voraussetzungen der Anordnung der Untersuchungshaft	242
23.3	Das Aufnahmeersuchen als Grundlage für den Untersuchungshaftvollzug	242

24. Zuständigkeitsverteilung zwischen Anstaltsleiter und Haftrichter 245

24.1	Alleinzuständigkeit des Anstaltsleiters für vollzugssichernde Beschränkungen auf der Grundlage des UVollzG	245
24.2	Zuständigkeit des Haftrichters bei verfahrenssichernden Anordnungen gemäß § 119 I StPO	246
24.3	Kein genereller Rückgriff auf die Generalklausel des UVollzG	247
24.4	Zuständigkeit des Anstaltsleiters bei „Ausführungen" des Untersuchungsgefangenen im Rahmen des Untersuchungshaftvollzuges	248
24.5	Folgen für das Rechtschutzsystem im Untersuchungshaftvollzug	250

25. Aufnahme des Untersuchungsgefangenen und Voraussetzungen der Entlassung aus der Untersuchungshaft 251

25.1	Stellung des Untersuchungsgefangenen	251
25.2	Rechte und Pflichten zur Benachrichtigung Angehöriger	251
25.3	Entlassung aus der Untersuchungshaft	254
25.4	Durchsuchung bei der Aufnahme und Entzug von eingebrachten Gegenständen	254

26. Unterbringung der Untersuchungsgefangenen 257

27. Gewahrsam an ausgewählten privaten Gegenständen während der Untersuchungshaft 261

27.1	Privatkleidung	261
27.2	Zeitschriften und Zeitungen	262
27.3	Radio, Fernsehen, CD-Spieler	262
27.4	DVD-Spieler, Spielekonsolen, Computer, Laptop	263
27.5	Prüfungsmaßstab beim Ausschluss privater Gegenstände im Untersuchungshaftvollzug	266

28. Arbeit der Untersuchungsgefangenen 267

29. Taschengeld 273

29.1	Rechtslage in den Bundesländern	273
29.2	Ausschluss des Taschengeldanspruchs	275

30. Medizinische Versorgung der Untersuchungsgefangenen 277

30.1	Standard der medizinischen Versorgung in der Untersuchungshaft	277
30.2	Medizinische Versorgung durch den Anstaltsarzt	278
30.3	Medizinische Versorgung durch externe Ärzte	281

30.4	Krankenhausaufenthalte im Rahmen der medizinischen Behandlung	283
30.5	Medizinische Versorgung der suchtmittelabhängigen Untersuchungsgefangenen	283

31. Seelsorge der Untersuchungsgefangenen 289

32. Ernährung und Einkauf der Untersuchungsgefangenen 293
- 32.1 Verpflegung der Untersuchungsgefangenen 293
- 32.2 Einkauf der Untersuchungsgefangenen 294

33. Kommunikation des Untersuchungsgefangenen mit der Außenwelt 299
- 33.1 Besuch durch Dritte 299
- 33.2 Telefonate mit Dritten 304
- 33.3 Schriftverkehr mit Dritten 304
- 33.4 Paketempfang 306

34. Kommunikation mit dem Verteidiger 309

35. Sicherungsmaßnahmen 313
- 35.1 Unterscheidung in allgemeine und besondere Sicherungsmaßnahmen sowie weitere vollzugliche Maßnahmen 313
- 35.2 Anordnungsvoraussetzungen der besonderen Sicherungsmaßnahmen 316
- 35.3 Ausgewählte Sicherungsmaßnahmen 318
- 35.4 Sonderfall: Festnahmerecht der Vollzugsbehörde im Bereich der Untersuchungshaft 322

36. Disziplinarverfahren und Disziplinarmaßnahmen 325
- 36.1 Disziplinartatbestände 326
- 36.2 Disziplinarmaßnahmen 327
- 36.3 Anordnungskompetenz 328
- 36.4 Ablauf des Disziplinarverfahrens 329

37. Jugendliche Untersuchungsgefangene 331
- 37.1 Zielgruppe 331
- 37.2 Erzieherische Ausgestaltung des Vollzuges 332

38. Rechtschutzmöglichkeiten des Untersuchungsgefangenen 335
- 38.1 Gerichtliche und außergerichtliche Rechtsbehelfe im Untersuchungshaftrecht im Überblick 335
- 38.2 Die Rechtsschutzmöglichkeiten gegen Maßnahmen der Untersuchungshaftanstalt im Einzelnen 338

Teil III Das Recht des Jugendstrafvollzuges 345

39. Vollzugsziel, Gestaltungsgrundsätze des Vollzuges 347

40. Vollzugsplanung 349

41. Offener Vollzug, Lockerungen, Urlaub aus dem Vollzug, Entlassungsvorbereitung 351

42. Unterbringung, Haftausstattung, Bildung und Freizeitbeschäftigung 353

43. Sicherheit und Ordnung; Disziplinarrecht 355

44. Rechtsbehelfe der Gefangenen und Rechtsschutz 357

45. V Exkurs: Sicherungsverwahrung 359

Sachverzeichnis 363

Abkürzungsverzeichnis

a. A.	anderer Ansicht
a. a. O.	am angegebenen Ort
a. F.	alte Fassung
abl.	ablehnend
Abs.	Absatz
Abschn.	Abschnitt
Abt. Bea.	Abteilungsbeamter
AFG	Arbeitsförderungsgesetz
AG	Amtsgericht
AIDS	Acquired Immune Deficiency Syndrom (engl); Immunschwächekrankheit
AK	Alternativkommentar
AL	Anstaltsleiter
Alt.	Alternative
Anlg.	Anlage(n)
Anm.	Anmerkung
anschl.	anschließend
Ast.	Antragsteller
AufenthG	Aufenthaltsgesetz
AVD	Allgemeiner Vollzugsdienst
Az.	Aktenzeichen
BAföG	Bundesausbildungsförderungsgesetz
BDSG	Bundesdatenschutzgesetz
BeamtVersG	Beamtenversorgungsgesetz
Bed.	Bedienstete(r)
betr.	betreffend
Betr.:	Betreff
BGB	Bürgerliches Gesetzbuch
BGH	Bundesgerichtshof
BGHSt	Entscheidungen des Bundesgerichtshofs in Strafsachen
BlfStrVK	Blätter für Strafvollzugskunde
BMJ	Bundesminister(ium) der Justiz

BR-Drs.	Bundesratsdrucksache
bspw.	beispielsweise
Bst.	Buchstabe
BT-Drs.	Bundestagsdrucksache
BtmG	Gesetz über den Verkehr mit Betäubungsmitteln
BUrlG	Bundesurlaubsgesetz
BVerfG	Bundesverfassungsgericht
BVerfGE	Entscheidungen des Bundesverfassungsgerichts
BVerfGG	Bundesverfassungsgerichtsgesetz
BVerwGE	Entscheidungen des Bundesverwaltungsgerichts
B-W	Baden-Württemberg
bzgl.	bezüglich
bzw.	beziehungsweise
d. h.	das heißt
DDR	Deutsche Demokratische Republik
DVollzO	Dienst- und Vollzugsordnung der Länder
EDV	Elektronische Datenverarbeitung
EG	Eigengeld
EGGVG	Einführungsgesetz zum Gerichtsverfassungsgesetz
etc.	et cetera, und so weiter
evtl.	eventuell
EW-Anstalt	Einweisungsanstalt
FamFG	Gesetz über die Gerichtsbarkeit in Familiensachen und der Freiwilligen Gerichtsbarkeit
f.	folgende
ff.	fortfolgende
Ffm	Frankfurt am Main
Gef.	Gefangene(r/n)
GefBNr.	Gefangenenbuch-Nummer
GefPA	Gefangenenpersonalakte(n)
GG	Grundgesetz für die Bundesrepublik Deutschland
ggf.	gegebenenfalls
GMV	Gefangenenmitverantwortung
GVBl.	Gesetz- und Verordnungsblatt
GVG	Gerichtsverfassungsgesetz
HG	Hausgeld
h. M.	herrschende Meinung
Hans.	Hanseatisches
HHM	Haushaltsmittel

HR	Haftraum
Hs./HS	Halbsatz
i. A.	im Auftrag
i. d. F.	in der Form oder in der Fassung
i. V. m.	in Verbindung mit
idR	in der Regel
IRG	Gesetz über die internationale Rechtshilfe in Strafsachen
i. S. d.	im Sinne des
i. S. v.	im Sinne von
JAVollzO	Jugendarrestvollzugsordnung
JGG	Jugendgerichtsgesetz
JStVollzG	Jugendstrafvollzugsgesetz
JM	Justizminister(ium)
Jura	Juristische Ausbildung (Zeitschrift)
JuS	Juristische Schulung (Zeitschrift)
JVA	Justizvollzugsanstalt
JVAI	Justizvollzugsamtsinspektor
JVOS	Justizvollzugsobersekretär
JZ	Juristenzeitung
Kap.	Kapitel
KG	Kammergericht
Kripo	Kriminalpolizei
Kw	Kurzwelle
LBG	Landesbeamtengesetz
Lfd.	Laufende(r)
LG	Landgericht
LR	Löwe/Rosenberg
LS	Leitsatz
LSD	Lysergsäurediäthylamid; illegale Droge
Lw	Langwelle
M.	Monat(e)
m. d. B. u. K.	mit der Bitte um Kenntnisnahme
m. w. N.	mit weiteren Nachweisen
Mhz	Megahertz
MRK	Konvention zum Schutze der Menschenrechte und Grundfreiheiten
Mu-Ki	Mutter-Kind
MuSchG	Mutterschutzgesetz
Mw	Mittelwelle

NJW	Neue Juristische Wochenschrift
Nr.	Nummer
Nrn.	Nummern
NRW	Nordrhein-Westfalen
NStZ	Neue Zeitschrift für Strafrecht
o. a.	obenangeführte(s/r)
o. g.	obengenannte(s/r)
OG	Obergeschoß
OLG	Oberlandesgericht
ORR	Oberregierungsrat
oV	offener Vollzug
OVG	Oberverwaltungsgericht
OWiG	Ordnungswidrigkeitengesetz
PC	Personalcomputer
PLJVA	Präsident des Landesjustizvollzugsamts
pp.	perge, perge (lat.): fahre fort!; bedeutet: und so weiter!
Rdnr.	Randnummer
RHS	Regierungshauptsekretär
RiVASt	Richtlinien für den Verkehr mit dem Ausland in strafrechtlichen Angelegenheiten
ROIin	Regierungsoberinspektorin
RR	Rechtsprechungsreport
RV	Rundverfügung
S.	Seite oder Satz
s. g. g. u. u.	selbst gelesen, genehmigt und unterschrieben
s. o.	siehe oben!
SGB	Sozialgesetzbuch
SH	Sonderheft
SK	Systematischer Kommentar
SoO	Sicherheit oder Ordnung
s+o	Sicherheit und Ordnung
Sp.	Spalte
st. Rspr.	ständige Rechtsprechung
StA	Staatsanwalt(schaft)
StGB	Strafgesetzbuch
StPO	Strafprozeßordnung
str.	streitig
StV	Strafverteidiger (Zeitschrift)
StVG	Straßenverkehrsgesetz
StVK	Strafvollstreckungskammer

StVO	Straßenverkehrsordnung
StVollstrO	Strafvollstreckungsordnung
StVollzG	Gesetz über den Vollzug der Freiheitsstrafe und der frei heitsentziehenden Maßregeln der Besserung und Sicherung – Strafvollzugsgesetz
StVollzGÄndG	Gesetz zur Änderung des Strafvollzugsgesetzes
StVollzVergO	Strafvollzugsvergütungsordnung
TAZ	Die Tageszeitung
Tbc	Tuberculose
TG	Taschengeld
Thür.	Thüringisches
TV	Television (engl.): Fernsehen
U-Gef.	Untersuchungsgefangene(r/n)
U-Haftanstalt	Untersuchungshaftanstalt
u. a.	unter anderem
u. U.	unter Umständen
ÜG	Überbrückungsgeld
Ukw	Ultrakurzwelle
UVollzG	Untersuchungshaftvollzugsgesetz
UVollzO	Untersuchungshaftvollzugsordnung
VB	Vollzugsbehörde
VerwD	Verwaltungsdienst
Vfg.	Verfügung
VG	Verwaltungsgericht
vgl.	vergleiche!
VGO	Vollzugsgeschäftsordnung
VO	Verordnung
VollstrPlan	Vollstreckungsplan
VollzD	Vollzugsdienst
VorschaltverfG	Vorschaltverfahrensgesetz
VV	Verwaltungsvorschriften
VVJug	Verwaltungsvorschriften zum Jugendstrafvollzug
VwGO	Verwaltungsgerichtsordnung
VZG	Vollzugsgeschäftsstelle
VZK	Vollzugskonferenz
WerkD	Werkdienst
wg.	wegen
WStG	Wehrstrafgesetz
WV	Wiedervorlage
z. B.	zum Beispiel
z. Z.	zur Zeit

zdPA	zu den Personalakten!
ZfStrVo	Zeitschrift für Strafvollzug und Straffälligenhilfe
Ziff.	Ziffer
ZPO	Ziviiprozeßordnung
zwV	zur weiteren Veranlassung

Abbildungsverzeichnis

Abb. 1.1	Stufentheorie nach Calliess/Müller-Dietz	8
Abb. 1.2	Drei-Säulen-Theorie der Strafjustiz	13
Abb. 2.1	Normenhierarchie	19
Abb. 2.2	Aufbau von Vorschriften des Strafvollzugsgesetzes	20
Abb. 3.1	Vollstreckungsplan – Beispiel NRW	25
Abb. 4.1	Voraussetzungen der Unterbringung im offenen Vollzug	39
Abb. 5.1	Verlegung	44
Abb. 5.2	Übersicht zu § 8 StVollzG	45
Abb. 9.1	Aufbau des § 37	69
Abb. 9.2	Arbeitsentgelt, Arbeitsurlaub und Anrechnung der Freistellung auf den Entlassungszeitpunkt	78
Abb. 10.1	Quellen (aus denen dem Gefangenen Gelder zufließen)	86
Abb. 10.2	Prognose, ob das festgesetzte UG bis zur Entlassung aus den Bezügen gebildet werden kann	91
Abb. 11.1	Begriffe Sicherheit und Ordnung	105
Abb. 15.1	Voraussetzungen der Urlaubsgewährung	136
Abb. 15.2	Beispiel eines Urlaubsantrags	137
Abb. 15.3	Prüfungsschema zu § 13 StVollzG	145
Abb. 17.1	Prüfungsschema für unmittelbaren Zwang	166
Abb. 18.1	Muster einer Disziplinarverfügung	184
Abb. 18.2	Übersicht über das Disziplinarverfahren	189
Abb. 19.1	Nichtförmliche Rechtsbehelfe des erwachsenen Strafgefangenen	194
Abb. 19.2	Förmliche Rechtsbehelfe des erwachsenen Strafgefangenen	195
Abb. 20.1	Prüfungsschema zum Antrag auf gerichtliche Entscheidung, § 109	215
Abb. 20.2	Prüfungsschema zum Einstweiligen Rechtschutz – Aussetzung des Vollzugs, § 114 II 1	215
Abb. 20.3	Prüfungsschema zur Einstweiligen Anordnung, § 114 II 2	216
Abb. 21.1	Abgrenzung der Gesetzgebungszuständigkeiten von Bund und Ländern im Bereich der Untersuchungshaft	230
Abb. 22.1	Zahl der Untersuchungsgefangenen in der Bundesrepublik Deutschland 1980–2010 jeweils zum Stichtag 30.11	236

Abb. 22.2 Dauer der Untersuchungshaft in der Bundesrepublik
Deutschland im Jahr 2010, insgesamt 26.967
Untersuchungsgefangene im Jahr 2010 236

Abb. 22.3 Entwicklung der Dauer der Untersuchungshaft in
Nordrhein-Westfalen 1990–2006; angegeben sind
die prozentualen Anteile. Die Gesamtzahl der Untersuchungshaft
gestaltete sich in den einzelnen Jahren wie folgt: 1990–5403
Fälle, 2004–6.359 Fälle, 2006–6212 Fälle 237

Abb. 22.4 Prozentuale Verteilung der Anlasstaten der
Untersuchungsgefangenen in der Bundesrepublik
Deutschland im Jahr 2010, insgesamt 26.967
Untersuchungsgefangene im Jahr 2010 237

Abb. 22.5 Die Verteilung der Haftgründe nach der
Strafverfolgungsstatistik 2010. Insofern mehrere
Haftgründe nebeneinander bestehen können,
basierten die 26.967 Untersuchungshaftanordnungen
auf insgesamt 28.660 Haftgründen 238

Abb. 22.6 Altersstruktur der Untersuchungsgefangenen zum
Stichtag 31.03.2012 239

Abb. 23.1 Beispiel eines Aufnahmeersuchens aus der Praxis.............. 243

Abb. 25.1 Auszug aus den RiVASt 253

Abb. 38.1 Überblick über die unterschiedliche Zielrichtung der Anträge
nach § 119a und § 119 V StPO 337

Abb. 38.2 Überblick über die außergerichtlichen Rechtsbehelfe im
Untersuchungshaftvollzug am Beispiel des
nordrhein-westfälischen Landesrechts...................................... 338

Teil I
Das Recht des Strafvollzugs

Paragraphen ohne nähere Bezeichnung beziehen sich auf das StVollzG.

Einführung in Ziel und Aufgabe des Vollzugs

1.1 Übersicht über die Geschichte des Strafvollzugs

Die folgende Darstellung der Geschichte des Strafvollzugs (bis 1945) orientiert sich an der Darstellung von Schwind, in Schwind/Blau, § 1 S. 1 ff.

Das Schwergewicht der Strafen lag im Altertum bei den Leibes- (Dieb: Hand abschlagen usw.) und Lebensstrafen (Rädern, Erhängen, Enthaupten usw.). Die Anfänge der Freiheitsstrafe könnte man in der Anordnung Kaiser Karls des Großen aus dem Jahr 813 sehen, die Freiheitsentziehung zur Besserung von Straftätern gehobenen Standes vorsah. In der Zeit vom 13.-15. Jahrhundert wurden in Stadttürmen, Rathauskellern und Verliesen unter teilweise unmenschlichen Bedingungen Straftäter eingesperrt.

Der moderne Freiheitsentzug beginnt im 16./17. Jahrhundert:

1555   richtete King Edward VI. auf Bitte des Bischofs Ridley auf seinem Schloss Bridewell ein Arbeitshaus ein mit dem Ziel, Landstreicher, Bettler und kleine Diebe an Arbeit zu gewöhnen.

1595   wurde in Amsterdam ein Zuchthaus für Männer eingerichtet: Durch strenge Zucht und harte Arbeit sollten straffällige Bürgerskinder zu einem besseren Lebenswandel erzogen werden. Die Einrichtung ist im Zusammenhang mit der Weigerung eines Amsterdamer Schöffengerichts 1587 zu sehen, einen 16jährigen Dieb hängen zu lassen.

1597   entstand das Amsterdamer Spinnhaus für Frauen, an dessen Eingang als Motto stand: „Fürchte dich nicht, ich räche nichts Böses, sondern zwinge zum Guten. Hart ist meine Hand, aber liebreich ist mein Gemüt."

1603   brachte man in Amsterdam die missratenen Söhne wohlhabender Eltern in einem eigenen Zuchthaus unter; dies markiert den Beginn eines gesonderten Jugendstrafvollzugs und der Fürsorgeerziehung.

17. Jh.   Im 17. Jahrhundert wurden in Deutschland die Amsterdamer Zuchthäuser nachgeahmt (Bremen 1609, Lübeck 1613, Hamburg 1622 usw.), ohne dass es zu einem einheitlichen Typ gekommen oder auf die Gefängnisse („carcer") verzichtet worden wäre. Auch verkamen die Zuchthäuser hier

nach Beendigung des 30jähriges Krieges: Männer, Frauen, Kinder waren zusammengepfercht, die hygienischen Verhältnisse waren schlimm, die Inhaftierten wurden als billige Arbeitskräfte an private Unternehmer verpachtet.

1703 errichtete Papst Clemens XI. in Rom das „Böse-Buben-Haus": Erziehung durch Mönche, Arbeit in Gemeinschaft, Unterbringung in Einzelzellen.

1777 Reformpionier John Howard in England: „Macht die Leute fleißig, und sie werden ehrlich sein." Inhalt seiner Reformen: Isolierung der Gefangenen Tag und Nacht, um kriminelle Ansteckung zu vermeiden; ständiger Arbeitszwang, Zahlung von Arbeitsbelohnung und Gewährung von Hausgeld zum Einkauf und einer Rücklage für die Entlassung; gesunde Ernährung sowie Herstellung hygienischer Zustände; Einrichtung eines Stufenvollzugs (durch Wohlverhalten und Fleiß konnten Gefangene in eine höhere Stufe des Vollzugs kommen, aber auch umgekehrt).

1791 Gefängnispfarrer Heinrich Balthasar Wagnitz übernahm diese Ideen nach Deutschland.

1794 trat das Allgemeine Preußische Landrecht in Kraft, mit dem u. a. die Leibesstrafen durch Freiheitsstrafen ersetzt wurden, was zu einer verheerenden Überbelegung führte.

1804 wurde der preußische Generalplan zur Verbesserung der Gefängnis- und Strafanstalten veröffentlicht, der jedoch insbesondere wegen der napoleonischen Kriege (1806–1815) nicht verwirklicht wurde: Differenzierung der Anstalten, Klassifizierung der Gefangenen, Anfänge eines Stufenvollzugs. 1826 wurde durch Pastor Theodor Fliedner die Rheinisch-Westfälische Gefängnisgesellschaft gegründet: u. a. wurden auf Vereinskosten Geistliche und Lehrer in den Anstalten eingestellt.

1833 wurde von Johann Hinrich Wichern das Rettungshaus für verwahrloste Kinder des „Rauhen Hauses" in Hamburg gegründet.

19. Jh. Was die Bauweise von Anstalten moderner Art anging, hatten Anstaltsbauten in den USA, insbesondere das Eastern Penitentiary (Bußhaus) 1829 in Philadelphia, Vorbildfunktion für die meisten Strafanstalten des 19. Jahrhunderts in Europa: Die Strahlenbauweise wurde 1842 im englischen Pentonville übernommen;

1848 ließ der preußische König Friedrich Wilhelm IV. nach vorausgegangenem Englandbesuch die Anstalt Moabit errichten; ihr folgte bald die Anstalt Bruchsal.

1871 trat das Reichsstrafgesetzbuch in Kraft, enthielt jedoch keine Regelungen über den Vollzug der verschiedenen Freiheitsentziehungen (Zuchthaus, Gefängnis, Festungshaft, Haft).

1879 Erster Entwurf eines Reichsstrafvollzugsgesetzes: Stufenvollzug, Beschwerderecht, Anspruch auf Arbeitsbelohnung und Bewegung im Freien. Der Bundesrat stimmte dem Reichstagsentwurf aus föderalistischen und Kostengründen nicht zu.

1.1 Übersicht über die Geschichte des Strafvollzugs

1882 Weitere Reformgedanken hinsichtlich der Strafzwecke formulierte 1882 der Wissenschaftler von Liszt in seinem Vortrag „Zweckgedanken des Strafrechts". Danach sollte die Strafe
- den besserungsfähigen und -willigen Täter zu bessern versuchen,
- den nicht besserungsbedürftigen Täter abschrecken und
- den nicht besserungsfähigen Verbrecher unschädlich machen.

1897 wurden die Bundesratsgrundsätze als Ländervereinbarung erlassen; es handelte sich weitgehend um Sollvorschriften.

1923 wurden sie durch die Reichsgrundsätze für den Vollzug von Freiheitsstrafe ersetzt; es handelte sich wiederum nur um eine Ländervereinbarung: Rückfallverhütung als Vollzugsziel, Stufenvollzug, Anstaltsbeiräte waren vorgesehen; in Bayern, Hamburg (Hahnöfersand) und Thüringen entstanden progressive Anstalten.

1927 Entwurf der Reichsregierung zu einem Strafvollzugsgesetz: über die Grundsätze hinausgehend ehrenamtliche Anstaltshelfer, Rechte der Gefangenen vorsehend. Die gesetzliche Regelung scheiterte jedoch, weil die Reform des materiellen Strafrechts (StGB) nicht zustande kam.

1933 wurde mit dem Gewohnheitsverbrechergesetz die Sicherungsverwahrung eingeführt; Reformer im Strafvollzug wurden entlassen; Vergeltung und Generalprävention waren Ziele, lediglich im Jugendstrafvollzug wurde der Erziehungsgedanke beibehalten; 1934 Strafvollzugsverordnung des Reichsjustizministers, 1940 Strafvollzugsordnung des Reichsjustizministers.

1945 Kontrollratsproklamation: „Verbot übermäßig hoher und unmenschlicher Strafen" sowie Kontrollratsdirektive, mit der als Aufgabe des Strafvollzugs die Umerziehung und Rehabilitation des Verurteilten bezeichnet wird; 1947–1949 Verwaltungsvorschriften einzelner Länder.

1961 DVollzO durch die Bundesländer vereinbart, um weitere Auseinanderentwicklung zu verhindern, am 1.7.1962 in Kraft getreten: Sie hatte weder den Charakter eines Gesetzes noch einer RechtsVO, sondern war eine reine Verwaltungsvereinbarung; gleichwohl regelte sie die Rechtsstellung des Gefangenen umfassend; Eingriffe in Grundrechte des Gefangenen wurden mit der Rechtskonstruktion des besonderen Gewaltverhältnisses gerechtfertigt.

1969 StGB-Reform: Einführung der Einheitsfreiheitsstrafe, Berücksichtigung individualpräventiver Gesichtspunkte bei Strafzumessung, Einschränkung kurzer Freiheitsstrafen, Erweiterung des Anwendungsbereichs ambulanter Maßnahmen (Geldstrafe, Strafaussetzung zur Bewährung).

1972 stellt das Bundesverfassungsgericht (BVerfGE 33, 1 ff.) fest, dass die Figur des besonderen Gewaltverhältnisses keine verfassungsrechtlich zulässige Grundlage für Grundrechtseingriffe sei, dass vielmehr ein förmliches Gesetz erforderlich sei. 1975 setzt das BVerfG dem Gesetzgeber eine letzte Frist bis zum 1.1.1977.

1977 1.1.1977 Inkrafttreten des StVollzG.

1998 4. Gesetz zur Änderung des StVollzG: enthält bereichsspezifische Regelungen über den Datenschutz im Vollzug und zahlreiche Änderungen von Vorschriften – etwa zur Zulassung eigener Fernsehgeräte oder zur Durchsuchung; Änderungen bei den Vorschriften über den Vollzugsplan und die Verlegung in eine sozialtherapeutische Anstalt durch das Gesetz zur Bekämpfung von Sexualdelikten und anderen gefährlichen Straftaten; BVerfG erklärt § 200 I StVollzG für verfassungswidrig.

2006 Grundsatzurteil des BVerfG (BVerfG v. 31.5.2006 – 2 BvR 1673/04) zur Ausgestaltung des Jugendstrafvollzuges in der Bundesrepublik Deutschland. Das BVerfG konstatiert, dass die VVJug als Grundlage des Vollzuges verfassungswidrig ist und setzt dem Gesetzgeber eine Frist für die Neuregelung bis zum 31.12.2008.

2007 Föderalismusreform: Der Strafvollzug in Deutschland verliert seine Einheitlichkeit; Beginn der Ländergesetzgebung.

2008 Abschluss der Ländergesetzgebung für den Bereich des Jugendvollzuges

2011 Abschluss der Gesetzgebung der Länder im Bereich der Untersuchungshaft, die UVollzO verliert ihre Geltung.

1.2 Die mit Freiheitsentziehung im Justizvollzug verbundenen Zwecke

1.2.1 Welche freiheitsentziehenden Maßnahmen gibt es in unserem Rechtssystem?

Heimerziehung (mit geschlossener Unterbringung), Jugendarrest, Jugendstrafe, militärischer Strafarrest, Ordnungshaft, Sicherungshaft, Zwangshaft, Erzwingungshaft, Unterbringung in einer Entziehungsanstalt, Unterbringung in einem psychiatrischen Krankenhaus, Untersuchungshaft, Freiheitsstrafe, Sicherungsverwahrung, Abschiebehaft, Auslieferungshaft, Durchlieferungshaft, Ersatzfreiheitsstrafe, einstweilige Unterbringung, Haft aufgrund vorläufiger Festnahme (vgl. auch Nrn. 9 ff. VGO).

1.2.2 Was ist bei allen freiheitsentziehenden Maßnahmen Voraussetzung?

In Art. 104 GG findet sich:
- nur aufgrund eines förmlichen Gesetzes (also z. B. aufgrund des StVG, nicht aufgrund der StVO);
- unter Beachtung der im Gesetz vorgeschriebenen Formen (z. B. § 114 StPO);
- nur durch richterliche Anordnung (vgl. Art. 97 GG).

Aufgabe
Bitte lesen Sie nach, welche gesetzlichen Voraussetzungen die Anordnung der jeweiligen freiheitsentziehenden Maßnahme hat (JGG, WStG, StGB, StPO, GVG, ZPO, AuslG, IRG, FamFG).

1.2.3 Welche davon werden in Einrichtungen der Justiz vollzogen?

Jugendarrest, Jugendstrafe, militärischer Strafarrest (soweit er im Justizvollzug vollzogen wird), Ordnungs-, Sicherungs-, Zwangs-, Erzwingungs- und Untersuchungshaft, Freiheitsstrafe, Sicherungsverwahrung, z. T. Abschiebehaft, Auslieferungshaft, Durchlieferungshaft sowie Haft aufgrund vorläufiger Festnahme.

Aufgabe
Bitte lesen Sie nach, wo gesetzliche Regelungen bzw. Verwaltungsvorschriften für den Vollzug der jeweiligen Haftart enthalten sind (StVollzG, JGG, JStVollzG des Landes, JAVollzO, UVollzG des Landes). Unterscheiden Sie dabei vollzugsrechtliche und vollstreckungsrechtliche Normen: Das Vollstreckungsrecht regelt Maßnahmen, die zur Einleitung und Überwachung der Vollziehung eines rechtskräftigen Strafurteils erforderlich sind. Das Vollzugsrecht enthält alle Vorschriften, welche die Art und Weise der Durchführung der freiheitsentziehenden Sanktionen regeln.

Die mit Freiheitsentziehung in Einrichtungen der Justiz verbundenen Zwecke stellen sich unterschiedlich dar, z. B.:
- Untersuchungshaft §§ 112 ff., 119 StPO:
  Gewährleistung eines geordneten Strafverfahrens und Sicherstellung der evtl. späteren Strafvollstreckung;
- Jugendarrest § 90 JGG:
  Wecken des Ehrgefühls des Jugendlichen; ihm eindringlich zum Bewusstsein bringen, dass er für das von ihm begangene Unrecht einzustehen hat;
- Jugendstrafe § 91 JGG:
  Erziehung zu einem rechtschaffenen und verantwortungsbewussten Lebenswandel;
- Freiheitsstrafe § 2 StVollzG:
  Befähigung, künftig in sozialer Verantwortung ein Leben ohne Straftaten zu führen; daneben Schutz der Allgemeinheit vor weiteren Straftaten.

Zu den Rechtsgrundlagen für die Anordnung und den Vollzug freiheitsentziehender Maßnahmen siehe Tab. 1.1.

1.3 Strafzwecke sowie Zielkonflikte zwischen Strafzwecken und Vollzugsziel

Aufgabe
Welche Schutzfunktionen hat das Strafrecht?

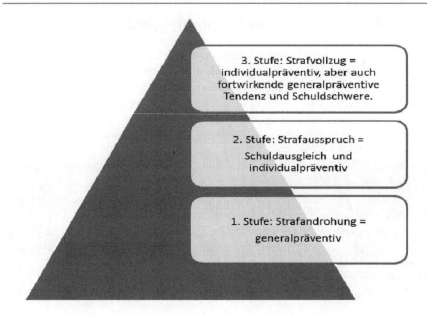

Abb. 1.1 Stufentheorie nach Calliess/Müller-Dietz

Repressive (Vergeltung) sowie präventive (Verhütung) Funktionen, also:
- Vergeltung/Sühne (§ 46 I1 StGB):
  durch die Strafe soll begangenes Unrecht gesühnt und Schuld ausgeglichen werden;
- Generalprävention (§§ 47 I, 56III StGB), zielt auf die Allgemeinheit ab:
  – die rechtstreue Bevölkerung soll in ihrer Haltung bestärkt werden (positive Generalprävention);
  – die Gefährdeten sollen abgehalten werden, Straftaten zu begehen (negative Generalprävention);
- Individualprävention (§§ 46 I2, 47, 56I StGB),
  durch Einwirkung auf einen bestimmten Täter sollen neue Straftaten verhindert werden:
  – indem dem Täter auf den gesetzestreuen Weg verholfen wird (positive Individualprävention);
  – die Allgemeinheit vor diesem Täter geschützt wird (negative Individualprävention) (Abb. 1.1).

Aufgabe
Welches Ziel hat der Strafvollzug (§ 2 StVollzG)?

1.3 Strafzwecke sowie Zielkonflikte zwischen Strafzwecken und Vollzugsziel

Tab. 1.1 Rechtsgrundlagen für die Anordnung und den Vollzug freiheitsentziehender Maßnahmen

	Freiheitsstrafe	Jugendstrafe	Jugendarrest	Strafarrest	Sicherungsverwahrung
Anordnung	§§ 38, 43 StGB	§§ 17, 18 JGG § 105 JGG	§§ 13, 16 JGG	§ 9 WStG	§§ 61, 66 StGB
Vollzug	StVollzG, VV'en AV'en, RV'en	§§ 91, 92 JGG i.V.m. Jugendstrafvollzugsgesetzen der Länder	§§ 90, 115 JGG i.V.m. JAVollzO,	§§ 167–170 i.V.m. §§ 2–122, 178 Abs. 2 StVollzG	Sicherungsverwahrungsvollzugsgesetze der Länder
	Untersuchungshaft	Haft aufgrund vorläufiger Festnahme	Sicherungshaft nach § 453 c StPO	Auslieferungshaft	Durchlieferungshaft
Anordnung	§ 112 StPO	§ 127 StPO	§§ 453 c i.V.m. 112 StPO	§ 15 IRG	§ 43 IRG
Vollzug	§ 119 StPO i.V.m. Untersuchungshaftvollzugsgesetzen der Länder	wie Untersuchungshaft	wie Untersuchungshaft	§ 27 IRG i.V.m. § 119 StPO	§ 45 Abs. 6 IRG i.V.m. § 119 StPO
	Ordnungshaft	Sicherungshaft	Zwangshaft	Erzwingungshaft	Abschiebungshaft
Anordnung Vollzug	§§ 51, 70, 77, 95 StPO §§ 380, 390, 653 ZPO	§ 918 ZPO	§§ 390 Abs. 2, 807, 883, 889, 901 ZPO, § 70 Abs. 2 StPO, § 48 Abs. 2 OWiG	§ 96 OWiG	§ 62 AufenthG
	§§ 171–175 i.V.m. §§ 3–122, 178 Abs. 2 StVollzG	wie Ordnungshaft	wie Ordnungshaft	wie Ordnungshaft	§ 422 Abs 4 FamFG §§ 3–122, 171–175

Satz 1: die Befähigung des Strafgefangenen durch den Vollzug, künftig ein Leben ohne Straftaten zu führen; Satz 2: der Gefangene soll während des Vollzugs an der Begehung neuer Straftaten gehindert werden.

> **Aufgabe**
> Welcher Strafzweck hat hier Niederschlag gefunden?

Die Individualprävention.

Aufgabe
Gibt es innerhalb des StVollzG Zielkonflikte?

Fall 1.1
Die Mitglieder der Vollzugskonferenz (§ 159) halten es bei dem Gefangenen August Anton, der wegen mehrerer Straftaten gegen die sexuelle Selbstbestimmung inhaftiert ist und bei dem es sich um eine gestörte Persönlichkeit ohne ausreichende soziale Kontakte und mit einem problematischen Gruppenverhalten handelt, für angebracht, ihn zur Außenbeschäftigung in einem sog. Außenkommando mit anderen Gefangenen einzusetzen. Der Psychologe äußert Bedenken, da die Reaktion des Gefangenen beim Anblick weiblicher Personen nicht abzusehen wäre, wenn er sich ohne Aufsicht fühle.
Lösungshinweise
Hier stehen die Sätze 1 und 2 des § 2 in Widerstreit. Nach Abwägung der Interessen (Gefangener – Allgemeinheit) ist im Allgemeinen dem Vollzugsziel (S. 1) Vorrang einzuräumen, d. h.
- dem Gefangenen müssen Freiheitsspielräume zum Einüben sozialen Verhaltens eröffnet werden;
- gewisse Risiken sind nicht auszuschließen;
- Sicherheit und Ordnung im Vollzug sind kein Selbstzweck, sondern nur Mittel zur Erreichung des Vollzugsziels.

Im Ausnahmefall können die Sicherheitsinteressen der Allgemeinheit überwiegen. In der Praxis hat sich folgende Prüfung eingebürgert:
1 Prüfung von Art (welche Straftat ist zu erwarten?) und Grad (wie hoch ist das Risiko dieser Straftat?) der Gefährdung der Allgemeinheit
2. Wie groß ist das Behandlungsinteresse?
3. Mit welchen Maßnahmen lässt sich ein Risiko vermindern?
4. Wann wird der Gefangene ohnehin entlassen? Dies ist eine Frage der Abwägung, da mit näher rückendem Vollzugsende Fragen der Sicherheit der Allgemeinheit an Bedeutung verlieren.

Hier wäre also zu prüfen, ob den Sicherheitsbedenken durch die Anordnung ständiger und unmittelbarer Beaufsichtigung durch einen Vollzugsbediensteten begegnet werden kann (Nr. 1 VV zu § 11). Erscheint danach das Risiko gering, dass der Gefangene die Lockerung zu Straftaten missbrauchen wird (vgl. § 11 II), ist er zur Außenarbeit einzusetzen.[1]

---

[1] Vgl. hierzu Calliess/Müller-Dietz, § 2 Rdnr. 4 ff.

1.3 Strafzwecke sowie Zielkonflikte zwischen Strafzwecken und Vollzugsziel

Aufgabe
Welche Zielkonflikte zwischen Strafzwecken und dem Vollzugsziel sind denkbar?

Fall 1.2
Der 78jährige Strafgefangene Bodo Bruno ist wegen vielfachen Mordes, begangen in nationalsozialistischen Konzentrationslagern, zu lebenslanger Haft verurteilt. Er befindet sich seit 20 Jahren in Haft und beantragt Urlaub.
Lösungshinweise
§§ 13 I, 11 II, Flucht- und Missbrauchsgefahr sind bei diesem Täterkreis regelmäßig zu verneinen.
Ist ihm also Urlaub zu gewähren, oder dürfen die allgemeinen Strafzwecke (hier: Sühne für besonders schwere Schuld) berücksichtigt werden?
Lösungsversuch
Einen Lösungsversuch bietet die sog. Stufentheorie.[2]
Allerdings bietet diese Theorie wenig Hilfe zur Lösung des Problems.
Es stellt sich die grundsätzliche Frage, ob die über § 2 hinausgehenden allgemeinen Strafzwecke bei Vollzugsentscheidungen berücksichtigt werden dürfen. Die Frage ist umstritten:

- Die herrschende Lehre verneint dies: nur bei Entscheidungen, die den rechtlichen Status des Straftäters als Gefangener begründen (= rechtskräftiges Urteil) oder aufheben (Entscheidungen nach §§ 57, 57 a StGB, Gnadenentscheidungen) sei es verfassungsrechtlich zulässig, die allgemeinen Strafzwecke zu berücksichtigen. Die allgemeinen Strafzwecke (soweit sie über § 2 hinausgehen) hätten für den Vollzug keine unmittelbare Gestaltungswirkung, sondern lediglich eine Reflexwirkung dahin gehend, dass die Ausgestaltung des Vollzugs sich am richterlich vorgegebenen Zeitrahmen der Haftdauer ausrichten müsse. Beispielsweise könne mit besonders schwerer Schuld ein besonderes Behandlungs- oder Sicherungsbedürfnis, eine erhöhte Flucht- oder Missbrauchsgefahr einhergehen. Je weiter entfernt beispielsweise der Entlassungszeitpunkt liege, umso größer werde für den Inhaftierten die Versuchung zur Flucht sein, so dass die Vollzugsbehörde die Schwere der Tatschuld bei der Frage der Fluchtgefahr zu bedenken habe.[3]
- Die Rechtsprechung hatte zeitweise die Tendenz, bei Entscheidungen über Urlaub, Ausgang, Verlegung in offenen Vollzug – also soweit der Gewahrsam vorübergehend aufgehoben oder gelockert werden soll – dies zuzulassen; zunächst bei zu lebenslanger Freiheitsstrafe verurteilten Gefangenen, dann auch

---
[2] Vgl. Calliess/Müller-Dietz, § 2 Rdnr. 9 f. m.w.N.
[3] Vgl. Laubenthal, Rdnr. 136; Calliess/Müller-Dietz, § 2 Rdnr. 9 ff.; zur Problematik generell vgl. Hartwig, Der Einfluss der „allgemeinen" Strafzwecke im Strafvollzug, Aachen 1995.

bei zeitiger Freiheitsstrafe und sogar bei Jugendstrafe. In letzter Zeit wird dies wieder auf Fälle besonders schwerer Schuld eingeschränkt.[4]
- Das Bundesverfassungsgericht hat ausgeführt, die Gewährung von Urlaub dürfe nicht einseitig unter dem Gesichtspunkt der Schuldschwere versagt werden; die Beachtung der Menschenwürde sei Grenze für Entscheidungen des Vollzugs (also seien Alter und Gesundheitszustand des Gefangenen mit zu berücksichtigen).[5] Es sei zulässig, die Schwere der Schuld als ein Kriterium zu berücksichtigen.[6]
- Eigene Meinung: Die Auffassung der herrschenden Lehre führt in Fällen wie dem vorliegenden nicht weiter. Bei diesem Inhaftiertenkreis liegen regelmäßig weder ein besonderes Behandlungs- oder Sicherungsbedürfnis noch eine erhöhte Flucht- oder Missbrauchsgefahr vor. Im Übrigen zeigt die Vollzugspraxis, dass die Fluchtgefahr bei Gefangenen mit kurzen Strafresten erheblich höher liegt („nichts mehr zu verlieren") als bei solchen mit langen Strafresten („versaue mir die nächsten Jahre"). Daher erscheint folgende Lösung richtig: In § 13 I wird durch das Wort „kann" Ermessen eingeräumt; im Rahmen des Ermessens können alle – nicht sachfremden -Erwägungen einfließen. Unter dem Gesichtspunkt der Einheit der Strafrechtspflege erscheint es nicht ermessensfehlerhaft, eine besonders schwere Schuld als ein Kriterium neben allen anderen entscheidungserheblichen Aspekten bei der Entscheidung über Gewährung von Urlaub einfließen zu lassen.[7]

1.4 Der Standort des Vollzugs im System der Rechtspflege

Man spricht häufig – in Anlehnung an die Gewaltenteilungslehre Montesquieus -von der 3-Säulen-Theorie der Strafjustiz (Abb. 1.2):

Nach rechtskräftiger Verurteilung eines Straftäters zu Freiheitsstrafe muss die Rechtsfolge (bspw. 3 Jahre Freiheitsstrafe) umgesetzt, realisiert werden. Dies geschieht durch Strafvollstreckung und Strafvollzug, die ihrerseits voneinander zu unterscheiden sind.
- STRAFVOLLSTRECKUNG stellt den letzten Teil des Strafprozesses dar; ist in den §§ 449 ff. StPO und der Strafvollstreckungsordnung (StVollstrO) geregelt. Vollstreckungsbehörde ist „im Erwachsenenbereich" die StA (nach JGG: Jugendrichter). Zur Vollstreckung gehören alle Maßnahmen, die zur Ausführung des richterlichen Erkenntnisses notwendig sind:[8]

---

[4] Vgl. die Nachweise bei Schwind/Böhm, § 11 Rdnr. 3.
[5] BVerfGE 64, 261.
[6] Vgl. nunmehr auch BVerfG NStZ-RR 1998, 121 sowie BVerfG ZfStrVo 1998, 180; OLG Frankfurt NStZ-RR 2002, 92.
[7] Ebenso: OLG Hamm bei Bungert NStZ 1992, 375; restriktiv OLG Frankfurt/Main NStZ-RR 2002, 92.
[8] Vgl. Laubenthal, Rdnr. 4 ff.

Abb. 1.2 Drei-Säulen-Theorie der Strafjustiz

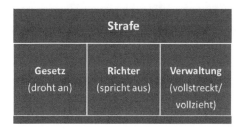

- die Einleitung der Strafverwirklichung: bspw. Ladung des auf freiem Fuß befindlichen Verurteilten zum Strafantritt, und
- die Überwachung der Art und Dauer der Freiheitsentziehung: bspw. Veranlassung der Prüfung der vorzeitigen Entlassung nach Verbüßung von 2/3 der Strafe.
- STRAFVOLLZUG betrifft die Gestaltung der Freiheitsentziehung von der Aufnahme des Verurteilten in der Vollzugsanstalt bis zu seiner Entlassung und ist im StVollzG geregelt.
Vollzugsbehörde ist der Leiter der Justizvollzugsanstalt. Dieses Buch behandelt vornehmlich das Vollzugsrecht und geht nur vereinzelt auf Fragen der Strafvollstreckung ein.

Durch § 151 I 2 ist der Vollzug zu einem selbstständigen Teil der Strafrechtspflege aufgewertet worden, während er früher dem Generalstaatsanwalt unterstand.

1.5 Freiheitsentzug als letzte Stufe möglicher Kriminalsanktionen

Entsprechend dem verfassungsrechtlichen Grundsatz der Verhältnismäßigkeit und des Übermaßverbotes darf Freiheitsentzug nur als letzte Stufe möglicher Kriminalsanktionen von einem unabhängigen Richter angeordnet werden, wenn andere -mildere – Mittel nicht ausreichen.

So sind vielfältige Möglichkeiten vorgeschaltet, z. B.:
- die Einstellung des Verfahrens, § 153 StPO;
- die Einstellung unter Auflagen, § 153 a StPO;
- die Verwarnung mit Strafvorbehalt, §§ 59 ff. StGB;
- die Geldstrafe, §§ 40 ff. StGB;
- die zur Bewährung ausgesetzte Freiheitsstrafe, §§ 56 ff. StGB.

Erst dann kommt die Freiheitsstrafe, § 38 StGB.

Noch größere Variationsmöglichkeiten hat der Jugendrichter im Jugendstrafrecht vor Verhängung einer freiheitsentziehenden Maßnahme:
- das formlose Erziehungsverfahren, §§ 45, 47 JGG;
- die Erziehungsmaßregeln, § 9 JGG;
- die Zuchtmittel, § 13 JGG;
- die zur Bewährung ausgesetzte Jugendstrafe, § 21 JGG.

Erst danach kommt die Jugendstrafe, § 17 JGG.

Verfassungsrechtliche und gesetzliche Grundlagen des Strafvollzugs

2.1 Eingriff und Erfordernis gesetzlicher Eingriffsermächtigung

Aufgabe
In welches Grundrecht wird durch die Freiheitsentziehung eingegriffen?

In Art. 2 II GG: Freiheit der Person.

Auf welchem Weg ist dies möglich?

Mit Art. 104 GG.

Finden auch innerhalb des Vollzugs Grundrechtseingriffe statt?

Ja, z. B. Eingriffe in das Brief- und Fernmeldegeheimnis, in die Verfügungsbefugnis des Gefangenen über sein Eigentum, in seine körperliche Unversehrtheit.

Welcher verfassungsrechtliche Grundsatz ist hierbei zu beachten?

Vorbehalt des Gesetzes, Art. 19 I GG: staatliche Eingriffe in Grundrechte des Bürgers dürfen nur durch oder aufgrund eines formellen Gesetzes erfolgen; das heißt:

auch soweit innerhalb des Vollzugs Grundrechtseingriffe erfolgen, bedarf es einer gesetzlichen Eingriffsermächtigung.
Die frühere Rechtskonstruktion des besonderen Gewaltverhältnisses reicht nicht aus. Dabei folgt aus dem Rechtsstaatsprinzip, dass die möglichen Eingriffe hinreichend bestimmt und vorhersehbar sein müssen.

Wo hat dieser Grundsatz im StVollzG Niederschlag gefunden?

In § 4 III.
Folgerichtig finden wir für die oben genannten Grundrechtseingriffe Ermächtigungsgrundlagen in folgenden Vorschriften:
- §§ 28 II, 29 III, 32;
- § 83II3i.V.m. § 51 IV 2;
- § 1011.

Darüber hinaus dürfen dem Gefangenen nur in besonderen Ausnahmefällen, die der Gesetzgeber nicht im Blickfeld hatte und deshalb nicht geregelt hat, Beschränkungen auferlegt werden, § 4 II 2. So kann z. B. ausnahmsweise bei einem Verteidigerbesuch ein Trennscheibeneinsatz angeordnet werden. Aber nur, um der konkreten, anderweitig nicht ausschließbaren Gefahr zu begegnen, dass ein Strafgefangener seinen Verteidiger zur Freipressung als Geisel nimmt[1].

Dürfen alle Grundrechte eingeschränkt werden?

Nein, nur soweit die Verfassung dies durch förmliches Gesetz zulässt.

Was ist dabei noch zu beachten?

Die Wesensgehaltssperre, Art. 19 II GG: der Kernbereich des Grundrechts muss erhalten bleiben, auch soweit der Staat in das Grundrecht eingreifen darf. Der Kernbereich ist immer tangiert, wenn der Eingriff stärker ist als von der Sache her geboten.[2]

Kann es auch private Gefängnisse geben?

---

[1] BGH StV 2004, 387.
[2] BVerfGE 61,82, 113 f.

Beim Vollzug der Freiheitsstrafe kommt es zu Grundrechtseingriffen. Einmal geschieht dies durch den Freiheitsentzug als solchen, aber auch durch Maßnahmen im Vollzug, wie besondere Sicherungsmaßnahmen, unmittelbaren Zwang usw. Gefangene haben zudem gegen den Staat einen verfassungsrechtlich fundierten Anspruch auf Resozialisierung.[3] Sowohl die klassischen Eingriffe als auch Leistungen zur Verwirklichung des Anspruchs auf Resozialisierung sind hoheitliche Aufgaben, die entsprechend Art. 33 IV und V GG privaten Trägern nur insoweit übertragen werden dürfen, als diese untergeordnete Teile dieser Vollzugsaufgaben erledigen.[4] Dem widerspricht es nicht, wenn Gefängnisse in privater Trägerschaft gebaut werden, um sie später an den Staat zu verkaufen oder zu vermieten. Auch ist es ohne weiteres möglich, private Leistungen in den Vollzugsalltag mit einzubeziehen. Beispiele sind die private Trägerschaft von Bildungseinrichtungen im Vollzug, die Versorgung der Gefangenen mit Essen, medizinischen Leistungen etc. Es erscheint durchaus denkbar und sinnvoll, diesen Bereich für die Zukunft noch auszuweiten. Bei der öffentlichen Gesamtverantwortung für den Vollzug muss es jedoch verbleiben.[5]

2.2 Grundrechte im Strafvollzug

Da auch der Gefangene Träger von Grundrechten ist, ist der Vollzug zunächst an die oben genannten Grundsätze gebunden.

Weiter sind zu beachten:
- Art. 1 III GG: Die Grundrechte sind von der Verwaltung zu beachten.
- Art. 19 I 2 GG: Das Zitiergebot; es müsste eigentlich eine ausdrückliche Nennung der im Strafvollzug eingeschränkten Grundrechte erwartet werden. § 196 erwähnt jedoch nur die Grundrechte aus Art. 2 II 1 (körperliche Unversehrtheit) und 2 (Freiheit der Person) sowie Art. 101 (Brief-, Post- und Fernmeldegeheimnis).

Aufgabe
Heißt das, dass alle anderen Grundrechte dem Gefangenen uneingeschränkt verbleiben?

Nein: Es gibt eine Reihe von Grundrechtsbegrenzungen, für die das Zitiergebot nach der Rechtsprechung des BVerfG[6] nicht gilt. Darüber hinaus ist zu bedenken, dass allein durch die Beschränkung der Bewegungsfreiheit einer Person (Art. 2 II 2 GG) zahlreiche andere Grundrechte faktisch mitbetroffen sind, so z. B.

---
[3] BVerfGE 98, 169, 200 f.
[4] Calliess/Müller-Dietz, Einl. Rdnr. 46; § 155 Rdnr. 1 ff. m.w. N.; Singer/Mielke JuS 2007,1111.
[5] Zur Teilprivatisierung des hessischen Maßregelvollzuges vgl. OLG Frankfurt NStZ-RR 2010, 93.
[6] BVerfGE 35, 185, 188 f.

Art. 6: eheliche Lebensgemeinschaft, Ausübung des Rechts auf Erziehung der Kinder;
Art. 8: Versammlungsfreiheit;
Art. 9: Ausübung von Mitgliedschaftsrechten in Vereinigungen; Art. 11: Freizügigkeit; Art. 5 III: Kunst und Wissenschaft, Forschung und Lehre mangels ausreichender Arbeitsmöglichkeiten.[7]
Alle anderen Grundrechte verbleiben dem Gefangenen unbeschränkt!

2.3 Internationale Rechtsquellen

Im Zuge der Globalisierung, insbesondere der fortschreitenden europäischen Einigung gewinnen überstaatliche Regelungen zunehmend an Bedeutung. Neben internationalen Vereinbarungen, die nur Empfehlungscharakter haben (bspw. die Mindestgrundsätze der Vereinten Nationen für die Behandlung von Gefangenen – „Minima" – von 1957 oder die Europäischen Strafvollzugsgrundsätze von 1987), haben folgende Rechtsquellen Bedeutung:

- Die *Konvention zum Schutz der Menschenrechte und Grundfreiheiten (EMRK)* von 1950, in der BRD 1952 durch Bundesgesetz in nationales Recht transformiert.
  Es handelt sich um unmittelbar anwendbares Recht, das in der Rangordnung über innerstaatlichem Recht steht. Von besonderer Bedeutung für den Vollzug sind:
  Art. 3: Folterverbot;
  Art. 4: Verbot der Zwangsarbeit
  Art. 6: Recht auf faires Verfahren, Unschuldsvermutung bis zur rechtskräftigen Verurteilung.
  Die Konvention sieht die Errichtung eines Europäischen Gerichtshofs für Menschenrechte vor, der nach Erschöpfung des innerstaatlichen Rechtswegs angerufen werden kann.
- Die *Europäische Konvention zur Verhütung von Folter und unmenschlicher Behandlung oder Strafe,* in der BRD in Kraft seit 1990. Die Konvention sieht einen Ausschuss vor, der jeden Ort besuchen darf, an dem Personen im Hoheitsbereich der Vertragsstaaten inhaftiert sind.

2.4 Bindung an Gesetz und Recht; Verwaltungsrichtlinien zur Ausgestaltung des Vollzugs im Einzelfall

Art. 20 III GG regelt die Gesetzmäßigkeit der Verwaltung. Neben dem Vorbehalt des Gesetzes (s. oben) umfasst dies auch den Vorrang des Gesetzes: formelle Gesetze gehen allen übrigen staatlichen Willensäußerungen (z. B. Verwaltungsvorschriften) vor. Es ergibt sich folgende NORMENHIERARCHIE (Abb. 2.1).

---

[7] Kaiser/Kerner/Schöch, § 5 Rdnr. 15.

Abb. 2.1 Normenhierarchie

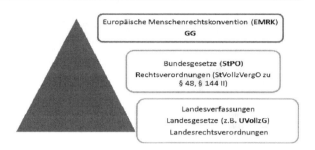

Unterhalb dieser Ebene kommen erst die VERWALTUNGSVORSCHRIFTEN: Die Ermächtigungsgrundlage dafür stellt die Organisations- und Geschäftsleitungsgewalt dar. Ziel ist Zuständigkeits- und Verfahrensregeln aufzustellen, soweit im Gesetz keine Regelung enthalten ist, und der unteren Verwaltungsbehörde Entscheidungshilfen zu geben:
- Auslegungsrichtlinien:
  betreffen unbestimmte Rechtsbegriffe, z. B.:
  Nr. 2 VV zu § 10: Welche Gefangenen erfüllen in der Regel die besonderen Anforderungen des offenen Vollzuges nicht?
  Nr. 2 II 1 VV zu § 13 zum Begriff „Jahr" in § 13 I, Nr. 11, II VV zu § 22 zum Begriff „angemessener Umfang" in § 22 III.
- Ermessensrichtlinien:
  bezwecken gleichmäßige Ermessensausübung, z. B.
  Nr. 2 IV 2 VV zu § 13 zu „bis zu 21 Kalendertagen" in § 13 I. Zur Erklärung:[8]
- Unbestimmter Rechtsbegriff:
  ein Begriff, der aus sich heraus nicht verständlich ist, sondern mit einem -dem Willen des Gesetzgebers entsprechenden – hinreichend bestimmten Rechtsgehalt ausgefüllt werden muss. Dabei sind alle entscheidungserheblichen Gesichtspunkte des Einzelfalles zu berücksichtigen. Beispiele im StVollzG: „Gefährdung von Sicherheit und Ordnung", „wichtige Gründe", „angemessener Umfang", „Förderung der Behandlung des Gefangenen" usw.
- Ermessen:
  eine durch Gesetz der Verwaltungsbehörde eingeräumte Freiheit zum Handeln und damit der Wahl zwischen mehreren Entscheidungsmöglichkeiten. Beispiele: „kann", „bis zu", Alternativen („beschränken oder entziehen"); „soll" bedeutet: Die Verwaltungsbehörde muss entsprechend handeln, nur in (atypischen) Ausnahmefällen braucht sie nicht entsprechend zu handeln.

2.5 Aufbau der meisten Vorschriften des Strafvollzugsgesetzes

Auf der Tatbestandsseite der Norm wird mit unbestimmten Rechtsbegriffen gearbeitet, auf der Rechtsfolgenseite mit Ermessen (Abb. 2.2).

---

[8] Vgl. Kaiser/Schöch, § 7 Rdnr. 10 ff.

Abb. 2.2 Aufbau von Vorschriften des Strafvollzugsgesetzes

TATBESTAND (z.B. §101)	=>	RECHTSFOLGE
Wenn der konkrete Gefangene den untergebracht besonderen Anforderungen des offenen Vollzugs genügt, insbesondere keine Flucht- oder Missbrauchsgefahr besteht,		soll er im offenen Vollzug werden,
= mehrere unbestimmte Rechtsbegriffe, dort die die Vollzugsbehörde im konkreten Fall ausfüllen muss		d. h. im Regelfall muss er untergebracht werden

Üben Sie das gleiche mit § 8 **I** und § 13 **I** i.V.m. § 11 **II**!

▶ Merkregeln
- Gerichte sind nur an Recht und Gesetz gebunden (Art. 20 III, 97 I GG), nicht an Verwaltungsvorschriften.
- Verwaltungsbehörden sind vornehmlich an Recht und Gesetz gebunden (Art. 20 III GG), daneben innerdienstlich auch an Verwaltungsvorschriften der vorgesetzten Behörden.
- Verwaltungsvorschriften entbinden niemals von der Prüfung des Einzelfalles.[9]
- Die Prüfung des Einzelfalles hat in erster Linie am Gesetz orientiert zu erfolgen!

---

[9] zu den Verwaltungsvorschriften vgl. Kaiser/Schöch, a. a. O.

Aufgaben, Zuständigkeit und Organisation des Vollzugs

3.1 Organisation der Vollzugsverwaltung

Aufgabe
Welche Vorgaben macht das StVollzG hinsichtlich Einrichtung und Ausgestaltung der Anstalten im Einzelnen?

Siehe zunächst §§ 140, 141!
- TRENNUNG der Gefangenen, §§ 140 StVollzG, 921, 93 I JGG, 119 I StPO: Trennung der Gefangenen nach Vollzugsarten, Geschlechtern und Alter, (Junge, und Erwachsene).

Welche verschiedenen Anstalten (bzw. Abteilungen innerhalb einer Anstalt) muss es also geben?

- DIFFERENZIERUNG der Anstalten, § 141:
Innerhalb des Vollzugs von Freiheitsstrafe muss auf die unterschiedlichen Behandlungsbedürfnisse abgestellt werden; d. h. Gruppen von Strafgefangenen werden zusammengefasst, so dass es Anstalten des offenen und des geschlossenen Vollzugs gibt, sozialtherapeutische Anstalten, Anstalten mit Spezialisierung auf schulische, berufliche, speziell therapeutische Maßnahmen wie Behandlung von Drogentätern usw.

Siehe weiter §§ 142, 143, 147, 148, 149! Beachte jedoch für alte Anstalten § 201 Nr. 4!

> Wie sieht der innere Aufbau der Justizvollzugsanstalten aus?

Siehe §§ 154 ff. (horizontale Gliederung)!
In diesem 3. Titel des Gesetzes sind nur Grundsätze enthalten, den Ländern bleibt somit Spielraum:
- An der Spitze steht ein ANSTALTSLEITER: Er ist für den gesamten Vollzug verantwortlich und hat alleinige Außen Vertretung;
- Möglichkeit der DELEGATION, § 156 II 2, Nr. 4 VV zu § 156: Übertragung von Aufgaben mit *verantwortungsverschiebender* Wirkung auf nachgeordnete Bedienstete (z. B. die Abteilungsleiter des höheren Vollzugs- und Verwaltungsdienstes) bzw. ein Team (etwa eine Einweisungskommission hat über die Verlegung der Gefangenen zu entscheiden);
- Möglichkeit des MANDATS, Nr. 2 I VV zu § 156:
  Übertragung von Aufgaben „im Auftrag" des Anstaltsleiters: Der Anstaltsleiter kann hier jederzeit die Entscheidung an sich ziehen oder bestimmte Weisungen für den Einzelfall erteilen;
- daneben VOLLZUGSBEDIENSTETE, § 155:
  vornehmlich Beamte (überwiegend hoheitliche Tätigkeit!), daneben Angestellte, nebenamtlich (z. B. Geistlicher in kleiner Anstalt) oder vertraglich verpflichtete Personen (z. B. niedergelassener Arzt soll in kleiner Anstalt Aufgaben des Anstaltsarztes wahrnehmen);
  – AVD, WerkD, VerwD: hier übt der Anstaltsleiter die Dienst- und Fachaufsicht aus;
  – Fachdienste (Ärzte, Psychologen, Pädagogen, Sozialarbeiter usw.): hier übt der Anstaltsleiter nur die Dienstaufsicht aus;
- KONFERENZEN (§ 159);
- DIENSTBESPRECHUNGEN (VV zu § 159);
- Pflicht zur ZUSAMMENARBEIT ALLER VOLLZUGSBEDIENSTETEN (§ 154 I);
- Pflicht zur ZUSAMMENARBEIT mit anderen ORGANISATIONEN DER STRAFFÄLLIGENHILFE (im weitesten Sinne) außerhalb des Vollzugs (§ 154 II 1);
- Gebot zur ZUSAMMENARBEIT MIT EHRENAMTLICHEN Mitarbeitern (§ 154 II 2);
- GEFANGENENMITVERANTWORTUNG (§ 160);
- HAUSORDNUNG (§ 161);
- BEIRÄTE (§§ 162 ff.).

> Welche Schlussfolgerungen lassen sich daraus ziehen?

Fragen in Stichworten:
- autoritärer Führungsstil?
- Resozialisierung nur Aufgabe des Vollzugs?

3.2 Aufgabenschwerpunkte zur Vollzugszielerreichung im Überblick

- Abschottung der Anstalten gegenüber Öffentlichkeit?
- Willkürliches Ergreifen von Maßnahmen gegen Gefangene?
- Gefangener nur Objekt der Behandlung?

> Wie sieht der vertikale Aufbau der Justizvollzugsverwaltung aus?

Siehe § 151!
Fragen dazu:
- Kann der BMJ dem Anstaltsleiter in Köln Weisungen erteilen?
- Wer ist oberster Dienstherr des Anstaltsleiters in Köln?
- Woraus ergibt sich das?
- Wie sieht der 3stufige Aufbau aus, wie der 2stufige?
- Vor- und Nachteile des 3stufigen Aufbaus?
- Welche Möglichkeiten der Zusammenarbeit zwischen den Ländern bestehen (s. § 150)?
- Strafvollzugsausschuss der Länder, bundeseinheitliche Verwaltungsvorschriften?
- Welche Aufgaben hat die Aufsichtsbehörde?

Siehe §§ 151, 1521, 153, 145, 108 II, 109 III.

3.2 Aufgabenschwerpunkte zur Vollzugszielerreichung im Überblick

Aufgabe
Wie versucht das StVollzG das Vollzugsziel bei dem einzelnen Gefangenen zu erreichen, wo liegen somit Aufgabenschwerpunkte?

Siehe §§ 3, 4 I, 6, 7, 10, 15, 17 I, II, 37!
Aufgrund der Behandlungsuntersuchung, § 6, ist ein Vollzugsplan zu erstellen, § 7 I, und fortzuschreiben, § 7 III. Dabei ist der Gefangene aktiv zu beteiligen, §§ 4 I, 6 III.

§ 7 II gibt nun vor, wo der Gesetzgeber besondere Schwerpunkte sieht, um das Vollzugsziel des § 2 S. 1 zu erreichen.

> Überlegen Sie, inwieweit die Prinzipien der §§ 3 und 4 I z. B. beim offenen Vollzug, § 10 I, Niederschlag gefunden haben!

3.3 Zuständigkeit der Justizvollzugsanstalten

Aufgabe
Aus welchen verfassungsrechtlichen Grundsätzen ergibt sich, dass der Bürger einen Rechtsanspruch darauf hat, dass nur das nach den gesetzlichen Bestimmungen zur Entscheidung berufene = zuständige Staatsorgan handelt?

- Rechtsstaatsprinzip: Grundsätze der Vorhersehbarkeit und der Bestimmtheit staatlichen Handelns;
- Garantie des gesetzlichen Richters, Art. 101 I 2: Manipulation am Gerichtsstand ist unzulässig.

Handelt die unzuständige Behörde, ist das Verwaltungshandeln rechtsfehlerhaft, und zwar muss sich die Zuständigkeit erstrecken auf die

- sachlich zuständige Behörde: Die zur Entscheidung in der Sache nach dem Gesetz berufene Behörde muss handeln; handelt die sachlich unzuständige, führt dies in aller Regel zur Nichtigkeit des Verwaltungsakts, d. h. er entfaltet keine Rechtswirkungen, der Bürger muss ihn nicht beachten;

und die

- örtlich zuständige Behörde: Die nach dem Gesetz örtlich zur Entscheidung berufene Behörde muss handeln; andernfalls ist der Verwaltungsakt zunächst zu beachten, er ist aber vom Bürger anfechtbar.

▶ Beispiel
Wenn sich aus einem Steuergesetz ergibt, dass der Einkommensteuerbescheid vom Finanzamt erlassen wird, ist der vom Polizeipräsidenten erlassene Steuerbescheid nichtig. Ergibt sich aus dem Gesetz weiter, dass das für den Wohnsitz zuständige Finanzamt den Bescheid erlassen muss, ist der vom Finanzamt Köln erlassene Steuerbescheid für den in Bonn Wohnhaften anfechtbar.
Genauso hat der Verurteilte einen Rechtsanspruch darauf, dass er seine Freiheitsstrafe nur in der sachlich und örtlich zuständigen Anstalt verbüßen muss. Auch sonst wären Manipulationen am Gerichtsstand möglich, vgl.
- §§ 109 I, 110 S. 1, 111 I Nr. 2 StVollzG;
- §§ 462 a I, 454 I StPO, § 57 StGB.

Welche Anstalt sachlich und örtlich zuständig ist, ergibt sich nun aus § 152 StVollzG i. V. m. den Verwaltungsvorschriften der Strafvollstreckungsordnung und dem detaillierten Vollstreckungsplan des betreffenden Bundeslandes.

3.4 Zuständigkeitsbestimmung durch den Vollstreckungsplan

Die Landesjustizverwaltungen haben die Pflicht, die sachliche und örtliche Zuständigkeit der Justizvollzugsanstalten in einem Vollstreckungsplan für ihren Geschäftsbereich zu regeln, § 152 I. Dies ist aus rechtsstaatlichen Gründen (s. oben), aber auch aus organisatorischen Gründen erforderlich:

3.4 Zuständigkeitsbestimmung durch den Vollstreckungsplan

Vollzugsdauer bis 24 Monate	Vollzugsdauer mehr als 24 Monate
Zuständige Verbüßungsanstalt richtet sich nach den „allgemeinen Merkmalen" des Vollstreckungsplanes (§152 Abs. 1 und 3) – Geschlecht – Strafdauer – Haftart (U-Haft pp.) – Erst-Regelvollzug – „auf freiem Fuß" – Nationalität – Delikt	Einweisungsanstalt (§ 152 Abs. 2, S. 1) Behandlungsuntersuchung (§ 6) Über die Zuständige Verbüßungsanstalt wird „nach Gründen der Behandlung und Eingliederung" entschieden § 152 Abs. 2 S. 2)
(= formale Klassifizierung)	(= individuelle Klassifizierung)

Abb. 3.1 Vollstreckungsplan – Beispiel NRW

- um die im Land vorhandenen Haftplätze auszunutzen
- um die Arbeit der Vollstreckungsabteilungen (in der Regel StA, sonst Jugendrichter) und der Vollzugsgeschäftsstellen zu erleichtern.

Der Vollstreckungsplan hat also die Aufgabe, lückenlos und bindend festzulegen, welche Anstalt für die Aufnahme des Gefangenen zuständig ist; s. auch § 22 I StVollstrO! Deshalb hat der Gefangene auch dann einen Anspruch auf Verlegung in die zuständige Anstalt, wenn diese voll belegt ist. Es ist Aufgabe der Justizbehörde, in ausreichendem Maße haftplätze vorzuhalten, in denen die Freiheitsstrafe nach dem StVollzG vollstreckt werden kann.[1] Allerdings ist die Einweisung eines Verurteilten in eine nach dem Vollstreckungsplan nicht zuständige JVA ausnahmsweise dann möglich, wenn von vorneherein die Voraussetzungen des § 8 I vorliegen.[2] Beachte jedoch: Wenn der Gefangene -in Kenntnis der Unzuständigkeit – länger in einer Anstalt untergebracht war, kann er sich bei einer Verlegung in die eigentlich zuständige Anstalt – nur, weil er „unbequem" geworden ist, auf das auf dem Rechtsstaatsprinzip (Art. 20 III GG) beruhende Gebot des Vertrauensschutzes berufen.[3] Durch die Festlegung der sachlichen Zuständigkeit werden Trennungs- und Differenzierungsprinzip verwirklicht, es wird eine Zweckbestimmung der einzelnen JVA vorgenommen. Sind nun mehrere Anstalten gleicher Zweckbestimmung vorhanden -wie in den Flächenstaaten regelmäßig – ist zusätzlich die Bestimmung der örtlichen Zuständigkeit erforderlich.

Der Gesetzgeber lässt nun zwei Möglichkeiten der Zuständigkeitsbestimmung zu:
- nach ALLGEMEINEN MERKMALEN, § 152 III, II 1: z. B. nach Vollzugsdauer, Erst- oder Regelvollzug (Definition in den Vorbemerkungen zum Vollstreckungsplan), Vorsatz- oder Fahrlässigkeitstat, besonders sicherheitsempfindliche Straftat usw. (= formale Klassifizierung);

---

[1] HansOLG Hamburg ZfStrVo 2006, 115.
[2] OLG Stuttgart NStZ 1996, 359; a. A. Pohlmann/Jabel § 26 Rdnr. 4.
[3] BVerfG NJW 1993, 3191.

- nach INDIVIDUELLEN GRÜNDEN DER BEHANDLUNG UND EINGLIEDERUNG, § 152 II 2 (hierzu s. unten) (= individuelle Klassifizierung) (Abb. 3.1).

Zur Anwendung des Vollstreckungsplans im Rahmen von § 152 III, II 1 geben nun die §§ 22–24, 26, 43 StVollstrO nähere Hinweise.

1. Die Konkretisierung der örtlichen Zuständigkeit durch § 24 StVollstrO
§ 24 StVollstrO enthält 3 Fallgestaltungen:
   a. Der Verurteilte befindet sich auf freiem Fuß, § 24 I 1:
   Die Vollstreckungsbehörde hat die Wahl, die örtliche Zuständigkeit nach dem Gerichtsbezirk des
   – Wohnorts
   – Aufenthaltsorts
   – Standorts zu bestimmen.

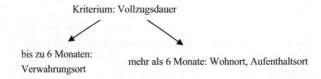

   b. Der Verurteilte wird behördlich verwahrt, § 24 I 2, z. B. in Untersuchungshaft:

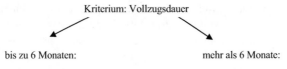

   c. Der Verurteilte hält sich im Ausland auf und hat im Inland keinen Wohn- oder Aufenthaltsort, § 24 III:
   – Zur Einschränkung des Wahlrechts der Vollstreckungsbehörde: § 24 II 1 StVoll-strO.
   – Zum Wohnort: § 24 I 3 StVollstrO; freiwilliges Verweilen unter Umständen, die darauf schließen lassen, dass das Verweilen von gewisser Dauer und Regelmäßigkeit ist. Der Wohnort muss bei Beginn des Strafvollzugs noch bestehen.[4]
   – Zum Aufenthaltsort: Jeder Ort innerhalb des Geltungsbereichs der StPO, an dem der nicht in behördlicher Verwahrung befindliche Verurteilte tatsächlich anwesend ist, sei es auch nur für kurze Zeit (§ 24 I 4 StVollstrO).
   – Zur behördlichen Verwahrung: Verurteilter, der auf behördliche Anordnung in einer Anstalt verwahrt wird; z. B. U-Haft, § 126 a StPO, geschlossene Heimunterbringung, § 81 StPO.[5]

---

[4] OLG Karlsruhe ZfStrVo 1999, 111.
[5] Pohlmann/Jabel § 24 StVollstrO Rdnr. 10 m. w. N.

3.4 Zuständigkeitsbestimmung durch den Vollstreckungsplan

Befindet sich nun der Verurteilte in der nach dem Aufenthaltsort bestimmten Vollzugsanstalt, so kann er – bei Vollzugsdauer von mehr als 6 Monaten – nach § 24 II 1 StVollstrO innerhalb von 2 Wochen nach Vollzugsbeginn den Antrag stellen, in die für den Wohnort zuständige Anstalt verlegt zu werden; dem Antrag ist zu entsprechen.

Versäumt der Gefangene diese Frist, bleibt nur der umständliche Weg über § 8 I StVollzG i. V. m. § 26 StVollstrO.

Fall 3.1

Carmelo Cäsar, wohnhaft in Bonn, hat eine 13monatige Freiheitsstrafe wegen fahrlässiger Tötung zu verbüßen. Da er sich in letzter Zeit häufig bei seiner Freundin in Düsseldorf aufgehalten hat, wies die zuständige Vollstreckungsbehörde ihn unter Hinweis auf diesen Aufenthaltsort und unter Berücksichtigung des Umstandes, dass er bislang noch nicht inhaftiert war, in die JVA ... ein. Dort befindet er sich seit dem 10.10. Unter dem 13.10. schreibt Cäsar an den Anstaltsleiter: „Ich wäre Ihnen dankbar, wenn Sie mich unverzüglich in die für meinen Wohnort Bonn zuständige Anstalt verlegen könnten, dass Bonn mein Wohnort ist, können Sie aus meinem auf der Kammer befindlichen Ausweis ersehen."

Aufgabe
Zunächst ist festzustellen, in welcher Anstalt sich Cäsar befindet; anschließend ist gutachtlich zu prüfen, ob und ggf. in welche JVA Cäsar zu verlegen ist; weiter ist der dem Gefangenen zu erteilende Bescheid zu entwerfen. Das Ganze ist als eine Verfügung zu formulieren.

Vorbemerkung
Die nachfolgende Lösung basiert auf dem Vollstreckungsplan NRW, Stand Dezember 2012. Es ist denkbar, dass der Vollstreckungsplan zwischenzeitlich geändert wurde. Üben Sie dasselbe mit anderen Orten!

Lösungshinweise
Cäsar befindet sich auf freiem Fuß und ist in eine Anstalt des Erstvollzugs einzuweisen, weil er bisher noch nicht inhaftiert war bzw. noch nicht mehr als 3 Monate Freiheitsstrafe verbüßt hat (vgl. Vorbemerkung zum Vollstreckungsplan NRW); er ist danach in die JVA Moers-Kapellen einzuweisen (Männer 2 I 1 lfd. Nr. 1 Sp. 3 des Vollstreckungsplanes). Hierbei handelt es sich um eine Anstalt des offenen Vollzugs (Teil 4 lfd. Nr. 5 VollstrPlan).

Beurteilungsgrundlage ist § 152 III StVollzG i. V. m. § 24 II 1 StVollstrO und dem VollstrPlan NRW.

> Verfügungsmuster
>
> GefBNr. .... /...
>
> Betr.:
> Antrag des Strafgefangenen Cäsar vom 13.10. auf Verlegung in die für den Wohnort
> zuständige Anstalt
>
> Vfg.
>
> 1. Vermerk:
> Veranlassung gibt der vorbezeichnete Antrag.
>
> Danach kann ein Gefangener, der mehr als 6 Monate Freiheitsstrafe zu verbüßen hat und in eine nach dem Aufenthaltsort bestimmte JVA eingewiesen worden ist, binnen 2 Wochen nach Vollzugsbeginn beantragen, ihn in die für den Wohnort zuständige Anstalt zu verlegen. Dem Antrag ist bei Vorliegen der Voraussetzungen zu entsprechen. Cäsar befindet sich seit dem 10.10. zum Vollzug einer 13 monatigen Freiheitsstrafe in der hiesigen Anstalt, die nach dem Aufenthaltsort bestimmt wurde. Der Wohnort Bonn ist durch Eintragung im Personalausweis glaubhaft gemacht. Da der Antrag am 13.10. fristgerecht gestellt wurde, ist dem Antrag zu entsprechen. Der Gefangene ist in die JVA Euskirchen zu verlegen (Männer 2111 lfd. Nr. 18 Sp. 3).
>
> 2. Abt. Bea., bitte dem Gefangenen Cäsar eröffnen:
> Auf Ihren Antrag vom 13.10. werden Sie mit dem nächsten Transport in die für Ihren Wohnort zuständige JVA Euskirchen verlegt.
>
> 3. VZ zwV (Vollzugsgeschäftsstelle zur weiteren Veranlassung).
>
> 4. ZdPA (zu den Personalakten).
>
> Moers-Kapellen, den .....
> Die
> Leiterin
> der JVA
> Im
> Auftrag

Aufgabe
Fälle zur Zuständigkeitsbestimmung nach allgemeinen Merkmalen

1. *Aufenthaltsort – Wohnort:* Der aus Hamburg kommende, verheiratete Student an der Fachhochschule für Rechtspflege Bad Münstereifel, Amann, wird vom AG Euskirchen wegen fahrlässiger Straßenverkehrsgefährdung zu einer Freiheitsstrafe von 3 Monaten verurteilt; er befindet sich auf freiem Fuß und war bislang nicht im Strafvollzug. Die Staatsanwaltschaft Bonn möchte ihn in die für Bad Münstereifel zuständige Anstalt einweisen (§ 24 I 1 StVollstrO).

2. *Nachträglich gebildete Gesamtstrafe:* Baumann aus Köln, der sich auf freiem Fuß befindet, hatte früher schon einmal 1 Jahr Jugendstrafe verbüßt. Er hatte sich am 1.9. zum Vollzug einer 5monatigen Freiheitsstrafe wegen Diebstahls in der zuständigen JVA gestellt; am 1.10. geht die Mitteilung in der Anstalt ein, dass unter Einbeziehung dieser Strafe eine Gesamtstrafe von 14 Monaten zu vollstrecken ist (s. § 23 I 2 StVollstrO; Strafrest bei Beginn des Vollzugs der Gesamtstrafe maßgebend).
3. *Mehrere Freiheitsstrafen zu vollstrecken:* Chormann aus Duisburg befindet sich in U-Haft, war früher schon einmal 6 Monate im Strafvollzug: Es sind Freiheitsstrafen mit Vollzugsdauern von 4 und 6 Monaten zu vollstrecken (keine Gesamtstrafenbildung); (s. § 43 VI 1 StVollstrO: richtet sich nach der Gesamtvollzugsdauer).
4. *Nachträgliche Anschlussstrafe:* Deichmann aus Duisburg war auf freiem Fuß, verbüßt seit 1.9. im Regelvollzug eine Freiheitsstrafe von 8 Monaten wegen sexueller Nötigung; am 1.10. geht ein neues Aufnahmeersuchen ein: 18 Monate Freiheitsstrafe wegen schweren Diebstahls (s. §§ 43 VI 2, 23 I 2 letzter HS StVollstrO).
5. *Widerruf einer Restfreiheitsstrafe:* Eiermann aus Bochum befindet sich seit 1.6. nach vorausgegangener U-Haft zum Vollzug einer 8monatigen Freiheitsstrafe im Regelvollzug, Strafende: 15.12. Am 2.10. gehen folgende Aufnahmeersuchen ein: 8 Monate Restfreiheitsstrafe (von ursprünglich 2 Jahren) nach Bewährungswiderruf und 3 Monate Anschlussfreiheitsstrafe (s. § 24 I 1 und 2; speziell S. 3 StVollstrO).
6. *Fortsetzung einer unterbrochenen Freiheitsstrafe:* Froschmann war von der Einweisungsanstalt zur Verbüßung einer Freiheitsstrafe von 2 Jahren 6 Monaten in die JVA Attendorn, ersatzweise Remscheid, eingewiesen und nach Verbüßung von der Strafe entlassen worden. Wegen Verdachts neuer Straftat in der Bewährungszeit ist die Strafaussetzung widerrufen worden (s. § 24 IV 1 und 2; speziell S. 5 StVollstrO) (Tab. 3.1).

3.5 Zuständigkeitsbestimmung durch die Einweisungsanstalt/-abteilung

§ 152 II 2 eröffnet die Möglichkeit, dass die Zuständigkeitsbestimmung nicht nach allgemeinen Merkmalen erfolgt, sondern durch eine Einweisungsanstalt/-abteilung nach individuellen Gesichtspunkten der Behandlung und Eingliederung. In die Einweisungsanstalt/-abteilung wird der Gefangene jedoch nach allgemeinen Merkmalen verlegt, § 152 II 1.

Aufgabe
Bitte lesen Sie zunächst im Vollstreckungsplan nach, ob es im betreffenden Bundesland ein Einweisungsverfahren gibt und nach welchen allgemeinen Merkmalen der Gefangene diesem ggf. zuzuführen ist!

Tab. 3.1 Auszug aus dem Vollstreckungsplan NRW

Lfd. Nr.	Landgerichtsbezirk Amtsgerichtsbezirk	Verurteilte, die sich auf freiem Fuß befinden		Übrige Verurteilte				Freiheitsstrafe von mehr als 24 M.		
		Freiheitsstrafe von 3 bis einschl. 24 M.	Freiheitsstrafe von mehr als 24 M.	Freiheitsstrafe von 3 bis einschl. 18 M.		Freiheitsstrafe von mehr als 18 bis einschl. 24 M.		Deutsche	Ausländer	
				Erstvollzug	Regelvollzug	Erstvollzug	Regel Vollzug		Bis einschl. 48 Mon.	Von mehr als
1	2	3	4	5	6	7	8	9	10	11
18	**Bonn** Bonn Euskirchen Königswinter Rheinbach Siegburg Waldbröl	Euskirchen	Bielefeld-Senne • Außenstelle	Wuppertal	Siegburg	Remscheid	Rheinbach	Hagen	Rheinbach	Rheinbach
19	**Köln** Bergheim Bergisch-Gl. Brühl Gummersbach Kerpen Köln Leverkusen Wermelskirchen Wipperfürth	Attendorn	Bielefeld-Senne • Außenstellen	3 bis **unter** 12 M. Köln 12 **bis einschl.** 18 M. Remscheid	3 bis **unter** 9M. Köln 9 **bis einschl.** 18 M. Siegburg	Remscheid	Rheinbach	Hagen	Köln	Aachen

Zu den Spalten 10 und 11: Auf die ergänzende Regelung unter Nr. 7 der allgemeinen Bestimmungen (Teil 1 Abschn. II) wird hingewiesen
Zu den Spalten 3 und 4: Wird gegen den Gefangenen eine Strafe wegen Verstoßes gegen die §§ 174–184 e StGB vollzogen bzw. wegen eines damit im Zusammenhang stehenden Deliktes nach § 323 a StGB, ist stattdessen die Anstalt des geschlossenen Vollzuges zuständig
M. = Monate

3.5 Zuständigkeitsbestimmung durch die Einweisungsanstalt/-abteilung

Allgemeine Merkmale in NRW:
- männliche,
- deutsche,
- zu Freiheitsstrafe Verurteilte,
- mit einer Vollzugsdauer von mehr als 24 Monaten (s. Abschn. I Nr. 3 der Vorbem. zum VollstrPlan NRW).

Was sind die Vorteile des Einweisungsverfahrens?

- Möglichkeit der Durchführung einer gründlicheren BEHANDLUNGSUNTERSUCHUNG (§ 6) als in der „Normalanstalt":
  - durch Personal, welches ausschließlich oder überwiegend diagnostisch tätig ist;
  - durch die Möglichkeit der Anwendung von Testverfahren: Intelligenz-, Persönlichkeits-, mechanisch-technischer Verständnistest;
  - die Erstellung des Vollzugsplans in der Verbüßungsanstalt wird hierdurch und durch Behandlungsempfehlungen der Einweisungsanstalt erleichtert.
- Dem DIFFERENZIERUNGSPRINZIP (§ 141) kann besser Rechnung getragen werden, indem die Einweisung in die Verbüßungsanstalt nach Behandlungskriterien erfolgt (unterschiedlichen Behandlungsbedürfnissen soll durch entsprechende Zweckbestimmung der dem Einweisungsverfahren angeschlossenen Anstalten Rechnung getragen werden).

Welche Nachteile hat das Einweisungsverfahren?

- Die starke Differenzierung der Anstalten bedeutet vielfach eine HEIMATFERNE UNTERBRINGUNG der Gefangenen mit erschwerten Besuchskontakten von Angehörigen und zentralen Beratungsstellen für Straffällige und deren Angehörige.
- Der PERSONALAUFWAND bei den besonderen Fachdiensten in der Einweisungsanstalt findet keine Entsprechung in den Verbüßungsanstalten.

Durch die Einweisungsanstalt erfolgt also erst die Festlegung der zuständigen Anstalt. Von dieser Zuständigkeitsbestimmung darf nur unter den gesetzlichen Voraussetzungen i. V. m. den Einweisungsrichtlinien abgewichen werden.[6]

Fall 3.2

Der 25jährige Daniel Dransfeld aus Essen steht im Verdacht, in Wuppertal einen schweren Diebstahl begangen zu haben. Er befindet sich in der JVA Wuppertal in U-Haft. Er wird vom AG Wuppertal zu einer Freiheitsstrafe von 1 Jahr unter Anrechnung der U-Haft verurteilt. Das Strafende ist daher – bei Eingang des Aufnahmeersuchens am 9.7. – der 20.12. Er verbleibt/ist zu verlegen in die ... Am

---

[6] zur Ermessensentscheidung der Einweisungskommission vgl. OLG Stuttgart NStZ 1998, 431 f.

30.7. wird er in dieser Anstalt beurlaubt und wird bei der Begehung eines Raubes, verbunden mit gefährlicher Körperverletzung, festgenommen. Am 15.12. geht das Aufnahmeersuchen ein: 2 Jahre, 6 Monate Freiheitsstrafe.

Aufgabe
Was ist zu veranlassen:
- Zusammenstellung des Spruchkörpers? Haftform? Klassifizierung?
Einweisung in welche JVA? Behandlungsempfehlungen?
Informationen
D. ist mehrfach vorbestraft wegen Eigentums- und Körperverletzungsdelikten, beginnend mit dem 15. Lebensjahr: Jugendarrest, Jugendstrafe, zweimal kürzere Freiheitsstrafen. D. stammt aus ungünstigen Familienverhältnissen, der Vater ist als Trinker zu bezeichnen, wurde dann gegen die Familie gewalttätig; D. hat eine abgeschlossene Schulausbildung, aber keine Lehre begonnen. Er hat unregelmäßig als Tankstellengehilfe gearbeitet. Er hat ca. 30 000,- € Schulden. Seit kurzem unterhält er eine engere Beziehung zu einer Angestellten, die ihn regelmäßig in der JVA besucht und einen offensichtlich günstigen Einfluss auf ihn ausübt. Er will einen „Schlussstrich" ziehen, „was lernen und was Vernünftiges anfangen". Er arbeitet als Hilfsarbeiter in der Anstaltsschlosserei der Einweisungsanstalt und zeigt dort Geschick im Umgang mit Metall.

Lösungsskizze
Für den Ort des Vollzugs der Untersuchungshaft spielen Wohn- oder Aufenthaltsort des Gefangenen keine Rolle; hier steht die Nähe zu den staatlichen Stellen, die das Ermittlungs- und Strafverfahren durchführen (Kripo, Staatsanwaltschaft, Gericht) im Vordergrund. Aus Männer 2 II 3 Lfd. Nr. 6 Sp. 4 des Vollstreckungsplanes NRW ergibt sich, dass für den Vollzug der Untersuchungshaft in den Fällen, in denen der Haftrichter beim AG Wuppertal den Haftbefehl erlassen hat, für männliche über 21jährige U-Gef. die JVA Wuppertal zuständig ist. Nach Eingang des Aufnahmeersuchens am 9.7. ist er in die JVA Werl zu verlegen (§ 24 I 2 StVollstrO, Männer 2 I 3 Lfd. Nr. 6 Sp. 6 VollstrPlan NRW).
Nach Eingang des Aufnahmeersuchens am 15.12. ist er in die Einweisungsanstalt JVA Hagen (Männer 2 I 7 Lfd. Nr. 12 Sp. 9) zu verlegen, da zu diesem Zeitpunkt noch mehr als 24 Monate Freiheitsstrafe zu vollstrecken sind.
Mit Rücksicht auf die bevorstehenden Feiertage erscheint die Verschiebung der Verlegung bis nach den Feiertagen sinnvoll.
Im Hinblick auf das Erfordernis der Schuldenregulierung und die Förderung des Kontakts zu der Bekannten des Dransfeld sollte ein Sozialarbeiter dem Spruchkörper angehören. Der Arbeitsberater sollte wegen der beruflichen Förderung des Gefangenen ebenfalls dabeisein. Den Vorsitz führt ein Jurist (vgl. 3.1 der Einweisungsrichtlinien NRW 4512-IV A.3). Hieraus ergeben sich die Behandlungsempfehlungen:
- Förderung des Kontakts zur Freundin;
- Hilfe bei der Schuldenregulierung/Schuldnerberatung;

- kontinuierlicher Arbeitseinsatz;
- Teilnahme an einer Ausbildungsmaßnahme zum Schlosser.

Dransfeld hat während eines Urlaubs aus der Haft am 30.7. eine gravierende Straftat begangen; damit ist zu befürchten, dass er auch den offenen Vollzug zu Straftaten missbrauchen wird, § 10 I. Er ist daher für den offenen Vollzug derzeit nicht geeignet und somit in eine Anstalt des geschlossenen Vollzugs einzuweisen. Es kommt die JVA Geldern in Betracht, in der er eine Schlosserausbildung absolvieren kann.

Unterbringung im offenen Vollzug, §§ 10, 141, 201 Ziff. 1

4.1 Bedeutung des offenen Vollzugs (oV)

Die Unterbringung im offenen Vollzug ist eines der Mittel des Behandlungsvollzugs, mit dem der Gesetzgeber die Erreichung des Vollzugszieles, § 2, anstrebt.

Dabei kommen die Gestaltungsprinzipien des § 3 in besonderer Weise zum Ausdruck:[1]

- Das Leben im offenen Vollzug ist den allgemeinen Lebensverhältnissen (also „draußen") weit stärker angeglichen als im geschlossenen Vollzug, Abs. 1.
- Die Gefahr schädlicher Beeinflussung durch Mitgefangene (Subkultur usw.) ist im offenen Vollzug wesentlich geringer als im geschlossenen Vollzug, Abs. 2.
- Der offene Vollzug ist in besonderer Weise dazu geeignet, den Übergang des Gefangenen in die Freiheit zu erleichtern, z. B. durch Arbeit außerhalb der Anstalt, Abs. 3.
- Die Rückfallquote bei zumindest überwiegender Unterbringung im offenen Vollzug ist deutlich geringer als bei einer Entlassung aus dem geschlossenen Vollzug[2]
- Der offene Vollzug benötigt weniger technische Sicherungen und weniger Personal und ist deshalb deutlich billiger.

Die Unterbringung im offenen Vollzug ist deshalb die Regelunterbringung bei Vorliegen der Voraussetzungen, § 10 I; der geschlossene Vollzug die Ausnahme, § 10 II. Allerdings lässt das Strafvollzugsgesetz zu, dass diejenigen Länder, in denen überwiegend alte Anstalten existieren und zu wenige Haftplätze im offenen Vollzug vorhanden sind, Gefangene trotz Vorliegens der Eignung im geschlossenen Vollzug unterbringen, § 201 Ziff. 1.[3]

---

[1] Vgl. Schwind/Böhm, § 10 Rdn. 2.

[2] für den offenen Jugendstrafvollzug: 37 % gegenüber 63 %, so Dolde/Grübl: Jugendstrafvollzug, S. 21 für einen Beobachtungszeitraum 4–5 Jahre.

[3] Vgl. aber OLG Frankfurt NStZ 1991, §§ 55 f.: Verlegung in andere Anstalt, wenn nur in einer bestimmten Anstalt Plätze fehlen.

Insbesondere vor der Entlassung von langstrafigen Gefangenen ist zu prüfen (soweit sie sich noch im geschlossenen Vollzug befinden), ob sie in eine Anstalt des offenen Vollzugs zu verlegen sind, §§ 15 IL 147.

Zu beachten ist auch, dass eine ungünstige Kriminalprognose, eine bestimmte Deliktsart oder ein langes Vorstrafenregister für sich genommen die Eignung eines Gefangenen für den offenen Vollzug nicht ausschließen, da durchaus vorstellbar ist, dass sich der Gefangene unter der Aufsicht und Betreuung des Vollzugs in die Gemeinschaft eingliedert und die Unterbringung im offenen Vollzug nicht zur Flucht oder zu Straftaten missbraucht.[4]

4.2 Zuständigkeit des offenen Vollzugs

Zu unterscheiden sind:
a. Die ORIGINÄRE Zuständigkeitsbestimmung (d. h. von vorneherein ist die Anstalt des offenen Vollzugs die zuständige Anstalt):
 – durch den Vollstreckungsplan, § 152 III: s. im Vollstreckungsplan NRW die Zuständigkeit für Verurteilte mit kürzeren Freiheitsstrafen, die sich auf freiem Fuß befinden;[5]
Unabhängig von einer Regelung des Vollstreckungsplanes hat die Vollstreckungsbehörde zu prüfen, ob aufgrund des Resozialisierungsinteresses der Verurteilte direkt in den offenen Vollzug geladen werden kann. Dabei ist insbesondere die Bedeutung eines bestehenden Arbeitsplatzes für den Gefangenen zu berücksichtigen und ein Arbeitsplatzverlust nach Möglichkeit zu vermeiden;[6]
Allerdings kann das Landesrecht für die Direkteinweisung bestimmte Voraussetzungen, z. B. Selbststellung, vorsehen.[7]
 – durch die Einweisungsanstalt, § 152II 2: s. z. B. Einweisungsrichtlinien NRW.
b. Die Verlegung aus dem geschlossenen in den offenen Vollzug auf dem Wege der PROGRESSION: s. die entsprechenden Verwaltungsvorschriften des jeweiligen Bundeslandes; es handelt sich um kein Abweichen vom Vollstreckungsplan im Sinne des § 8 I, sondern um die in zweiter Linie zuständige Anstalt.
c. Die Verlegung – in Abweichung vom Vollstreckungsplan – zur Vorbereitung der ENTLASSUNG, § 15 II hat keine große praktische Bedeutung, da bereits durch a) und b) abgedeckt. zu.[8]

---

[4] Ebenso Calliess/Müller-Dietz, § 10 Rdnr. 6.
[5] Zu den Schwierigkeiten bei länderübergreifenden Einweisungen: OLG Frankfurt NStZ 1994, 301 m. Anm. Preusker.
[6] OLG Hamm NStZ-RR 2008, 357; ebenso OLG Naumburg NStZ-RR 2009, 30, wonach schon die Vollstreckungsbehörde bei ihrer Entscheidung die Voraussetzungen des § 10 zu prüfen hat.
[7] OLG Frankfurt NStZ-RR 2012, 389 zu §§ 13, 71 HStVollzG.
[8] Zu § 15 II vgl. Calliess/Müller-Dietz, § 15 Rdnr. 3.

4.3 Kennzeichen des offenen Vollzugs, § 141 II und Nr. 2 VV zu § 141

Das Gesetz nennt als Kennzeichen nur: keine oder verminderte Vorkehrungen gegen Entweichungen. Daraus wird ersichtlich, dass der Gesetzgeber den Ländern die konkrete Ausgestaltung des oV überlassen will und offenbar auch Abstufungen innerhalb des offenen Vollzugs („halb offener", „ganz offener") zulässig sind.[9]

Während sich aus den bundeseinheitlichen VV nur Gestaltungsprinzipien herleiten lassen bezüglich
- baulicher und technischer Sicherheitsvorkehrungen;
- der Aufsicht innerhalb der Anstalt;
- des Verschlusses der Außentüren der Unterkunftsgebäude und der Wohnräume während der Ruhezeit;
- der Bewegungsmöglichkeiten innerhalb der Anstalt,

sind aus den landesrechtlichen VV großzügigere Regelungen (als im geschlossenen Vollzug) zu entnehmen in Bezug auf:
- Außenarbeit und Freigang, § 11 I Nr. 1;
- freies Beschäftigungsverhältnis, § 39;
- Ausgang, insbesondere zum Besuch, § 111 Nr. 2;
- Urlaubstage, § 131, IV;
- Tragen eigener Kleidung, § 20 II 2;
- Absehen von der Überwachung der Besuche und des Schriftwechsels, §§ 27 I, 29 III;
- generelle Gestattung Telefonate zu führen, § 32 usw.

4.4 Besondere Anforderungen des offenen Vollzugs

Den besonderen Anforderungen des offenen Vollzugs genügen Gefangene dann, wenn sie Bereitschaft zeigen, sich in eine Anstalt einzufügen, die gekennzeichnet ist durch:
- verminderte Sicherheitsvorkehrungen gegen Entweichungen;
- verminderte Aufsichtsmaßnahmen während Freizeit und Arbeitszeit;
- verstärkte Lockerungs- und Urlaubsmöglichkeiten;
- mehr und unüberwachten Kontakt zu Mitgefangenen;
- mehr Möglichkeiten, an Drogen im weiteren Sinne heranzukommen;
- mehr Möglichkeiten, während des Vollzugs Straftaten zu verüben.

An den Gefangenen sind daher höhere Anforderungen zu stellen an Selbstdisziplin, Eigenverantwortung usw.

Das OLG Koblenz hat als ANHALTSPUNKTE FÜR DIE EIGNUNG eines Gefangenen für den offenen Vollzug genannt:[10]
- Fähigkeit zu korrekter Führung unter geringerer Aufsicht als im geschlossenen Vollzug;

---

[9] Vgl. Kaiser/Schöch, § 10 Rdnr. 37 ff.

[10] ZfStrVo 1981, 319; ebenso: OLG Zweibrücken ZfStrVo 1990, 373 f.; 1998, 179; OLG Karlsruhe ZfStrVo 1985, 174.

- Aufgeschlossenheit gegenüber den sozialpädagogischen Bemühungen des offenen Vollzugs;
- uneingeschränkte und loyale Mitarbeitsbereitschaft;
- Bereitschaft und Fähigkeit zur Einordnung in die Gemeinschaft und Rücksichtnahme auf Mitbewohner.

Dabei dürfen jedoch nach Ansicht des Gerichts zu Beginn des Vollzugs keine allzu hohen Anforderungen an den Gefangenen gestellt werden, da der Gefangene diese Fähigkeit ja gerade auch im offenen Vollzug „voll erlernen" soll.[11]

Kürzer könnte man sagen: der Gefangene muss zu Beginn des Vollzugs Mindestanforderungen erfüllen an:
- Selbstständigkeit,
- Selbstdisziplin,
- Gemeinschaftsfähigkeit,
- Verantwortungsgefühl,
- Bereitschaft zu aktiver Mitarbeit,

wobei dies nicht problemlos geschehen muss, sondern die Vollzugsbehörde eine Gestaltungspflicht in Bezug auf Persönlichkeitsförderung und Entgegenwirken von Schwierigkeiten hat.

4.5 Voraussetzungen der Unterbringung; hierbei Anwendung unbestimmter Rechtsbegriffe und von Ermessen

Die VV zu § 10 sind wie folgt aufgebaut (Abb. 4.1, Tab. 4.1):
- Nr. 1 enthält Ausschlusstatbestände, es ist aber immer Abs. 2 zu prüfen!
- Nr. 2 enthält Regelvermutungen der Ungeeignetheit, es ist immer zu prüfen nach Abs. 2, ob eine Ausnahme in Betracht kommt; Abs. 3 schreibt besonders gründliche Prüfung (in der Regel psychologisches Gutachten und Erörterung in Konferenz) bei bestimmten Tätern vor.
- Nr. 3 enthält Rückverlegungstatbestände und regelt das Verfahren.
- Nr. 4 enthält Zuständigkeitsregelungen und regelt das Verfahren bei Verlegung eines zu lebenslänglicher Freiheitsstrafe verurteilten Gefangenen in den offenen Vollzug.

Fall 4.1

Im Wege der Progression aus dem geschlossenen Vollzug in den offenen Vollzug verlegt, befindet sich der Gefangene Ernst Eich seit 4 Monaten in der JVA Bielefeld-Senne, Außenstelle M. Eich hat eine Freiheitsstrafe von 3 Jahren 6 Monaten wegen schweren Diebstahls zu verbüßen; Strafende ist in 8 Monaten. Er arbeitet mit seiner Zustimmung in einem sog. Außenkommando (unter Beaufsichtigung durch Vollzugsbediensteten in unregelmäßigen Abständen, Nr. 1 VV zu § 11) in einem privaten Gartenbaubetrieb. Seine Arbeitsleistungen werden als zufriedenstellend bezeichnet; gelegentlich neigt er dazu, „andere durch Schwätzchen von der Arbeit abzuhalten", wie der Kommandoführer mitteilt.

---
[11] Vgl. hierzu OLG Zweibrücken ZfStrVo 1998, 179.

4.5 Voraussetzungen der Unterbringung; hierbei Anwendung unbestimmter ...

Abb. 4.1 Voraussetzungen der Unterbringung im offenen Vollzug

TATBESTAND ⟶	RECHTSFOLGE
Wenn der Gefangene zustimmt und den besonderen Anforderungen des offenen Vollzugs genügt, insbesondere keine Flucht- und Missbrauchsgefahr besteht, § 10 I, und Plätze im offenen Vollzug zur Verfügung stehen, § 201 Ziff. 1 (= mehrere unbestimmte Rechtsbegriffe neben bestimmten)	soll er im offenen Vollzug untergebracht werden (= gebundenes Ermessen; regelmäßig ist er im offenen Vollzug unterzubringen)[1]

Am 23.10. kam es zu einer lautstarken Auseinandersetzung zwischen Eich und dem Mitgefangenen König, weil König dem Eich vorwarf, er habe einen Rechen so hingelegt, dass er – König – darauf habe treten müssen und sich dabei den Stiel heftig an den Kopf geschlagen habe. Eich bestritt energisch, den Rechen absichtlich so hingelegt zu haben. Eine tätliche Auseinandersetzung konnte der Kommandoführer gerade noch verhindern.

Am 27.10. wurden die Haftträume der Außenstelle M durchsucht. Dabei wurde in dem Schrank des Eich eine halbe Flasche Franzbranntwein gefunden. In dem daraufhin wegen Verstoßes gegen das absolute Alkoholverbot im Vollzug eingeleiteten Disziplinarverfahren ließ sich Eich dahin gehend ein, er habe die Flasche Franzbranntwein aus dem geschlossenen Vollzug mitgebracht, wo sie ihm der Vertreter des Anstaltsarztes für die bessere Durchblutung seiner Beine und Füße verordnet habe. Er habe den Alkohol auch ausschließlich entsprechend benutzt, „trinken kann man das Zeug ja ohnehin nicht".

Am 30.10. ging in der Anstalt eine Mitteilung der StA Köln ein, nach der gegen Eich ein Ermittlungsverfahren anhängig sei. Auf den Anruf des Inspektors für Sicherheit und Ordnung hin teilte der StA mit, Eich sei beim Diebstahl eines Hemdes im Wert von 24,- € während des letzten Urlaubs im September vom Kaufhausdetektiv gestellt worden. Es sei nicht beabsichtigt, Haftbefehl zu beantragen.

Als der Leiter der Außenstelle M dies vom Inspektor für Sicherheit und Ordnung erfuhr, sagte er, damit sei „das Maß voll". Eich könne sich nicht in die Gemeinschaft eingliedern, wie der Vorfall vom 23.10. zeige. Seine Einlassung zum Franzbranntwein sei sicher „ein Ammenmärchen", es sei unnötig, im geschlossenen Vollzug deshalb anzurufen; außerdem stünde das Ermittlungsverfahren der weiteren Unterbringung im offenen Vollzug entgegen. Er halte es für erforderlich, den Gefangenen ohne weiteres Aufheben mit dem nächsten Transport in den geschlossenen Vollzug zurückzuverlegen. Wenn Eich sich dort beschwere, könnten ihm die Gründe immer noch mitgeteilt werden.

Aufgabe
Gutachtliche Prüfung, ob der Anregung des Leiters der Außenstelle zu entsprechen ist.

Lösungsskizze
Vermerk
Veranlassung gibt die Anregung des Leiters der Außenstelle M, den Gefangenen Ernst Eich in den geschlossenen Vollzug zurückzuverlegen.
Grundsätzlich hat auch der Gefangene – wie der freie Bürger – einen Anspruch auf den Bestand von ihn begünstigenden Verwaltungsakten. Soll ein begünsti-

Tab. 4.1 Verwaltungsvorschriften zu § 10

VV Nr. 1 Abs. 1	Bst.		Ausnahmen VV Nr. 1 Abs. 2	
Gefangene sind *ausgeschlossen* von der Unterbringung im offenen Vollzug wenn:		b) untersuchungs-, Auslieferungs- oder Abschiebungshaft angeordnet	Keine (s. aber oben)	Bst. (a), (c), (d): Zustimmung der Aufsichtsbehörde
		c) vollziehbare Ausweisungsverfügung besteht und Abschiebung aus der Haft beabsichtigt	Benehmen mit Ausländerbehörde	
		a) wegen Staatsschutztaten verurteilt	Anhörung der Vollstreckungsbehörde	
		d) freiheitsentziehende Maßregel der Besserung und Sicherung angeordnet und noch nicht vollzogen	Anhörung der Strafvollstreckungskammer	
VV Nr. 2 Abs. 1	Bst.		VV Nr. 2 Abs. 2	
Gefangene sind *in der Regel ungeeignet* für eine Unterbringung im		d) Ausweisungs-, Auslieferungs-, Ermittlungs- oder Strafverfahren anhängig	Anhörung der zuständigen Behörde + besondere Umstände	
		a) erheblich suchtgefährdet,	besondere Umstände	
		b) während des laufenden Freiheitsentzugs entwichen, Flucht versucht, Ausbruch unternommen, Gefangenenmeuterei verübt	besondere Umstände	
		c) aus letztem Urlaub oder Ausgang nicht zurück oder strafbare Handlung begangen	besondere Umstände	
		e) negativen Einfluss ausübend, insbesondere bei anderen Gefangenen Erreichen des Vollzugsziels gefährdend	besondere Umstände	
VV Nr. 2 Abs. 3				
Besonders gründliche Prüfung erforderlich wenn:		1) Straftat wegen grober Gewalttätigkeiten gegen Personen 2) Straftat gegen die sexuelle Selbstbestimmung 3) Straftat wegen Handelns mit Stoffen im Sinne des BtMG 4) begründeter Verdacht des Handels mit Stoffen im Sinne des BtMG im Vollzug 5) Erkenntnisse vorliegen, dass der Gefangene der organisierten Kriminalität angehört		

4.5 Voraussetzungen der Unterbringung; hierbei Anwendung unbestimmter ...

gender Verwaltungsakt aufgehoben werden, bedarf es hierzu einer gesetzlichen Grundlage. Rechtsgrundlage für die Rückverlegung könnte § 10 II 2, I i. V. m. Nr. 3 I Buchst, b) und c) VV zu § 10 sein.[12]
Danach ist ein Gefangener in den geschlossenen Vollzug zurückzuverlegen, wenn er den besonderen Anforderungen des offenen Vollzugs nicht entspricht, insbesondere Flucht- oder Missbrauchsgefahr besteht.

Zu den besonderen Anforderungen des offenen Vollzugs gehören u. a.:
- Fähigkeit zu korrekter Führung unter geringerer Aufsicht als im geschlossenen Vollzug;
- Bereitschaft zur Mitarbeit am Vollzugsziel;
- Bereitschaft zur Einordnung in die Gemeinschaft.

Anhaltspunkte für die Nichteigung sind u. a.:
- Nr. 2IaVVzu§ 10;
- Nr. 2IcVVzu§ 10;
- Nr. 2IdVVzu§ 10;
- Nr. 2IeVVzu§ 10.

  a. Einordnung Vorfall vom 23.10.: Ein einmaliger Streit mit einem Mitgefangenen lässt nicht den Schluss zu, Eich sei zur Einordnung in die Gemeinschaft nicht fähig, zumal nicht feststeht, dass er absichtlich dem König Schaden zufügen wollte und er ansonsten offensichtlich bisher zufriedenstellend gearbeitet hat und ein gutes Verhältnis zu den Mitgefangenen hat („Schwätzchen").

  b. Einordnung Vorfall vom 27.10.: Zwar kann schon der einmalige Verstoß gegen das absolute Alkoholverbot Grund zur Feststellung der Ungeeignetheit sein[13]; aber Franzbranntwein ist zum Genuss nicht geeignet. Sinn des Alkoholverbots ist jedoch, den Genuss von Alkohol zu verbieten und damit mögliche Folgen des Missbrauchs im Vollzug zu verhindern, zumal der Einlassung des Gefangenen: der Franzbranntwein diene ausschließlich medizinischen Zwecken, nicht nachgegangen worden ist. Allenfalls hochgradige Alkoholiker könnten dies, wenn andere Möglichkeiten absolut nicht zur Verfügung stehen, zum „Genuss" gebrauchen. Beide Voraussetzungen liegen hier nicht vor. Die Vollzugsbehörde hat alle entscheidungserheblichen Umstände aufzuklären,[14] sie hätte Rückfrage im geschlossenen Vollzug halten müssen. Schließlich ist der Gefangene trotz gelockerter Aufsicht beim Außenkommando in 4 Monaten nicht aufgefallen, so dass weder auf eine erhebliche Suchtgefährdung noch einen negativen Einfluss auf Mitgefangene geschlossen werden kann

  c. Einordnung der Mitteilung vom 30.10.: Zwar treffen sowohl Nr. 21c) und d) VV, zu § 10 zu: Der Gefangene hat eine Straftat während des letzten Urlaubs begangen, und es ist ein Ermittlungsverfahren gegen ihn anhängig. Dabei ist nicht zu beanstanden, wenn die Ablösung auf der Grundlage eines bloßen Verdachts betrieben wird. Allerdings muss sich er sich auf konkrete Anhalts-

---

[12] in der Regel bedarf es einer ergänzenden, analogen Heranziehung des § 14 II nicht: vgl. OLG Celle NStZ-RR 1998, 92.

[13] Vgl. Schwind/Böhm, § 10 Rdnr. 12; restriktiv OLG Karlsruhe NStZ-RR 2009, 325.

[14] vgl. auch OLG Karlsruhe a. a. O.

punkte und nicht nur auf bloße Vermutungen stützen.[15] Die bloße Erstattung einer Strafanzeige reicht nicht aus. Polizei und/oder Staatsanwaltschaft müssen auch zu erkennen geben, gegen den Gefangenen vorgehen zu wollen.[16]
Besondere Umstände im Sinne von Nr. 2 II VV, die eine Ausnahme von der Regelvermutung des Abs. 1 zuließen, könnten sein:
– bisher im wesentlichen ordnungsgemäße Führung im offenen Vollzug;
– er hat auch nicht die Möglichkeiten des offenen Vollzug zu seiner Straftat missbraucht, da er auch im geschlossenen Vollzug Urlaub bekommen hätte;
– es sind auch keine Anhaltspunkte für Fluchtgefahr wegen des anhängigen Ermittlungsverfahrens gegeben, denn Eich ist in Kenntnis des anhängigen Verfahrens ordnungsgemäß vom Urlaub zurückgekehrt;
– es handelt sich bei der Straftat um den Diebstahl einer geringwertigen Sache, § 248 b StGB; er hat eine andere Qualität als der schwere Diebstahl, derethwegen er inhaftiert ist;
– der Staatsanwalt hat offenbar bei dem Telefonat mit dem Inspektor für Sicherheit und Ordnung keine Bedenken gegen den Verbleib des Gefangenen im offenen Vollzug geltend gemacht, Nr. 2 II2 VV.

d. Zum Verfahren:
– Nr. 3 II 1 VV zu § 10 ist nicht beachtet: dem Gefangenen wurde keine Gelegenheit zur Äußerung gegeben;
– Nr. 3 II 2 VV zu § 10 ist nicht beachtet: dem Gefangenen wurden die Gründe nicht bekannt gegeben.

Ergebnis
Der Anregung ist nicht zu entsprechen, weil Eich auch weiterhin den besonderen Anforderungen des offenen Vollzugs entspricht und auch die Verfahrensvorschriften bei der Rückverlegung nicht eingehalten wären.

---

[15] BVerfG NStZ-RR 2004, 220.
[16] OLG Celle NStZ-RR 2005, 29.

Verlegung in Abweichung vom Vollstreckungsplan, § 8

5

Aufbau des § 8:
Abschnitt 1: Verlegung, d. h. dauerhafte Unterbringung in einer anderen JVA, führt zu Zuständigkeitswechsel[1], ggf. auch der Strafvollstreckungskammer, § 110.
Abschnitt 2: Überstellung, d. h. vorübergehende, befristete Überführung des Gefangenen in eine andere JVA (Beispielsfälle in Nr. 1 VV zu § 8) (Abb. 5.1, 5.2).

▶ Beachten Sie
 Gewisse Erschwernisse – etwa für Angehörige beim Besuch – sind Folge der Differenzierung der Anstalten und müssen in Kauf genommen werden.[2] Allerdings kommt eine Verlegung nicht erst in Betracht, wenn sie zur Behandlung oder Resozialisierung unerlässlich ist, sondern schon dann, wenn die Behandlung des Gefangenen oder seine Eingliederung nach der Entlassung hierdurch gefördert wird. In diesem Fall hat der Gefangene zwar keinen Anspruch auf Verlegung, wohl aber auf fehlerfreien Ermessensgebrauch der Vollzugsbehörde.[3]

Fall 5.1

Der Gefangene Fritz Frisch, inhaftiert in der JVA Rheinbach (bei Bonn), beantragt, ihn in eine JVA des Landes Baden-Württemberg (möglichst die JVA Freiburg) zu verlegen, da er vor 1 Jahr während eines Hafturlaubs eine Frau kennengelernt habe, die in der Nähe von Freiburg als Lehrerin arbeite und wohne und die er vor 3 Monaten in der Anstalt geheiratet habe. Da sie außer ihrem Beruf auch noch 2 Kinder im schulpflichtigen Alter aus ihrer geschiedenen Ehe zu betreuen habe, könne sie nur selten und mit großem Aufwand zu einem allenfalls

---

[1] Calliess/Müller-Dietz, § 8 Rdnr. 2; Schwind/Böhm, § 8 Rdnr. 8; vgl. Nr. 7 VGO.
[2] OLG Rostock ZfStrVO 1998, 310, OLG Hamm ZfStrVo 2002, 315.
[3] BVerfG ZfStrVo 2006,237.

5 Verlegung in Abweichung vom Vollstreckungsplan, § 8

TATBESTAND	⟶	RECHTSFOLGE
Nr. 1: Förderung der Behandlung des Gefangenen und/oder Förderung der Eingliederung des Gefangenen nach der Entlassung;	= Individuelle Gründe (Interesse des Gefangenen)	Er kann in eine andere (nicht zuständige) JVA (die für Vollzug von Freiheitsstrafe zuständig ist; also nicht: U-Haftanstalt, Jugendstrafanstalt) verlegt werden (wobei die Zustimmung hier nicht erforderlich ist)
Nr. 2: Erfordernis aus Gründen der Vollzugsorganisation und/oder Erfordernis aus anderen wichtigen Gründen	= Interesse der Behörde steht im Vordergrund	

±= UNBESTIMMTE RECHTSBEGRIFFE:
- Behandlung würde gefördert, wenn in „neuer" JVA
    - für den Behandlungsprozess sinnvolle schulische, berufliche, medizinische, therapeutische Maßnahmen durchgeführt werden sollen (was in der jetzigen Anstalt nicht möglich);
    - wesentlich verbesserte Besuchs- und sonstige Kommunikationsmöglichkeiten zu einer Person/Personengruppe bestehen, die den Behandlungsprozess günstig beeinflussen.
- Eingliederung würde gefördert, wenn in „neuer" JVA
    - die Beschaffung von Wohnung und/oder Arbeit,
    - die Einbindung des Gefangenen in ein tragfähiges soziales Umfeld nach der Entlassung
    wesentlich erleichtert werden.
- Vollzugsorganisation, z. B.
    - Änderung des Vollstreckungsplans;
    - Überbelegung/Belegungsausgleich.
- Andere wichtige Gründe, z. B. ein Gefangener hat geplanten Ausbruch von Mitgefangenen mit Geiselnahme verraten und wird deshalb mit dem Tode bedroht (§ 85 greift nicht, weil nicht *sein* Verhalten die Gefahr darstellt). Auch die Persönlichkeitsentwicklung des Gefangenen kann eine Verlegung gemäß § 8 Abs. 1 Nr. 2 rechtfertigen, wenn seine erst während des Vollzugs erkannte besondere Gefährlichkeit seinen Verbleib in der bisherigen Anstalt nicht zulässt.

= ERMESSEN Der Gefangene hat also keinen Rechtsanspruch auf Verlegung, sondern nur auf ermessensfehlerfreie Prüfung; hier können auch Zweckmäßigkeitserwägungen angestellt werden, z. B.
- ob Verlegung in Anbetracht des Vollstreckungsstandes und der Bearbeitungszeit sinnvoll,
- ob Verlegung im Hinblick auf zur Zeit laufende Maßnahmen derzeit sinnvoll,
- in welche Anstalt er verlegt wird (z.B. bei anderem Bundesland).

Abb. 5.1 Verlegung.[4]

---

[4] OLG Hamm NStZ 1997, 102.

5 Verlegung in Abweichung vom Vollstreckungsplan, § 8

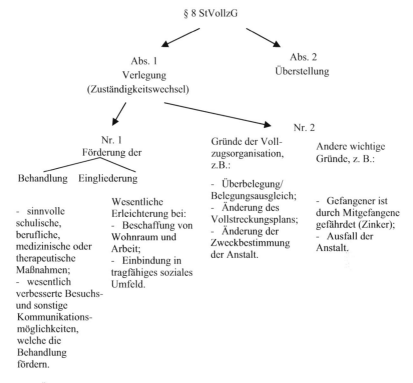

Abb. 5.2 Übersicht zu § 8 StVollzG

zweistündigen Besuch kommen, wobei die Zeit nicht ausreiche, vertrauensvolle, offene Kommunikation herzustellen. Seine Frau habe schon gestöhnt, dass sie diese großen Belastungen bis zu seiner Entlassung in 10 Monaten wahrscheinlich nicht aushalte. Sie sei jedoch seine einzige Bezugsperson, die ihm auch Halt gebe und ihn immer wieder ermuntere, nicht aufzugeben. Wenn er auch bei ihr nach der Entlassung wohnen könne, müsse er sich doch dort Arbeit suchen.

Der Gefangenenpersonalakte (GefPA) ist zu entnehmen, dass Frisch vor 1 Jahr aus einem Hafturlaub nicht freiwillig zurückgekehrt ist, sondern von der Polizei festgenommen werden musste; weiter, dass er vor 2 Monaten aus einem Urlaub, den er in Südbaden verbracht hat, beanstandungsfrei zurückgekehrt ist. Im übrigen sind seine Angaben nachgewiesen bzw. glaubhaft.

Der zuständige Sozialarbeiter hat sich gegen die Verlegung ausgesprochen, weil Frisch in der JVA Rheinbach ausreichend betreut werde, angemessener Kontakt zur Ehefrau im Rahmen von Briefen, Besuchen und jetzt auch Urlaub möglich sei. Außerdem habe der Gefangene seine Ehefrau während seines „selbstverlängerten" Urlaubs kennen gelernt; dieses Verhalten dürfe nun nicht auch noch belohnt werden.

Aufgabe
Gutachtliche Prüfung des Antrags!

Lösungsskizze

Verfügungsmuster

Az.:
Betr.:
Verlegungsantrag des Gefangenen Fritz Frisch
Vfg.
1.
Vermerk:
Veranlassung gibt der Antrag des vorbezeichneten Gefangenen auf Verlegung in eine JVA des Landes Baden-Württemberg, möglichst in die JVA Freiburg. Dem Antrag kann nicht schon nach § 24 I 3 StVollstrO entsprochen werden, da die Voraussetzungen - Unterbringung in einer nach dem Aufenthaltsort bestimmten, Verlegungsantrag in die für den Wohnort zuständigen JVA, Fristwahrung 2 Wochen nach Vollzugsbeginn - nicht vorliegen.
Rechtsgrundlage könnte § 8 I Nr. 1 StVollzG i.V.m. § 26 StVollstrO sein. Danach kann ein Gefangener abweichend vom Vollstreckungsplan in eine andere (für den Vollzug von Freiheitsstrafe zuständige) JVA verlegt werden, wenn hierdurch seine Behandlung oder Eingliederung nach der Entlassung gefördert wird.
Förderung der Behandlung und der Eingliederung sind unbestimmte Rechtsbegriffe, die mit allen entscheidungserheblichen Umständen des Einzelfalles aufgefüllt werden müssen, wobei zur Konkretisierung sich besonders § 2 S. 1 und § 3 eignen.
a) Die Behandlung würde durch eine Verlegung gefördert, wenn in der „neuen" JVA eine sinnvolle schulische, berufliche, medizinische oder therapeutische Maßnahme durchgeführt werden soll; daneben aber auch, wenn die Verlegung erfolgen soll, um Kontaktmöglichkeiten zu einer Bezugsperson, die den Behandlungsprozess positiv beeinflusst, erheblich zu verbessern.
Eine Verlegung zur Teilnahme an Maßnahmen ist nicht ersichtlich. Aus der Stellungnahme des Sozialarbeiters ergibt sich nicht, dass der Gefangene derzeit an Maßnahmen in der hiesigen JVA teilnimmt, deren Durchführung durch eine Verlegung gefährdet wäre.
Zwar sind gewisse Beschwernisse bei der Besuchsabwicklung usw., als Folge gesetzlich gebotener Differenzierung der Anstalten in Kauf zu nehmen. Hier handelt es sich jedoch bei der Entfernung Vollzugsort – Wohnort der Ehefrau um eine weit über dem Durchschnitt anderer Gefangener liegende Entfernung, die Besuchskontakte der Ehefrau erschwert und Urlaubszeiten des Gefangenen durch lange Fahrtzeiten erheblich reduziert.
Die Ehefrau übt offensichtlich einen positiven Einfluss auf den Gefangenen aus, was u. a. daraus zu ersehen ist, dass er jetzt beanstandungsfrei aus dem gewährten Urlaub zurückgekehrt ist.

5 Verlegung in Abweichung vom Vollstreckungsplan, § 8

> Dass der Gefangene seine Ehefrau während eines vorausgegangenen Urlaubsmissbrauchs kennen gelernt hat, ändert nichts an dem Umstand, dass durch eine Verlegung in die Nähe des Wohnorts der Ehefrau die Behandlung des Gefangenen gefördert würde. Die Argumente des Sozialarbeiters sind insoweit sachfremd, sie tragen auch im Übrigen nichts zur Problemlösung bei.
> b) Die Eingliederung nach der Entlassung würde gefördert, wenn aufgrund konkreter Umstände zu erwarten ist, dass die Beschaffung von Wohnung und/oder Arbeit sowie die Einbindung des Gefangenen in ein tragfähiges soziales Umfeld für die Zeit nach der Entlassung erheblich erleichtert würde.
> Selbst wenn sich der Gefangene nicht um Wohnung kümmern muss, so würde eine Verlegung in den Raum Freiburg die Arbeitsplatzsuche durch persönliche Kontakte zum Arbeitsberater des Arbeitsamts, durch die Möglichkeit der sofortigen Reaktion auf Stellenanzeigen in der örtlichen Presse wesentlich erleichtern. Auch muss er sich in die Familie der Ehefrau integrieren (Kontakt zu Kindern). Auch die Eingliederung nach der Entlassung würde durch eine Verlegung wesentlich erleichtert.
> Der Gefangene hat jedoch keinen Rechtsanspruch auf Verlegung, sondern nur einen Anspruch auf ermessensfehlerfreie Entscheidung, wobei hier auch Zweckmäßigkeitserwägungen angestellt werden können. Es sind jedoch keine Gründe ersichtlich, dem Antrag nicht zu entsprechen; auch im Hinblick auf das relativ nahe Strafende und die lange Dauer der Bearbeitungszeit erscheint die Befürwortung zum jetzigen Zeitpunkt angezeigt. Der Gefangene hat keinen Rechtsanspruch auf Verlegung in eine bestimmte Anstalt, vielmehr richtet sich dies nach dem Vollstreckungsplan B-W und der Entschließung des Justizministeriums in Stuttgart.

Dem JM NRW ist unter Beifügung der GefPA befürwortend zu berichten, § 26 StVollstrO i.V.m. Abschn. II Nr. 1 VollstrPlan NRW.

▶ Beachten Sie
§ 8 I Nr. 2 gilt entsprechend auch für die Rückverlegung in die ursprünglich zuständige JVA.[5]
Spezialvorschriften zu § 8 I sind enthalten in §§ 9, 15 II, 65 I und 85.

Wichtig ist nach der Neuregelung insbesondere § 9 i.V.m. § 199. Hiernach soll ein Gefangener in eine sozialtherapeutische Anstalt verlegt werden, wenn er wegen einer Straftat nach den §§ 174 bis 180 oder 182 des StGB zu zeitiger Freiheitsstrafe von mehr als 2 Jahren verurteilt worden ist und die Behandlung in einer sozialtherapeutischen Anstalt nach § 6 II 2 oder § 7 IV angezeigt ist. Nur wenn der Gefangene behandlungsunfähig ist, darf darauf verzichtet werden. Hierbei steht der Vollzugs-

---

[5] Hans. OLG Bremen ZfStrVo 1996, 310.

anstalt ein Beurteilungsspielraum zu.[6] Die Einschätzung der Anstalt, der Gefangene bedürfe eher einer Einzeltherapie anstatt der in der Sozialtherapie üblichen Gruppentherapie reicht jedoch nicht für eine Versagung der Verlegung aus.[7] Liegen die Voraussetzungen für eine Verlegung vor, hat die Anstalt kein Ermessen. Sie hat den Gefangenen in die sozialtherapeutische Anstalt zu verlegen.

Bei §§ 65 II und 76 III 1 handelt es sich um Fälle der Verbringung, nicht der Verlegung! Es tritt kein Zuständigkeitswechsel ein, der Anstaltsleiter bleibt zuständig für Urlaubs-, Besuchsgewährung usw.! Zur Verlegung in ein anderes Bundesland vgl. Lösungsskizze zu Fall 20.1.

---

[6] OLG Celle NStZ 2007, 284.
[7] OLG Schleswig NStZ-RR 2006, 94.

Grundsätze der Vollzugsplanung, Vollzugsgestaltung sowie Stellung des Gefangenen im Vollzug der Freiheitsstrafe

6.1 Grundsätze des § 3

§ 3 stellt eine Konkretisierung des § 2 dar; er enthält Anweisungen an die Vollzugsbehörde, wie der Vollzug zur Erreichung des Vollzugszieles gestaltet werden soll.[1] Der Gefangene kann aus § 3 keine unmittelbaren Rechtsansprüche herleiten; z. B. kann er den Antrag auf Aushändigung eines PC nicht auf § 3 I stützen, sondern Beurteilungsgrundlage wäre § 19 oder § 70. Große Bedeutung hingegen hat § 3 bei der Auslegung unbestimmter Rechtsbegriffe sowie bei der richtigen Ermessensausübung. Dass der Gefangene aus § 3 keine unmittelbaren Rechtsansprüche herleiten kann, heißt jedoch nicht, dass die Aufsichtsbehörde, wenn sich ein Gefangener über unhaltbare Zustände, z. B. eine ausgeprägte Subkultur in der JVA, beschwert, untätig bleiben kann.

Abs. 1: ANGLEICHUNGSGRUNDSATZ.[2] Soweit wie möglich sollen die Verhältnisse im Vollzug den Lebensverhältnissen in Freiheit angeglichen werden; so hat die Rechtsprechung z. B. hinsichtlich der Frage, wie lange einem Gefangenen nach selbstverschuldeter Arbeitslosigkeit Taschengeld (TG) verwehrt werden kann, über § 3 I Bestimmungen des SGB III bei selbstverschuldeter Arbeitslosigkeit des freien Arbeitnehmers angewandt.[3]

Abs. 2: GEGENSTEUERUNGSGRUNDSATZ. Der Gefangene soll die Anstalt keinesfalls „schlechter" verlassen als zuvor; insbesondere ist zu vermeiden, dass er erst im Vollzug Drogengebraucher wird, vom Leicht- zum Schwerkriminellen wird, die Wertvorstellungen des Gefängnisses übernimmt, völlig unselbstständig wird; gerichtet ist Abs. 2 also insbesondere gegen ausgeprägte Subkultur und gegen Prisonisierungsprozesse. Ein Gefangener

---

[1] BT-Drs. 7/3998, 6.

[2] Die Bezeichnungen stammen von Calliess/Müller-Dietz, § 3 Rdnrn. 3, 5, 7.

[3] OLG Hamm ZfStrVo 1988, 369 ff.

verliert durch die Inhaftierung in der Regel Arbeit, Wohnung und soziale Beziehungen (soweit vorhanden), hierbei handelt es sich um Schutzfaktoren gegen erneute Straffälligkeit. Insofern kommt diesem Grundsatz besondere Bedeutung zu.

Abs. 3: EINGLIEDERUNGSGRUNDSATZ. Die Vollzugsgestaltung hat im Hinblick auf einen möglichst nahtlosen Übergang in die Freiheit zu erfolgen; hierher gehören die Aufrechterhaltung/Herstellung sozialer Kontakte, Beschaffung von Wohnung und Arbeit. So kann z. B. § 3 III eine Rolle spielen bei der richtigen Anwendung von Ermessen im Rahmen der Gestattung von Telefonaten, § 32, bzw. des unbestimmten Rechtsbegriffs „wichtiger Anlass" in § 35.

Fall 6.1
Der Gefangene Friedrich Frey beschwert sich darüber, dass die Vollzugsbediensteten vor dem Betreten seines Haftraumes nicht anklopfen.

Lösungsskizze
Beurteilungsgrundlage ist hier zunächst § 3 I. Dem Angleichungsgrundsatz würde es entsprechen, dass die allgemeinen Lebensverhältnisse, zu denen das Klopfen vor Betreten eines Raumes gehört, im Strafvollzug soweit als möglich simuliert werden. Das Anklopfen hat sich dementsprechend auch in vielen Anstalten eingebürgert. Allerdings ist § 3 selbst keine Anspruchsgrundlage des Gefangenen, sondern dient nur dazu, unbestimmte Rechtsbegriffe in anderen Vorschriften auszufüllen. Zum Anklopfen an Haftraumtüren gibt es jedoch keine unmittelbar einschlägige Vorschrift.

Fraglich ist aber, ob das Nichtanklopfen einen Eingriff in eine (grundrechtlich) geschützte Rechtsposition des Gefangenen darstellt, der nur unter den Voraussetzungen des § 4 II zulässig ist.[4] Ein möglicher Eingriff ist an Art. 1 I, 2 I GG zu messen, wonach auch dem Gefangenen ein gewisses Recht auf Intimsphäre zusteht.[5] Dabei ist indes zu berücksichtigen, dass ohnehin jedes Betreten der Zelle akustisch durch Aufschlussgeräusche angekündigt wird, was dem Gefangenen Gelegenheit gibt, sich rechtzeitig bemerkbar zu machen und so einer Verletzung seiner Privatsphäre vorzubeugen.[6] Die Eingriffe für den Gefangenen sind also regelmäßig vernachlässigbar gering und damit ohne besondere Rechtsgrundlage möglich. Anders liegt es, wenn weibliche Bedienstete in einer Männeranstalt bzw. männliche Bedienstete in einer Frauenanstalt Dienst tun. Das relativ unvermittelte Eintreten eines Bediensteten des jeweils anderen Geschlechts vermag tatsächlich derart belastend sein, dass ein vorheriges Anklopfen angezeigt ist.[7] In solchen Fällen bedarf es also besonderer Umstände (Notwendigkeit einer überraschenden Haftraumkontrolle, konkreter Verdacht auf Drogenkonsum), wenn das Anklopfen unterlassen werden soll.

---
[4] So OLG Saarbrücken NStZ 1993, 207.
[5] Vgl. BGH ZfStrVo 1991, 242.
[6] BVerfG ZfStrVo 1996, 111.
[7] ähnlich BVerfG a. a. O.

6.2 Grundzüge des Aufnahmeverfahrens, § 5

Abs. 1: Während des gesamten Aufnahmeverfahrens *dürfen* andere Gefangene nicht zugegen sein; d. h. es reicht nicht, wenn etwa Hausarbeiter zwar nicht im gleichen Raum anwesend sind, aber aus einem Nachbarraum alles mithören. Die Vorschrift dient insbesondere dem Datenschutz und dem Schutz der Intimsphäre. Sie umfasst das gesamte Aufnahmeverfahren[8], wozu gehören:
- Entscheidung über die Aufnahme;
- körperliche Durchsuchung;
- Umkleidung;
- Abgabe und Registrierung der Habe[9]
- ärztliche Untersuchung;
- Vorstellung beim Anstaltsleiter oder Leiter der Aufnahmeabteilung;
- individuelle Unterrichtung über Rechte und Pflichten.

Abs. 2: Der Gefangene hat – unabhängig von einer evtl. Belehrung aller Zugänge in Gruppenform – einen Rechtsanspruch auf individuelle Unterrichtung über seine Rechte und Pflichten. Dies kann im Rahmen des sog. Zugangsgesprächs erfolgen.

Abs. 3: Nach der formellen Aufnahme – meist durch einen Mitarbeiter der Vollzugsgeschäftsstelle (VZG) – muss der Gefangene alsbald ärztlich untersucht sowie dem Leiter der JVA oder der Aufnahmeabteilung vorgestellt werden. Der Zweck der Aufnahmeuntersuchung ist u. a. in Nr. 1 VV zu § 5 dargestellt; daneben sollen aber auch unbegründete Amtshaftungsansprüche abgewehrt werden, z. B. behauptete Tbc-Infektion durch Zusammenlegen auf einem Gemeinschaftshaftraum. „Alsbald" ist also so auszulegen, dass die Aufnahmeuntersuchung diese Funktionen erfüllen kann, d. h. in engem zeitlichem Zusammenhang mit der Aufnahme. Unter den Voraussetzungen des § 101 II könnte die Zugangsuntersuchung notfalls auch zwangsweise vorgenommen werden.[10]

6.3 Grundzüge der Behandlungsuntersuchung sowie der Vollzugsplanerstellung

Behandlungsuntersuchung ⇒ Vollzugsplanerstellung

§ 6 → § 7

Ausnahme: § 6 I 2 i. V. m. VV zu § 6

Der Gefangene – ausgenommen der mit einer zu kurzen Freiheitsstrafe, wobei die Bestimmung in VV zu § 6 zu „großzügig" ist; es kann auch bei einem Gefangenen

---

[8] Calliess/Müller-Dietz, § 5 Rdnr. 1.
[9] KG NStZ 2004, 516.
[10] Calliess/Müller-Dietz, § 5 Rdnrn. 4, 6.

mit einer Vollzugsdauer von einem halben Jahr eine Behandlungsuntersuchung und ein Vollzugsplan für die Anstalt machbar und für den Gefangenen sinnvoll sein[11] – hat einen Rechtsanspruch darauf, dass eine Behandlungsuntersuchung durchgeführt und ein Vollzugsplan erstellt wird[12] er hat jedoch keinen Anspruch darauf, wie die Behandlungsuntersuchung durchzuführen ist, z. B. kein Anspruch auf Hinzuziehung eines Psychiaters. Allerdings ist die Vollzugsbehörde gemäß § 6II 2 verpflichtet, bei Sexualtätern die Verlegung in eine sozialtherapeutische Anstalt besonders gründlich zu prüfen. Weiter hat er Ansprüche, dass die Planung der Behandlung mit ihm erörtert wird, § 6 III, der Vollzugsplan mindestens die Angaben des § 7 II enthält und in angemessenen Fristen fortgeschrieben wird, § 6 I 1 „begonnen"; § 7 III.[13] Der Behandlungsbegriff ist weit auszulegen.[14] Dazu gehört es auch, dass die Anstalt den Gefangenen befähigt, sich mit der Tat, ihren Ursachen und Folgen auseinanderzusetzen.

Auf die Hinzuziehung seines Rechtsanwalts zu einer Vollzugsplankonferenz hat der Gefangene allerdings keinen Anspruch.[15] Dies ist aber zulässig und kann in bestimmten Fällen sogar sinnvoll sein. In aller Regel enthält der Vollzugsplan eine Rahmenregelung; er ist deshalb nicht anfechtbar nach den §§ 109 ff., weil er selbst zumeist keine Maßnahme mit Regelungscharakter darstellt.[16] Anders liegt es, wenn die ordnungsgemäße Aufstellung des Vollzugsplanes (Rechtsfehlerfreiheit des Verfahrens) oder des inhaltlichen Gestaltungsermessens[17] im Streit steht.[18] So führt ein Verstoß gegen § 159 zur Rechtswidrigkeit des Vollzugsplans und der darin enthaltenen Einzelmaßnahmen.[19] Deshalb müssen alle an der Behandlung maßgeblich Beteiligten an der Konferenz teilnehmen, wozu auch ein Einzeltherapeut gehören kann.[20] Jedoch kann im Einzelfall eine Regelung vorliegen, z. B. wenn auf dem Formblatt „Vollzugsplan" der gleichzeitig vorliegende Antrag des Gefangenen, ihn zur Außenarbeit einzusetzen bzw. generell ihn zu lockern, abgelehnt wird.[21] Die Fortschreibungsfrist, § 7 III 2, ebenso wie die Frist zur Prüfung von Lockerungen[22] enthält immer eine Regelung. So könnte sich der zu einer langen Freiheitsstrafe verurteilte Gefangene – wohl erfolgreich – dagegen wehren, dass bei ihm eine Frist zur Überprüfung von 5 Jahren vorgesehen ist. Eine Frist von 1 Jahr zur Überprüfung wird auch bei dem zu lebenslänglicher Freiheitsstrafe Verurteilten die Grenze dessen darstellen, was „angemessen" ist.

---

[11] Calliess/Müller-Dietz, § 6 Rdnr. 5.
[12] OLG Celle BlfStrVK 1992-2, 5 m.w.N.
[13] Vgl. hierzu Calliess/Müller-Dietz, § 7 Rdnr. 1.
[14] OLG Karlsruhe NStZ 2005, 122.
[15] OLG Stuttgart NStZ 2001, 392; KG NStZ-RR 2008,30.
[16] Widersprüchlich Calliess/Müller-Dietz, § 7 Rdnr. 2 m.w.N.
[17] Plan genügt den gesetzlichen Mindestanforderungen nicht, hierzu: BVerfG NStZ-RR 2008, 60.
[18] BVerfG NStZ 1993, 301; KG ZfStrVo 1996, 182.
[19] OLG Frankfurt NStZ-RR 2007,191.
[20] OLG Frankfurt a. a. O.
[21] OLG Karlsruhe NStZ, 2006, 64.
[22] OLG Koblenz BlfStrVK 1992-5/6, 1.

Die Vollzugsbehörde hat mit der Vollzugsplanerstellung eine Selbstbindung vorgenommen[23]; wenn sie also im Vollzugsplan festgelegt hat: „Überprüfung der Verlegung in den offenen Vollzug im Januar 2014", hat sie dies zu prüfen, auch wenn der Gefangene aus dem vorausgegangenen Weihnachtsurlaub erheblich verspätet und angetrunken zurückgekehrt ist.[24] Personalwirtschaftliche Gründe dürfen ebenfalls nicht zu einer Einschränkung von im Vollzugsplan vorgesehenen Behandlungsmaßnahmen führen.[25] Zu den Behandlungsmaßnahmen gehört auch eine anstaltsärztliche Stellungnahme für ein Verfahren zur Zurückstellung der Strafvollstreckung nach § 35 BtMG.[26]

Dem Gefangenen ist eine Abschrift des Vollzugsplans auszuhändigen. Ein Verweis auf das Ausreichen mündlicher Auskünfte wird dem grundrechtlich geschützten Resozialisierungsinteresse des Strafgefangenen und der Bedeutung des Vollzugsplans in diesem Zusammenhang nicht gerecht.[27]

6.4 Exkurs: Therapievermittlung und Therapiemöglichkeiten während einer Inhaftierung gemäß § 35 BtMG

Vergehen gegen das Betäubungsmittelgesetz bzw. Beschaffungskriminalität liegen bei einem immer größer werdenden Anteil an der Zahl der Verurteilten vor. Die Freiheitsstrafe bietet hier nur bedingt Behandlungsformen für ein zukünftig straffreies Leben an. Ist die Straffälligkeit Folge einer Suchterkrankung gilt der Grundsatz:

▶ Therapie statt Strafe
Folgende Voraussetzungen für eine Aussetzung der Strafvollstreckung gemäß § 35 BtMG sind zu beachten:
- Freiheitsstrafe oder Strafrest unter 24 Monaten?
  (damit ist nicht die gesamte Strafdauer, sondern auch die Einzelstrafe gemeint)
- Liegt ein Kausalzusammenhang zwischen der Betäubungsmittelabhängigkeit und der/den Straftat(en) vor?
  (wäre die Straftat voraussichtlich nicht begangen worden, wenn die Suchterkrankung nicht vorgelegen hätte?)
- Sind alle zu vollstreckenden Verfahren aussetzungsfähig?
  (Geldstrafen, Ordnungswidrigkeiten bzw. Erzwingungshaft sind z. B. nicht aussetzungsfähig und müssen zunächst verbüßt werden[28], bis ggfs. die Voraussetzungen für eine vorzeitige Entlassung in dieser Sache bestehen[29])

---

[23] LG München StV 1992, 589 m.w.N.
[24] Vgl. auch OLG Koblenz NStZ 1986,92; OLG Zweibrücken NStZ 1988,431, KG NStZ 1997, 207.
[25] OLG Karlsruhe NStZ 2005, 53.
[26] OLG Nürnberg NStZ-RR 2010, 262.
[27] BVerfG NStZ 2003,620.
[28] OLG Frankfurt NStZ 2010, 185.
[29] Zur Änderung der Vollstreckungsreihenfolge: OLG Stuttgart NStZ-RR 2009, 28.

- Liegen eine gültige Kostenzusage und/oder ein schriftlicher Aufnahmetermin einer anerkannten Fachklinik vor?
- Stimmt das Gericht des ersten Rechtszuges der Strafaussetzung zu?

Liegen die oben genannten Voraussetzungen vor, <u>kann</u> die Vollstreckungsbehörde, d. h. die Staatsanwaltschaft, bei Verurteilung nach Jugendstrafrecht der Jugendrichter, der Strafaussetzung zustimmen. Bei dieser Entscheidung wird insbesondere der prognostizierte Therapieerfolg eine Rolle spielen. Die Vollzugsbehörde ist verpflichtet, bei der Vorbereitung einer Suchttherapie mitzuwirken.[30]

6.5 Beteiligung/Mitwirkung des Gefangenen

§ 6 III gibt dem Gefangenen ein Erörterungsrecht hinsichtlich der Planung aller Behandlungsmaßnahmen. Fraglich ist, ob er auch eine Pflicht hat, an seiner Behandlung mitzuwirken. Wenn ja, könnte er dann nach § 102 I wegen Verstoßes gegen diese Mitwirkungspflicht disziplinarisch belangt werden. § 4 I stellt jedoch *keine Mitwirkungspflicht* dar, sondern eine *Mitwirkungsnotwendigkeit;* d. h. ohne dass der Gefangene aktiv an seiner Behandlung mitarbeitet, ist das Vollzugsziel nicht zu erreichen. Eine Disziplinierung ist nicht möglich.[31]

Fall 6.2
Der Gefangene Gero Grantig verbüßt eine 11-monatige Freiheitsstrafe in der JVA Köln wegen Widerstands gegen Vollstreckungsbeamte. Als ihn die Sozialarbeiterin 14 Tage nach Haftantritt aufsucht, um mit ihm den Vollzugsplan zu besprechen, weigert er sich mit ihr zu sprechen, weil er sich nicht „analysieren" lassen wolle. Kurz danach bringt die Sozialarbeiterin den Fall in die Vollzugskonferenz ein und meint, wegen der fehlenden Zusammenarbeit sei ein Vollzugsplan nicht möglich, weshalb er für den Gefangenen ausfallen müsse. Dies teilt sie ihm, nachdem die Konferenz es gebilligt hat, noch am selben Tag in einem Gespräch mit.
U findet das unerhört. Er möchte unbedingt einen Vollzugsplan.

Lösungsskizze
Grundsätzlich hat der Gefangene gemäß § 7 ein Recht auf einen Vollzugsplan.[32] Der Vollzugsplan ergeht aufgrund einer Behandlungsuntersuchung gem. § 6. Eine Verpflichtung des Gefangenen zur Mitwirkung daran ist aus dem Gesetz, insbesondere § 4 I, nicht zu entnehmen. Allerdings ist eine Behandlungsuntersuchung gem. VV zu § 6 bei einer Vollzugsdauer unter 12 Monaten nicht geboten.

---

[30] OLG Nürnberg bei Roth NStZ 2012, 434.
[31] Calliess/Müller-Dietz, § 4 Rdnr. 4.
[32] Zum Inhalt: OLG Koblenz NStZ 2011, 222.

Deshalb durfte die Anstalt auch hier davon absehen, zumal der Gefangene nicht mitwirken wollte.[33]

6.6 Soziale Hilfe bei der Aufnahme, während des Vollzugs, zur Entlassung

Der neunte Titel des Gesetzes (§§ 71–75) regelt die Soziale Hilfe. Die soziale Hilfe wird vornehmlich von staatlich anerkannten, diplomierten Sozialarbeitern bzw. Sozialpädagogen (§ 155 II) gewährt. Dies bedeutet nicht, dass sie alle Tätigkeiten, die zur sozialen Hilfe gehören, selbst ausführen. In vielen Anstalten hat es sich bewährt, dem Sozialdienst Mitarbeiter des allgemeinen Vollzugsdienstes zuzuordnen, die diejenigen Tätigkeiten verrichten, für die es eines vierjährigen Fachhochschulstudiums nicht bedarf, z. B. Sicherstellung der Habe (§ 72 I), Beantragung eines Personalausweises (§ 74 S. 1). Auch bedarf es für bestimmte Aufgaben der sozialen Hilfe einer besonderen fachlichen Qualifikation, die besser von spezialisierten Stellen außerhalb des Vollzugs – meist in der Anstalt – geleistet werden kann, z. B. Schuldnerberatung, Drogenberatung, AIDS-Hilfe, Täter-Opfer-Ausgleich, § 154 II. Durch diese Unterstützung des Sozialdienstes im Vollzug bleibt ihm Zeit für die qualifizierte Wahrnehmung der eigentlichen Fachaufgaben. Beispielsweise sind dies:
- Führen von Zugangsgesprächen, §§ 72, 5 II;
- Erstellen einer Sozialanamnese und -diagnose (Werdegang, gegenwärtige Situation und Problematik des Gefangenen usw.), § 6;
- Erstellen, Durchführen und Fortschreiben des Vollzugsplans, § 7;
- Soziale Beratung und Hilfe bei der Aufnahme (§ 72), während des Vollzugs (§ 73) und zur Entlassung (§§ 74,75).

Eine gute Checkliste für das Aufnahmegespräch ist in AK/Bertram/Huchting, § 72 Rdnr. 12 enthalten.

---

[33] Vgl. OLG Stuttgart NStZ 2007, 172.

Unterbringung der Gefangenen, §§ 17, 18, 201 Nrn. 2 und 3

7.1 Unterbringung während Arbeitszeit, Freizeit, Ruhezeit

Es ist zu unterscheiden zwischen Unterbringung während der
- Arbeitszeit,
- Freizeit oder
- Ruhezeit.

Während das Gesetz für Arbeits- und Freizeit grundsätzlich gemeinschaftliche Unterbringung vorsieht, ist für die Ruhezeit grundsätzlich die Einzelunterbringung vorgeschrieben.[1] Darin kommt der Angleichungsgrundsatz, § 3 I[2]; zudem befürchtet der Gesetzgeber, dass während der Ruhezeit die Gefahr schädlicher Beeinflussung besonders groß ist.[3]

Für Anstalten, mit deren Errichtung vor Inkrafttreten des StVollzG am 1.1.1977 begonnen wurde, gelten jedoch Ausnahmen; hierbei ist ebenfalls auf die Zeit abzustellen, um die es geht:

ARBEITSZEIT: Einschränkung nach dem 31.12.1988 nicht mehr möglich; ein Gefangener kann also gegen seinen Willen nicht mehr zu „Zellenarbeit" gezwungen werden[4], es sei denn, es läge ein Grund nach § 17 III vor.

FREIZEIT: Wenn und solange die räumlichen, personellen und organisatorischen Verhältnisse der Anstalt dies erfordern, kann die gemeinschaftliche Unterbringung eingeschränkt werden; dies ohne zeitliche Befristung. *Umschluss* = ein oder mehrere Gefangene werden im Haftraum eines Mitgefangenen zusammen eingeschlossen; *Aufschluss* = die Haftraumtüren einer Abteilung sind geöffnet, die Gefangenen können sich beliebig besuchen.

---

[1] Dies gilt nicht bei einer Verlegung in ein Anstaltskrankenhaus OLG Hamm 1 Vollz (Ws) 15/13.

[2] Zum Ausdruck Calliess/Müller-Dietz, § 17 Rdnr. 1.

[3] BT-Drs. 7/918, 55.

[4] Zum Taschengeldanspruch trotz Weigerung des Gefangenen, Zellenarbeit zu verrichten: OLG Hamm NStZ 1990, 206 f.

RUHEZEIT: Solange die räumlichen Verhältnisse der Anstalt dies erfordern, dürfen Gefangene auch gemeinsam untergebracht werden, und zwar ohne zeitliche Befristung; nach dem 31.12.1985 sind die ganz großen Gemeinschaftshafträume (mehr als 8 Gefangene) nicht mehr zulässig. Zu beachten ist: „räumliche Verhältnisse der Anstalt" bedeutet nicht generell Platzmangel. Vielmehr muss die Anstalt von ihren Räumlichkeiten her nicht auf Einzelunterbringung eingestellt sein, z. B. nur Gemeinschaftsräume haben.[5] Ist eine gemeinsame Unterbringung zulässig, muss die JVA prüfen, mit wie vielen und welchen Gefangenen jemand untergebracht wird. Dabei ist auch der Nichtraucherschutz zu beachten.[6]

Eine „vierte" Zeit (außer Arbeits-, Freizeit, Ruhezeit) gibt es nicht; vgl. auch § 161 II Nr. 2. Ruhezeit ist jedoch nicht identisch mit Schlafenszeit; vielmehr ist die Schlafenszeit Teil der Ruhezeit. Ruhezeit bedeutet jedoch, dass sich die Gefangenen in ihren Hafträumen befinden und ruhestörender Lärm, z. B. voll aufgedrehte Radios bei offenem Fenster, zu unterbleiben hat.

Teil der Freizeit sind gemeinschaftliche Veranstaltungen, § 17 II 2. Für sie ist kennzeichnend, dass sie organisiert, mit Leiter usw. stattfinden (vgl. § 67 S. 2).

7.1.1 Unterbringung während der Ruhezeit

Grundsatz
Einzelunterbringung der Gefangenen.
Ausnahmen
Ausnahmen für alle Vollzugsarten sind:
- Hilfsbedürftigkeit eines Gefangenen, § 18 I 2; z. B. Körperbehinderung;
- Gefahr für Leben oder Gesundheit eines Gefangenen, z. B. Selbstverletzungs-/Selbsttötungsgefahr, § 18 I 2;
- für „alte" Anstalten, § 201 Nr. 3.

Beachten Sie:
Überbelegung kann ein wichtiger Grund gemäß § 18 II 2 sein.[7] Dies gilt jedoch nur für die vorübergehende, nicht jedoch die allgemeine chronische Überbelegung.[8] § 146 II betrifft nur die Belegungsmöglichkeit des einzelnen Haftraums und wird durch § 18 nicht eingeschränkt.[9] Das BVerfG hält es für möglich, dass die Unterbringung von zwei Gefangenen in einem Einzelhaftraum gegen die Menschenwürde verstößt.[10] Allerdings müssen hierfür erschwerende, den Gefangenen benachteiligende Umstände hinzutreten.[11] Dies gilt umso mehr, wenn dieser Eingriff in die Privatsphäre durch die Gestaltung des Vollzuges (längere Aufschlusszeiten, Arbeit außerhalb der Zelle etc.) gemildert wird.

---

[5] Vgl. KG NStZ-RR 1998,191.
[6] OLG Celle NStZ 2005, 52.
[7] Zu den Schutzdes Dienstherrn vgl. VG Köln ZfStrVo 1992, 73.
[8] OLG Celle NStZ 1999, 216.
[9] OLG Celle a. a. O.
[10] BVerfG ZfStrVo 2002, 176 ff.
[11] BGH NStZ 2007, 172

7.1 Unterbringung während Arbeitszeit, Freizeit, Ruhezeit

- Allein für den offenen Vollzug gilt: bei Zustimmung des Gefangenen, soweit eine schädliche Beeinflussung nicht zu befürchten ist, § 18 II 1.
- Allein für den geschlossenen Vollzug gilt: nur vorübergehend und aus zwingenden Gründen, z. B. wegen Wasserrohrbruchs sind einige Hafträume nicht benutzbar, § 18 II 2.

Fall 7.1

In einer geschlossenen Anstalt für langstrafige Gefangene, mit deren Errichtung nach dem 1.1.1977 begonnen wurde, liegen Ihnen Anträge der folgenden Gefangenen vor:
a) Der Gefangene Gerd Ganser, der sich von den Mitgefangenen stark isoliert, möchte statt im Arbeitsbetrieb in seinem Haftraum arbeiten; die Konferenz hält dies aus Behandlungsgründen nicht für angezeigt, da seine Straffälligkeit mit seiner Kontaktarmut zusammenhänge.
b) Der Gefangene Hans Hansen möchte, da er begeisterter Schachspieler ist, mit dem Mitgefangenen Iwan Irsat in einem 2-Mann-Haftraum untergebracht werden.
c) Der Gefangene mit lebenslänglicher Freiheitsstrafe Julius Janssen möchte im 3. OG untergebracht werden statt im Erdgeschoss, wo er in 4 m Entfernung ständig nur die Umwehrungsmauer sehe; das mache ihn auf Dauer krank.

Lösungsskizze
a) Ganser: Beurteilungsgrundlage ist § 17 III Nr. 4. Die Zustimmung des Gefangenen liegt vor; die Anstalt muss dem aber nicht entsprechen („kann"), sondern darf den Antrag ablehnen, wenn sie die Behandlungsaspekte für schwerwiegender hält als das Interesse des Gefangenen
b) Hansen: Beurteilungsgrundlage ist § 18. Es greift keine der gesetzlichen Ausnahmen; es bleibt daher bei dem Grundsatz des § 18 1 1. Der Antrag ist abzulehnen.
c) Janssen: Der Gefangene hat keinen Rechtsanspruch auf einen bestimmten Haftraum; die Anstalt ist aber auch nicht völlig frei, sie muss folgendes beachten:
   – das verfassungsrechtliche Willkürverbot, Art. 3 GG i.V.m. § 3 I;
   – ihre Selbstbindung hinsichtlich der Zuweisung bestimmter Gefangener zu einer Wohn- und Behandlungsgruppe, §§ 7 II Nr. 3, 143 I, II; 201 Nr. 4. Angehörige einer Wohn- und Behandlungsgruppe sind in benachbarten Hafträumen unterzubringen; wenn also z. B. festgelegt ist, dass Gefangene mit Suchtproblemen der Wohn- und Behandlungsgruppe X zuzuführen sind und Janssen dazu gehört, kann er nicht ohne zwingenden Grund auf einer anderen Abteilung untergebracht werden.
   – Verpflichtung der Vollzugsbehörde, für die körperliche und geistige Gesundheit des Gefangenen zu sorgen, § 56 I; es ist nicht von der Hand zu weisen, dass es zu einer gesundheitlichen Beeinträchtigung führen kann, wenn der Gefangene mehrere Jahre auf eine Mauer in kurzer Entfernung blickt.

Tab. 7.1 Unterbringung der Gefangenen

Arbeitszeit	Freizeit	Ruhezeit
Gemeinschaft, § 17 I	Gemeinschaft, § 17 II	Einzeln, § 18 I 1
Beachte: § 201 Nr. 2	Beachte: § 201 Nr. 2	Beachte: § 201 Nr. 3
	Ausnahme	Ausnahmen
	Gemeinschaftliche Veranstaltungen § 17 II 2	Hilfsbedürftigkeit § 18 I 2 (z. B. Epileptiker, Körperbehinderte)
		Gefahr für Leben oder Gesundheit § 18 I 2 (Suizidgefahr)
Ausnahmen § 17 III	Ausnahmen § 17 III	Weitere Ausnahmen
Schädlicher Einfluss	Schädlicher Einfluss	Offener Vollzug
Behandlungsunter-suchung, 2 Monate	Behandlungsuntersuchung, 2 Monate	Bei Zustimmung § 18 I 1
Sicherheit und Ordnung	Sicherheit und Ordnung	Geschl. Vollzug:
Zustimmung des Gefangenen	Zustimmung des Gefangenen	Zwingende Gründe, § 18 II 2 (Feuer, Rohrbruch, evtl. Überbelegung)

7.1.2 Abgrenzungsprobleme

Die Abgrenzung zwischen § 17 III Nr. 1 bzw. Nr. 3 zu anderen Eingriffsbefugnissen macht Schwierigkeiten, z. B. im Fall eines Arbeitsverweigerers:[12]

- § 17 III Nr. 1: Jeder Pflichtverstoß kann ein schlechtes Beispiel für Mitgefangene sein; dies reicht aber für § 17 III Nr. 1 nicht aus: Es muss eine konkrete Gefahr vorliegen, dass dieser Gefangene einen schädlichen Einfluss auf Mitgefangene ausübt; dazu gehört sicher die „kriminelle Infektion", aber auch die Beeinflussung der Gefangenen im Prozess der Erziehung zu kontinuierlicher Arbeit durch massive Aufforderung an Mitgefangene, ebenfalls die Arbeit niederzulegen[13]; hierfür sind jedoch in der Regel keine Anhaltspunkte vorhanden. Es müsste hier nach § 103 vorgegangen werden.[14]
- § 17 III Nr. 3: Auch hier muss die konkrete Gefahr vorliegen, dass es durch das Verhalten dieses Gefangenen zu Situationen kommt, die für die Sicherheit oder Ordnung der Anstalt bedrohlich sind, z. B. Bedrohung von Bediensteten, kollektive Arbeitsniederlegung usw.
- § 88 II Nr. 3: Bedeutet die vollständige oder fast vollständige Absonderung von Mitgefangenen während der Arbeits-, Freizeit und Ruhezeit; allerdings nur für einen kürzeren Zeitraum (allenfalls wenige Tage).

§ 89: Die vollständige oder fast vollständige Absonderung von Mitgefangenen während Arbeits-, Freizeit und Ruhezeit für einen längeren Zeitraum. § 103 I Nrn. 5-7, Nr. 9: Hier soll der Pflichtenverstoß eines Gefangenen disziplinarisch geahndet werden (Tab. 7.1).

---

[12] Vgl. hierzu OLG Nürnberg ZfStrVo 1980, 250.

[13] Calliess/Müller-Dietz, § 17 Rdn. 5 m. w. N.

[14] Vgl. LG Hamburg ZfStrVo 2001, 50.

7.2 Möglichkeiten der Unterbringung nichtschulpflichtiger Kinder, §§ 80,1

Voraussetzungen:[15]
- Das Kind einer Gefangenen ist noch nicht schulpflichtig.
- Die Zustimmung des Inhabers des Aufenthaltsbestimmungsrechts liegt vor; das Aufenthaltsbestimmungsrecht ist Teil der Personensorge, §§ 1626 I, 1631 I BGB. Es steht normalerweise beiden Elternteilen zu; beachte im Übrigen die Neuregelung des Sorgerechts, insbesondere für Eltern, die bei der Geburt des Kindes nicht miteinander verheiratet sind. § 1626 a BGB, bzw. nach Trennung der Eltern § 1671 BGB, ab 1.7.1998.
- Unterbringung im Vollzug entspricht dem Kindeswohl; hier ist eine Abwägung vorzunehmen, welche Pflegeperson und Unterbringungsmöglichkeit draußen zur Verfügung steht anstatt der Unterbringung im Vollzug.
- Anhörung des Jugendamts sowie
- Klärung der Kostenfrage; in der Regel auf Antrag der Mutter Vorleistungen des Jugendamts; das Jugendamt kann dann beim zahlungsfähigen Vater Rückgriff nehmen, vgl. §§ 91, 94 SGB VIII.

Die Mutter (nicht der Vater)[16] hat nun keinen Rechtsanspruch auf Unterbringung des Kindes im Vollzug, auch wenn die Voraussetzungen vorliegen, sondern nur einen Anspruch auf ermessensfehlerfreie Prüfung. Der Umstand, dass ein Bundesland keine Mutter-Kind-Einrichtung hat, reicht für die Ablehnung jedoch nicht aus, weil § 150 ausdrücklich auch § 142 mitumfasst, d. h. das betreffende Bundesland könnte diesbezüglich eine Vollzugsgemeinschaft mit einem anderen Land bilden, in dem eine Mutter-Kind-Einrichtung zur Verfügung steht.

---

[15] Hierzu: Calliess/Müller-Dietz, § 80 Rdn. 1.
[16] Vgl. allerdings BVerfG ZfStrVo 1991, 372.

Größe, Ausstattung und Ausgestaltung der Haftäume, Belegungsfähigkeit und Überbelegung

8

8.1 Pflichten der Vollzugsbehörde bezüglich Größe, Ausgestaltung und Belegung der Hafträume, §§ 143 ff.

Aufgabe
Lesen Sie zunächst §§ 143, 201 Nr. 4!

1. Zu § 144
   – enthält die Verpflichtung der Vollzugsbehörde, von Gefangenen benutzte Räume wohnlich oder sonst ihrem Zweck entsprechend herzurichten (ein überschwemmungsgefährdeter Haftraum genügt diesen Maßstäben nicht);[1]
   – wohnlich bedeutet – entsprechend § 3 I – ein den Verhältnissen außerhalb des Vollzuges entsprechender Standard[2] (einfacher Standard Studentenbude); in alten Anstalten gehört dazu nicht unbedingt ein elektrischer Anschluss[3]; die Unterbringung in einem mehrfach belegten Haftraum verstößt gegen Art. 1 I GG, wenn entweder die Toilette nicht abgetrennt oder nicht gesondert entlüftet ist. Eine Mindestfläche von 7qm² jeweils pro Gefangenem ist einzuhalten[4]. Wenn die Grundfläche 5 qm² je Gefangener unterschritten wird, liegt nach Auffassung des OLG Hamm[5] selbst bei abgetrennter Toilette ein Verstoß gegen die Menschenwürde vor, der die Vollzugsbehörde zum Schadenersatz

---

[1] BVerfG NStZ 1993, 404.
[2] Vgl. AK/Huchting/Lehmann, § 144 Rdnr. 7 ff.
[3] OLG Hamm NStZ 1990, 151; Hans. OLG Hamburg NStZ 1991, 103; OLG Hamm BlfStrVK 1993-1, 10; unseres Erachtens jedoch bedenklich.
[4] OLG Frankfurt NStZ 2003, 622. a.A. nunmehr BVerfG NStZ-RR 2013, 91 bei 6qm², wenn weitreichende Möglichkeiten der Zeitverbringung außerhalb des Haftraumes bestehen.
[5] NStZ-RR 2009, 326.

verpflichten kann. Da sich § 144 unmittelbar aber nur an die Vollzugsbehörde richtet, kann ein Gefangener grundsätzlich hieraus keine individuellen Rechte für sich ableiten[6];
- Hafträume mit einem Fenster aus Glasbausteinen, von denen u. U. nur einer zur Belüftung gekippt werden kann, sind im Hinblick sowohl auf das Erfordernis ausreichender Belüftung wie auch auf die gesunde Lebensführung, zu der „der Blick nach draußen" gehört, bedenklich, § 144 I 2.[7]

2. Zu §§ **145,201 Nr. 5,146**
- Die Vorschriften sollen gewährleisten, dass die sonstigen Vorschriften des StVollzG über die Unterbringung während der Arbeits-, Freizeit und Ruhezeit sowie die sonstige Vollzugsgestaltung nicht über eine zu hohe Festsetzung der Belegungsfähigkeit durch die Aufsichtsbehörde unterlaufen werden.
- Gleichwohl wird auch hier auf alte Anstalten Rücksicht genommen: Wenn z. B. in einer Anstalt überwiegend nur Gemeinschaftsräume vorhanden sind, kann die Belegungsfähigkeit entsprechend festgesetzt werden.
- Ausnahmen vom Verbot der Überlegung sind nur vorübergehend erlaubt, d. h. es darf nicht zu einem Dauerzustand werden, ein Ende muss absehbar sein; sie sind nur mit Zustimmung der Aufsichtsbehörde zulässig; damit soll der Konflikt gelöst werden zwischen der Pflicht der Vollzugsbehörde, rechtskräftige Urteile zu vollziehen, und der Beachtung von Art. 1 GG (Menschenwürde), Art. 3 MRK (Verbot unmenschlicher und erniedrigender Behandlung) sowie der Vollzugsvorschriften.

8.2 Rechte des Gefangenen auf Ausstattung seines Haftraums

Fall 8.1

In der geschlossenen JVA X beantragt der Gefangene Kurt Klein die Beschaffung einer elektrischen Kaffeemaschine durch Vermittlung der Anstalt zum Preis von 25,- € von seinem Hausgeld, da er begeisterter Kaffeetrinker sei, es beim Einkauf auch Bohnenkaffee zu kaufen gebe, während der Anstaltskaffee aus Malzkaffee bestehe. Obwohl in der Person des Gefangenen keine Bedenken hinsichtlich eines Missbrauchs des Geräts bestehen und sein Haftraum auch nicht überladen ist, lehnt die Anstalt den Antrag mit der Begründung: „nicht notwendig" ab.

Lösungsskizze
Als Beurteilungsgrundlage, was ein Gefangener in seinem Haftraum haben darf, kommen in Betracht die §§: 19, 22, 28, 33, 53 II und III, 68 I (beachten Sie jedoch: Nr. 4 VV zu §§ 68) 69 II, 70 I
§ 83 I hat hingegen keinen materiellen Rechtscharakter, sondern will der Vollzugsbehörde nur eine umfassende Kontrollmöglichkeit vor Aushändigung von Gegenständen an Gefangene geben.

---

[6] KG NStZ 2008, 222.

[7] Calliess/Müller-Dietz § 144 Rdnr. 1.

8.2 Rechte des Gefangenen auf Ausstattung seines Haftraums

Im vorliegenden Fall kommen nur die §§ 19 bzw. 70 in Betracht. Eine Kaffeemaschine eignet sich jedoch nicht dazu, sich mit ihr in der Freizeit zu beschäftigen. Es handelt sich vielmehr um einen Gegenstand, der einen gewissen Lebensführungskomfort gewährleisten soll (OLG Hamm NStZ 90, 151).
Beurteilungsgrundlage ist somit § 19.
Der Gefangene hat einen Rechtsanspruch auf Ausstattung seines Haftraums mit eigenen Sachen, § 19 11.
Grenzen sind:
- der angemessene Umfang darf nicht überschritten sein, Abs. 1 S. 1;
- die JVA kann Vorkehrungen und Gegenstände, die die Übersichtlichkeit des Haftraums behindern oder in anderer Weise Sicherheit oder Ordnung (SoO) gefährden, ausschließen, Abs. 2.

Das Zusammenspiel zwischen diesen vorgenannten Grenzen ist z. T. strittig.
Richtig erscheint folgendes:
- „angemessener Umfang"=unbestimmter Rechtsbegriff, der mit allen entscheidungserheblichen Umständen des Einzelfalles aufzufüllen ist, d. h. mit objektiven (Größe des Haftraums etc.) und subjektiven (besondere Bedürfnisse dieses Gefangenen); dazu gehören:
  - Zahl, Art und Wert der bereits im Haftraum befindlichen Gegenstände;
  - Größe und Wert des beantragten Gegenstandes;
  - Vergleich mit dem Standard der Haftraumausstattung der Mitgefangenen;
  - individuelle Bedürfnisse, z. B. Teilnahme an einer schulischen oder beruflichen Maßnahme, Arbeitsunfähigkeit infolge Invalidität, erlaubte Selbstbeschäftigung als Schriftsteller.

Nach den Angaben des Sachverhalts ist der angemessene Umfang im vorliegenden Fall nicht überschritten.
- Gegenstände, die die SoO gefährden:
  - Eine Kaffeemaschine bietet im Wesentlichen nur in der Bodenplatte geringfügige Versteckmöglichkeiten; ihnen kann dadurch begegnet werden, dass die Bodenplatte zusätzlich verschraubt und diese Schraube mit farbigem Lack versehen wird; so lassen sich unschwer Manipulationen erkennen;
- eine Kaffeemaschine könnte zum Destillieren von Alkohol aus Brotresten, Obst, Zucker benutzt werden; allerdings liegen im vorliegenden Fall keine Anhaltspunkte für eine konkrete Gefahr bei Klein vor.[8]
- Argument „nicht notwendig": Dies geht an den gesetzlichen Prüfungsvoraussetzungen vorbei; darauf kommt es nicht an, vielmehr ist eine Kaffeemaschine in Freiheit üblich, § 3 I.

Ergebnis
Dem Gefangenen Klein ist eine – ggf. auf seine Kosten verplombte – Kaffeemaschine auszuhändigen.

---

[8] Zur Frage der Aushändigung einer Kaffeemaschine: OLG Hamm NStZ 1990, 151.

8.3 Kleidung der Gefangenen, § 20

Grundsätzlich trägt der Gefangene Anstaltskleidung, die eine besondere Oberbekleidung für die Freizeit[9], § 20 I, und auch Winterbekleidung, § 64, beinhalten muss. Sie ist dem Gefangenen in ausreichendem Umfang von der Vollzugsbehörde zur Verfügung zu stellen.[10]

Der Gefangene hat einen Rechtsanspruch, bei einer Ausführung, § 11 I Nr. 2, eigene Kleidung zu tragen, falls keine Entweichungsgefahr besteht, § 20 II 1.

Der Anstaltsleiter kann auch sonst unter der Voraussetzung, dass der Gefangene für Reinigung, Instandsetzung und regelmäßigen Wechsel auf eigene Kosten sorgt, das Tragen eigener Kleidung gestatten; z. B. beim Besuch oder beim Sport. In Anstalten mit notwendigerweise hohem Sicherheitsstandard kann ermessensfehlerfrei private Sportbekleidung aber auch nicht zugelassen werden.[11] Entsprechendes gilt für das Einbringen von „Tarnkleidung".[12]

Es ist sogar verfassungsrechtlich geboten, das allgemeine Persönlichkeitsrecht bei der Ermessensausübung zu berücksichtigen. Damit ist auch das Tragen von Damenkleidung im Männervollzug nicht ausgeschlossen, wenn der Gefangene sich darauf beruft, transsexuell zu sein.[13] Auch dem Interesse des Betroffenen, in angemessener Kleidung vor Gericht zu erscheinen, ist Rechnung zu tragen.[14] Dementsprechend ist Überbrückungsgeld freizugeben, wenn der Strafgefangene, z. B. für begleitete Ausgänge, nicht über ordentliche und tragfähige Kleidung verfügt.[15]

---

[9] Vgl. LG Hamburg NStZ 1990, 255 f.
[10] Zum Wäschewechsel: OLG Hamm NStZ 1993, 360.
[11] OLG Hamm BlfStrVK 1993-2, 2.
[12] KG NStZ 2006, 583.
[13] OLG Celle NStZ 2011, 704.
[14] BVerfG NStZ 2000,166; OLG Hamm NStZ-RR 2009, 223.
[15] OLG Karlsruhe NStZ 2006, 62.

Ausgestaltung der Arbeitspflicht, Grundsätze der Arbeitszuweisung, §§ 37, 41, 42

9.1 Begründung der Arbeitspflicht

Das Gesetz sieht die Arbeit und die berufliche Bildung der Gefangenen als wichtiges Mittel zur Resozialisierung an, wobei berufliche Aus- und Weiterbildung den gleichen Stellenwert hat wie die Arbeit selbst. Das Gesetz nimmt damit Rücksicht auf Defizite der Gefangenen im beruflichen (wie auch im schulischen) Bereich.[1]

Fall 9.1

Der 66jährige Gefangene Leo Lang wird von der JVA X, wo er als Hausarbeiter eingesetzt war, in die JVA Y verlegt. Als hier wegen Entlassung eines Gefangenen dringender Bedarf entsteht, wird ihm eine Tätigkeit als Hausarbeiter zugewiesen, längstens für 3 Monate. Da Lang aber hierzu keine Lust hat und eine andere Tätigkeit anstrebt, weigert er sich. Hierauf wird ein Disziplinarverfahren eingeleitet.

Lösungsskizze
Voraussetzung für die disziplinarische Ahndung ist ein schuldhafter Verstoß des Gefangenen gegen eine Pflicht, die ihm durch das StVollzG oder zulässigerweise aufgrund des StVollzG, z.B. in der Hausordnung, auferlegt worden ist, § 102 1.
- Der Gefangene ist verpflichtet, eine ihm zugewiesene, seinen körperlichen Fähigkeiten angemessene Arbeit auszuüben, zu deren Verrichtung er aufgrund seines körperlichen Zustandes in der Lage ist, § 41 I 1. Das Gesetz hat bewusst davon abgesehen, auf die geistigen Fähigkeiten abzustellen, da sonst „intellektuellen" Gefangenen häufig keine Arbeit zugewiesen werden könnte. Aus dem Umstand, dass Lang zuvor als Hausarbeiter eingesetzt war und eine andere Tätigkeit anstrebt, könnte geschlossen werden, dass er körperlich durchaus in der Lage ist, die Tätigkeit auszuüben.

---
[1] Vgl. Calliess/Müller-Dietz, § 37 Rdnr. 1.

- Der Gefangene kann jährlich bis zu 3 Monaten zu Hilfstätigkeiten in der Anstalt verpflichtet werden, mit seiner Zustimmung auch darüber hinaus, § 41 I 2. Unter Hilfstätigkeiten sind weniger qualifizierte Tätigkeiten zu verstehen, für die keine spezielle Ausbildung erforderlich ist, die gleichwohl zur Aufrechterhaltung des Betriebes einer JVA notwendig sind; hierzu zählen: Hof-, Flurreiniger, Essensausteiler, Spüler - sog. Hausarbeiter. Auch diese Voraussetzung ist erfüllt.
- Eine Arbeitspflicht entsteht jedoch nicht für Gefangene, die über 65 Jahre alt sind, sowie für werdende und stillende Mütter während der Schutzfristen nach dem MuSchG, § 41 I 3. Eine Vorruhestandsregelung gibt es im Strafvollzug dagegen nicht.[2] Da der Gefangene über 65 Jahre alt ist, entsteht keine Arbeitspflicht; dies ist ganz klar gesetzlich geregelt, so dass der Gefangene auch von vornherein der Anordnung nicht nachkommen muss.

Ergebnis
Kein Pflichtenverstoß, keine disziplinarische Ahndung.

Grundsatz
Keine Arbeitspflicht trotz Zuweisung bei Verstoß gegen Merkmale des § 41

Fall 9.2

Der Gefangene Markus Mann, vor seiner Inhaftierung als Bauhilfsarbeiter tätig, eine Tätigkeit, die er auch nach seiner Entlassung anstrebt, wird von der Einweisungsanstalt in die Verbüßungsanstalt mit der Empfehlung zum Arbeitseinsatz „grobmanuelle Tätigkeit" verlegt. Hier wird ihm gleichwohl Kugelschreibermontage zugewiesen, da andere Arbeitsplätze nicht frei sind. Mann lehnt die Tätigkeit unter Hinweis auf die Empfehlung der EW-Anstalt ab, obwohl er sie körperlich durchaus verrichten könnte, und stellt nach Ablauf des Monats Antrag auf Gewährung von Taschengeld, da er weder über Eigengeld, Hausgeld noch Taschengeld (aus dem Vormonat) verfüge.

Lösungsskizze
Beurteilungsgrundlage ist § 46 idF d. § 199 II Nr. 1.
Voraussetzung für die Gewährung eines angemessenen (Abs. 2 VV zu § 46) Taschengeldes ist, dass der Gefangene ohne sein Verschulden kein Arbeitsentgelt und keine Ausbildungsbeihilfe erhält und weiter bedürftig (Abs. 3 VV zu § 46) ist. Fraglich ist, ob er ohne sein Verschulden ohne Arbeitsentgelt ist. Mann ist seiner Arbeitspflicht nicht nachgekommen, § 41 I 1. Allerdings liegt ein Verstoß gegen Zuweisungsgrundsätze des § 37 I und II vor. Dies ändert aber nichts an der Arbeitspflicht des Gefangenen; er muss zunächst die zugewiesene Tätigkeit ausüben, da er trotz der Empfehlung der Einweisungsanstalt und trotz der

---

[2] OLG Koblenz ZfStrVo 1987, 307.

Abb. 9.1 Aufbau des § 37

Die Zielvorstellung für Ausgestaltung von:
- Arbeit
- Arbeitstherapie[a]
- Ausbildung
- Weiterbildung

(Abs. 1)

Verwirklichung vornehmlich durch:

| wirtschaftlich ergiebige Arbeit (Abs. 2) | Gelegenheit zu beruflichen Maßnahmen (Abs. 3) |

hilfsweise durch:

| *angemessene Beschäftigung* (Abs. 4) | *arbeitstherapeutische Beschäftigung* (Abs. 5) |

[a] vgl hierzu OLG Celle NStZ-RR 2013, 94 zu §§ 35, 38, 94 NJVollzG.

Verpflichtung der Anstalt, auf seine individuellen Fähigkeiten, Fertigkeiten und Neigungen Rücksicht zu nehmen, keinen Rechtsanspruch auf eine entsprechende Tätigkeit hat.[3] Der Vollzugsbehörde steht bei der Regelung des Arbeitseinsatzes vielmehr ein weitgehendes Ermessen zu.

Ergebnis
Mann ist schuldhaft ohne Arbeitsentgelt, es besteht kein Anspruch auf Taschengeld.

Grundsatz
Arbeitspflicht besteht trotz Verstoßes gegen Zuweisungsgrundsätze des § 37.

9.2 Zuweisungsgrundsätze im einzelnen, § 37 (Abb. 9.1)

- wirtschaftlich ergiebig = produktive Tätigkeit, der Aufwand muss niedriger sein als der Nutzen; sie muss einer Tätigkeit im freien Leben vergleichbar sein;
- angemessene Beschäftigung = vgl. Nr. 2 VV zu § 37: hier können die Kosten zwar höher liegen als der Nutzen, aber nur „unwesentlich";
- Abs. 4: objektive Gründe, z. B. Arbeitsmangel in der Anstalt und keine Ausbildungsplätze frei;
- Abs. 5: subjektive, individuelle Gründe sind hier ausschlaggebend; eine Leistungsreduzierung bei dem betreffenden Gefangenen ist aus physischen oder psychischen Gründen möglich.

---

[3] Vgl. Schwind/Böhm, § 37 Rdnr. 15 m.w.N.

9.3 Freistellung von der Arbeitspflicht, § 42

- Dem Strafgefangenen, der in Erfüllung seiner Arbeitspflicht, § 41 I, „längere Zeit" gearbeitet hat und deshalb dem arbeitsbedingten Kräfteverschleiß ausgesetzt gewesen ist, ist die Möglichkeit zur körperlichen und seelischen Erholung und damit zur Erhaltung und Wiederauffrischung seiner Arbeitskraft zu geben;
- durch Gewährung von Gegenleistungen für die Ausübung abhängiger Arbeit ist eine positive Einstellung bei dem Gefangenen zur Arbeit zu erzeugen und dadurch seine Fähigkeit und Bereitschaft zu erhalten oder zu entwickeln, sich nach seiner Entlassung über eine berufliche Tätigkeit sozial zu integrieren.[4] Damit entfällt die Gegenleistung Freistellung aber auch, wenn der Gefangene sich weigert, in Zukunft die ihm zugewiesene Arbeit auszuführen.[5]

Die Freistellungsregelung in § 42 (mit ergänzenden VV) ist dabei der für (freie) Arbeitnehmer geltenden Mindesturlaubsregelung im BUrlG (soweit nicht in einem Tarifvertrag eine günstigere Regelung für den Arbeitnehmer existiert) angeglichen.

Auch der freie Arbeitnehmer hatte bis zur Neuregelung des BUrlG 1994 einen Mindestanspruch auf Urlaub von 18 Werktagen = 3 Wochen.

Dies bedeutet jedoch nicht, dass der Gefangene seine Freistellungszeit außerhalb der Anstalt verbringen dürfte! Die letztere Frage bemisst sich ausschließlich nach den Urlaubsvorschriften des StVollzG: §§ 13, 15 III, IV, 35, 36, jeweils i.V.m. §11 II!

Im Zusammenhang mit § 42 tauchen schwierige Fragen auf, die zunächst geklärt werden müssen. Die Regelung hat wiederholt die Obergerichte beschäftigt; wahrscheinlich handelt es sich um die missglückteste Regelung des Gesetzes. Der Strafgefangene hat in diesem Zusammenhang folgende Rechtsansprüche:

- 18 Werktage von der Arbeitspflicht freigestellt zu werden, wenn er 1 Jahr lang zugewiesene Tätigkeit nach § 37 (einschließlich beruflicher Maßnahmen etc.) oder Hilfstätigkeiten nach § 41 I 2 ausgeübt hat;
  - 18 Werktage: Nr. 3 I VV zu § 42; S. 2 des Erl. d. JM NRW vom 22.1.1987 (4520-IV B. 39): um Manipulationen des Gefangenen vorzubeugen, muss der gesamte Freistellungszeitraum - auch bei evtl. Aufteilung 3 arbeitsfreie Werktage - in der Regel Samstage - umfassen.
  - „1 Jahr lang": Nr. 1 VV zu § 42: *sobald* der Gefangene innerhalb eines zu einem beliebigen Zeitpunkt beginnenden Zeitraumes von 1 Jahr seine Arbeitspflicht erfüllt hat; es ist also nicht auf das Kalenderjahr abzustellen; von der Vollzugsbehörde ist der frühestmögliche Zeitpunkt hinsichtlich der Erfüllung des Jahreszeitraums zugrunde zu legen;
- während der Freistellung die zuletzt gezahlten Bezüge zu erhalten, § 42 III, Nr. 7 VV zu § 42: für den Freistellungszeitraum von 18 Werktagen sind Bezüge für 15 Arbeitstage zu zahlen, weil auch der freie Arbeitnehmer keinen Anspruch auf Bezahlung der in die Urlaubszeit fallenden Samstage hat; der Vergütungssatz je Arbeitstag der Freistellung ist wie folgt zu berechnen:

  Bruttobezüge während der letzten 3 abgerechneten Monate vor der Freistellung Istarbeitstage in den letzten 3 abgerechneten Monaten vor der Freistellung

---

[4] BVerfGE 66, 199 (208).
[5] OLG Nürnberg NStZ 1991, 102.

9.3 Freistellung von der Arbeitspflicht, § 42

Teilweise wurden in der Praxis die Sollarbeitstage der Berechnung zugrunde gelegt. Dabei wurde aber übersehen, dass dies zu den Gefangenen stark benachteiligenden Ergebnissen führt, wenn in den für die Berechnung maßgeblichen Zeitraum Arbeitsfehlzeiten fallen. Solange aber § 45, der unter bestimmten Voraussetzungen die Zahlung einer Ausfallentschädigung für Arbeitsfehlzeiten vorsieht, nicht in Kraft gesetzt ist, ist es unbillig, wenn sich Fehlzeiten deshalb auch noch mindernd auf die Höhe des Tagessatzes der während der Freistellung zu zahlenden Vergütung auswirkten. Außerdem wird freigestellt, wenn die Jahresarbeitspflicht als erfüllt zu bewerten ist. Dem entspricht es, die Vergütung für die Freistellungszeit frei von der Minderung durch Fehlzeiten zu bestimmen, die in der Regel auch nicht in dem der Freistellung zugrundeliegenden Zeitraum liegen. Die Berücksichtigung von Fehlzeiten führte zu willkürlichen Ergebnissen. So bekäme ein Gefangener, der nur in den letzten Monaten Fehlzeiten hatte, gekürzte Bezüge, während ein anderer Gefangener, der in den letzten 3 Monaten keine, dafür aber davor Fehlzeiten hatte, wesentlich höhere Freistellungsbezüge erhielte, ohne dass dies von der Sache her zu begründen wäre.[6]

Weiterhin besteht ein Rechtsanspruch darauf, dass die Vollzugsbehörde die anrechenbaren Fehlzeiten berücksichtigt:
- § 42 I 2: Zeiten, in denen der Gefangene infolge Krankheit an seiner Arbeitsleistung verhindert war, bis zu 6 Wochen im Jahr;
- Nr. 2 VV zu § 42, wobei hierin eine Selbstbindung der Verwaltung zu sehen ist, d. h. der Gefangene hat Anspruch darauf, dass auch in seinem Fall so verfahren wird:
  - Zeiten, in denen der Gefangene Verletztengeld - nach einem Arbeitsunfall - erhalten hat;
  - Zeiten, in denen der Gefangene aus anderen als Krankheitsgründen - z. B. Arbeitsmangel - eine Tätigkeit nach § 42 I nicht ausgeübt hat, in der Regel bis zu 3 Wochen jährlich, wenn dies angemessen erscheint. Bei einer Berufsausbildung gelten ausgefallene Schul- bzw. Unterrichtstage als Arbeitszeit, da neben dem Unterricht auch die häusliche Beschäftigung mit dem Lehrmaterial als Ausbildung i. S. d. § 37 III anzusehen ist. Die Frage der Anrechnung stellt sich also gar nicht erst.[7]
  - Zeiten einer Freistellung von der Arbeitspflicht und Urlaub aus der Haft, der nach § 42 II anzurechnen ist; (s. unten);
- die genannten Wochenzeiten (6 bzw. 3 Wochen) sind nach Arbeitstagen zu berechnen: also bei der 5-Tage-Woche 30 bzw. 15 Arbeitstage, bei der 6-Tage-Woche (etwa in der Küche) 36 bzw. 18 Arbeitstage.

Fall 9.3

Der 30jährige Maurermeister Mark Mörtel wurde am 1.1.2000 der JVA Köln zum Vollzug der U-Haft wegen des Verdachts der fahrlässigen Straßenverkehrs-

---

[6] OLG Hamm NStZ 1995, 56.
[7] OLG Nürnberg BlfStrVK 1995-2, 4.

gefährdung, unerlaubten Entfernens vom Unfallort, fahrlässiger Tötung und Widerstand gegen Vollstreckungsbeamte zugeführt. Am 5.1.2000 wurde er in der Maurer- und Putzkolonne der Anstalt eingesetzt (5-Tage-Woche). Dort verblieb er auch, nachdem er am 15.8.2000 in Strafhaft überführt wurde.
Er beantragt, ihn von Samstag, 3.8.2002, bis Mittwoch, 28.8.2002, unter Fortzahlung der Bezüge von der Arbeit freizustellen.
Der Arbeitsinspektor stellt folgende Ausfallzeiten fest:

9.12.– 17.12. 2000	Krankheit
20.1.– 28.1. 2001	Arbeitsunfall
12.2.– 9.3. 2001	Arbeitsmangel
20.3.– 21.3. 2001	Urlaub wegen Auflösung seines Handwerkbetriebs

Außerdem war ihm vom 26.–27.11.2001 Urlaub wegen Umzugs seiner Familie gewährt worden.

Aufgaben
- Ist dem Antrag zu entsprechen?
- Wie sind ggf. die Bezüge zu berechnen?

Lösungsskizze
Mörtel begehrt Freistellung von der Arbeitspflicht unter Fortzahlung der Bezüge, möglichst in der Zeit vom 3.8.–28.8.2002.
Beurteilungsgrundlage ist § 42. Danach hat der Gefangene - wenn er es beantragt („kann er beanspruchen") - Anspruch auf Freistellung für 18 Werktage, wenn er 1 Jahr lang zugewiesene Arbeit verrichtet hat.
Fraglich ist, wann der Jahreszeitraum beginnt und ob er 1 Jahr lang zugewiesene Arbeit verrichtet hat.
Der Gefangene hat einen Rechtsanspruch darauf, dass die Vollzugsbehörde den frühestmöglichen Zeitpunkt für die Erfüllung des Jahreszeitraums zugrunde legt. Mörtel hat erstmals am 5.1.2000 im Vollzug gearbeitet; es handelte sich allerdings um Arbeit im Vollzug der U-Haft, wo keine Arbeitspflicht für Gefangene über 21 Jahre besteht. Zeiten der Arbeit während einer U-Haft bleiben jedoch bei der Berechnung des Jahreszeitraums unberücksichtigt, weil der Freistellungsanspruch eine vorausgegangene Tätigkeit in Erfüllung der Arbeitspflicht voraussetzt.[8]
Somit ist der früheste Beginn des Jahreszeitraums der 15.8.2000, Ablauf dieses Jahreszeitraums wäre dann der 14.8.2001.
Zu prüfen ist, ob die in diesem Zeitraum liegenden Ausfallzeiten auf das Jahr angerechnet werden können:
9.12.–17.12.2000 = 7 Arbeitstage wegen Krankheit, anrechenbar nach § 42 I 2
20.1.–28.1.2001 = 7 Arbeitstage wegen Arbeitsunfall, anrechenbar nach Nr. 2 a) VV zu § 42 12.2.–9.3.2001 = 18 Arbeitstage wegen Arbeitsmangel, es handelt sich um Fehlzeiten i. S. v. Nr. 2b VV zu § 42 20.3.– 21.3.2001 = 2 Arbeitstage

---
[8] BGH NStZ 1988, 150.

9.3 Freistellung von der Arbeitspflicht, § 42

wegen Auflösung des Betriebs, es handelt sich ebenfalls um Fehlzeiten i. S. v. Nr. 2 b VV zu § 42, so dass insgesamt 20 Fehltage nach Nr. 2 b VV vorliegen. Nach Nr. 2 b VV sind solche Fehlzeiten in der Regel bis zu 3 Wochen jährlich anzurechnen, wenn dies angemessen erscheint. Normalerweise ist die Anrechnung *verschuldeter* Fehlzeiten nicht angemessen; hier handelt es sich jedoch um unverschuldete Fehlzeiten. „In der Regel bis zu 3 Wochen" bedeutet, dass ausnahmsweise auch geringfügig darüber liegende Ausfallzeiten unschädlich sind, wenn sie unter Berücksichtigung der sonstigen Fehlzeiten (Krankheit, Arbeitsunfall) mit dem Sinn der gesetzlichen Regelung in Einklang stehen. Dies ist hier der Fall, so dass die 20 Ausfalltage nach Nr. 2 b VV anrechenbar sind.

Somit hat der Gefangene 1 Jahr lang zugewiesene Arbeit verrichtet. Die Freistellung kann frühestens ab dem 15.8.2001 erfolgen, sie muss spätestens bis zum 14.8.2002 in Anspruch genommen, d. h. angetreten, nicht vollständig abgewickelt sein, Nr. 4 I VV zu § 42 (Vergleich mit freiem Arbeitnehmer, Auslegung des Begriffs „in Anspruch nehmen").

Problematisch ist die Dauer der Freistellung: M hat Anspruch, 18 Werktage freigestellt zu werden. Nach Nr. 3 I VV gelten als Werktage alle Kalendertage, die nicht Sonn- oder gesetzliche Feiertage sind. Diese Regelung entspricht § 3 II BUrlG. Aus der Rechtsprechung hierzu ergibt sich, dass freien Arbeitnehmern eine Vergütung für arbeitsfreie Samstage, die in die Zeit eines nach Werktagen zu berechnenden Urlaubs fallen, nicht zu gewähren ist. Entsprechendes muss auch hier gelten, § 3 I: Der gesamte Freistellungsanspruch muss - auch bei evtl. Aufteilung - 3 arbeitsfreie Werktage (hier: Samstage) enthalten; es sind nur Bezüge für 15 Arbeitstage zu zahlen.

Fraglich ist auch noch die Zeit vom 26.– 27.11.2001 = 2 Arbeitstage wegen Urlaubs aus Anlaß des Umzugs der Familie. Nach § 42 II wird Urlaub aus der Haft auf die Zeit der Freistellung angerechnet, soweit er in die Arbeitszeit fällt und nicht wegen einer lebensgefährlichen Erkrankung oder des Todes eines Angehörigen erteilt worden ist. Es besteht unter den Bundesländern Einigkeit, dass § 42 II nur dann Anwendung findet, wenn der Urlaub für eine Zeit nach Erfüllung der Freistellungsvoraussetzungen gewährt wird und der Gefangene bei Urlaubsantritt die Freistellung noch nicht in Anspruch genommen hat. Diese Voraussetzungen liegen vor, so dass diese 2 Tage Ausfallzeit zu einer Kürzung des Freistellungsanspruchs um 2 Tage führen (für den neuen Jahreszeitraum handelt es sich um Fehlzeiten nach VV Nr. 2 c).

Der Gefangene wird somit von Samstag, 3.8., bis Mittwoch, 21.8.2002, von der Arbeitspflicht freigestellt. Anders wäre zu entscheiden, wenn der Gefangene die Freistellungsvoraussetzungen für den Zeitraum, der dem hier untersuchten folgt, ebenfalls erfüllen würde. Darüber ist aber mangels tatsächlicher Angaben nicht zu befinden.

Nach § 42 III erhält der Gefangene für die Zeit der Freistellung seine zuletzt gezahlten Bezüge weiter. Nach Nr. 7 VV ist der Berechnung der Bezüge der Durchschnitt der letzten 3 abgerechneten Monate vor der Freistellung zugrunde zu legen. Der Monat Juli ist am 3.8.2002 noch nicht abgerechnet, so dass er außer Betracht zu bleiben hat. Der Vergütungssatz je Arbeitstag während der Freistellung ist danach wie folgt zu berechnen:

$$\frac{\text{Bruttobezüge während April, Mai, Juni 2002}}{\text{Istarbeitstage im April, Mai, Juni 2002}}$$

Angenommen, M. hatte folgende Bruttoarbeitsbezüge (in €) und folgende Istarbeitstage

April	196,47
Mai	186,36
Juni	210,35
	593,18

Dies ergibt

April	20
Mai	19
Juni	21
	60

593,18
60 Tage 9,89 €/Arbeitstag der Freistellung
In der Zeit vom 3.8.–21.8.2002 liegen 13 Arbeitstage; er erhält also in diesem Zeitraum 128,57 € Bruttobezüge.

Fall 9.4

Dem Gefangenen Norbert Nonn war am 12.2.2010 erstmals im Strafvollzug Arbeit in der 5-Tage-Woche zugewiesen worden. Im März 2012 stellt er Antrag auf Freistellung von der Arbeitspflicht. Der Arbeitsinspektor stellt fest, dass im Zeitraum 12.2.2010–11.2.2011 folgende Fehlzeiten vorliegen, und zwar überwiegend zum Ende des Jahres 2010 bzw. Anfang 2011:
34 Arbeitstage wegen Krankheit; 5 Arbeitstage wegen Arbeitsunfalls; 4 Arbeitstage wegen Arrests; 17 Arbeitstage wegen Arbeitsmangels.

Lösungsskizze
Angerechnet werden auf das Jahr (d. h. sind unschädlich) an Krankheitstagen gemäß § 42 I 2: 6 Wochen, d. h. hier 30 Arbeitstage.
Weiter werden gemäß Nr. 2 a) VV ohne Beschränkung Zeiten angerechnet, in denen der Gefangene Verletztengeld bezogen hat, hier 5 Arbeitstage.
Nach Nr. 2 b VV werden Zeiten, in denen der Gefangene aus anderen als Krankheitsgründen eine Tätigkeit nach § 42 I nicht ausgeübt hat, in der Regel bis zu

9.3 Freistellung von der Arbeitspflicht, § 42

3 Wochen (hier 15 Arbeitstage) jährlich angerechnet, wenn dies angemessen erscheint. Die Ausfalltage wegen Arrests und wegen Arbeitsmangel sind hier einzuordnen.

„In der Regel" heißt, dass dies keine starre Grenze sein soll, sondern dass unter Berücksichtigung der sonstigen Fehlzeiten (Krankheit) auch Fehlzeiten z. B. wegen Arbeitsmangel bis etwa 23 Arbeitstage berücksichtigt werden können. Die Anstalt hat insoweit Ermessen.[9]

„Angemessen" ist die Berücksichtigung normalerweise nur, wenn es sich um unverschuldete Fehlzeiten handelt, nicht jedoch bei verschuldeten Fehlzeiten, wie hier wegen Arrests, es sei denn, dies würde zu völlig ungerechten Ergebnissen führen.

Im vorliegenden Fall wird man nicht sagen können, dass der Gefangene 1 Jahr lang zugewiesene Tätigkeit - unter Berücksichtigung der erlaubten Fehlzeiten - verrichtet hat, so dass die einfache Lösung „Anrechnung aller Fehlzeiten" nicht in Frage kommt. Lösungsmöglichkeiten sind:

- Unterbrechung des Jahreszeitraums und Neubeginn eines Jahreszeitraums; diese Lösung kommt nach der Rechtsprechung des BVerfG in aller Regel nicht mehr in Betracht.[10]
- Kürzung der Freistellungstage: Diese Lösung ist - außer im Falle des § 42 II - gesetzlich nicht vorgesehen.[11]
- Bestimmung des frühestmöglichen Beginns des Jahreszeitraums, in dem alle zulässigen Fehlzeiten nicht überschritten sind, durch Rückrechnung (Lösung NRW-Erlass): Diese Lösung führt mindestens dann zu unhaltbaren Ergebnissen, wenn die Fehlzeiten am Ende des Jahreszeitraums konzentriert sind, und ist daher im Regelfall mit Art. 3 I GG nicht vereinbar.
- Hemmung des Laufs der Jahresfrist und Hinausschieben des Ablaufs der Jahresfrist: Durch „Nacharbeiten" des Gefangenen wird „das Jahr" hier zwar „aufgebläht", aber dies erscheint nach Auffassung des BGH und des OLG Hamm mit dem Gesetz vereinbar.[12] Die Lösung führt jedenfalls zu gerechten Ergebnissen. Ob eine völlige Loslösung von der vom Gesetz vorgenommenen Periodisierung möglich ist, d. h. der Gefangene kann unbeschränkt solange nacharbeiten, bis er an so vielen Arbeitstagen gearbeitet hat, wie normalerweise in ein Kalenderjahr fallen, ist allerdings fraglich.[13] Genauso ist zweifelhaft, wie es zu handhaben ist, wenn ein Gefangener im Nacharbeitungszeitraum erkrankt, der insoweit sein anzurechnendes Kontingent gemäß § 42 I 2 noch nicht erschöpft hat. Konsequenterweise müssten ihm dementsprechend auch Krankheitstage als „Nacharbeit" angerechnet werden.

Im vorliegenden Fall müsste der Gefangene 10 Arbeitstage nacharbeiten, der Jahreszeitraum wäre erst am 25.2.2011 erreicht.

---

[9] OLG Koblenz ZfStrVo 1992, 197.
[10] BVerfG NStZ 1984, 572.
[11] BGH NStZ 1988, 149 f.
[12] BGH a.a.O.; OLG Hamm ZfStrVo 1989, 312 f.
[13] Vgl. OLG Hamm ZfStrVo 1989, 312 f.

9.4 Vorverlegung des Entlassungszeitpunkts, § 43

Fall 9.5

Der Gefangene Oskar Ortmann wurde zu einer Freiheitsstrafe von einem Jahr ohne Bewährung verurteilt. Er befand sich zunächst seit dem 30.8.2010 in anzurechnender U-Haft. Seit dem 1.1.2011 war er Strafgefangener. Am 3.9.2010 nahm er die ihm zugewiesene Arbeit in der Anstaltswäscherei (5-Tage-Woche) auf, die er kontinuierlich bis zum 25.2.2010 fortsetzte. Danach musste er seine Arbeit bis zum 5.3.2011 einschließlich unterbrechen, weil er wegen eines Zeugentermins in eine andere Anstalt überstellt wurde.
Am 25.3.2011 erkrankte er und konnte seine Arbeit erst am 8.4.2011 fortsetzen. Als sein Antrag in der Schlosserei eingesetzt zu werden abgelehnt wurde, legte er aus Protest am 3.6.2011 die Arbeit nieder. Erst am 24.6.2011 nahm er die Arbeit in der Anstaltswäscherei wieder auf und setzte sie bis zu seiner Entlassung fort. Auf eine vorzeitige Entlassung zum 2/3-Termin hat er verzichtet.

Aufgabe
Wann kann Ortmann entlassen werden?

Lösungsskizze
Ein Jahr Freiheitsstrafe hat Ortmann am 29.8.2011, der auf einen Sonntag fällt, verbüßt. Damit könnte der Gefangene nach § 16 II bereits am 27.8.2011 entlassen werden.
Hier ist zu prüfen, ob § 43 IX eine (weitere) Vorverlegung des Entlassungszeitpunkts erfordert. Nach § 43 erhalten Gefangene, die eine zugewiesene Beschäftigung ausüben, zur Anerkennung dieser Arbeit einen monetären Ausgleich in Form eines gegenüber der bis Ende 2000 gültigen Regelung erhöhten Arbeitsentgelts.[14] Außerdem erhalten sie einen nicht-monetären Ausgleich in Form einer Freistellung von der Arbeit, die auch als Urlaub aus der Haft (so genannter Arbeitsurlaub) oder auf den Entlassungszeitpunkt angerechnet werden kann. Die Gewährung der Freistellung von der Arbeit oder des Arbeitsurlaubs wird im Gegensatz zur Vorverlegung des Entlassungszeitpunkts von dem Antrag des Gefangenen abhängig gemacht. Die Vorverlegung des Entlassungszeitpunkts, die als ausschließlich vollzugliche Maßnahme von der Anstalt durchgeführt wird (ähnlich der Regelung des § 16), stellt damit gesetzessystematisch den Regelfall dar.
Da Ortmann keinen Antrag nach § 43 VI und/oder VII gestellt hat, ist die Vollzugsbehörde verpflichtet, die Freistellung von der Arbeit auf den Entlassungszeitpunkt anzurechnen, § 43 IX. Hat der Gefangene 2 Monate lang zusammenhängend eine zugewiesene Arbeit nach § 37 oder eine Hilfstätigkeit nach § 41 I S. 2 ausgeübt, wird er auf seinen Antrag hin einen Werktag von der Arbeit freigestellt bzw. wird - wie im vorliegenden Fall - dieser Freistellungstag auf den Entlassungszeitpunkt des Gefangenen angerechnet. Sonn- und Feiertage sowie

---

[14] Vgl. hierzu BVerfG ZfStrVo 1998, 242 ff.

9.4 Vorverlegung des Entlassungszeitpunkts, § 43

Samstage zählen hierbei selbstverständlich mit[15]. Durch Zeiten, in denen der Gefangene ohne sein Verschulden durch Krankheit, Ausführung, Ausgang, Urlaub aus der Haft, Freistellung von der Arbeitspflicht oder sonstigen nicht von ihm zu vertretenden Gründe an der Arbeitsleistung gehindert ist, wird die Frist nach S. 1 gehemmt. Beschäftigungszeiträume von weniger als 2 Monaten bleiben unberücksichtigt (Abs. 6).

- Die 2-Monats-Frist beginnt grundsätzlich mit dem Zeitpunkt der Arbeitsaufnahme. Das wäre hier der 3.9.2010. Allerdings sind die Arbeitsleistungen, die Ortmann als U-Gef. erbracht hat, für die Beurteilung nach § 43 unerheblich. Für ihn fängt die Frist mithin erst zu dem Zeitpunkt an, zu dem er Strafgefangener geworden ist, also am 1.1.2011. Der für einen Anspruch nach § 43 IX relevante Zeitraum von 2 Monaten endet demnach mit Ablauf des 28.2.2011. Nach § 43 VI wird durch Zeiten, in denen der Gefangene ohne sein Verschulden durch sonstige von ihm nicht zu vertretende Gründe an der Arbeitsleistung gehindert ist, die 2-Monats-Frist gehemmt. Hemmung bedeutet entsprechend der Regelung zu § 42 das Hinausschieben des Ablaufs der gesetzlich geforderten Frist um die Tage der unverschuldeten Beschäftigungslosigkeit.[16]
- Bis zum Ende der 2-Monats-Frist am 28.2.2011 liegen 3 Arbeitstage, an denen der Gefangene aufgrund der Wahrnehmung eines Zeugentermins und damit aus von ihm nicht zu vertretenden Gründen die zugewiesene Tätigkeit nicht ausüben konnte und um welche die Frist, gerechnet ab dem Zeitpunkt der erneuten Arbeitsaufnahme, nach der unverschuldeten Unterbrechung hinausgeschoben wird. Am 6.3.2011 nahm Ortmann die Arbeit wieder auf, so dass der geforderte Zeitraum der zweimonatigen Beschäftigung mit Ablauf des 8.3.2011 erreicht wird und damit Anspruch auf einen Freistellungstag besteht.
- Der Lauf der sich daran anschließenden 2-Monats-Frist bis zum 7.5.2011 wird durch die Zeit der Erkrankung (25.3. bis 5.4.2011 = 10 Arbeitstage) gehemmt. Mithin verlängert sie sich bis zum Ablauf des 23.5.2011.
- Nachdem der Gefangene die Arbeit am 3.6.2011 niedergelegt hatte, war er verschuldet ohne Arbeit, da er keinen Anspruch auf die von ihm gewünschte Beschäftigung in der Schlosserei hatte. Zeiten einer Beschäftigungslosigkeit, die von dem Gefangenen im Sinne von § 43 VI S. 3 zu vertreten sind, führen dazu, dass die Beschäftigungszeiten des begonnenen Zwei-Monats-Zeitraums, die vor dem Unterbrechungszeitpunkt liegen, unberücksichtigt bleiben. Nach erneuter Arbeitsaufnahme am 24.6.2011 beginnt die 2-Monats-Frist von neuem, wie sich aus dem Umkehrschluss aus § 43 VI S. 3 und 4 ergibt.
- Das Ende dieses zweimonatigen Beschäftigungszeitraums fällt auf den 23.8.2011. Unter Anrechnung der bereits erworbenen Freistellungstage wird Ortmann aber nicht mehr so lange wie erforderlich arbeiten. Es bleibt also bei zwei Freistellungstagen.
- Wie bereits erwähnt, fällt das Ende der Strafzeit ohne Berücksichtigung der Freistellungstage auf Sonntag, den 29.8.2011. Es stellt sich die Frage, ob eine Anrechnung der Freistellungstage auf das Ende der Strafzeit oder den nach

---

[15] KG NStZ-RR 2009, 390.
[16] Vgl. OLG Hamm ZfStrVo 1989, 312 f.

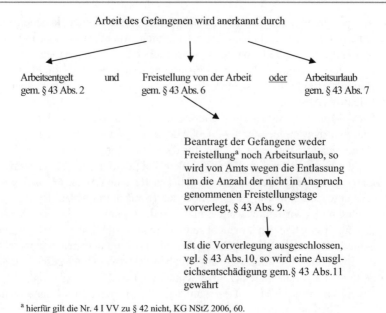

Abb. 9.2 Arbeitsentgelt, Arbeitsurlaub und Anrechnung der Freistellung auf den Entlassungszeitpunkt

§ 16II vorverlegten Zeitpunkt der Entlassung durch die Vollzugsbehörde vorzunehmen ist. § 16 verfolgt mit der Vorverlegung des Entlassungszeitpunkts das Ziel, den Gefangenen am Vormittag eines Werktags zu entlassen, damit der Betroffene die Möglichkeit erhält, noch am Entlassungstag die wichtigsten Angelegenheiten, insbesondere das Aufsuchen von Behörden, zu erledigen. Die Gefahr eines sofortigen Rückfalls soll dadurch gemindert werden. Ausgehend hiervon kann § 16 nur nachrangig zu § 43 Anwendung finden. Anderenfalls wäre eine vom Gesetzgeber nicht gewollte und offensichtlich sinnwidrige zweimalige Anwendung von § 16 denkbar, wenn nach Anrechnung von Freistellungstagen auf den bereits vorverlegten Entlassungszeitpunkt erneut der Entlassungstag auf einen der in § 16 II genannten Tage fiele (ebenso VV I c zu § 16).

- Die Anrechnung (Ausschlussgründe gemäß § 43 X sind nicht ersichtlich) der erworbenen Freistellungstage führt damit zu einer Vorverlegung des Entlassungszeitpunkts auf den 28.8.2011 (Abb. 9.2).

9.5 Berechnung einer Ausgleichsentschädigung, § 43 XI

In den in § 43 Abs. 10 genannten Fällen ist eine Anrechnung auf den Entlassungszeitpunkt ausgeschlossenen. In diesen Fällen hat der Gefangene Anspruch auf die Zahlung einer Ausgleichszahlung nach § 43 Abs. 11 (Blitzentlassung, Abschiebung,

9.5 Berechnung einer Ausgleichsentschädigung, § 43 XI

lebenslange Haft, keine Möglichkeit die Freistellung in Anspruch zu nehmen). Die Ausgleichszahlung berechnet sich aus dem Verdienst für die Arbeitstage, die zu dem Anspruch auf Freistellung bzw. Arbeitsurlaub geführt haben. Da eine konkrete Berechnung durch die unterschiedlichen Verdienste in den jeweiligen Zweimonatsabschnitten nur mit einem unverhältnismäßig hohen Verwaltungsaufwand zu erledigen ist, ist von dem durchschnittlichen Tagessatz der letzten 3 Monate auszugehen. Die Ausgleichszahlung berechnet sich nach der Formel:

Anzahl der Arbeitstage, die einen Anspruchsbegründen
× **Durchschnittstagessatz** der letzten 3 Monate × 15 %

▶ **Beispiel**
Ein Gefangener wird am 24.1.2011 erstmalig zur Arbeit eingesetzt. Er erwirbt folgende Freistellungsansprüche:

24.1.–23.3. 2011	1 Tag (42 Arbeitstage)
24.3.–31.5. 2011	1 Tag (40 Arbeitstage)
18.7.–17.9. 2011	1 Tag (44 Arbeitstage)
1.10.–30.11. 2011	1 Tag (44 Arbeitstage)

Am 6.12.2011 wird auf die weitere Vollstreckung nach § 456 a StPO verzichtet und der Gefangene wird in die Türkei abgeschoben. Freistellung wurde nicht gewährt. Eine Anrechnung auf den Entlassungszeitraum ist nicht möglich, dem Gefangenen ist eine Ausgleichszulage zu zahlen. Der durchschnittliche Arbeitsverdienst der letzten drei Abrechnungsmonate beträgt 10,97 €. Nach der obigen Formel berechnet sich die zu gewährende Ausgleichszahlung wie folgt:

$$170 \text{ Arbeitstage} \times 10{,}97 \text{ €} \times 15\% = 279{,}74 \text{ €}$$

Bei der Berechnung der Ausgleichszahlungen bei lebenslanger Freiheitsstrafe ist die U-Haft in die 10-jährige Vollstreckungszeit im Sinne von § 43 XI einzubeziehen.[17] Entsprechendes gilt für Sicherungsverwahrte hinsichtlich der vor der Sicherungsverwahrung verbüßten Strafhaft. [18]Die Vergütung ist nach Verbüßung bestimmter Zeitintervalle von Amts wegen dem Eigengeld des Gefangenen gutzuschreiben.[19]

---

[17] LG Frankfurt NStZ 2005, 55; KG NStZ-RR 2006, 12.
[18] OLG Hamburg NStZ-RR 2010, 295 zu dem gleichlautenden § 40 VII HmbStVollzG.
[19] KG NStZ-RR 2006, 123.

9.6 Freies Beschäftigungsverhältnis und Selbstbeschäftigung, § 39

Fall 9.6

Der wegen Diebstahls und Unterschlagung in der geschlossenen JVA inhaftierte Gefangene Otto Öhrlein, der bis zum voraussichtlichen Entlassungszeitpunkt noch 13 Monate zu verbüßen hat und bereits 2mal beanstandungsfrei beurlaubt war, beantragt, in freiem Beschäftigungsverhältnis in seinem erlernten Beruf als Programmierer bei der Fa. Data-Fix, die eine Einstellungszusage erteilt hat, zu arbeiten. In der Anstalt ist er zur Zellenarbeit (Kugelschreibermontage) eingesetzt. Die Vollzugsbehörde lehnt ab, da die Trennung von anderen Gefangenen nicht möglich sei.

Lösungsskizze
Da es sich bei der angestrebten Tätigkeit um eine abhängige Tätigkeit handelt, kommt nur § 39 I als Beurteilungsgrundlage in Frage. Der im freien Beschäftigungsverhältnis tätige Gefangene schließt - mit Zustimmung der Vollzugsbehörde - z. B. einen Arbeitsvertrag oder Ausbildungsvertrag mit dem Arbeitgeber (vgl. Nr. 2 II VV) ab und hat alle Rechte und Pflichten wie ein freier Arbeitnehmer oder Auszubildender. Eine Berufstätigkeit im Ausland ist nicht möglich.[20]
Voraussetzungen
a. Tatbestandsseite:
- „Im Rahmen des Vollzugsplans" (vgl. § 7 II Nr. 4): im Vollzugsplan müssten Angaben enthalten sein über den Arbeitseinsatz entsprechend den Grundsätzen des § 37.
- „Die Beschäftigung muss dem Ziel dienen, Fähigkeiten für eine Erwerbstätigkeit nach der Entlassung zu vermitteln, zu erhalten oder zu fördern": Der Einsatz im erlernten Beruf würde die Fähigkeit für eine Erwerbstätigkeit des Ö. nach der Entlassung mit Sicherheit erhalten und - angesichts rasanter Entwicklungen im EDV-Bereich - fördern und wäre dem derzeitigen Arbeitseinsatz vorzuziehen.
- Die Voraussetzungen für den Freigängerstatus müssen vorliegen, § 39 I 2, § 111 Nr. 1, II: Durch den wiederholten beanstandungsfrei absolvierten Urlaub besteht keine Flucht- oder Missbrauchsgefahr.
- „Überwiegende Gründe des Vollzugs dürfen nicht entgegenstehen"; solche könnten insbesondere sein:[21]
    - innerhalb des Vollzugs besteht dringender Bedarf an qualifizierten Fachkräften.
    - Gründe der Sicherheit (die tägliche Kontrolle auf Ein- oder Ausschmuggeln sicherheitsgefährdender Gegenstände ist nicht möglich) und Ordnung (Neid der übrigen Gefangenen wegen erheblichen Mehrverdienstes) erfordern die Trennung von anderen Gefangenen - vgl. Nr. 2 I VV - die

---
[20] OLG Celle NStZ-RR 2002, 157.
[21] Vgl. Schwind/Böhm, § 39 Rdnr. 6.

aber in der betreffenden Anstalt nicht gewährleistet werden kann. So hat etwa NRW das Eingehen eines freien Beschäftigungsverhältnisses im geschlossenen Vollzug generell untersagt. Soweit die von der Vollzugsbehörde geltend gemachten Gründe nachvollziehbar sind, scheitert der Antrag des 0 hieran.

b. Rechtsfolgenseite
Soweit die tatbestandlichen Voraussetzungen erfüllt sind (was hier nicht der Fall ist), soll dem Gefangenen gestattet werden, einer Arbeit auf der Grundlage eines freien Beschäftigungsverhältnisses außerhalb der Anstalt nachzugehen. „Soll" heißt, in aller Regel muss dem entsprochen werden. Der Umfang des freien Beschäftigungsverhältnisses bestimmt sich ebenfalls nach § 39 I. Insbesondere der Angleichungsgrundsatz des § 3 I hat keine einschränkende Funktion. Somit ist auch eine über 40 Stunden/Woche hinausgehende Berufstätigkeit möglich.[22]

Zur Selbstbeschäftigung

Nach § 39 II *kann* (= weniger als „soll") dem Gefangenen gestattet werden, sich selbst zu beschäftigen. Hierbei handelt es sich um freiberufliche Tätigkeiten, in der Regel um die Ausübung eines bereits erlernten Berufs wie Schriftsteller, Maler, Restaurateur. Das Gesetz nennt die Kriterien für die Erlaubnis hierzu nicht, gleichwohl ist auf die Grundsätze der §§ 7 II Nr. 4, 37 abzustellen. Die genehmigte, unter Einsatz von Investitionen auf stetigen Erwerb gerichtete Tätigkeit eines Gefangenen ist Selbstbeschäftigung auch dann, wenn sie in der Freizeit neben einer Pflichtarbeit ausgeübt wird. Die lange Zeit streitige Frage, ob das Gesetz auch eine Selbstbeschäftigung außerhalb der Anstalt zulässt, hat der wie folgt beantwortet:[23]

Die Vollzugsbehörde kann unter den in § 11 genannten Voraussetzungen einem Gefangenen gestatten, sich außerhalb der Anstalt selbst zu beschäftigen, wenn das mit dem Vollzugsziel, § 2, vereinbar ist. Sie ist, da das Verhalten des Gefangenen außerhalb der Anstalt schwer zu beaufsichtigen ist, nicht gehindert, bei der Ermessensausübung einen strengen Maßstab anzulegen.[24]

9.7 Ablösung von der Arbeit; Hinweise zum Widerruf begünstigender Maßnahmen

Fall 9.7

Dem Gefangenen Paul Peters ist im offenen Vollzug das Eingehen eines freien Beschäftigungsverhältnisses bei dem Bauunternehmen -Stabilosolid gestattet. In dem Arbeitsvertrag zwischen P. und der Firma ist vereinbart, dass die Bezüge des Gefangenen mit befreiender Wirkung nur auf sein Konto bei der Anstalt gezahlt werden können (vgl. Nr. 2 II 2 VV zu § 39).

Nachdem über 2 Monate vom Arbeitgeber keine Einzahlungen vorgenommen worden sind, stellt die Vollzugsbehörde Nachforschungen an. Dabei stellt die An-

---

[22] Hans. OLG Hamburg NStZ 2000, 615.
[23] BGH ZfStrVo 1991,118 f.
[24] Vgl. auch OLG Hamm NStZ 1993, 208.

stalt fest dass die Bezüge auf Drängen des Gefangenen 30% unter dem Tariflohn in dem betreffenden Tarifgebiet liegen. Die Vollzugsbehörde entzieht daraufhin dem Gefangenen die Erlaubnis für ein freies Beschäftigungsverhältnis.

Lösungsskizze
Beurteilungslage sind §§ 39 I 2, 14 II.
Die Arbeitszuweisung stellt sich für den Gefangenen als begünstigender Verwaltungsakt dar. Wie der freie Bürger kann auch der Gefangene zunächst auf den Bestand eines solchen Verwaltungsakts vertrauen. Soll eine einmal eingeräumte Rechtsposition beseitigt werden, bedarf es einer gesetzlichen Grundlage.

§ 14 II 1	§ 14 II 2
WIDERRUF	RÜCKNAHME
des rechtmäßigen	des rechtswidrigen
Verwaltungsakts	Verwaltungsakts

§ 14 gilt an sich nur für Lockerungen und Urlaub.[25] Der Widerruf und die Rücknahme von Verwaltungsakten im Strafvollzug ist sonst nur noch in § 70 III geregelt. Der Gesetzgeber hat dieses Versehen erkannt[26] und wollte einer allgemeine Regelung einführen. Eine solche Regelung fehlt jedoch noch immer, so dass § 14 II analog angewendet werden muss, um diese Lücke zu schließen.[27]
Wegen der sehr hohen Voraussetzungen für diese Norm erscheint dies jedoch, wie der Fall zeigt, unpraktikabel. Richtigerweise ist die Ablösung von der Arbeit auch im geschlossenen Vollzug z. B. schon dann möglich, wenn der Gefangene den Betriebsfrieden nachdrücklich stört.[28]

Überweisung auf Privatkonto
Beurteilungsgrundlage § 14 II 1 Nr. 2 oder 3 i.Vm. § 39 III, Nr. 211 2 VV Die Vollzugsbehörde kann danach eine begünstigende Maßnahme (analog) widerrufen, wenn der Gefangene ([29]) die Maßnahme missbraucht oder Weisungen nicht nachkommt. Hier heißt es nicht: „zu Straftaten missbraucht" (§ 11 II). Daher handelt es sich hier um einen weiteren Missbrauchsbegriff.

Dazu zählen:
Rückkehr in die JVA in betrunkenem Zustand; Vorbereitung einer Straftat.

---

[25] Vgl. hierzu OLG Frankfurt/Main NStZ-RR 2002, 252.
[26] Vgl. BT-Drs. 11/3694, S. 3, 16.
[27] Für die restriktive Anwendung auf andere Fälle: Calliess/Müller-Dietz, § 14 Rdnr. 2; zur Ablösung von der Arbeit vgl. OLG Frankfurt/Main NStZ-RR 1998, 31; OLG Frankfurt/Main ZfStrVO 2001, 327; OLG Karlsruhe NStZ-RR 2005, 389; OLG Celle NStZ-RR 2008, 125; OLG Brandenburg bei Roth NStZ 2012, 433. Das OLG Zweibrücken will dagegen § 4 Abs. 2 S. 2 in solchen Fällen heranziehen, ZfStrVo 1994, 175, 176.
[28] OLG Karlsruhe NStZ-RR 2005, 389.
[29] Zur Auflösung des freien Beschäftigungsverhältnisses wegen Unzuverlässigkeit des Arbeitgebers: KG bei Matzke NStZ 1997, 426.

Gleichwohl hat P hier die Maßnahme selbst nicht missbraucht, aber er ist Weisungen nicht nachgekommen, die im Zusammenhang mit der Maßnahme „freies Beschäftigungsverhältnis" ihm erteilt wurden. Der Widerruf ist rechtmäßig.

Untertarifliche Bezahlung
Rechtsgrundlage ist § 14 II 2. Die Vollzugsbehörde kann die begünstigende Maßnahme zurücknehmen, wenn die Voraussetzungen für ihre Bewilligung nicht vorgelegen haben. Also dann, wenn schon bei der Bewilligung Tatsachen vorgelegen haben, die - bei Kenntnis - zur Ablehnung hätten führen müssen. Auch wenn hier sicher schludrige Arbeit des Arbeitsinspektors vorliegt, der diesen Punkt hätte mitprüfen müssen, ist es nicht hinnehmbar, dass Gefangene für gleichwertige Arbeit erheblich schlechtere Entlohnung erhalten als freie Arbeitnehmer. Dies würde letztlich dazu führen, dass Gefangene als billige Konkurrenz auf den Arbeitsmarkt dringen. Auch wenn eine geringfügig unter Tariflohn liegende Bezahlung hinnehmbar ist, um Gefangene überhaupt in freies Beschäftigungsverhältnis vermitteln zu können, ist hier das Maß „des Erträglichen (10–15 %) erheblich überschritten. Die Rücknahme ist rechtmäßig. Ob dasselbe auch in Ostdeutschland wegen der Auflösung der dortigen Tarifstrukturen gilt, ist allerdings zweifelhaft.[30]

---

[30] Vgl. auch BAG 5 AZR 436/08 zum Lohndumping: maßgebliche Grenze hierfür sind 2/3 des in der betreffenden Branche und Wirtschaftsregion üblicherweise gezahlten Tariflohnes.

Bezüge und Guthaben der Gefangenen, §§ 43 ff., 83 11 3

10.1 Verwaltungsbefugnis der Vollzugsbehörde

§ 43 I 1 gibt dem Gefangenen einen Rechtsanspruch auf Arbeitsentgelt, wenn er eine zugewiesene Arbeit, sonstige Beschäftigung oder Hilfstätigkeit ausübt. Die Bemessung der Eckvergütung sowie eines Tagessatzes der Eckvergütung ergibt sich aus § 43 12 und 3 i.V.m. § 200 I, 18 SGB IV Das heißt, dass die Eckvergütung der Gefangenen z. B. in 2001 9 % dessen beträgt, was alle Versicherten der Rentenversicherung der Arbeiter und Angestellten (ohne Auszubildende) durchschnittlich im Jahr 1999 verdient haben (Bezugsgröße). 2010 betrug die Bezugsgröße 53 760,-DM. 9 % hiervon sind 4 838- DM. Das BVerfG hatte am 1.7.1998 festgestellt,[1] dass § 200 I mit dem Resozialisierungsgebot (Art. 2 I, 1 I, 20 I GG) unvereinbar ist, weil Arbeit im Strafvollzug als Pflichtarbeit nur dann ein wirksames Resozialisierungsmittel sei, wenn die geleistete Arbeit angemessene Anerkennung findet. Diese Anerkennung müsse nicht zwingend finanzieller Art sein; sie müsse aber geeignet sein, dem Gefangenen den Wert regelmäßiger Arbeit für ein künftiges eigenverantwortliches straffreies Leben in Gestalt eines für ihn greifbaren Vorteils vor Augen zu führen.[2] Die neue Regelung ist verfassungsgemäß.[3]

Die Stufung des Arbeitsentgelts – ausgehend von der Eckvergütung; 250 (= Tagessatz Stufe III) – nach oben oder unten – ergibt sich aus § 43 II i.V.m. § 48 und der Strafvollzugsvergütungsordnung (Tab. 10.1).

Bei kürzerer Arbeitszeit als üblich hat der Gefangene lediglich einen Anspruch auf das anteilig gekürzte Arbeitsentgelt.[4] Außerdem sind noch Leistungszulagen bis zu 30 % möglich. Sie sind von Monat zu Monat neu festzusetzen. Werden sie gekürzt, handelt es sich deshalb nicht um einen Widerruf oder eine Rücknahme.[5]

---

[1] ZfStrVo 1998, 242 ff.
[2] Kritisch Schriever ZfStrVo 2002, 86 ff.
[3] BVerfG StV 2002, 374; a. A. Radtke ZfStrVo 2001, 4.
[4] OLG Dresden bei Bothge ZfStrVo 2000, 120.
[5] LG Aachen ZfStrVo 2005, 252.

Tab. 10.1 Stufung des Arbeitsentgelts

Vergütungsstufe	Tagessatz 2009	Tagessatz 2010/2011	Tagessatz 2012
I = 75 %	8,16 €	8,28 €	8,51 €
II = 88 %	9,58 €	9,71 €	9,98 €
III = 100 %	10,89 €	11,04 €	11,34 €
IV = 112 %	12,19 €	12,36 €	12,70 €
V = 125 %	13,06 €	13,80 €	14,18 €

Abb. 10.1 Quellen (aus denen dem Gefangenen Gelder zufließen)

QUELLEN (aus denen dem Gef. Gelder zufließen)	VERWALTUNGSBEFUGNIS (ergibt sich aus)
Arbeitsentgelt, § 43	§§ 47 I, 51, 52
Ausbildungsbeihilfe, § 44	§§ 47 I, 51, 52
Taschengeld, § 46	§ 47 I
sonstige Bezüge, § 39 I, II	§§ 39 III, 47 II, 51, 52
Geld von außerhalb, § 83 (mit eingebracht oder eingezahlt)	§ 83 II 2
Ersatzzuwendungen, VV zu § 47 (z. B. Verletztengeld nach Arbeitsunfall, Zeugenentschädigung, Bezüge nach SGB III, BAföG)	VV zu § 47

Für den Strafgefangenen werden nun folgende Konten geführt (Abb. 10.1):
- Hausgeld (HG),
- Überbrückungsgeld (ÜG),
- Eigengeld (EG).

Zur Erklärung
Von dem Arbeitsentgelt werden vom Gefangenen zu tragende Beitragsteile – derzeit nur zur Arbeitslosenversicherung in Höhe von 1,5 % – abgeführt. Sodann werden 3/7 auf dem HG-Konto gebucht, 4/7 auf dem ÜG-Konto. Es können jedoch auch geringere Ansparraten für das ÜG, z. B. bei langstrafigen Gefangenen, gerechtfertigt sein.[6] Falls der festgesetzte Betrag des ÜG erreicht ist, wandert dieser Teil in den EG-Topf.

10.2 Einkünfte aus freiem Beschäftigungsverhältnis oder Selbstbeschäftigung und deren Verwaltung

Fall 10.1

Dem Gefangenen Rolf Reiners, von Beruf Zimmermann, ist gestattet, im Rahmen des freien Beschäftigungsverhältnisses aus einer offenen JVA seiner erlernten Tätigkeit bei einer Firma in einer benachbarten Kleinstadt nachzugehen. Er erhält durchschnittlich 1100,- € Nettoarbeitslohn im Monat. Für eine Monatskarte

---

[6] Vgl. hierzu OLG Koblenz ZfStrVo 1993, 309 m.w.N.

10.2 Einkünfte aus freiem Beschäftigungsverhältnis oder Selbstbeschäftigung ...

braucht er 45,- €, für ein Mittagessen (Stammessen) 4,- € und für Berufskleidung usw. etwa 20,- € im Monat. Er beabsichtigt, seiner nicht berufstätigen Ehefrau, die den Lebensunterhalt für sich und die gemeinsamen minderjährigen Kinder im wesentlichen von der Sozialhilfe bestreitet, 400,- € zukommen zu lassen. Außerdem möchte er entsprechend einer Vereinbarung einer Schuldnerberatungsstelle mit seinen Gläubigern monatlich 150,- € der Schulden in Höhe von 20000,- € zurückzahlen. Das ÜG ist auf 2100,- € festgesetzt, der derzeitige Stand beträgt 400,- €. Reiners hat bis zum 2/3-Zeitpunkt noch etwa 2 Jahre zu verbüßen.

Aufgabe
Wie sind die Bezüge aufzuteilen?

Lösungsskizze
Beurteilungsgrundlagen: Nr. 2 III VV zu § 39, § 47 II, Nr. 1 I 2 VV zu § 51. Nr. 2III VV zu § 39 mit den Buchstaben a–f gibt eine Rangfolge für die Verwendung der Bezüge aus freiem Beschäftigungsverhältnis und Selbstbeschäftigung vor, und zwar im Prinzip auch dann, wenn die Bezüge nicht vollständig ausreichen, um alle Zwecke, die in den Buchstaben a–f genannt sind, vollständig zu befriedigen. Hier stellt sich nur die Frage, ob der Haftkostenbeitrag (in voller Höhe) zu Lasten etwaiger Schuldenregulierung erhoben werden muss. Dies kann verneint werden.[7]

Dies ergibt sich aus Nr. 2 IV VV zu § 39, dem Rechtsgedanken des – noch nicht in Kraft befindlichen – § 49II, § 50 I letzter Satz; und logisch ist auch, dass die Aufwendungen an erster Stelle stehen, die es dem Gefangenen ermöglichen, weiter der Tätigkeit im freien Beschäftigungsverhältnis nachzugehen. Bei der Festsetzung des „angemessenen" HG sind alle entscheidungserheblichen Umstände zu berücksichtigen, z. B. der Umstand, dass in der betreffenden Anstalt auch Gefangene untergebracht sind, die – erheblich geringere – Bezüge nach dem StVollzG erhalten (Unterschiede dürfen nicht allzu groß sein wegen Gefahr der Verschuldung und unerwünschter Abhängigkeitsverhältnisse), andererseits aber auch erhöhte Bedürfnisse des im freien Beschäftigungsverhältnis tätigen Gefangenen. Geht man davon aus, dass im Jahr 2013 das durchschnittliche HG von Gefangenen, die Bezüge nach dem StVollzG erhalten, etwa 90,- € beträgt, erscheint ein HG für Reiners von ca. 100,- € angemessen. Nach Nr. 1 I 2 VV zu § 51 „soll" der Anteil der Bezüge, der dem ÜG zuzuführen ist, nicht geringer sein als das festgesetzte HG. „Soll" bedeutet Verpflichtung für den Regelfall, Abweichen für den Ausnahmefall. Ein Ausnahmefall ergibt sich hier, wenn einerseits die Bezüge aus dem freien Beschäftigungsverhältnis nicht ausreichen, um alle Zwecke zu decken, andererseits selbst bei einem geringeren Betrag, der dem ÜG zugeführt wird, das festgesetzte ÜG bis zum frühestmöglichen Entlassungszeitpunkt auch dann erreicht wird. Dies ist hier der Fall. Bei dem Haftkostenbeitrag muss berücksichtigt werden, dass der Gefangene die Mittagsmahlzeit an Arbeitstagen nicht einnimmt, weiter, dass er bei hier wahrscheinlichem Urlaub an einem

---

[7] Schwind/Böhm, § 50 Rdnr. 4.

Wochenende die gesamte Anstaltsverpflegung nicht einnimmt.[8] Eine Kürzung bei der Schuldentilgung kommt nicht in Frage, weil hierdurch der Bestand der getroffenen Vereinbarung mit den Gläubigern gefährdet wäre.

Der monatliche Haftkostenbeitrag für 2013 beträgt für Gefangene, die das 18. Lebensjahr vollendet haben und nicht an einer Berufsausbildung, beruflichen Fortbildung oder Umschulung teilnehmen, je nach Art der Unterbringung ca. 380,- €, der Tagessatz ca. 13,- €. Für ein Anstaltsmittagessen wird der Betrag von ca. 2,50 € anzusetzen sein.

Die Verwendung könnte in etwa so aussehen:

Notwendige Aufwendungen im Zusammenhang mit dem Freien Beschäftigungsverhältnis: 45,- €+84,- € (=21 Arbeitstage × 4,- €)+20,- €	149, €
HG	100- €
ÜG	80- €
Erfüllung gesetzlicher Unterhaltspflichten	400,
Erfüllung sonstiger Verbindlichkeiten	150,- €
Haftkostenbeitrag: 1 100- €–879- € (= Summe der vorgehenden Verpflichtungen)	221,- €
	1.100,- €

10.3 Verfügungsbefugnis der Gefangenen

Inhaber der Forderungen auf Auszahlung der „ihm gehörenden", von der Vollzugsbehörde verwalteten Gelder zum Zeitpunkt der Fälligkeit (bei dem ÜG etwa erst Fälligkeit zum Zeitpunkt der Entlassung in die Freiheit, nicht bei Übertritt in eine U-Haft nach Verbüßung der Freiheitsstrafe oder eine andere Art der Freiheitsentziehung)[9] ist der Gefangene. Von daher ist im Grundsatz von der freien Verfügungsbefugnis des Gefangenen auszugehen,

Art. 14 11, 21 GG. Von diesem Grundsatz gibt es Ausnahmen, die durch das Gesetz bestimmt werden. Sie stellen sich als Inhalts- und Schrankenbestimmungen i. S. d. Art. 14 I 2 GG dar.

10.3.1 Freie Verfügungsbefugnis über das HG, § 47 I

Fall 10.2

Der Gefangene Siegfried Schmitz arbeitet in Vergütungsstufe III. Er möchte von seinem HG monatlich 25,- € an seine Mutter überweisen und für 4,- € Briefmarken kaufen.

---

[8] Hans. OLG Hamburg ZfStrVo 2002, 314.
[9] Hans. OLG Bremen ZfStrVo 1991, 309.

Frage
Darf er das?

Lösungsskizze
Nach § 47 I werden 3/7 der Bezüge des Gefangenen, die er nach dem StVollzG erhält (§ 43, 44), nach Abzug seiner Beitragsteile zur Arbeitslosenversicherung HG. Der in Vergütungsstufe III eingesetzte Gefangene wird daher bei 21 Arbeitstagen im Monat 2010 etwa 100,- € HG haben.
Gemäß § 47 I darf er das HG (ebenso vollständig das TG) für den Einkauf von Nahrungs- und Genussmitteln sowie Mitteln zur Körperpflege (§ 22 I) „oder anderweit" verwenden. Hierin kommt der Grundsatz freier Verfügungsbefugnis zum Ausdruck. Der Gefangene hat also einen Rechtsanspruch darauf, selbst zu bestimmen, wofür er sein HG ausgibt:
GRUNDSATZ: unbeschränkte Verfügungsbefugnis für legale Zwecke außerhalb der JVA und für alle nach dem StVollzG und VV zulässigen Zwecke innerhalb der JVA.
AUSNAHMEN:

- § 93 II: Wenn die Vollzugsbehörde Ansprüche gegen den Gefangenen wegen Aufwendungen nach § 93 I 1 geltend macht, kann er nur über einen Betrag in Höhe des dreifachen Tagessatzes der Eckvergütung nach § 43 I frei verfügen.
- § 103 I Nr. 2: Wenn die entsprechende Disziplinarmaßnahme ausgesprochen ist, wird das HG vollständig (Entzug) oder z. T. (Beschränkung) dem ÜG zugeschlagen (§ 104 III).
- § 121 V: Wenn der Gefangene verpflichtet ist, Kosten eines Verfahrens nach den §§ 109 ff. zu tragen, darf er nur über einen Betrag in Höhe des dreifachen Tagessatzes der Eckvergütung nach § 43 I frei verfügen.

10.3.2 Ausschluss der Verfügungsbefugnis über ÜG, §§ 51 I, II 1, IV StVollzG, 400 BGB

Der Zweck des von jedem Strafgefangenen anzusparenden ÜG ist in § 51 I benannt. Dementsprechend ist kein ÜG zu bilden, wenn der Gefangene z. B. durch eine Rente in der Lage ist, den Lebensunterhalt für die ersten vier Wochen nach der Entlassung sicherzustellen.[10]

Der Gefangene hat eine Forderung gegen die JVA, die im Zeitpunkt der Entlassung in die Freiheit fällig wird. Die Festsetzung des ÜG erfolgt nach Nr. 1 II VV zu § 51. Der Gefangene hat während der Haft keine Verfügungsbefugnis über das ÜG.
Ausnahme: § 51 III i.V.m. Nr. 2 VV zu § 51: Ausgaben, die der Eingliederung (im engeren Sinne) dienen. Nach § 51 IV ist das ÜG unpfändbar, Ausnahme § 51 V für Unterhaltsgläubiger. Aus der Unpfändbarkeit ergibt sich ein Abtretungsverbot, § 400 BGB. So könnte der Gefangene seinen Anspruch auf Auszahlung des ÜG gegen die JVA nicht an einen Gläubiger abtreten.

---

[10] OLG Celle ZfStrVo 2011, 252, anders bei einer Kleinstrente!

Wenn gegen einen Gefangenen, der das festgesetzte ÜG bereits angespart hat, eine Disziplinarmaßnahme nach § 103 I Nr. 2 verhängt wird, wird das HG gleichwohl dem ÜG zugeschlagen, ohne dass es einer Höherfestsetzung bedarf.[11]

10.3.3 Ausschluss der Verfügungsbefugnis über das EG, soweit es als ÜG benötigt wird, § 83 II3 i.V.m. § 51 II 1, IV 2

Fall 10.3

Der Gefangene Theo Thon hat eine Freiheitsstrafe von 8 Monaten zu verbüßen. Das ÜG ist auf 1100,-€ festgesetzt. Er arbeitet seit knapp einem Monat ordentlich, bekommt ca. 102,- € Arbeitsentgelt im Monat. Er möchte sich vom vorhandenen EG in Höhe von 200,- € Turnschuhe für 100,- € kaufen.

Lösungsskizze
Beurteilungsgrundlagen: §§ 83 II 3, 51 IV 2, II 1, Nr. 2 VV zu § 22: Zunächst soll das ÜG aus den Bezügen des Gefangenen gebildet werden, vgl. Nr. 1 VV zu § 51. Dies ist in unserem Fall nicht möglich, da der Gefangene allenfalls (8 × 58,- €) 464,- € erreichen wird. Der Gesetzgeber will nun sicherstellen, dass der notwendige Lebensunterhalt für die ersten 4 Wochen nach der Entlassung vorrangig – vor staatlichen Leistungen wie Sozialhilfe – aus anderen, in der JVA vorhandenen, Geldmitteln des Gefangenen bestritten wird. Hier sind 200,- € vorhanden, die zur „Aufstockung" des ÜG benötigt werden, somit nicht frei verfügbar sind, § 83 II 3.
Ergebnis
Der Kauf der Turnschuhe vom EG wird nicht gestattet.
Fallabwandlung
Thon hat 4 Jahre Freiheitsstrafe zu verbüßen, möchte nach 1 Jahr Turnschuhe vom EG kaufen und hat bereits 620,- € ÜG angespart.

Lösungsskizze
Hier kann davon ausgegangen werden, dass das festgesetzte ÜG – auch bis zum frühesten Entlassungszeitpunkt – aus den Bezügen des Gefangenen gebildet wird, so dass es eines Rückgriffs auf das EG nicht bedarf.

Es muss somit eine Prognose angestellt werden, deren Kriterien sind (Abb. 10.2):[12]
- Arbeitsverhalten des Gefangenen;
- Vollzugsdauer;
- Höhe des Arbeitsentgelts.[13]

---

[11] Calliess/Müller-Dietz, § 104 Rdnr. 2.
[12] Zur entspr. Problematik bei den Ansparraten für das ÜG vgl. OLG Koblenz ZfStrVo 1993, 309 f.
[13] Vgl. OLG Frankfurt NStZ-RR 2006, 156.

10.3 Verfügungsbefugnis der Gefangenen

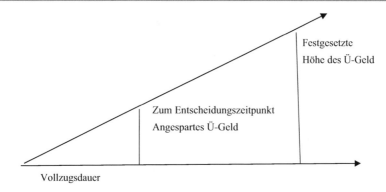

Abb. 10.2 Prognose, ob das festgesetzte ÜG bis zur Entlassung aus den Bezügen gebildet werden kann

10.3.4 Ausnahmen vom Ausschluss der Verfügungsbefugnis über EG und ÜG

- EG, soweit es als ÜG benötigt wird: zur Vermeidung staatlicher Leistungen bzw. zu Zwecken, die der Eingliederung – auch im weiteren Sinne – dienen, kann der Gefangene über EG verfügen, auch wenn es als ÜG benötigt wird:
  - § 22 III i.V.m. Nr. 1 VV zu § 22: Einkauf von Nahrungs- und Genussmitteln sowie Mitteln zur Körperpflege bei unverschuldetem Nichtvorhandensein von HG (z. B. im 1. Monat des Vollzugs oder bei unverschuldeter Nichtbeschäftigung);
  - Nr. 6 II VV zu § 13, i.V.m. Nr. 21 VV zu § 51: Wenn der Anstaltsleiter das EG, das als ÜG benötigt wird, für Urlaub freigibt, muss er berücksichtigen, ob dem Gefangenen bei der Entlassung in die Freiheit ein angemessenes ÜG – wenn auch nicht in der festgesetzten Höhe – zur Verfügung steht, wobei die Umstände des Einzelfalles zu berücksichtigen sind, z. B. ob für Unterkunft, Lebensunterhalt nach Entlassung bereits anderweitig gesorgt ist; wenn HG und gebundenes EG vorhanden ist, kann der Gefangene auf das HG verwiesen werden, wenn ihm zum Einkauf von Nahrungs- und Genussmitteln sowie Mitteln zur Körperpflege noch ein Betrag in Höhe des TG zur Verfügung steht.
  - Nr. 2 VV zu § 68: Zeitungen, Zeitschriften;
  - Nr. 5 VV zu § 69: eigenes Radio oder Fernsehgerät;
  - Nr. 3 S. 2 VV zu § 83 i.V.m. II S. 3 VV zu § 46: Ersatzeinkauf statt Regelpaket;
  - Nr. 3 S. 1 VV zu § 83: Der Verwendungszweck dient der Eingliederung des Gefangenen, auch im weiteren Sinne, z. B. Geld für Eigenanteil des Gefangenen an Zahnersatz.

- ÜG: 51 III, Nr. 2 VV zu § 51: Trotz des Wortlauts (z. B. in Nr. 3 VV zu § 83) sind hier nur Ausgaben gemeint, die der Eingliederung im engeren Sinne dienen:
  - Kosten einer Mietanzahlung, Kaution;
  - Bewerbungskosten für Arbeitsplatz etc.;
  - Kosten eines Urlaubs nach § 15 **III**.

10.4 Taschengeld, § 46

Die Grundbedürfnisse der Gefangenen (Unterkunft, Verpflegung einschließlich Getränke, Reinigungsmittel usw.) werden durch die Anstalt abgedeckt. Zusätzliche Bedürfnisse (z. B. Zigaretten, Tabak, Bohnenkaffee, Schokolade, Rasierwasser, Eau de Cologne usw.) kann sich der Gefangene aus seinem HG kaufen, § 22 I. Ist er ohne Verschulden ohne HG, kann er vom EG einkaufen, auch soweit dieses als ÜG benötigt wird, § 22 III i.V.m. Nr. 1 VV zu § 22. Verfügt er auch nicht über EG, kann er Taschengeld (TG) aus Haushaltsmitteln beanspruchen. Verfügt der Gefangen über Taschengeld, hat er keinen Anspruch gegen die Anstalt auf unentgeltliche Überlassung von Hygieneartikeln. Diese muss er vom Taschengeld kaufen.[14] Das Taschengeld orientiert sich in seiner Höhe nicht zwingend an einer Erhöhung der Eckvergütung.[15]

Voraussetzungen des Taschengeldbezugs sind:
- er hat im Vormonat ohne sein Verschulden kein oder kein ausreichendes HG erzielt;
- er ist im laufenden Monat[16] (= Monat der Antragstellung bis zur Entscheidung über den TG-Antrag) bedürftig, III VV zu § 46 (hierbei sind auch anstaltsexterne Gelder zu berücksichtigen, die der Gefangene nicht auf sein Eigengeldkonto überweist, obwohl es ihm möglich ist);[17]
- Antragsstellung, I VV zu § 46.

Fall 10.4

Der Gefangene Udo Urst stellt am 6.2. einen Antrag auf Gewährung von TG. Im Januar hatte er in der 5-Tage-Woche in Vergütungsstufe III gearbeitet bzw. nicht gearbeitet:
- 4 Arbeitstage gearbeitet;
- 3 Arbeitstage „keine Lust";
- Rest: Arbeitsmangel.

Sein Kontenstand am 6.2.:
- HG: 3,40 € (letzter Monat noch nicht abgerechnet);
- ÜG: 376- € (festgesetzt: 1100- €)
- EG: 45,- € eingezahlt statt Geburtstagspaket, Geburtstag am 19.2.;
  25- € eingezahlt für Urlaub, dieser bewilligt für den 22.-24.2.;
  10,- € ohne Zweckbestimmung.

Der voraussichtliche Entlassungszeitpunkt ist im Oktober desselben Jahres.

---

[14] OLG Zweibrücken NStZ 2005, 289.
[15] BVerfG NStZ, 2003, 109.
[16] OLG Frankfurt NStZ 2007, 62 spätere Zuflüsse mindern das Taschengeld nicht.
[17] OLG Koblenz NStZ 1995, 462.

10.4 Taschengeld, § 46

Lösungsskizze
Es empfiehlt sich folgende Berechnung:
- Höchstsatz TG = Sollarbeitstage des Vormonats × 14% der Eckvergütung (2010 = 30.660 €): 250 = 1,55 € (= Tagessatz TG)
- im Vormonat erzieltes und erzielbares HG;
- im laufenden Monat – bis zur Entscheidung über TG-Antrag – verfügbares oder verfügbar gewesenes HG und EG, und zwar grundsätzlich unabhängig davon, ob es als ÜG benötigt wird oder nicht

TG-Anspruch Hier:

21 Arbeitstage × 1,55 €	32,55 €
4 Arbeitstage × 4,73 € (3/7 von 11,04 €)-Beitrag zur AlV z.Zt.(2012) 3%	−18,35 €
3 Arbeitstage × 4,73 €	−14,19 €
vorhandenes HG	−3,40 €
vorhandenes EG	−10,00 €
TG-Anspruch	0,- €

Anmerkung
Eigengeld, das für einen Ersatzeinkauf statt eines Pakets eingezahlt wird, bleibt bis zu der festgesetzten Höhe unberücksichtigt, IIS. 2 VV zu § 46 (analog gilt dies für besondere genehmigte Zuwendungen, z. B. anlässlich eines Sommerfestes);[18] hier: 45,-€. Ebenso bleibt unberücksichtigt zu einer bestimmten Verwendung i. S. v. Nr. 3 S. 1 VV zu § 83 eingezahltes EG in Höhe des erforderlichen Verwendungszwecks, wenn dadurch die Gewährung einer Beihilfe (z. B. nach Nr. 6 II 3 VV zu § 13, § 75 oder die Übernahme von Kosten aus Haushaltsmitteln – etwa bei einer Zahnprothese) vermieden werden kann, weil dies nur zu unnötiger Bürokratie führen würde; hier: die 25,- € für den bewilligten Urlaub. In einigen Bundesländern wird auch EG, das aus einer Blutspende stammt, nicht berücksichtigt. EG, das als ÜG benötigt wird, wird im Übrigen angerechnet. Gemäß § 22 III kann der Gefangene hiervon ja auch einkaufen.[19]
Urst kann hier also nur vom HG = (18,35 €+3,40 €) = 21,65 € einkaufen, sein TG-Antrag ist abzulehnen.

▶ Sonderfälle
a) Aufhebung eines – aus Sicherheitsgründen verhängten – ARBEITSVERBOTS: Das Arbeitsverbot außerhalb des Haftraumes, das z. B. wegen vorausgegangenen Ausbruchsversuches verhängt wurde, führt dazu, dass der Gefangene schuldhaft ohne Arbeit ist. Wird jedoch das Arbeitsverbot aufgehoben, steht der Gefangene dem „Arbeitsmarkt" der JVA wieder zur Verfügung. Es ist dann nicht Sache des Gefangenen, sich um Arbeit zu bemühen, sondern die JVA muss ihm Arbeit zuweisen, § 37 II. Andernfalls hat er einen TG-Anspruch nach Ablauf des

---

[18] OLG Hamburg NStZ 2005, 157.
[19] Dies übersieht offenbar OLG Hamm v. 18.05.1995– 1 Vollz (Ws) 117/95.

Monats.[20] ARBEITSVERWEIGERUNG des Gefangenen: Dies führt dazu, dass er als schuldhaft ohne Arbeit geführt wird für die Dauer von bis zu 12 Wochen (Sperrfrist analog § 144 SGB III, § 3 I StVollzG); und zwar auch dann, wenn er sich im Anschluss an eine schuldhafte Arbeitsverweigerung/-niederlegung wieder um Arbeit bemüht, ihm aber z. B. wegen Arbeitsmangel keine Beschäftigung zugewiesen werden kann. Die Sperrfrist beginnt mit dem Ereignis, das ihre Auslösung begründet hat (z. B. der Tag der Arbeitsverweigerung), und wird mit jeder weiteren Arbeitsverweigerung erneut in Gang gesetzt; dies gilt auch, wenn der Gefangene während des Laufs einer Sperrfrist eine ihm zugewiesene Arbeit wiederum verweigert.[21]

b) Weigerung eines Gefangenen, ARBEIT IM HAFTRAUM ZU verrichten: Gefangene sind nach dem 31.12.1988 auch in älteren Anstalten nicht mehr verpflichtet, in ihrem Haftraum zu arbeiten, § 201 Nr. 2. Stimmt ein Gefangener einer Haftraumarbeit nicht zu (§ 17 III Nr. 4) und kann ihm Arbeit in Gemeinschaft (§ 17 I 1) nicht angeboten werden, so ist er in der Folge unverschuldet ohne Arbeitsentgelt, so dass ihm TG zu gewähren ist.[22]

10.5 Verwertungsbefugnis der Vollzugsbehörde

Typische Anspruchsgrundlagen für die Vollzugsbehörde gegenüber dem Gefangenen sind:

a) HAFTKOSTENBEITRAG, § 50 II: Hierauf wurde oben 10.2 schon eingegangen; es besteht keine Verpflichtung der Vollzugsbehörde, den Haftkostenbeitrag (in voller Höhe) zu erheben. Der Haftkostenbeitrag darf auch vom unpfändbaren Teil der Bezüge einbehalten werden, jedoch nicht zu Lasten des HG oder des Unterhaltsbeitrags. Der Sinn ist, dass der Haftkostenbeitrag letztlich dem Lebensunterhalt des Gefangenen in der JVA dient, der Gefangene andererseits für seinen zusätzlichen persönlichen Bedarf nur das HG braucht. Nach § 50 I werden Kosten der Vollstreckung von Freiheitsstrafe nicht erhoben, wenn der Gefangene die ihm zugewiesene Arbeit verrichtet (auch wenn er sonstige Einkünfte erzielt:[23] oder wenn er ohne sein Verschulden nicht arbeiten kann[24] bzw. nicht dazu verpflichtet ist. Wenn jedoch der Gefangene, der ohne sein Verschulden während eines zusammenhängenden Zeitraums von mehr als einem Monat nicht arbeiten kann, auf diese Zeit entfallende Einkünfte (z. B. aus Vermietung seines Hauses, aber auch als Rentner),[25] hat, so hat er die Kosten der Vollstreckung zu tragen, soweit nicht Ansprüche unterhaltsberechtigter Angehöriger zu befriedigen sind. Das bloße Vorhandensein von Verbindlichkeiten führt jedoch nicht dazu, dass gemäß § 50 I 5 von der Erhebung eines Haft-

---

[20] OLG Koblenz NStZ 1989, 342.
[21] Erlass d. JM NRW v. 6.10.1986–4456-IV B.l; OLG Hamm ZfStrVo 1988, 369.
[22] OLG Hamm NStZ 1990, 206.
[23] KG NStZ 2006, 412.
[24] hierzu: OLG Karlsruhe NStZ 2006, 63.
[25] LG Celle NStZ-RR 2008, 294.

10.5 Verwertungsbefugnis der Vollzugsbehörde

kostenbeitrags abzusehen ist.[26] Auch Sicherungsverwahrte müssen gem. der Verweisung in § 130 Haftkosten bezahlen.[27] Dem Gefangenen muss jedoch ein Betrag verbleiben, der dem mittleren Arbeitsentgelt in den Anstalten des Landes entspricht.[28] Gefangene können an bestimmten Kosten des Vollzuges beteiligt werden, z. B. Stromkosten, ohne dass hierin ein Verstoß gegen § 50 I liegt.[29] Wird eine Kostenpauschale vereinbart, darf diese die tatsächlich entstandenen Kosten nicht erreichen[30] AUFWENDUNGSERSATZ, § 93 I 1: Der Gefangene hat der Vollzugsbehörde Aufwendungen zu ersetzen, die er durch eine vorsätzliche oder grob fahrlässige Selbstverletzung[31] (z. B. Kosten einer Ausführung zu externem Arzt nach sog. Schnibbeln) oder Verletzung eines anderen Gefangenen verursacht hat. Insbesondere bei Selbstverletzung ist in der Regel eine Stellungnahme des Anstaltsarztes zur Verantwortlichkeit des Gefangenen einzuholen, I VV zu § 93. Daran kann es fehlen, wenn der Gefangene auf einen Abschiedsbrief seiner Frau hin in der ersten Verzweiflung sich selbst verletzt hat, nicht, wenn er sie ganz geplant begangen hat, um eine Forderung – z. B. Urlaub – durchzusetzen. Drogenkonsum ist keine Selbstverletzung, weil damit regelmäßig nicht der Wille verbunden ist, den eigenen Körper zu schädigen oder eine medizinische Behandlung zu erreichen. Aufwendungen in diesem Zusammenhang muss der Gefangene nicht ersetzen.[32]

b) SCHADENERSATZ, § 93 I 2 StVollzG, § 823 BGB: Dies spielt insbesondere eine Rolle, wenn der Gefangene vorsätzlich oder fahrlässig Anstaltseigentum beschädigt; aber auch, wenn er einen Bediensteten tätlich angreift, wobei der Anspruch des Bediensteten, dem etwa Heilfürsorge durch das Land gewährt worden ist, dann mittels gesetzlichen oder vertraglichen Forderungsübergangs von der Vollzugsbehörde gegen den Gefangenen geltend gemacht wird.

Fall 10.5

Der Gefangene Victor Vögel beschwert sich darüber, dass ihm der Wirtschaftsinspektor am 6.2.20xx die Aufrechnung gegen seine Hausgeldforderungen erklärt hatte, weil er einen Mitgefangenen Mitte Januar im Fernsehraum verprügelt hatte, nachdem er sich über dessen Grinsen aufgeregt hatte. Für die Kosten der ärztlichen Behandlung, Ausführung und Taschengeld für den Mitgefangenen sind der Anstalt Aufwendungen in Höhe von 160,- € entstanden. Der Kontostand bezüglich HG betrug am 6.2.20xx:

- 143,- € (aus Arbeitsentgelt Januar);
- 8,60 € (aus Arbeitsentgelt für Dezember 20xx).

Lösungsskizze

---

[26] OLG Hamm NStZ 2009, 218.
[27] Hierzu: OLG Karlsruhe NStZ-RR 2007, 389.
[28] Zu den Haftkosten insgesamt Keck NStZ 1989, 309.
[29] OLG Celle ZfStrVo 2005, 178.
[30] OLG Hamburg NStZ-RR 2011, 156 zu § 49 III HambStVollzG.
[31] zum Begriff: vgl. Calliess/Müller-Dietz, § 93 Rdnr. 2.
[32] OLG Jena NStZ 2011, 224.

Voraussetzungen der Aufrechnung sind gem. §§ 387 ff. BGB:
1. Aufrechnungserklärung.
2. Aufrechnungslage gegeben:
    a) Gegenseitigkeit der Forderungen;
    b) Gleichartigkeit der Forderungen;
    c) Fälligkeit der Forderung, mit der aufgerechnet wird;
    d) Erfüllbarkeit der Forderung, gegen die aufgerechnet wird.
3. Kein Aufrechnungsverbot.

Die Aufrechnung ist dem Gefangenen gegenüber erklärt worden; es kommt für die Wirksamkeit nicht darauf an, ob der Gefangene die Forderung anerkennt. Gegenseitigkeit bedeutet, dass Gläubiger- und Schuldneridentität besteht, d. h. die JVA müsste eine Forderung gegen Vogel haben und umgekehrt. Vögel hat gegen die JVA Anspruch auf Auszahlung seines HG, §§ 43 II, 47 I.

Die JVA hat gegen Vogel einen Anspruch aus § 93 II, weil er vorsätzlich (mit Wissen und Wollen, ohne dass Rechtfertigungs- oder Schuldausschließungsgründe vorliegen) einen Mitgefangenen verletzt hat, keine Zweifel an seiner Verantwortlichkeit bestehen (I VV zu § 93) und durch die Verletzung der Vollzugsbehörde Aufwendungen in Höhe von 160,- € entstanden sind. Die Gleichartigkeit der Forderungen ist gegeben, weil beide Forderungen auf Geldzahlung gerichtet sind. Die Forderung der JVA gegen Vogel ist sofort fällig, § 271 BGB. Die Forderung des Vogel gegen die JVA kann von der JVA erfüllt werden. Fraglich ist, ob ein Aufrechnungsverbot besteht: Gemäß § 394 BGB findet eine Aufrechnung gegen unpfändbare Forderungen nicht statt. Es besteht weitgehende Einigkeit, dass das Arbeitsentgelt der Gefangenen als Arbeitseinkommen i.S.d. §§ 850 ff. ZPO anzusehen ist, d. h. nur nach Maßgabe dieser Vorschriften pfändbar ist.[33]

Eine andere Betrachtungsweise, obwohl dogmatisch vielleicht vorzuziehen,[34] führt z. B. in der U-Haft – Eigengeld = sämtliches Geld voll pfändbar, auch wenn es aus Arbeitsentgelt stammt – zu erheblichen Schwierigkeiten.[35]

Danach wäre hier also ein Betrag von mindestens 1045 € (Stand: 2013) unpfändbar, § 850 c ZPO, allerdings sind gem. § 850 e Nr. 3 ZPO auch sog. Naturalleistungen zu berücksichtigen.[36] Hier erhält der Gefangene von der JVA „freie Unterkunft" und Verpflegung. Hierfür kann der Haftkostenbeitrag angesetzt werden. Jedoch wird dann in der Regel immer noch nicht die Pfändungsfreigrenze überschritten, wenn der Gefangene Bezüge nach dem StVollzG erhält.

---

[33] Calliess/Müller-Dietz, § 43 Rdn. 10 m.w.N.; Hans OLG Hamburg ZfStrVo 1995, 370.

[34] (Vgl. OLG Schleswig ZfStrVo 1994, 309; OLG Nürnberg BlfStrVK 1996-2, 5 m.w.N.; Überblick über den Streitstand bei Butzkies ZfStrVo 1996, 345; Bardohl BlfStrVK 1997-3, 4 ff.; 1997–4/5,5 ff.)

[35] (Vgl. AG Stuttgart ZfStrVo 1993, 59, hiernach bleiben 20 % vom Sozialhilfesatz pfändungsfrei oder auch OLG Hamburg NStZ-RR 2011,126: 43 € sind nach § 811 I Nr. 8 ZPO pfändungsfrei; hierzu aber andererseits Hötter ZfStrVo 1997, 207.

[36] Schwind/Böhm, § 43 Rdnr. 11; vgl. auch OLG Frankfurt/Main NStZ 1993, 559; a. A. Calliess/Müller-Dietz, § 43 Rdnr. 10.

Immer mehr setzt sich auch die Meinung durch, der Gesetzgeber habe das Hausgeld dem notwendigen Unterhalt gem. § 850 d ZPO gleichgesetzt und es sei unabhängig von dieser Berechnung unpfändbar.[37] Das Ergebnis wäre das gleiche. Allerdings wird durch die §§ 850 ff. ZPO nur das „laufende" Arbeitseinkommen geschützt, d. h. das Arbeitseinkommen in dem Zeitraum, für den es gezahlt wird, also bei Gefangenen das Arbeitsentgelt, das sie sich durch Arbeit im Vormonat verdient haben, wenn es Anfang des Nachfolgemonats gebucht wird, und zwar bis zur nächsten Buchung. In unserem Fall: Das HG, das Anfang Februar auf dem Konto des Vogel für Arbeit im Januar gebucht wird, ist unpfändbar, bis das HG für Arbeit im Februar Anfang März gebucht wird. Eine Einschränkung des Pfändungsschutzes macht nun § 93 II: Danach kann der den dreifachen Tagessatz der Eckvergütung nach § 43 I übersteigende Teil des HG in Anspruch genommen werden. Das stehen gelassene HG kann dagegen voll in Anspruch genommen werden. Es liegen auch keine Anhaltspunkte dafür vor, dass die Inanspruchnahme des HG die Behandlung oder Eingliederung des Gefangenen Vogel gefährden würde. Somit ist es möglich, die Aufrechnung zu erklären gegen:

$$8{,}60\ € + 112{,}61\ € \ (= 143{,}\text{-}\ € - 3 \times 10{,}13\ €)$$
$$121{,}21\ €$$

In den folgenden Monaten könnte der Restbetrag durch Aufrechnung getilgt werden. Die Beschwerde des Gefangenen Vogel ist nur z. T. berechtigt.

Fall 10.6

Der Gefangene Willi Wild, der eine Freiheitsstrafe bis zum 10.8.2012 zu verbüßen hat (*2/3* am 10.1.2011), zerstört am 15.1.2010 wegen abgelehnten Urlaubs sein Haftraummobiliar, wobei ein Schaden von 720,- € entsteht. Bei der anschließenden Verbringung in den besonders gesicherten Haftraum verletzt er den Vollzugsbeamten Maier und zerstört dessen Brille. Das Land ersetzt dem Beamten an Arztkosten, Brille usw. einen Betrag von 1 600,- €. Am 4.2.2010 gelingt es Wild, bei einer Ausführung zum Facharzt zu entfliehen, er wird jedoch bei sofort aufgenommener Nacheile wieder festgenommen. Die Kosten der Nacheile belaufen sich auf 25,- €. Der Wirtschaftsinspektor möchte am 6.2.2010 die Aufrechnung erklären; evtl. erforderliche Abtretungserklärungen des Beamten Maier liegen vor. Der Gefangene hat bislang mehr oder minder kontinuierlich Haftraumarbeit verrichtet. Am 6.2.2010 befinden sich auf seinem Konto:

ÜG	780- €	(Soll: 1 418- €)
HG	100- €	(für Arbeit im Januar 2010)
	21- €	(stehengelassen)
EG	200- €	(eingezahlt für Eigenanteil Zahnprothese)
	80, -€	(eingezahlt für Bastelmaterial)

---

[37] Calliess/Müller-Dietz, § 47 Rdnr. 1 m.w. N.

Lösungsskizze
Voraussetzungen der Aufrechnung wie oben. Unproblematisch sind: Erklärung, Gleichartigkeit, Fälligkeit bzw. Erfüllbarkeit.
Zur Gegenseitigkeit
Anspruchsgrundlage für die JVA ist § 93 I 2 StVollzG i.V.m. §§ 823 I BGB, 99 LBG NRW, 31 f. BeamtVersG. Der Beamte hat zunächst selbst einen Anspruch auf Ersatz des materiellen Schadens gegen Wild, weil dieser vorsätzlich bzw. fahrlässig (wenn er etwa die Zerstörung der Brille nicht beabsichtigt hat) die Gesundheit und das Eigentum verletzt hat. Der Beamte hat einen Dienstunfall erlitten, dabei sind ihm gehörende Gegenstände zerstört worden. Der Beamte hat Ansprüche gegen das Land auf Heilfürsorge und Ersatz der zerstörten Gegenstände. Die Ansprüche des Beamten gegen Wild gehen auf das Land, vertreten durch die JVA, über. Während Eigentumsverletzungen – auch im Zusammenhang mit einem Ausbruch oder Entweichen (z. B. Durchsägen von Gittern) – zu Ansprüchen der Vollzugsbehörde führen, können Aufwendungen, die aus Anlass eines Entweichens entstanden sind – Kosten einer Nacheile oder einer Fahndung nach dem Gefangenen – mangels gesetzlicher Anspruchsgrundlage nicht von ihm ersetzt verlangt werden. Ansprüche der Vollzugsbehörde: (720,- €+1.600,- €) 2320,- €. Der Gefangene wiederum hat Ansprüche aus HG, EG und ÜG gegen die JVA.
Zu Aufrechnungsverboten
a) ÜG ist unpfändbar, § 51 IV 1; dagegen ist die Aufrechnung unzulässig.
b) EG ist unpfändbar, soweit es als ÜG benötigt wird, § 51 IV 2. Bei der Frage, ob EG als ÜG benötigt wird, ist darauf abzustellen, ob voraussichtlich das ÜG bis zum voraussichtlichen Vollzugsende aus den Bezügen des Gefangenen gebildet werden kann (vgl. Calliess/Müller-Dietz, § 83 Rdnr. 4 m.w. N). Zu berücksichtigende Faktoren sind dabei die Vollzugsdauer bis zum 2/3-Zeitpunkt, Arbeitsverhalten des Gefangenen und Arbeitsentgelt. ÜG-Ist beträgt zur Zeit der Entscheidung im Februar 2010 780,-€ bei einem Soll von 1 418,- €. Arbeitet der Gefangene – wie nach dem Sachverhalt geschildert – weiter, kann er noch ÜG in Höhe von monatlich (ca. 133,- € für die Monate Februar 2010 bis Januar 2011 (12 × 133,- €=) 1.600,- € erwarten, so dass voraussichtlich das ÜG in der festgesetzten Höhe aus den Bezügen des Gefangenen gebildet werden kann, somit das EG nicht benötigt wird.
EG, das erkennbar zu einer bestimmten Verwendung eingezahlt wurde, wird nicht in Anspruch genommen, sofern der Verwendungszweck der Eingliederung des Gefangenen dient und der Gefangene es zweckentsprechend verwendet, Nr. 3 S. 1 VV zu § 83, Nr. 7.2 Gelder-RV NRW -4510-IV B. 57. Die Sanierung eines Gebisses dient in weiterem Sinne der Eingliederung des Gefangenen, z. B. durch bessere Chancen bei Einstellungsgesprächen etc.. Es würde zudem keinen Sinn machen, das für den Eigenanteil eingezahlte Geld anderweitig in Anspruch zu nehmen und dann die gesamten Kosten für Zahnersatz aus Haushaltsmitteln zu nehmen, § 62. Die 200,- € werden daher nicht zum Aufwendungs- und Schadensersatz herangezogen.
Hingegen können die 80,- € EG für Bastelmaterial von der Vollzugsbehörde in Anspruch genommen werden.

10.5 Verwertungsbefugnis der Vollzugsbehörde

c) HG ist unpfändbar für den laufenden Monat in den Grenzen der §§ 850, 850 c und 850 e Nr. 3 ZPO bzw. analog § 850 d ZPO. Somit können 21,- € gepfändet werden.

Bezüglich der 100,- € im laufenden Monat stellt sich die Frage, ob die Einschränkung des Pfändungsschutzes aus § 93II sich auch auf Ansprüche nach § 93 I 2 i.V.m. anderen Anspruchsgrundlagen (z. B. § 823 I BGB) bezieht oder nur auf § 93 I 1. Diese umstrittene Frage hat der BGH[38] dahin entschieden, dass sich § 93 II nur auf Ansprüche der Vollzugsbehörde aus § 93 I 1 bezieht. Somit wären die 100,- € der Aufrechnung entzogen. Allerdings kann die Vollzugsbehörde – in Anlehnung an die arbeitsgerichtliche Rechtsprechung – dem Gefangenen den Einwand der Arglist (§ 242 BGB) entgegenhalten, wenn es sich um eine vorsätzliche unerlaubte Handlung des Gefangenen handelt.[39] Der Gefangene kann dann, wenn er z. B. sein Haftraummobiliar vorsätzlich zerstört hat, nicht verlangen, dass die Vollzugsbehörde ihm, solange er den Schaden nicht ersetzt hat, seine Bezüge wegen der gesetzlichen Pfändungsfreigrenzen in voller Höhe auszahlt. Auch hier wird jedoch die Einschränkung des § 93 II zu beachten sein, um die Arbeitsmotivation des Gefangenen zu erhalten.

Somit können im Wege der Aufrechnung von der Vollzugsbehörde in Anspruch genommen werden:

80- €	EG
21- €	HG
66,88 €	HG (100 € − 33,12 € = dreif. Tagessatz Eckverg., § 43 I 2010)
167,88 €	

Haftung aus § 93 I, 1 wegen Selbstverletzung, Verletzung Mitgefangener (Verantwortlichkeit! Vgl. VV Abs. 1)	Haftung aus § 93 I 2 i. V. m. § 823 I BGB wegen Verletzung von Beamten, Sachbeschädigung (ggf. übergeleitet z. B. nach § 99 LBG NRW)
• Vorsätzlich/grob fahrlässig • Durchbrechung des Pfändungsschutzes gem. § 93 II StVollzG • Folge : mit Hausgeld (den dreifachen Tagessatz der Eckvergütung übersteigender Teil) kann aufgerechnet werden	• Bei Fahrlässigkeit tritt Pfändungsschutz gem. §§ 850ff. ZPO ein • Bei vorsätzlichem Handeln regelmäßig Durchbrechung des Pfändungsschutzes gem. § 242 BGB (Treu und Glauben/Arglisteinwand) • Folge : mit Hausgeld (den dreifachen Tagessatz der Eckvergütung übersteigender Teil) kann aufgerechnet werden

Aufrechnung durch die Vollzugsbehörde gem. §§ 387 ff. BGB gegen Hausgeld

---

[38] NStZ 1989, 196.
[39] OLG Hamm NStZ 1989, 392 m.w. N.; OLG Dresden Beschl. v. 8.7.1998 Ws 269/98.

▶ Sonderfälle

a) ZWANGSVOLLSTRECKUNG statt Aufrechnung: Macht eine Behörde im betreffenden Bundesland, die jedoch keine Landesbehörde ist (z. B. Landschaftsverband, Kommunalbehörde), oder eine Behörde des Bundes (z. B. Arbeitsamt) oder eines anderen Landes eine Forderung gegen einen Gefangenen geltend, oder wird ein Gefangener, gegen den die Vollzugsbehörde eine Forderung hat, dauerhaft in eine Anstalt eines anderen Landes verlegt, können diese Forderungen – wegen der fehlenden Gegenseitigkeit – nicht im Wege der Aufrechung geltend gemacht werden, sondern es bedarf der Zwangsvollstreckung durch einen Pfändungs- und Überweisungsbeschluss (PfüB).

b) UNTERHALTSGLÄUBIGER können gemäß § 850d I 1, 2 ZPO auch in das HG vollstrecken, sofern es als gemäß §§ 850 c, 850 e ZPO unpfändbar angesehen wird. Hält man es entsprechend § 850 d für unpfändbar, scheidet dies aus.[40] Der oben angeführte Meinungsstreit wirkt sich dann aus. Allerdings sollten dem Gefangenen auch hier jedenfalls der dreifache Tagessatz der Eckvergütung belassen werden (für das ÜG vgl. § 51 V).

c) TASCHENGELD kann nicht gegen den Willen des Gefangenen von der Vollzugsbehörde für Aufwendungs- oder Schadensersatzansprüche in Anspruch genommen werden.[41]

d) ZWECKBINDUNG – ZWECKBESTIMMUNG: Es stellt sich die Frage, ob ein -außenstehender – Gläubiger auch in EG-Forderungen des Gefangenen vollstrecken kann, die von Angehörigen zu einem bestimmten Zweck eingezahlt worden sind (z. B. 1000,- € für den Eigenteil des Gefangenen bei Zahnersatzkosten).
Nach § 851 I ZPO ist eine Forderung der Pfändung nur insoweit unterworfen, als sie übertragbar ist. Nach § 399 BGB sind zweckgebundene Ansprüche nur im Rahmen ihrer Zweckbindung übertragbar. Somit sind zweckgebundene Ansprüche nur im Rahmen der Zweckbindung pfändbar. So kann z. B. die Pfändung in den Anspruch des Bauherrn gegen die Bausparkasse auf Auszahlung des Bauspardarlehens nur zugunsten der Bauhandwerker und sonstiger Baugeldberechtigter erfolgen, nicht aber zugunsten eines Autohauses wegen Forderung aus einem Autokauf.
Der überweisende Angehörige hat eine Zweckbestimmung vorgenommen; fraglich ist, ob im Verhältnis Gefangener – Vollzugsbehörde eine Zweckbindung vorliegt. Nach herkömmlicher Meinung[42] übernimmt die JVA keine Verpflichtung, die Zweckbestimmung des Überweisenden zu beachten; der Gefangene ist auch hinsichtlich des zu seinen Gunsten eingezahlten Betrags unbeschränkt verfügungsbefugt, somit unterliegt die Forderung des Gefangenen gegen die Vollzugsbehörde keiner die Pfändung ausschließenden Zweckbindung. Der außenstehende Gläubiger kann also in die EG-Forderung vollstrecken. Die Voll-

---

[40] Calliess/Müller-Dietz, § 47 Rdnr. 1 m.w. N.
[41] BVerfG NStZ 1996, 615.
[42] Vgl. LG Berlin Rpfleger 1966, 311; OLG Nürnberg bei Franke NStZ 1985, 354; a. A. Koch ZfStrVo 1994, 267.

10.5 Verwertungsbefugnis der Vollzugsbehörde

zugsbehörde nimmt allerdings eine Selbstbeschränkung vor, wenn es sich um EG handelt i. S. v. Nr. 3 VV zu § 83.

Außerdem ist sie nach Treu und Glauben verpflichtet, die Annahme des Geldes zu verweigern, wenn es wegen der drohenden Pfändung seiner Zweckbestimmung erkennbar nicht zugeführt werden kann.[43]

e) Verwendung des ÜG für ENTLASSUNGSKLEIDUNG und REISEKOSTEN: Die in § 75 genannten Aufwendungen (Entlassungskleidung, Reisekosten) sind grundsätzlich aus dem ÜG – soweit ausreichend vorhanden – zu bestreiten. Dann ist für eine entsprechende Beihilfe nach § 75 kein Raum.[44]

f) Auszahlung des ÜG bei STRAFUNTERBRECHUNG? § 51 II 1 zielt auf die endgültige Entlassung in Freiheit ab; bei einer befristeten kurzen Strafunterbrechung erfolgt in der Regel keine Auszahlung des ÜG.[45] Bei voraussichtlich endgültiger oder langandauernder Vollzugsuntauglichkeit oder voraussichtlich erfolgreichem Wiederaufnahmeverfahren (§§ 455, 360 II StPO, 45 StVollstrO) sollte jedoch die Auszahlung erfolgen, nicht jedoch bei einer Flucht ins Ausland.[46]

g) Inanspruchnahme des ÜG zur Abwendung der Vollstreckung einer ERSATZFREIHEITSSTRAFE: Dies ist nur dann zulässig, wenn dies der Eingliederung dient, § 51 III. Das ist dann der Fall, wenn durch die Anschlussverbüßung (der Ersatzfreiheitsstrafe) und die damit verbundene Hinausschiebung des Entlassungszeitpunkts Nachteile bei der Wohnungs- oder Arbeitssuche entstehen würden;[47] weiter dann, wenn der notwendige Lebensunterhalt des Gefangenen und seiner Unterhaltsberechtigten für die ersten 4 Wochen nach der Entlassung anderweitig gesichert ist (verfassungsrechtliche Überlegung). Dann wäre es nämlich unverhältnismäßig, den Gefangenen länger in Haft zu halten als nötig.

h) Gelder, die aus dem URLAUB mitgebracht werden: War EG für den Urlaub ausgezahlt, so ist das mitgebrachte Geld als EG zu buchen. War HG ausgezahlt, so wird das mitgebrachte HG bis zur Höhe des aus dem HG gezahlten Betrages dem HG gutgeschrieben. Eine andere Handhabung, die Buchung auf das Eigengeldkonto, erscheint nicht sinnvoll. Sie fordert es heraus, dass der Gefangene zu wenig HG in den Urlaub mitnimmt und evtl. wegen Geldmangel in Schwierigkeiten gerät.[48]

i) AUFWENDUNGEN, die der Anstalt entstehen, dürfen nur dann von den Gefangenen erhoben werden, wenn dafür eine gesetzliche Grundlage besteht. Die Kosten einer B-Probe zur Feststellung des Drogenkonsums muss die Anstalt tragen, selbst wenn der Gefangene sich vorher zur Übernahme der Kosten bereit erklärt hat.[49]

---

[43] Vgl. OLG Hamm bei Matzke NStZ 1997, 426.
[44] Vgl. Calliess/Müller-Dietz, § 75 Rdnr. 1.
[45] Hans. OLG Bremen ZfStrVo 1991, 309.
[46] OLG Celle NStZ-RR 2007, 95.
[47] Schwind/Böhm, § 51 Rdnr. 15.
[48] A. A. Litwinski/Bublies, S. 82.
[49] OLG Jena NStZ 2011, 224.

11 Persönlicher Gewahrsam der Gefangenen an Gegenständen des Gebrauchs und Verbrauchs

11.1 Kontrollbefugnis der Vollzugsbehörde vor der Überlassung von Gegenständen

Die Grundregelung ist in § 83 I enthalten: Danach darf der Gefangene nur Sachen im Besitz haben, die ihm die Vollzugsbehörde überlässt oder die er mit Zustimmung der Vollzugsbehörde erhält. Sachen von geringem Wert (ca. 10,- bis 15,- €) darf er ohne Zustimmung der Vollzugsbehörde von einem Mitgefangenen *annehmen,* soweit nichts anderes von der Vollzugsbehörde geregelt ist. Die Verletzung des Zustimmungserfordernisses zur Annahme stellt einen Pflichtenverstoß i. S. v. § 102 I dar, nicht jedoch die Abgabe von Gegenständen – auch nicht über § 4 II 2.[1]

§ 83 I hat nur die Funktion, der Vollzugsbehörde eine umfassende Kontrollbefugnis vor der Aushändigung von Gegenständen an den Gefangenen zu geben, besagt aber nichts über die materielle Seite, ob dem Gefangenen der Besitz zu überlassen ist. Die Kontrollbefugnis der Vollzugsbehörde erstreckt sich auch auf Gegenstände, die ein Gefangener von einem Mitgefangenen erworben hat und die sich außerhalb der Vollzugsanstalt, z. B. bei der Ehefrau des Mitgefangenen, befinden.[2] Mit § 83 I lässt sich auch der rechtmäßige Erwerb von Sachen des Gefangenen kontrollieren.[3] Maßstab für die Erteilung oder Verweigerung der Zustimmung gem. § 83 I können auch Kriterien, wie allgemeine Vollzugsziele, Unterbindung von Abhängigkeiten zwischen Gefangenen, Schwarzgeschäften etc. sein.[4] Bei notwendigen Verteidigungsunterlagen kommt dem Interesse des Gefangenen am Besitz ein besonderes Gewicht zu, weshalb ein erhöhter Kontrollaufwand hinzunehmen ist.[5] Eingebrachte Sachen, die er nicht benötigt, kann der Gefangene regelmäßig gem. § 83 II 2 absenden. Bei Speichermedien kann sich die Anstalt vorbehalten, zunächst

---

[1] OLG Koblenz NStZ 1988, 528; a. A. OLG Nürnberg BlfStrVK 1996-1,3.
[2] OLG Zweibrücken NStZ 1991, 208.
[3] OLG Hamm NStZ 1992, 607.
[4] OLG Hamm ZfStrVo 2002, 309.
[5] OLG Naumburg bei Roth NStZ 2012, 435.

zu überprüfen, ob sicherheitsrelevante Daten gespeichert sind. Dafür muss der Gefangene die Voraussetzungen schaffen.[6]

Entsprechende Einzelfallregelungen zur Sicherung der Kontrollbefugnis der Vollzugsbehörde sind enthalten in §§ 27 IV 1, 29 III, 33 I 3, II1, 68 I.

Die Frage, ob ihm Besitz einzuräumen ist, ergibt sich aus §§ 19, 20, 22 II, 33, 53,55,68,69,70.

11.2 Rechtsposition des Gefangenen bei der Überlassung von Gegenständen und die Ermächtigung der Vollzugsbehörde zur Einschränkung oder zum Vorenthalt

Begriffsklärungen:
- Besitz/Gewahrsam: das StVollzG gebraucht beide Begriffe synonym; Unterschiede wie etwa in § 855 BGB sind dem StVollzG-Geber nicht bewusst;
- Vorenthaltung = der vollständige Ausschluss;
- Einschränkung = die Überlassung mit Begrenzungen.

Vergleicht man die o.a. §§ 19–70, so stellt man fest, dass die Ermächtigung der Vollzugsbehörde, dem Gefangenen Gegenstände vorzuenthalten oder Beschränkungen vorzunehmen, unterschiedlich ausgestaltet ist: Teilweise reicht die einfache Gefährdung von Sicherheit und Ordnung, teilweise muss eine erhebliche Gefährdung vorliegen. In gleichem Maße, wie die Ermächtigung der Vollzugsbehörde beschränkt ist, wächst die Rechtsposition des Gefangenen. Hier wird vom Gesetzgeber auf Grundrechte, z. B. aus Art. 4, 5 IGG Rücksicht genommen.

11.3 Konkretisierung der Begriffe „Sicherheit" und „Ordnung"

Früher stellten sie die Zentralbegriffe dar für repressive Maßnahmen im Vollzug, heute sind sie nur Mittel zur Erreichung der im § 2 genannten Zwecke (Abb. 11.1).

11.4 Ausstattung des Haftraums mit eigenen Sachen, § 19

Nach § 19 I 1 hat der Gefangene einen Rechtsanspruch auf Ausstattung seines Haftraums mit eigenen Sachen; die Grenzen sind (vgl. auch Fall 9):
- angemessener Umfang = unbestimmter Rechtsbegriff, der mit allen entscheidungserheblichen Umständen des Einzelfalles aufgefüllt werden muss, und zwar mit objektiven (Größe des HR, bereits dort befindliche Gegenstände, Wert des Gegenstands) und subjektiven (z. B. ein Gefangener muss sich wegen dauernder Arbeitsunfähigkeit auch tagsüber im Haftraum aufhalten);
- Ermessen der Vollzugsbehörde, Gegenstände, die die Übersichtlichkeit des Haftraums behindern oder in anderer Weise Sicherheit oder Ordnung gefährden, auszuschließen; Hintergrund: § 84 I. So kann das Auslegen des Haftraums mit

[6] KG Berlin v. 18.4.2011 2 Ws 253/10.

11.5 Einkauf von Nahrungs- und Genussmitteln sowie Mitteln zur Körperpflege, § 22

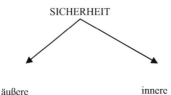

äußere	innere	
= Sicherung der Inhaftierung des Gefangenen (Ausschluss der Selbstbefreiung durch Entweichen oder Ausbruch ebenso wie der Befreiung von außen, z. B. Verhinderung von Ausbruchswerkzeug)	= Abwendung von Gefahren für Personen und Sachen in der Anstalt (z. B. Gegenstände, um missliebige Mitgefangene zu töten oder JVA-Eigentum zu zerstören)	= das geordnete, gesetzmäßige Zusammenleben zwischen einer Vielzahl von Gefangenen und Bediensteten unter den beschränkten Verhältnissen der betreffenden JVA (z. B. Verhinderung des Einbringens von Drogen/Alkohol in allen Vollzugsarten, von erheblichen Wertgegenständen im geschlossenen Vollzug)

Abb. 11.1 Begriffe Sicherheit und Ordnung

Teppichboden untersagt werden[7], weil die Durchsuchung des Haftraums einen solchen Aufwand erfordern würde (Entfernung aller Gegenstände), dass die Bediensteten ihren anderen Aufgaben nicht nachkommen könnten und so die Ordnung gefährdet würde.

Nach § 19 I 2 hat der Gefangene einen Rechtsanspruch auf Belassung von Fotos nahestehender Personen (z. B. Freundin)[8] und Erinnerungsstücken von persönlichem Wert (z. B. Abzeichen aus seiner Militärzeit). Auch hier ist jedoch die Grenze des § 19 II zu beachten.

11.5 Einkauf von Nahrungs- und Genussmitteln sowie Mitteln zur Körperpflege, § 22

Abs. 1 S. 1: Rechtsanspruch des Gefangenen auf Einkauf von Nahrungs- und Genussmitteln sowie Mitteln zur Körperpflege aus dem HG oder TG. Ist dies vorhanden, darf der Gefangene die genannten Gegenstände nicht aus dem EG kaufen. Eine Ausnahme kann für Kosmetika (ca. 15 €) gemacht werden. Ist dies der Fall, müssen Männer und Frauen gleich behandelt werden.[9]

---

[7] Vgl. aber KG v. 26.11.1980 – 2 Ws 120/80.
[8] Vgl. hierzu OLG Zweibrücken BlfStrVK 1996-3, 1.
[9] OLG Celle bei Roth NStZ 2012, 432 m.w.N.

Abs. 1 S. 2: Verpflichtung der Anstalt für den Regelfall („soll"), für ein den Bedürfnissen der Gefangenen entsprechendes Angebot zu sorgen.[10]

Abs. 2: Ermächtigung der Vollzugsbehörde, Gegenstände, die die Sicherheit oder Ordnung der JVA gefährden (z. B. Alkohol, Pfeffer im geschlossenen Vollzug wegen der Möglichkeit, sie Bediensteten in die Augen zu blasen,[11] ganz auszuschließen; weiter auf ärztliche Anordnung im Einzelfall bestimmte Nahrungs- und Genussmittel ganz oder teilweise zu untersagen (z. B. dem Diabetiker Einkauf von Torten); in Krankenhäusern und Krankenabteilungen auf ärztliche Anordnung bestimmte Gegenstände generell (z. B. Tabak).

Abs. 3: Anspruch des Gefangenen, in angemessenem Umfang vom EG Nahrungs und Genussmittel sowie Gegenstände zur Körperpflege zu kaufen, wenn er ohne eigenes Verschulden nicht über HG oder TG verfügt. Bei verschuldeter Arbeitslosigkeit wird in der Praxis eine Sperrfrist analog § 144 SGB III – auch bei nachträglicher Arbeitswilligkeit – angewandt. Dies ist zweifelhaft, weil es um den Verbrauch eigener Mittel und nicht um staatliche Leistungen geht. Insoweit liegt es hier anders als beim Bezug von TG. Es gilt der Grundsatz, dass staatliche Mittel erst an letzter Stelle (wie bei der Sozialhilfe) in Anspruch genommen werden sollen. Dabei spielt es keine Rolle, ob das EG als ÜG benötigt wird (Hinweis auf § 83 II 3 fehlt im Gesetz und in Nr. 1 VV). Beachte: Nr. 2 VV bezieht sich auf andere Gegenstände (z. B. Turnschuhe, Reinigungsmittel wie Kukident),[12] so dass der Gefangene hierfür sein EG verwenden darf, soweit es nicht als ÜG benötigt wird.

„Angemessener Umfang" = wiederum mit allen erheblichen objektiven und subjektiven Umständen des Einzelfalles aufzufüllen (daher wurde die ursprüngliche Nr. 1 VV mit ihren starren Grenzen vom BGH[13] für unzulässig erklärt), z. B.
- besondere Bedürfnisse des Gefangenen wegen Behinderung,
- Umfang des Besuchsverkehrs und der dabei übergebenen Gegenstände usw.

11.6 Empfang von Paketen, § 33

Systematik:
§ 33 I–III: Der Gefangene ist Empfänger.
§ 33 IV: Der Gefangene ist Absender.

---

[10] Zu den Pflichten der JVA: LG Hamburg ZfStrVo 1992, 258.
[11] LG Berlin BlfStrVK 1993-4/5, 5.
[12] OLG Hamm BlfStrVK 1988-2, 3.
[13] NStZ 1988, 196 f.

11.6 Empfang von Paketen, § 33

Im Einzelnen:
Abs. 1 S. 1: Es besteht ein Anspruch des Gefangenen auf 3 Pakete pro Jahr in angemessenen Abständen mit Nahrungs- und Genussmitteln.
Abs. 1 S. 2: Ermessen der Vollzugsbehörde, Zeitpunkt und Höchstmengen festzusetzen),[14] vgl. VV Nrn. 1 und 2. Problematisch ist, wenn ein Gefangener etwa von August 1994 bis Juni 1995 eine Freiheitsstrafe verbüßt. Hier ist in NRW geregelt, dass er insgesamt nur Anspruch auf 1 sog. Wahlpaket hat; sonst würde er gegenüber dem Gefangenen bevorzugt, der länger zu verbüßen hat, aber im selben Kalenderjahr (z. B. von Januar bis Dezember 1994). Wenn der Gefangene jedoch im selben Kalenderjahr erneut inhaftiert wird (z. B. in U-Haft genommen wird) und bereits zuvor (im selben Kalenderjahr) ein Wahlpaket erhalten hatte, kann ihm ein Wahlpaket in der U-Haft nicht versagt werden, weil die Regelung nur bei ununterbrochener Vollzugsdauer anwendbar ist.[15]
Abs. 1 S. 3: Ermessen der Vollzugsbehörde hinsichtlich
- weiterer Pakete: 4. Paket mit Nahrungs- und Genussmitteln (die einmal erteilte Erlaubnis, weitere Pakete zu empfangen, beinhaltet keine Erlaubnis, für die gesamte Haftzeit,)[16]
- solcher mit anderem Inhalt: z. B. Mittel zu Körperpflege

Abs. 1 S. 4: Ausschluss von Gegenständen entspr. § 22II.
Abs. 2: Vorschriften hinsichtlich Durchführung der Kontrolle und weiterem Verfahren bei ausgeschlossenen Gegenständen.[17]
Abs. 3: Vorübergehende Paketsperre als letztes Mittel zur Gewährleistung von Sicherheit oder Ordnung der JVA; sie muss auf Extremfälle beschränkt werden.
Abs. 4: Ermessen der Vollzugsbehörde, dem Gefangenen die Absendung eines Pakets zu gestatten.
Ersatzeinkauf, Nr. 6 VV: Obwohl im Gesetz nicht vorgesehen, hat der Gefangene aus dem Aspekt der Selbstbindung der Verwaltung einen Rechtsanspruch auf Ersatzeinkauf unter den genannten Bedingungen. Die Festlegung starrer Grenzen ist hier unproblematisch, weil es nicht um die Auslegung eines unbestimmten Rechtsbegriffs im Gesetz (wie in § 22 III) geht. Der Ersatzeinkauf kann jedoch an keine starre zeitliche Grenze („2 Wochen nach Weihnachten") gebunden werden, weil der Gefangene erst 2 Wochen nach Ablauf wissen kann, dass er kein Paket erhält. Allerdings wird ein zeitlicher Zusammenhang (etwa 5 Wochen) mit dem Ereignis zu fordern sein.

---

[14] Vgl. hierzu OLG Hamm NStZ 1991, 407 bei einem religiös nicht gebundenen Gefangenen
[15] Beachten Sie aber OLG Zweibrücken ZfStrVo 1993, 117 f. für Vollstreckungsunterbrechung durch überzogenen Urlaub: kein neuer Anspruch!
[16] OLG Celle NStZ 1997, 256.
[17] Zu Brief-Paketen als Verteidigerpost vgl. OLG Stuttgart NStZ 1991, 359 f.

Paketabgabe durch Angehörige: Die Regelung im Gesetz und den VV stellt auf den Empfang von Postpaketen ab; Gründe der Ordnung der Anstalt (organisatorische Gründe) können dazu führen, die Abgabe von Weihnachts- oder Osterpaketen im geschlossenen Vollzug zu versagen; die Abgabe des Wahlpakets wird mit dieser Begründung jedoch auch im geschlossenen Vollzug nicht zu verbieten sein.

Bekanntgabe der Annahmeverweigerung, Nr. 5 II, III VV: Die Vollzugsbehörde ist durch die Postordnung berechtigt, die Annahme zu verweigern, es sei denn, das Paket wird einem ausländischen Gefangenen aus dem Ausland zugeschickt, VV Nr. 5 III. Sie hat dem Gefangenen dies mit Grund mitzuteilen, nicht jedoch – aus Datenschutzgründen[18] – dem Absender.[19]

11.7 Überlassung von religiösen und weltanschaulichen Schriften etc., §§ 53,55

§ 53 II gibt dem Gefangenen einen Rechtsanspruch auf Besitz von grundlegenden religiösen Schriften. Sie dürfen ihm nur bei grobem Missbrauch entzogen werden.

§ 53 III gibt dem Gefangenen einen Rechtsanspruch auf Überlassung von Gegenständen des religiösen Gebrauchs; Grenze: in angemessenem Umfang. Hierzu gehören auch Gegenstände, die sowohl zu religiösem wie zu profanem Gebrauch benutzt werden können (wie eine Kerze). Im Rahmen des unbestimmten Rechtsbegriffs sind – obwohl Art. 4 II 2 GG keinen Gesetzesvorbehalt kennt – auch Brandgefahren angesichts der baulichen Gegebenheiten der betreffenden Anstalt abzuwägen, andererseits ist aber das Interesse eines religiösen Gefangenen an Symbolgegenständen – wie der Kerze zur Weihnachtszeit – gewichtig.[20]

11.8 Bezug von Zeitungen und Zeitschriften, § 68

Fall 11.1

Der Gefangene Xaver Xorn, der wegen gefährlicher Körperverletzung eine Freiheitsstrafe von 1 Jahr zu verbüßen hat und der der rechtsextremistischen Szene zuzuordnen ist, möchte die „Deutsche Nationalzeitung" abonnieren. Er hat bereits 3 Tageszeitungen und 2 Wochenzeitungen abonniert; hierfür werden von seinem EG-Konto bereits monatlich 28,- € verwendet. Der Gefangene

---

[18] Vgl. hierzu OLG Rostock bei Matzke NStZ 1997, 382.
[19] Instruktiv zu § 30: OLG Celle ZfStrVo 1993,57 f.
[20] Vgl. aber OLG Hamm BlfStrVK 1995-1, 5.

11.8 Bezug von Zeitungen und Zeitschriften, § 68

möchte auch die beantragte Zeitung vom EG bezahlen. Derzeitiger EG-Stand: 420,- €. Das ÜG ist auf 1 148,- € festgesetzt, derzeitiger Stand: 125,- €. Der Gefangene arbeitet in der Anstaltsküche, durchschnittliches Arbeitsentgelt 190,-€/ Monat.

Lösungsskizze
Ein generelles Bezugsverbot nach § 68 II 1 kommt nicht in Betracht, weil die Verbreitung der betreffenden Zeitung nicht mit Strafe oder Geldbusse bedroht ist. Ihm können nur einzelne Ausgaben oder Teile davon vorenthalten werden, wenn sie das Ziel des Vollzugs erheblich gefährden würden, § 68 II 2 (zum Anhalten von Zeitschriften mit rechtsextremem Gedankengut.[21] Zeichnet sich eine solche Gefährdung in jeder Ausgabe einer Zeitschrift ab, genügt eine bloß stichprobenweise Überprüfung, um dem Gefangenen die Aushändigung zu verweigern[22] Fraglich ist, ob Xorn einen Rechtsanspruch auf Bezug dieser Zeitung nach § 68 I hat.

Voraussetzungen:
- Zeitung oder Zeitschrift, das ist ein periodisch erscheinendes Druckerzeugnis mit redaktionellem Teil, wobei sich die Zeitschrift dadurch unterscheidet, dass sie broschiert ist;
- deren Verbreitung nicht verboten ist, z. B. nach § 184 StGB;
- in angemessenem Umfang: der Begriff ist wieder mit allen entscheidungserheblichen Umständen des Einzelfalles aufzufüllen, also mit objektiven und subjektiven Aspekten; z. B. Größe des Haftraums, bisheriger Bezug von Zeitungen und Zeitschriften, benötigt der betreffende Gefangene die Zeitung, um seiner Tätigkeit als Schriftsteller, freier Journalist u. ä. im Wege der Selbstbeschäftigung nachgehen zu können usw.? Auch die Frage der Bezahlung des Abonnements kann hier eine Rolle spielen;
- durch Vermittlung der Anstalt: Zweck ist, dass die Vollzugsbehörde prüfen kann, ob der angemessene Umfang eingehalten ist, ob es sich um eine verbotene Zeitung handelt, dass sie nicht von Privatpersonen zugesandt wird. Sofern die Anstalt faktisch nicht in der Lage ist, dem Gefangenen z. B. eine ausländische Zeitschrift zu vermitteln, ist zu prüfen, ob ausnahmsweise auch ein anderer Bezugsweg zuzulassen ist.[23] Hier liegen in der Person des Gefangenen keine gewichtigen Gründe vor, ihm über die 3 Tageszeitungen und 2 Wochenzeitungen hinaus eine weitere Tageszeitung zu gestatten, zumal die Bezahlung vom – nicht freien – EG erfolgen soll; denn der Gefangene kann das festgesetzte ÜG nicht aus seinen Bezügen bilden, so dass das EG „zur Aufstockung" benötigt wird (vgl. §§ 83 II 3, 51 IV 2). Zwar darf der Gefangene gemäß Nr. 2 VV zu § 68 auch das gebundene (nichtfreie) EG für

---
[21] BVerfG NStZ 1996, 613; ThürOLG ZfStrVo 2005, 179.
[22] OLG Celle NStZ-RR 2011, 31.
[23] LG Gießen NStZ-RR 2011, 190.

Zeitungen verwenden (Hinweis auf § 83 II3 fehlt), doch ist dies ein Aspekt zur Auffüllung des unbestimmten Rechtsbegriffs „angemessener Umfang". Das Grundrecht aus Art. 5 I GG scheint hier durch den bisherigen Bezug von Zeitungen ausreichend gewährleistet zu sein.

Ergebnis
Der Antrag ist abzulehnen.

▶ *Sonderfälle*

- Zusendung eines PROBEEXEMPLARS einer Zeitung an einen Gefangenen[24]: Fraglich ist hier die Beurteilungsgrundlage: § 68 stellt offenbar auf den regelmäßig wiederkehrenden Empfang nach Bestellung ab; außerdem fehlt es an der Vermittlung durch die Anstalt. Es könnte daher daran gedacht werden, das Probeexemplar ohne inhaltliche Überprüfung von der Aushändigung an den Gefangenen auszuschließen (vgl. Nr. 1 VV zu § 68).
  Zu denken wäre auch daran, das Probeexemplar nach §§ 27 ff. zu behandeln und auf einen Anhaltegrund nach § 31 zu prüfen.
  Richtig erscheint: § 68 will alles, was mit Zeitungen und Zeitschriften zusammenhängt, abschließend regeln (so auch OLG Brandenburg NStZ 2005, 290). Art. 5 I GG schützt auch die Auswahlfreiheit. Während der freie Bürger sich im Geschäft, am Kiosk über Neuerscheinungen usw. informieren kann, hat der Gefangene diese Möglichkeiten nicht. Wenn also ein Probeexemplar mit dem Ziel zugesandt wird, ihn zum Abonnement zu veranlassen, muss die Prüfung erfolgen, ob ein Ausschlussgrund nach § 68 II 2 vorliegt; falls nicht, hat die Aushändigung zu erfolgen.
- PORNOGRAPHIE: Der Bezug harter Pornographie (Schriften und Abbildungen, die Gewalttätigkeiten, sexuelle Handlungen mit Kindern oder Tieren enthalten) ist allen Gefangenen untersagt, §§ 184 III StGB, 68 II StVollzG. Einfache Pornographie darf von Gefangenen unter 18 Jahren nicht bezogen werden, § 184 I Nr. 1 StGB. Darüber hinaus ist in Anstalten bzw. Abteilungen des Jugendvollzugs die Zulassung einfacher Pornographie an über 18 Jahre alte Gefangene wegen der Weitergabemöglichkeiten an jüngere Gefangene zurückhaltend vorzunehmen, §§ 93 II, 110 JGG.[25]

11.9 Zulassung eigener Radio- und Fernsehgeräte, § 69 II

Zur Systematik des § 69:
Abs. 1: Regelt die Teilnahme am *Gemeinschaftsradio-* und *-fernsehempfang.*
Abs. 2: Regelt die Zulassung *eigener* Radio- und Fernsehgeräte.
Abs. 1 S. 1: Rechtsanspruch des Gefangenen auf Teilnahme am Gemeinschaftsradio und -fernsehempfang.

---

[24] vgl. hierzu OLG Koblenz ZfStrVo 1991, 308.
[25] Für generellen Ausschluss: LG Freiburg ZfStrVo 1994, 375.

11.9 Zulassung eigener Radio- und Fernsehgeräte, § 69 II

Abs. 1 S. 2: Verpflichtung der JVA zur Berücksichtigung von Wünschen und Bedürfnissen nach staatsbürgerlicher Information, Bildung und Unterhaltung.[26] Zwar kann die JVA die Programmauswahl im Rahmen des § 160 der GMV übertragen; die Vollzugsbehörde ist jedoch verpflichtet sicherzustellen, dass auch Wünsche von einzelnen Gefangenen nach Bildung und Information berücksichtigt werden. Die Vollzugsbehörde muss also die letzte Entscheidung haben.[27]

Abs. 1 S. 3: Ermächtigung der JVA, den Radio- und Fernsehempfang:
- für alle Gefangenen vorübergehend auszusetzen,
- für einzelnen Gefangenen ganz zu untersagen,

wenn diese Beschränkungen zur Aufrechterhaltung der Sicherheit und Ordnung unerlässlich sind, d. h. mildere Mittel nicht greifen. Dies wäre in Extremfällen denkbar, wenn etwa in einem Privatsender über Tage hinweg eine Kampagne mit Aufforderung zur Gefangenenmeuterei, eine bestimmte Anstalt betreffend erfolgt.

Abs. 2
Rechtsanspruch auf Zulassung eigenen Radios und Fernsehgeräts unter den Voraussetzungen des § 70. Die Anstalt kann im Hinblick auf eine Gefährdung von Sicherheit und Ordnung eine Höchstgrenze für den Bildschirm festsetzen. Allerdings hat sie hierbei Art. 5 GG zu beachten und zu prüfen, ob der Gefährdung nicht mit zumutbarem Kontrollaufwand begegnet werden kann[28]

Fall 11.2

In der geschlossenen JVA X, einer Anstalt hohen Sicherheitsgrades, in der sich viele zu lebenslanger Freiheitsstrafe verurteilte Gefangene und auch einige terroristische Gewalttäter befinden, werden eigene Radios generell nur ohne Ukw- und Kw-Frequenzbereiche zugelassen mit der Begründung:
- Der Ukw-Teil könne in einen Sender bzw. Empfänger für den Polizeifunk oder den anstaltsinternen Sprechfunk umgebaut werden, Ausbruchsvorkehrungen würden dadurch erleichtert.
- Auf Kw im Bereich 26–28 MHz würden im freien Handel erhältliche CB-Funkgeräte senden, Befreiungsversuche könnten dadurch erheblich erleichtert werden.

Hiergegen wendet sich der Gefangene Yilmaz Yildin, der bereits 2mal ohne Beanstandungen beurlaubt war, u. a. mit der Begründung, politische Magazinsendungen kämen ausschließlich auf UKW, türkische Sendungen könne er nur auf KW empfangen.

Lösungsskizze
Prüfungsgrundlage: § 69 II 1. Hs. i.V.m. § 70.
Voraussetzungen

---

[26] OLG Koblenz ZfStrVo 1988, 315 f.
[27] OLG Celle ZfStrVo 1982, 183.
[28] BVerfG ZfStrVo 2011, 114.

- angemessener Umfang (Größe des Geräts, Wert etc.);
- keine Einschränkung nach § 70 II: hier wird offenbar auf Nr. 2 abgestellt: Gefährdung der Sicherheit der JVA.

Für ein generelles Verbot spricht:
- Die oben genannten Gefahren sind nicht von der Hand zu weisen;
- auch Geräte von selbst nicht gefährlichen Gefangenen könnten von anderen Gefangenen entsprechend missbraucht werden.

Gegen ein generelles Verbot spricht:
- Nach verfassungsrechtlichen Grundsätzen ist für einschränkende Maßnahmen im Einzelfall eine konkrete Gefahrenlage erforderlich.[29]
- gerade UKW-Sendungen sind aktueller, haben einen größeren Informations und Bildungswert sowie besseren Empfang;
- auch in Freiheit wird fast ausschließlich UKW gehört, § 3 I;
- der KW-Teil kann bei 26 MHz begrenzt werden, so dass der Gefangene Yildin noch türkische Sendungen empfangen kann;
- alle Radiogeräte können geprüft, verplombt und regelmäßig kontrolliert werden, vgl. Nr. 2 VV zu § 69; die oben genannten Gefahren können dadurch weitgehend ausgeschlossen werden.
- Da im Fall des Gefangenen Yildin eine konkrete Gefahr des Missbrauchs nicht zu begründen ist, ist ihm ein eigenes Radio mit UKW- und KW-(begrenzt)-Bereich auszuhändigen.

Der Gesetzgeber hatte die Zulassung eigener TV-Geräte (Antennen, Decoder etc., die den Empfang ermöglichen, sind ebenfalls nach § 69 II zu beurteilen)[30] ursprünglich nur im Ausnahmefall vorgesehen. Nunmehr ist § 69 III so gefasst worden, dass eigene Fernsehgeräte – wie schon bisher Hörfunkgeräte – unter den Voraussetzungen des § 70 zugelassen werden.[31] Bedürfen die Gefangenen deshalb nicht des Gemeinschaftshörfunks oder -fernsehprogramms, weil sie ein eigenes Radio- oder Fernsehgerät besitzen, braucht die Anstalt das Gemeinschaftshörfunk- bzw. -fernsehprogramm dann auch nicht mehr aufrecht zu erhalten.[32] Hat die Vollzugsbehörde den Einzelfernsehempfang zugelassen, so galt nach bisheriger Rechtsprechung die Erlaubnis für die konkrete Anstalt, der Gefangene konnte sich bei Verlegungen nicht auf Vertrauensschutz berufen; etwas anderes sollte bei dem „quasi zur Grundausstattung gehörenden" Radiogerät gelten).[33] Diese Differenzierung wird nach der Neufassung des § 69 II nicht mehr vorgenommen werden können. Künftig kann sich der Gefangene auch hinsichtlich der Fernseherlaubnis auf Vertrauensschutz berufen.[34] Die technische Ausgestaltung des Fernsehempfangs steht im pflichtge-

---

[29] Calliess/Müller-Dietz, § 69 Rdnr. 3; OLG Nürnberg ZfStrVo 1983, 190 ff.
[30] Vgl. OLG Celle NStZ-RR 1996, 189; OLG Koblenz ZfStrVo 1996, 114
[31] Zum Fernseher mit Videotext vgl. OLG Celle NStZ 2002, 111.
[32] OLG Koblenz ZfStrVo 1994, 54.
[33] Vgl. OLG Zweibrücken NStZ 1992, 102 m.w.N.
[34] Zum Zubehör: OLG Dresden NStZ 2007,175.

mäßen Ermessen der Vollzugsbehörde.[35] Die Gefangenen haben keinen Anspruch darauf, dass ihnen der Empfang eines bestimmten Senders ermöglicht wird.[36] Die Kosten des Radio- und Fernsehempfangs – dies gilt auch für die Kosten einer externen Überprüfung vor der Zulassung eines Gerätes[37] – trägt der Gefangene, VV Nr. 2 I 2 zu § 69.

11.10 Gegenstände für die Freizeitbeschäftigung, § 70

Beachten Sie den Vorrang anderer Vorschriften, z. B. §§ 68, 69! Zur Systematik:
Abs. 1: Rechtsanspruch des Gefangenen; Einschränkung „in angemessenem Umfang": wiederum mit allen entscheidungserheblichen – objektiven und subjektiven – Aspekten aufzufüllen: z. B. Größe des Haftraums, bereits im Haftraum vorhandene Geräte,[38] Wert der bereits vorhandenen Geräte, Wert des beantragten Gegenstandes,[39] stellt die JVA den beantragten Gegenstand zur Verfügung? (z. B. Sportgeräte können in der Freizeit benutzt werden, es gibt einen Raum mit Schreibmaschinen zur Benutzung durch die Gefangenen). Der bloße Hinweis, der Gefangene lagere zu viel diverse Schriftstücke und andere Gegenstände in seinem Haftraum, reicht nicht zur Ausfüllung des Begriffs Angemessenheit in § 70.[40] Die Erlaubnis zum Besitz von Gegenständen im Haftraum kann[41] auf die Dauer des Verbleibs in der jeweiligen Anstalt beschränkt werden.
Abs. 2: Weitere Einschränkung unter den dort genannten Voraussetzungen; problematisch sind insbesondere technische (elektrische oder elektronische) Geräte im geschlossenen Vollzug wie Schallplattengeräte,[42] elektrische Schreibmaschinen,[43] Videorekorder[44] Sony-Play-Station[45] DVB-T-Empfänger[46] unter dem Aspekt „Gefährdung der Sicherheit bzw. Ordnung der JVA": hier wird auf die konkrete Missbrauchsgefahr durch Verstecken von Gegenständen, welche die Sicherheit oder Ordnung der JVA gefährden, ohne dass durch Verplomben etc. die Gefahren weitgehend auszuschließen wären, abzustellen sein. Problematisch ist immer wieder, ob es ausreicht,

---

[35] Zur Teilnahme am Kabelempfang vgl. OLG Frankfurt NStZ-RR 2004, 127.
[36] KG ZfStrVo 2005, 311.
[37] OLG Brandenburg ZfStrVo 2005, 312 f.
[38] Calliess/Müller-Dietz, § 70 Rdnr. 2.
[39] KG NStZ 1984, 48 m.w. N.; a. A. Calliess/Müller-Dietz, § 70 Rdnr. 2.
[40] OLG Karlsruhe NStZ-RR 2004, 189.
[41] Sogar formularmäßig und generell, OLG Frankfurt NStZ-RR 2009, 359.
[42] OLG Saarbrücken ZfStrVo 1991, 54 f. m.w.N.
[43] OLG Hamm bei Bungert NStZ 1993, 382; LG Berlin a. a. O.), PC (OLG Hamm ZfStrVo 1985, 121; BVerfG ZfStrVo 1994, 369; BVerfG NStZ 2003, 621.
[44] NStZ 1995, 102.
[45] OLG Nürnberg ZfStrVo 2002, 188; OLG Frankfurt NStZ-RR 2006,125.
[46] OLG Celle BeckRS 2009 06518.

dass ein Gegenstand „abstrakt" gefährlich ist oder ob hinzukommen muss, dass bei einem Gefangenen konkrete Anhaltspunkte für eine reale Gefährdung durch diesen Gegenstand bestehen. Das Bundesverfassungsgericht[47] hat klargestellt, dass dies dem Verhältnismäßigkeitsgebot unterliegt: Je gefährlicher der Gegenstand an sich ist (Beispiel: Waffen usw., Gegenstand mit vielen Versteckmöglichkeiten, DVD ohne FSK-18-Vermerk:),[48] desto geringer sind die Anforderungen an die persönliche Unzuverlässigkeit des Gefangenen bzw. konkrete Missbrauchsgefahr, um den Besitz des Gegenstandes zu versagen.[49] Dies kehrt sich um bei einem an sich „harmlosen" Gegenstand. Abs. 3: Ermessen der Anstalt hinsichtlich Widerruf = Spezialvorschrift zu § 14 II 1; insoweit liegt eine abschließende Regelung vor. Was die Rücknahme angeht, wird man auf § 14 II 2 analog zurückgreifen müssen. Beim Widerruf einer Genehmigung ist eine am Einzelfall orientierte Ermessensausübung vorzunehmen. Dabei kommt dem Vertrauensschutz des Gefangenen besondere Bedeutung zu.[50] Stellt die Vollzugsbehörde darauf ab, der Gegenstand eigne sich als Versteck, so muss sie darlegen, warum gerade dieser Gegenstand eine besondere Gefahr begründet[51]

---

[47] NStZ 1994, 453.
[48] OLG Frankfurt NStZ 2009, 220; OLG Dresden bei Roth NStZ 2012, 434; vgl. auch OLG Koblenz NStZ-RR 2011,190.
[49] Vgl. OLG Hamm ZfStrVo 2001, 185.
[50] OLG Hamm NStZ 1993,360; BVerfG NStZ 1994,100; BVerfG NStZ 1996,252; BVerfG StV 1996, 683.
[51] OLG Zweibrücken NStZ 1994, 15.

Datenschutz

12

Mit dem 4. StVollzGÄndG hat der Gesetzgeber in §§ 179–187 (neu) – der Rechtsprechung des BVerfG zum Grundrecht auf informationelle Selbstbestimmung (Art. 2 I i.V.m. Art. 1 I GG) entsprechend – bereichsspezifische Rechtsgrundlagen für die Erhebung, Verarbeitung und Nutzung personenbezogener Daten eingefügt. Sie werden durch eine Verweisung in § 187 auf das BDSG ergänzt. Auf die Regelung in § 182 II für die personenbezogenen Daten, die Ärzten, Psychologen und Sozialarbeitern (vgl. § 203 StGB) anvertraut/bekanntgeworden sind, sei besonders hingewiesen.[1] So muss sich der Gefangene z. B. nur den hiermit betrauten Personen gegenüber offenbaren, wenn er eine Behandlung wünscht.[2] Auch das Recht des Gefangenen auf Akteneinsicht ist nunmehr ausdrücklich in § 185 geregelt; der Gefangene muss darlegen, dass eine bloße Auskunft der Anstalt zur Wahrnehmung seiner Interessen nicht ausreicht.[3] In der Vollzugspraxis verlangen die Gefangenen häufig die Bekanntgabe des vollständigen Wortlauts eines Prognosegutachtens. Da der Gefangene hieran ein besonderes Interesse hat im Hinblick auf die weitere Ausgestaltung des Strafvollzugs und eine etwaige Entlassung, ist ihm dies in der Regel zu gewähren.[4] Umgekehrt hat die Vollzugsbehörde ein Interesse daran, den Inhalt eines im Vollstreckungsverfahren über den Gefangenen angefertigten Prognosegutachtens zu kennen. Es handelt sich insofern um zulässige Datenerhebung gem. § 179II 2, § 4 II 2 Nr. 2a BDSG.[5] Die Herausgabe von während der Haft angefertigten Röntgenbildern fällt nicht unter § 185, sondern ist gemäß der Röntgenverordnung zu handhaben.[6] § 185 gilt auch nach der Entlassung des Gefangenen weiter, wenn es sich um Fragen der Akteneinsicht etc. handelt.[7]

---

[1] Zum Rechtsschutz gegen Offenbarung personenbezogener Daten BVerfG NStZ 2000, 55.
[2] OLG Frankfurt NStZ 2011, 709.
[3] Hierzu OLG Frankfurt NStZ-RR 2005, 64 m.w.N.; KG NStZ-RR 2008, 327.
[4] OLG Nürnberg ZfStrVo 2005, 297.
[5] KG NStZ-RR 2011,156.
[6] KG NStZ 2006, 328.
[7] KG NStZ 2008, 226.

Fall 12.1

Die Gefangene Zenzi Zimmer beschwert sich am 12.1.2012, dass
- In der Effektenkammer Name und Anschrift der Gefangenen an den verwahrten Sachen so angebracht sind, dass Besucher der Anstalt, die durch diesen Raum gehen, beides ohne weiteres lesen können:
- der ROInsp. Flüchtig der ABC-Bank eine Auskunft über sie ohne ihre Einwilligung gegeben hat, und zwar, dass sie sich in Haft befinde, wie hoch ihr, Guthaben an Eigengeld, Hausgeld und Überbrückungsgeld sei und dass ihr Haftende auf den 26.3.2014 notiert sei.

Zugrunde lag ein entsprechendes Auskunftsersuchen der ABC-Bank, dem ein Urteil des LG in W. vom 13.5.2011 in Ablichtung beigefügt war, wonach Frau Zimmer der ABC-Bank wegen einer Darlehensforderung 8 500,- DM zu zahlen hat; der Sozialinspektor Vorsicht durch geschicktes Befragen Informationen über sie bei ihrer Schwester eingeholt hat.

Hieraus ergab sich, dass die Gefangene gute Kontakte nach Belgien und Südfrankreich besitzt und ein Bankkonto in Luxemburg unterhält. Frau Zimmer hatte zuvor aus der berechtigten Sorge heraus, dies werde sie für Lockerungen disqualifizieren, Auslandskontakte abgestritten. Die Angaben ihrer Schwester hat Vorsicht in einer Vollzugskonferenz mitgeteilt. Sie waren maßgeblich für eine Ablehnung des Antrags der Gefangenen auf Regelurlaub gemäß § 13.

Lösungsskizze

a) Eingabe bezüglich Besucher der Effektenkammer: Die Kennzeichnung der verwahrten Gegenstände mit Name und Wohnort ist gemäß § 180 I i.V.m. § 179 I grundsätzlich zulässig, da die Daten im Rahmen der Zwecke, für die sie bei der Aufnahme erstmals erhoben und gesichert wurden, behördenintern an die Kammer weitergegeben wurden und dies zur rechtmäßigen Erfüllung der Aufgaben des Datenempfängers (die Kammer) erforderlich ist, um die notwendige personenbezogene Zuordnung der verwahrten Sachen zu ermöglichen.[8] Jedoch sind die Daten Besuchern wahrnehmbar gemacht worden. Ein Erfordernis hierfür ist nicht erkennbar, so dass die Voraussetzungen für eine entsprechende Nutzung bzw. Übermittlung der Daten gemäß § 180 I, II, IV bis VI nicht vorliegen. Gleichzeitig handelt es sich um einen Verstoß gegen das in § 183 II S. 1 verankerte Gebot der Datengeheimhaltung.

Daraus folgt, dass die im Kammerbereich eingesetzten Bediensteten über die Regelungsinhalte der §§ 180 I, II, 183 II aufzuklären und anzuweisen sind, Besucher und Personen, die keine dienstliche Veranlassung dazu haben, an der Wahrnehmung geschützter Daten zu hindern.

b) Auskunftsersuchen der ABC-Bank: ROInsp. Flüchtig hat personenbezogene Daten Dritten gegenüber offenbart. Mangels Einwilligung ist dies nur aufgrund einer gesetzlichen Ermächtigung zulässig, § 4 II S. 1 (zu Einholung

---

[8] Zur Kennzeichnung des Haftraums mit einem Namensschild nach altem Recht: OLG Koblenz ZfStrVo 1989, 58; BVerfG ZfStrVo 1997, 111.

und Form einer solchen Einwilligung vgl. § 187 i.V.m. § 4 II, III BDSG). Als Rechtsgrundlage kommt § 180 V Nr. 2 in Betracht. Ohne den Wohnort des Schuldners zu kennen, kann ein Gläubiger seine Forderung nicht verwirklichen. Die ABC-Bank hat demnach ein berechtigtes Interesse an der Mitteilung, welches sie mit der Vorlage der titulierten
Forderung glaubhaft dargelegt hat. Das Geheimhaltungsinteresse der Gefangenen ist nicht schutzwürdig, da andernfalls während der Haft die nach der Rechtsordnung der Gläubigerin zustehenden Zugriffsrechte auf Guthaben eines Inhaftierten für die Dauer der Haft ausgeschlossen wären, wofür nichts spricht. Die Datenübermittlung war also in bezug auf die Angabe des Wohnorts rechtmäßig.[9] Bei normzweckorientierter Auslegung des § 180 V 2 sollten auch Auskünfte möglich sein, wenn die Position des Verletzten im Wege des Forderungsübergangs erworben wurde.)
In Bezug auf die Haftdauer ist ein Auskunftsinteresse der Bank gering. Da die Entlassung nicht innerhalb eines Jahres bevorsteht, sind außerdem die Voraussetzungen für eine Übermittlung dieser Daten gemäß § 180 V nicht gegeben.
Entsprechendes gilt für die Angaben zu den Guthaben der Gefangenen. Soweit es Guthaben angeht, die nicht der Pfändung wegen Forderungen der Auskunft suchenden Bank unterliegen, fehlt es schon an einem diesbezüglichen berechtigten Interesse. Im Übrigen sieht § 180 V die Auskunft selbst zum Eigengeldguthaben nicht vor. Die ABC-Bank kann gemäß § 840 ZPO vorgehen und die Anstalt zur Abgabe einer Drittschuldnererklärung auffordern. Auch ROInsp. Flüchtig ist hinsichtlich der Anforderungen des Datenschutzes zu belehren, c) Befragung der Schwester der Gefangenen: Vorsicht wollte und hat „durch geschicktes Befragen" Informationen über Frau Zimmer erlangt, die personenbezogene Daten i. S.v. § 187 i.V.m. § 3 I BDSG sind. Fraglich ist, ob die Datenerhebung zulässig war. Beurteilungsgrundlage ist § 179 I, II. Die Kenntnis der Auslandskontakte der Gefangenen war gemäß § 179 I zur Aufgabenerfüllung im Vollzug erforderlich, nämlich zur Einschätzung der Fluchtgefahr bei dem beantragten Urlaub. Allerdings sind personenbezogene Daten gemäß § 179 II S. 1 bei dem Betroffenen zu erheben. Ausnahmen sind nur gemäß § 2 i.V.m. § 13 II BDSG zulässig, wenn die zu erfüllende Verwaltungsaufgabe ihrer Art nach eine Erhebung bei anderen Personen erforderlich macht. Hier erforderte die Abklärung der Frage, ob Frau Zimmer Auslandskontakte hat und damit Fluchtgefahr besteht, eine Rückfrage bei Dritten, wie ihrer Schwester. Somit liegen die Voraussetzungen für eine Datenerhebung bei anderen Personen vor. Die Weiterleitung und Beratung der erhobenen Daten in einer Vollzugskonferenz ist behördeninterne Nutzung i. S.v. § 180 I i.V.m. § 3 VI BDSG. Da diese Nutzung, wie bereits ausgeführt, für den nach dem StVollzG aufgegebenen Vollzug erforderlich war, war dies ebenfalls zulässig. Vorsicht hat insgesamt rechtmäßig gehandelt.

---

[9] Vgl. zur Mitteilung der Entlassungsanschrift an eine Versicherung: LG Karlsruhe ZfStrVo 2001, 363, mit zweifelhafter Begründung

Besuchs- und Schriftverkehr der Gefangenen

13.1 Grundsatz

Für den gesamten Regelungsgehalt des 4. Titels (Besuche, Schriftwechsel sowie Urlaub, Ausgang und Ausführung aus besonderem Anlass) besteht ein Rechtsanspruch des Gefangenen auf Verkehr mit Personen außerhalb der Anstalt und eine Förderungspflicht der Vollzugsbehörde – beides im Rahmen des StVollzG.

13.2 Besuchsempfang, §§ 24 ff

Recht auf Besuch, § 24:
- Abs. 1 beinhaltet den Regelbesuch; der Gefangene hat einen Rechtsanspruch auf mindestens 1 Stunde Gesamtdauer im Monat; zulässig wäre aber die Aufteilung in 2mal eine halbe Stunde. Soweit durch Hausordnung mehr gewährt wird, kann der Gefangene über den Grundsatz der Selbstbindung der Verwaltung in seinem Falle darauf bestehen, falls die Vollzugsbehörde keinen Vorbehalt gemacht hat. Allerdings kann der Besuch auch wieder auf das gesetzliche Mindestmaß verkürzt werden.[1]
- Abs. 2 regelt den Sonderbesuch; er soll zur Förderung der Behandlung oder Wiedereingliederung zugelassen werden bzw. wenn der Gefangene zur Regelung persönlicher, rechtlicher oder geschäftlicher Angelegenheiten darauf angewiesen ist.[2] Für Strafgefangene, die ihr Ehepartner besucht, aber auch bei Besuchen von nichtehelichen Lebensgefährten, mit denen der Gefangene z. B. ein gemeinsames Kind hat,[3] ist die Besuchszeit generell groß-

---

[1] OLG Celle NStZ 2006, 582.
[2] Vgl. hierzu OLG München ZfStrVo 1994, 371.
[3] So OLG Bamberg NStZ 1995, 304.

zügiger zu bemessen.[4] In diesen Fällen kommt auch ein so genannter Langzeitbesuch in Betracht. Ein Anspruch auf einen Langzeitbesuch besteht aber nicht,[5] auch nicht auf einen unüberwachten Besuch mit Sexualkontakt.[6] Die Vollzugsbehörde kann die Zulassung hierzu nach Ermessen besonders regeln[7] Für die Versagung reicht es dabei nicht aus, dass ein Ermittlungsverfahren anhängig ist. Eine einmal erteilte Genehmigung zum Langzeitbesuch kann nach den gleichen Grundsätzen, die für die Erlaubnis gelten, auch widerrufen werden.[8]

Abs. 3 lässt die Durchsuchung des Besuchers vor dem Besuch aus Gründen der Sicherheit zu. Eine mit Entkleidung verbundene Durchsuchung eines Besuchers ist aber unzulässig.[9] Vorsicht, wenn die Durchsuchung nur mit Ordnungsaspekten begründet wird, wie mit dem Verdacht des Einschmuggelns von Alkohol![10] Es ist unzulässig, einen Verteidiger bei einem Mandantenbesuch in der JVA ohne konkrete Anhaltspunkte körperlich zu durchsuchen.[11] Auch das Durchblättern der Handakten des Verteidigers ist unzulässig. § 24 III ist keine Rechtsgrundlage für die Durchsuchung des Besuchers nach dem Besuch, z. B. weil der Besuchsbeamte beobachtet hat, wie der Gefangene dem Besucher etwas zugesteckt hat und der Besucher sich weigert, den Gegenstand freiwillig herauszugeben; hier kommt allenfalls eine Durchsuchung nach der StPO durch Polizeibeamte in Betracht, wenn der Verdacht einer Straftat vorliegt. Für die Durchsuchung des Gefangenen vor und ggf. nach dem Besuch greift § 84 als Rechtsgrundlage.

13.2.1 Besuchsverbot, § 25, und Besuchsüberwachung, § 27

Fall 13.1

Der Gefangene Adam Arndt soll von seinem Bruder Anton besucht werden. Adam lehnt gegenüber dem Besuchsbeamten den Besuch mit der Begründung ab, Anton habe ihm „die Sch …, wegen der ich hier brumme, eingebrockt; der will nur das nächste Ding mit mir nach meiner Entlassung planen."

Lösungsskizze
Der Gefangene kann einen Besuch ablehnen, Nr. 1 VV zu § 24.

---

[4] BVerfG NJW 1993, 3059.
[5] OLG Naumburg ZfStrVo 2011, 254.
[6] BVerfG NStZ-RR 2001, 253.
[7] Vgl. OLG Hamm ZfStrVo 1999, 398; HansOLG Hamburg ZfStrVo 2005, 55.
[8] OLG Karlsruhe ZfStrVo 2005, 112.
[9] OLG Hamburg ZfStrVo 2005, 315.
[10] Vgl. OLG Celle ZfStrVo 1987, 185.
[11] OLG Nürnberg StV 2004, 389.

13.2 Besuchsempfang, §§ 24 ff

Variante
Der Gefangene überlegt es sich anders, daraufhin erteilt der Anstaltsleiter dem Anton Besuchsverbot.
Das Besuchsverbot stellt einen Verwaltungsakt mit Dauerwirkung dar, d. h. es bezieht sich auf alle Fälle, in denen Anton den Adam besuchen will. Nr. 1: greift nicht, da eine Straftat nach der Entlassung weder die Sicherheit noch die Ordnung der JVA gefährdet; Nr. 2: die Anstiftung zu einer Straftat stellt sicher einen schädlichen Einfluss auf den Gefangenen dar, aber hier greift das Angehörigenprivileg.[12] Das Besuchsverbot ist rechtswidrig; hier müsste eine optische und akustische Überwachung des Besuchs nach § 27 erfolgen, da dieser schädliche Einfluss die Behandlung negativ beeinflusst und auch kein anderes milderes Mittel greift („unerlässlich").[13]

Bei der Besuchsüberwachung sind gemäß § 27 I S. 1 generelle Regelungen, z. B. solche, die *akustische* Überwachung *aller* Besuche anordnen, nicht möglich „im Einzelfall".[14]

S. 2 des § 27 I, der die akustische Überwachung regelt, fordert zudem gegenüber der *optischen* eine höhere Eingriffsintensität,[15] d. h. die akustische Überwachung müsste „erforderlich" sein aus Gründen der Behandlung oder der Sicherheit oder Ordnung der JVA. Selbst wenn die JVA nach dem Differenzierungsprinzip eine Anstalt des geschlossenen Vollzugs für stärker kriminell gefährdete Gefangene sein sollte, wird man dieses Erfordernis bei den Gefangenen, die bereits Vollzugslockerungen oder Urlaub beanstandungsfrei hatten, in der Regel nicht bejahen können,[16] auch nicht bei Besuchern, deren Integrität außer Zweifel steht.

Gegenstände dürfen beim Besuch nur mit Erlaubnis übergeben werden, § 27 IV;[17] eine Bewirtungserlaubnis unterliegt der Organisationsbefugnis des Anstaltsleiters. Er kann diese Erlaubnis nach Ermessen erteilen.[18]

Unter den Voraussetzungen des § 27 II darf der Besuch – in der Regel nach vorausgegangener Abmahnung – abgebrochen werden.

Die Besuchsüberwachung ausschließlich durch Polizeibeamte – etwa des LKA bei terroristischen Gewalttätern – ist unzulässig, da es sich hier um eine Überwachung aus polizeilichen Gründen (nicht denen des § 27 I) handelt, im StVollzG geregelte Ermächtigungen ohne weitere Zusätze nur Vollzugsbedienstete (§ 155) berechtigen und dies auch nicht mit § 180 in Einklang zu bringen ist, nach dem der Anstaltsleiter entscheidet, welche Erkenntnisse an welche Behörden weitergegeben werden. Allerdings ist es zulässig, ergänzend Polizeibeamte – sozusagen als

---

[12] a. A. OLG Nürnberg NStZ 1999, 376, wenn es um den Schutz der Menschenwürde geht.
[13] Vgl. OLG Nürnberg ZfStrVo 1993, 56 f. m.w. N.
[14] Zum „Trennscheibentisch" vgl. KG NStZ-RR 2009, 388.
[15] OLG Koblenz ZfStrVo 1987, 305; OLG Frankfurt/Main ZfStrVo 1990, 186; OLG Nürnberg BlfStrVK 1992-5/6, 1 f.
[16] OLG Hamm ZfStrVo 1985, 53.
[17] Vgl. hierzu OLG Hamm ZfStrVo 1994, 118: Bündel Petersilie und Erbsenschote.
[18] KG NStZ-RR 2009, 388.

Sachverständige – hinzuzuziehen, wenn die eigentliche Besuchsüberwachung bei Vollzugsbediensteten verbleibt.[19] Eventuelle Dolmetscherkosten trägt der Staat.[20]

13.2.2 Einsatz der Trennscheibe

Hier ist zu unterscheiden zwischen:

Verteidigerbesuch: Wenn dem Vollzug der Freiheitsstrafe eine Straftat nach § 129 a StGB zugrunde liegt, ist der Einsatz der Trennscheibe zwingend, es sei denn, der Gefangene ist bereits im offenen Vollzug oder in Lockerungen bzw. Urlaub erprobt, §§ 27 IV letzter S., 29 I S. 2 und 3. In anderen Fällen -z. B. wegen des Verdachts der Drogenübergabe durch den Verteidiger – ist der Einsatz der Trennscheibe unzulässig, und zwar ist auch kein Raum für die Anwendung des § 4 II 2, weil der Gesetzgeber eine abschließende Regelung getroffen hat.[21] Allerdings kann ausnahmsweise bei einem Verteidigerbesuch ein Trennscheibeneinsatz angeordnet werden, aber nur, um der konkreten, anderweitig nicht ausschließbaren Gefahr zu begegnen, dass ein Strafgefangener seinen Verteidiger zur Freipressung als Geisel nimmt.[22]

Sonstige Besucher: Hier könnte in § 4 II 2 – als letztes Mittel – eine Rechtsgrundlage gesehen werden, wenn mildere Mittel, wie Durchsuchung des Besuchers vor dem Besuch und des Gefangenen nach dem Besuch, optische und akustische Überwachung usw. nicht ausreichen, um die befürchtete Übergabe eines verbotenen Gegenstands zu verhindern. Das OLG Hamm[23] sieht in diesen Fällen die Trennscheibe als von § 27 I 1 gedeckt an.[24] Bei Besuchen von Angehörigen ist wegen Art. 6 I GG jedenfalls besondere Zurückhaltung geboten.[25]

13.2.3 Besucher des Gefangenen bzw. der Anstalt

Zu unterscheiden sind:

Besuch eines Gefangenen, auch durch einen Journalisten: Hier ist die Rechtsgrundlage ausschließlich in §§ 23 ff. StVollzG zu finden, d. h. der Anstaltsleiter kann unter den Voraussetzungen des § 25 ein Besuchsverbot aussprechen[26]; die Aufsichtsbehörde kann nicht mit unmittelbarer Außenwirkung entscheiden, schon wegen des verfassungsrechtlichen Grundsatzes des gesetzlichen Richters, Art. 101 I 2 GG: Wenn z. B. der Gefangene, der von einem Journalisten besucht werden soll, in der JVA Köln inhaftiert ist, aber der Justizminister in Düsseldorf entscheidet, er-

---

[19] OLG Karlsruhe ZfStrVo 1991, 185.
[20] BVerfG NJW 2004, 1095.
[21] Calliess/Müller-Dietz, § 27 Rdnr. 9; BGH JZ 1989, 959 m. Anm. Müller-Dietz.
[22] BGH StV 2004, 387.
[23] BlfStrVK 1993-4/5, 5.
[24] Ebenso: BVerfG ZfStrVo 1994, 304.
[25] Vgl. aber KG BlfStrVK 1995-3, 6.
[26] Zu den Voraussetzungen. KG NStZ 1998, 47.

gäbe sich als zuständiges Gericht für den Anfechtungsantrag gegen die ablehnende Entscheidung das LG Düsseldorf, §§ 110, 111 I Nr. 2. Wenn der Anstaltsleiter in Köln entscheidet, wie es das Gesetz in § 25 vorsieht, ist das LG Köln zuständig. Ein sog. Selbsteintrittsrecht der Aufsichtsbehörde besteht nur in Ausnahmefällen, z. B. bei einer Katastrophe oder wenn sich die Vollzugsbehörde weigert, gesetzmäßig zu handeln.[27]

Besuch der Anstalt: Hier kann sich die Aufsichtsbehörde die Erteilung der Erlaubnis vorbehalten, vgl. Nr. 2 VV zu § 151.

13.3 Schriftverkehr, §§ 28 ff

13.3.1 Recht auf unbeschränkten Schriftverkehr

Fall 13.2

Die Strafgefangene Berta Bauer, die einen regen Schriftverkehr mit der Presse und Privatpersonen wegen des Aufbaus einer neuen Partei unterhält, schreibt am Tag etwa 70 Briefe und erhält ebenso viele. Da sie bereits einmal einen Ausbruchsversuch unternommen hatte und als drogenabhängig anzusehen ist, wird der gesamte Schriftverkehr inhaltlich überwacht. Durch die Überwachung des Schriftverkehrs werden 1½ Bedienstete werktäglich in Anspruch genommen. Die Vollzugsbehörde möchte den Briefverkehr einschränken.

Lösungsskizze
Beurteilungsgrundlage ist zunächst § 28: Danach hat der Gefangene das Recht, unbeschränkt Schreiben abzusenden und zu empfangen, d. h. weder die Zahl noch der Umfang der ein- und ausgehenden Schreiben unterliegen Beschränkungen, auch ist der Kreis der Briefpartner nicht begrenzt und Briefbeilagen sind in der Regel ebenfalls i.S.v. § 28 zu behandeln.[28] Anders, wenn es im Wesentlichen nur auf die Beilagen ankommt, dann ist die Postsendung als Paket einzustufen.[29] Nur der Schriftwechsel mit Personen außerhalb der Anstalt ist durch § 28 geschützt; aber auch der interne Briefkontakt zwischen den Gefangenen einer Anstalt ist im Hinblick auf das Grundrecht der Betroffenen aus Art. 2 GG hinzunehmen.[30]

Fraglich ist, ob der Umfang nach § 31 I Nr. 1 wegen Gefährdung der Ordnung der JVA begrenzt werden kann. Die Rechtsprechung hält dies dann ausnahmsweise für zulässig, wenn der Kontrollaufwand für 1 Gefangenen – wie hier – so groß ist, dass er die JVA in der Erledigung ihrer gesetzlichen Aufgaben erheblich

---

[27] OLG Stuttgart ZfStrVo SH 1979, 35 ff.
[28] OLG Frankfurt/Main BlfStrVK 1993-1, 4.
[29] OLG Nürnberg NStZ 2009, 216.
[30] OLG Dresden BlfStrVK 1995-3, 1.

behindert und dadurch die Ordnung der JVA gefährdet.[31] Allerdings darf damit keine Umkehrung des Willens des Gesetzgebers erfolgen, der in § 28 zum Ausdruck gekommen ist, d. h. Beschränkung auf absolute Ausnahmefälle!

13.3.2 Untersagung des Schriftverkehrs mit bestimmten Personen, § 28II

Hier ist – insbesondere wenn der bisherige Schriftverkehr mit einer bestimmten Person nicht zu beanstanden war – zu prüfen, ob von dem bestimmten Briefpartner generell eine Gefährdung der Sicherheit oder Ordnung der JVA oder (bei Nichtangehörigen) ein schädlicher Einfluss auf den Gefangenen ausgeht. Hat sich der Briefpartner lediglich einmal erheblich im Tonfall vergriffen, kommt als Ausfluss des verfassungsrechtlichen Übermaßverbots, vgl. auch § 81 II, lediglich das Anhalten des Schreibens in Betracht.

13.3.3 Überwachung des Schriftwechsels, §§ 29, 164 II

Die Absätze 1 und 2 des § 29 sowie § 164II (gilt auch, wenn ein Beiratsmitglied nicht mehr dieses Amt innehat)[32] regeln, in welchen Fällen eine Überwachung nicht zulässig ist, Absatz 3 regelt, wann die Überwachung überhaupt zulässig ist.

Danach ist die Überwachung aus Gründen der Behandlung oder der Sicherheit oder Ordnung der JVA zulässig. Der Begriff „Überwachung" umfasst sowohl die Sichtkontrolle (Feststellung verbotener Gegenstände) wie die Textkontrolle (Kenntnisnahme vom verbalen Inhalt), wobei letzteres ein stärkerer Eingriff ist; auch hier ist das verfassungsrechtliche Übermaßverbot zu beachten.

Die Rechtsprechung hielt bisher die generelle Überwachung des Schriftwechsels aller Gefangenen, selbst bei Behördenpost[33] im geschlossenen Vollzug ohne Einzelfallprüfung für zulässig, ohne dass es auf die Gefährlichkeit des einzelnen Gefangenen ankomme, da ein Missbrauch auch über Mittelsmänner denkbar sei.[34] Richtig ist: Wenn eine räumlich getrennte Unterbringung von Gefangenen, die für Lockerungen geeignet sind, und anderen Gefangenen innerhalb der geschlossenen JVA möglich ist, würde die Textkontrolle bei allen Gefangenen gegen § 81 II verstoßen. Dies gilt erst recht nach der Neufassung des § 29 III.

---

[31] vgl. OLG Hamm BlfStrVK 1988-6, 4; OLG Nürnberg NStZ 1986, 576; BVerfG NStZ 1982, 132.

[32] OLG Nürnberg NStZ-RR 2010, 9.

[33] OLG Frankfurt/Main BlfStrVK 1994-4/5,5; a. A. für Gerichtspost: LG Hamm BlfStrVK 1997-3, 6 oder bei Schreiben an den Bundespräsidenten OLG Nürnberg NStZ 1993, 455.

[34] Vgl. Hans. OLG Hamburg ZfStrVo 1991, 185 f. m.w. N.; BVerfG NStZ 2004, 225; a. A. AK/Joester/Wegener, § 29 Rdnr. 2.

13.3.4 Anhalten von Schreiben, § 31

Wenn es ausreicht, ausgehenden Schreiben einen Begleitvermerk beizufügen, darf das Schreiben nicht angehalten werden, § 31 II, Nr. 2 VV zu § 31. Wenn es ausreicht, einen Teil des Schreibens anzuhalten, darf nicht das ganze Schreiben angehalten werden. Wenn keine generelle Gefahr von dem betreffenden Schriftwechsel ausgeht, darf der Schriftverkehr nicht untersagt werden.

Der Gefangene hat einen Rechtsanspruch auf Information, wenn ein ein- oder ausgehendes Schreiben angehalten wird, Abs. 3. Die Anhaltegründe im Einzelnen:

Nr. 1: Bei Gefährdung des Vollzugsziels bei dem betreffenden Gefangenen oder der Sicherheit oder Ordnung der JVA, in der angehalten werden soll (nicht einer anderen JVA);[35]

Nr. 2: wenn die Weitergabe in Kenntnis ihres Inhalts einen Straf- oder Bußgeldtatbestand verwirklichen würde, z. B. Gewaltdarstellung, Aufstachelung zum Rassenhass, harte Pornographie, Werbung für eine terroristische Vereinigung (vgl. §§ 131I, 184I, 129a StGB);

Nr. 3: wenn sie grob unrichtige (= Darstellung, die in keiner Weise der wahren Sachlage entspricht) oder erheblich entstellende (-wenn der Wahrheitskern nur noch für einen mit der Materie unmittelbar Vertrauten erkennbar ist) Darstellungen von Anstaltsverhältnissen enthalten. Hier ist zu beachten, dass begrifflich nur Tatsachenbehauptungen darunter fallen, nicht Werturteile („Saufraß"), weiter, dass beim Anhalten eines Schreibens vom/an den Ehepartner wegen Art. 6 GG strengere Maßstäbe zu wählen sind, d. h. es gehört zum Schutzbereich der Ehe, sich mit dem Ehepartner offen und „ungeschminkt" unterhalten zu können;[36]

Nr. 4: grobe Beleidigungen, z. B. Bezeichnung von Vollzugsbediensteten als „ehemalige KZ-Mörder"[37] oder des Anstaltsarztes als „sadistischer Schlächter";[38]

Nr. 5: bei Gefährdung der Eingliederung eines anderen Gefangenen;

Nr. 6: Bedeutung hat hier „ohne zwingenden Grund in einer fremden Sprache abgefasst"; wenn einer der Briefpartner kein Deutsch spricht, liegt ein zwingender Grund vor.[39] Auch die Verwendung von Sütterlinschrift rechtfertigt generell nicht, den Brief anzuhalten.[40]

13.3.5 Weiterleitung von Schreiben, Aufbewahrung, § 30

Soweit dem Gefangenen – etwa im offenen Vollzug – nichts anderes gestattet ist, hat er Absendung und Empfang durch die Anstalt vermitteln zu lassen, § 30 I. Die

---

[35] Vgl. OLG Dresden NStZ 1998, 320.
[36] Vgl. BVerfG ZfStrVo 1994, 307.
[37] OLG Hamm NStZ 1981, 239 f.; vgl. auch BVerfG NStZ 1996, 55.
[38] Zur disziplinarischen Ahndung derartiger Beleidigungen vgl. aber BVerfG ZfStrVo 1995, 55 ff.
[39] Calliess/Müller-Dietz, § 31 Rdnr. 2.
[40] OLG Celle NStZ-RR 2009, 326.

Vollzugsanstalt darf die Weiterleitung eines unfrankierten Briefs nicht verweigern. Selbst dann nicht, wenn absehbar ist, dass der Empfänger die Annahme verweigern wird.[41] Die Weiterleitung erfolgt im Rahmen des regulären Dienstbetriebs.[42]

Bei Abs. 3 ist zu beachten, dass Verteidigerpost auch dann – etwa bei Haftraumkontrollen – nicht gelesen werden darf, wenn der Gefangene sie in seinem Haftraum aufbewahrt. Andernfalls würde § 29 I umgangen.[43]

13.4 Telefonverkehr und Telegramme, § 32

Fall 13.3

Der Gefangene Conny Corths ist beunruhigt, weil er seit mehr als 1 Woche nichts von seiner Frau gehört hat, obwohl er ihr 2 Briefe geschrieben hat. Er beantragt, da seine Frau sehr labil sei und sich möglicherweise etwas angetan habe, zu Hause bzw. bei einer Nachbarin anrufen zu dürfen. Dieser Antrag wird mit der Begründung abgelehnt, in der Anstalt würden wegen ihrer Zuständigkeit für stärker kriminell gefährdete Gefangene grundsätzlich keine Telefonate gestattet.

Lösungsskizze
Nach § 32 hat der Gefangene keinen Rechtsanspruch auf Führung eines Telefonats, sondern nur Anspruch auf ermessensfehlerfreie Entscheidung.[44]
Die Entscheidung der Vollzugsbehörde ist jedoch rechtswidrig, wenn von dem Ermessen überhaupt kein Gebrauch gemacht wird (= Ermessensnichtgebrauch, Fall von Ermessensunterschreitung). Im Einzelfall muss eine Entscheidung getroffen werden, wobei organisatorische Probleme, die Möglichkeit/Zumutbarkeit schriftlicher Erledigung (allerdings schützt Art. 5 GG auch die Wahl des Mittels einer Meinungsäußerung[45]), die Dringlichkeit, ob der Gefangene schon länger keinen Besuch erhalten hat[46] usw. berücksichtigt werden.
Hier ist dem Gefangenen – unter Berücksichtigung von § 3 III – ein Telefonat zu gestatten, das unter den Voraussetzungen der §§ 32 S. 2, 27 I 2 mitgehört werden darf.[47]
Ist die Überwachung erforderlich, muss sie dem Gesprächspartner des Gefangenen unmittelbar nach Herstellung der Verbindung mitgeteilt werden, § 32 S. 3. Auch der Gefangene ist rechtzeitig vor Beginn des Gesprächs über die beabsich-

---

[41] OLG Zweibrücken NStZ-RR 2001, 88.
[42] OLG Hamm bei Roth NStZ 2012, 433.
[43] OLG Nürnberg ZfStrVo 1988, 311; dagegen aber OLG Karlsruhe NStZ 2005, 52.
[44] OLG Koblenz NStZ 1993, 558 m.w. N.
[45] OLG Celle Beck RS 2009 04821.
[46] LG Fulda NStZ-RR 2007, 387.
[47] Vgl. OLG Koblenz NStZ 1993, 558 zur Kontrolle bei ausländischen Strafgefangenen.

tigte Überwachung zu unterrichten, S. 4; vgl. auch § 180 VIII. Eine allgemeine Telefongenehmigung darf nicht davon abhängig gemacht werden, in das anlasslose und insbesondere *geheime* Abhören der Telefongespräche einzuwilligen.[48] Dies ist nämlich gemäß § 32 nicht zulässig und kann der Vollzugsbehörde auch nicht durch § 4 II gestattet werden. § 32 i.V.m. § 27 enthält insofern eine abschließende Regelung.

▶ Beachten Sie
In immer mehr Anstalten wird die Benutzung von Kartentelefonen oder ähnlichem erlaubt. Auch in einem solchen Fall trägt der Gefangene grundsätzlich die Kosten des Gesprächs.[49] Der Besitz einer Telefonkarte, die wertmäßig unbeschränkte Telefongespräche ermöglicht, wird nicht zu genehmigen sein, da hierdurch die Gefahr unerwünschter Abhängigkeitsverhältnisse unter den Gefangenen heraufbeschworen wird.[50] Eine Telefonregelung kann wieder aufgehoben oder geändert werden. Allerdings sind dabei die Grundsätze des Vertrauensschutzes zu beachten.[51] Eine allgemeine Verfügung der Aufsichtsbehörde, die den Besitz von Mobiltelefonen- auch im offenen Vollzug – verbietet, ist rechtmäßig, weil dem Anstaltsleiter insofern kein Ermessen eingeräumt ist.[52]

13.5 Sonderregelungen für Verteidiger, §§ 26, 27 III, IV, 29 I, 31 IV StVollzG, §§ 148, 148a StPO

Der Besuchs- und Schriftverkehr mit dem Verteidiger findet ohne Beschränkungen statt und wird nicht überwacht. Der Rechtsanwalt (nur er und nicht ein Rechtsassessor in Untervollmacht)[53] erhält die Stellung des Verteidigers aber erst mit Unterzeichnung der Vollmacht durch den Gefangenen bzw. die Bestellungsanordnung des Gerichts. Ein Rechtsanwalt kann die Verteidigereigenschaft auch in einer der rechtskräftigen Verurteilung nachfolgenden Sache, die sich auf das Strafurteil bezieht, haben, z. B. in einer Strafvollzugssache nach §§ 109 ff., in einer Strafvollstreckungssache nach § 455 StPO, in einem Wiederaufnahme- oder Gnadenverfahren. Allerdings muss der Rechtsanwalt diese Tätigkeit zumindest glaubhaft machen.[54]

Der Verteidiger darf beim Betreten der Anstalt aus Sicherheitsgründen durchsucht werden, § 26 S. 2, eine körperliche Durchsuchung dürfte dabei zumindest in der Regel ausgeschlossen sein.[55] Schriftstücke etc. dürfen geröntgt werden bzw.

---

[48] OLG Hamm NStZ 2009, 575; OLG Naumburg bei Roth NStZ 2012, 433.
[49] KG NStZ-RR 1996, 383.
[50] KG NStZ-RR 1997, 61.
[51] OLG Frankfurt/Main NStZ 2001, 669.
[52] KG NStZ 2006, 584.
[53] OLG Celle v. 10.5.2011 1 Ws 170/11.
[54] LG Wuppertal NStZ 1992, 152 m.w. N.
[55] OLG Nürnberg StV 2004, 389.

„auf dem Kopf stehend" durchgeblättert werden. Briefe dürfen nur daraufhin geprüft werden, ob sie nach äußeren Merkmalen vom Verteidiger stammen, z. B. – wie üblich die Stempel des Verteidigers, Freistempelabdruck usw. – aufweisen.[56] Im Zweifelsfall kann die Anstalt den Gefangenen befragen, ob er mit einem Öffnen des Briefes einverstanden ist,[57] was allerdings problematisch ist, da in der Regel nicht von einer freiwilligen Zustimmung des Gefangenen auszugehen ist.[58] Besser ist es, in der Anwaltskanzlei anzurufen, ob der Brief von dort stammt, oder in gravierenden Fällen, z. B. Verdacht, dass eine Waffe oder Drogen im Brief sind, die StA einzuschalten, um möglicherweise einen Beschlagnahmebeschluss zu erwirken. Gegen den Willen des Gefangenen darf die Vollzugsbehörde den Brief nicht öffnen.[59] Auch bei Haftraumdurchsuchungen sind als solche gekennzeichnete Verteidigerunterlagen grundsätzlich geschützt. Da der Gefangene es aber nicht in der Hand haben darf, in seinem Gewahrsam befindliche Sachen nach eigenem Gutdünken der Kontrolle durch die Vollzugsanstalt zu entziehen, kann die Anstalt prüfen, ob der Gefangene den Schutz der Unterlagen nicht missbraucht. Hierzu kann sie diese in dessen Anwesenheit überprüfen,[60] bei Gefahr im Verzug auch in dessen Abwesenheit. Der Gefangene hat die Möglichkeit, dies zu vermeiden, indem er die Unterlagen zu seiner Habe gibt, § 30 III.

Während Häufigkeit und Dauer des Besuchs unbeschränkt sind, muss sich der Verteidiger an die festgesetzten Besuchszeiten halten, wobei die Festsetzung im Einvernehmen mit der Rechtsanwaltskammer erfolgt.[61]

Wenn dem Vollzug der Freiheitsstrafe jedoch eine Straftat nach § 129 a StGB zugrunde liegt, wenn im Anschluss eine Strafe wegen einer Straftat nach § 129 a StGB zu vollziehen ist, wenn der Gefangene in Unterbrechung der wegen Verdachts des Verstoßes gegen § 129 a StGB angeordneten U-Haft sich in Strafhaft befindet, wenn U-Haft wegen Verdachts des Verstoßes gegen § 129 a StGB als Überhaft notiert ist (vgl. §§ 27 IV 3, 29 I 2 und 3, 122 II), greifen die §§ 148 II, 148 a StPO:
- Der Verteidigerbesuch hat in einemTrennscheibenbesuchsraum stattzufinden;
- alles, was der Verteidiger dem Gefangenen übergeben will (und umgekehrt), muss einem Richter am Amtsgericht am Ort der Vollzugsanstalt (der im Übrigen mit dem betreffenden Verfahren nicht befasst sein darf) zur Kontrolle vorgelegt werden.

Vorstehende Einschränkungen gelten nicht, wenn der Gefangene sich im offenen Vollzug befindet oder schon in Urlaub oder Lockerungen erprobt ist.

---

[56] Vgl. OLG Karlsruhe ZfStrVo 1987, 248; OLG Frankfurt NStZ-RR 2005, 61.
[57] OLG Stuttgart NStZ 2011, 348.
[58] BVerfG NStZ-RR 2012, 60.
[59] OLG Stuttgart NStZ 1991, 359 f.
[60] So zutreffend OLG Karlsruhe NStZ 2005, 52
[61] OLG Karlsruhe ZfStrVo 1986, 60.

13.6 Kontaktsperregesetz, §§ 31–38 EGGVG

Nach der Entführung des damaligen Arbeitgeberpräsidenten H. M. Schleyer am 5.9.1977 und den Morden am Begleitpersonal wurde das sog. Kontaktsperregesetz am 30.9.1977 verabschiedet. Damit soll verhindert werden, dass durch Kommunikation mit den inhaftierten terroristischen Gewalttätern in einer gegenwärtigen gefährlichen Situation Anweisungen etc. aus der Anstalt kommen. Die von der Feststellung betroffenen Gefangenen sind für die betreffende Zeit ausgeschlossen von:
- Besuch,
- Briefverkehr,
- Fernsehen,
- Rundfunk,
- Paketen,
- Zeitungen, Zeitschriften,
- mündlichem und schriftlichem Verkehr mit dem Verteidiger.

Die Feststellung durch eine Landesregierung oder den Bundesminister der Justiz muss innerhalb von 2 Wochen durch das OLG oder den BGH bestätigt werden. Die Feststellung ist auf 30 Tage begrenzt mit Wiederholungsmöglichkeit. Durch die Kontaktsperre dürfen sich keine Rechtsnachteile für den Gefangenen ergeben (z. B. Ablauf der Revisionsfrist), nach § 34 a EGGVG ist ein Rechtsanwalt als Kontaktperson beizuordnen.

Vollzugslockerungen, §§ 11, 12, 35, 36   14

Begrifflich ist hier ein Verlassen der Anstalt zur Ermöglichung von Maßnahmen der Behandlung und Eingliederung gemeint. Nicht darunter fallen: Umschluss, Aufschluss etc.

Vollzugslockerungen stellen eigentlich nicht selbst die Behandlungsmaßnahme dar, sondern ermöglichen die Durchführung der Behandlungsmaßnahme, z. B. der Freigang als Vollzugslockerung die Behandlungsmaßnahme freies Beschäftigungsverhältnis. Sie unterscheiden sich dadurch vom Urlaub, dass beim Urlaub die inhaltliche Gestaltung dem Gefangenen selbst überlassen bleibt und das Verlassen der Anstalt in der Regel über Nacht erfolgt.

Durch das Wort „namentlich" zeigt der Gesetzgeber, dass in § 11 keine abschließende Aufzählung enthalten ist, § 11 enthält Definitionen:

AUSFÜHRUNG: Verlassen der Anstalt für eine bestimmte Tageszeit unter Aufsicht eines Vollzugsbediensteten (wobei es sich nicht unbedingt um einen des allgemeinen Vollzugsdienstes handeln muss, vgl. § 155, Nr. 3 VV zu § 11: Um einen Gefangenen vom „Sich-Betrinken" und nachfolgender Straftat abzuhalten, kann auch etwa der Geistliche geeignet sein); bei der Gewährung von Ausführungen können auch organisatorische und vollzugliche Belange, insbesondere Sicherheitserwägungen berücksichtigt werden.[1] Unzureichende (personelle) Ausstattung von Justizvollzugsanstalten durch den Staat rechtfertigt aber nicht die Ablehnung von Ausführungen.[2]

AUSGANG: Verlassen der Anstalt für eine bestimmte Tageszeit (also nicht über Nacht) ohne Aufsicht eines Vollzugsbediensteten. Ausgang ist nicht auf den offenen Vollzug beschränkt.[3]

BEGLEITETER AUSGANG: Ausgang, jedoch mit der Weisung verbunden (§ 14 I), von einem Nichtvollzugsbediensteten abgeholt und zurückgebracht zu werden;

---

[1] OLG Hamm NStZ-RR 2006, 223.
[2] BVerfG bei Roth NStZ 2012, 431.
[3] BVerfG NStZ 1998, 430.

AUSSENBESCHÄFTIGUNG: regelmäßige Beschäftigung außerhalb der Anstalt unter Aufsicht eines Vollzugsbediensteten. Zu den möglichen Abstufungen der Aufsicht vgl. Nr. 2 VV zu § 11:
- „Unter ständiger und unmittelbarer Beaufsichtigung" bedeutet: Verhalten und Vollzähligkeit der Gefangenen müssen jederzeit überprüfbar sein und tatsächlich überblickt werden. Die Distanz zu ihnen ist so gering zu halten, dass Unerlaubtes Sich-Entfernen verhindert werden kann.
- „Unter ständiger Beaufsichtigung" bedeutet: Die Gefangenen brauchen sich nicht stets im Blickfeld des Bediensteten aufzuhalten, soweit äußere Einrichtungen vorhanden sind, die ein Entweichen verhindern (z. B. geschlossene Halle).
- „Unter Beaufsichtigung in unregelmäßigen Zeitabständen" bedeutet: Verhalten und Vollzähligkeit der Gefangenen sind in zeitlichen Mindestabständen zu kontrollieren, die in der Regel vom Anstaltsleiter unter Berücksichtigung der Umstände des Einzelfalles vorgegeben werden.

FREIGANG: regelmäßige Beschäftigung außerhalb der Anstalt ohne Aufsicht eines Vollzugsbediensteten (zu Abstufungen vgl. Nr. 3 VV zu § 11).

Beachten Sie auf der Tatbestandsseite das Zustimmungserfordernis des Gefangenen – Ausnahme § 12! Hierbei handelt es sich jedoch nicht um eine eigentliche Lockerungsmaßnahme, sondern um eine Ausführung aus wichtigem Grund, in der Regel zur Gesundheitsfürsorge. Deshalb kann sie in einem solchen Fall auch nicht an § 11 II, sondern nur an § 56 gemessen werden.[4]

Fall 14.1

Die Gefangene Doris Daie erhält über ihren Rechtsanwalt Mitteilung von einem gerichtlichen Termin in einer Zivilsache, in der sie Beklagte ist. Sie beantragt die Teilnahme, was von der Vollzugsgeschäftsstelle abgelehnt wird, da kein Vorführungsbefehl vorliege.

Lösungsskizze
Begriffe:
- VORFÜHRUNGSBEFEHL: § 36 II 2, Nr. 4 VV zu § 36; vgl. auch §§ 134 II, 163 a III 2 StPO. Insoweit besteht eine Verpflichtung der JVA, den Gefangenen – notfalls mit unmittelbarem Zwang – vorzuführen, vgl. Nr. 42 I a VGO. Die Anstalt bestimmt jedoch, auf welche Weise (Einzeltransport/Sammeltransport) die Vorführung erfolgt.[5] Ein Vorführungsbefehl liegt hier nicht vor.
- VORFÜHRUNGSERSUCHEN: Nr. 2 VV zu § 36. Zunächst muss die JVA klären, ob der Gefangene an dem Termin teilnehmen will; wenn ja: hat sie zu prüfen, ob Ausgang, Urlaub oder Ausführung erfolgt; wenn nein: Unterrichtspflicht an das Gericht; liegt hier nicht vor.
- LADUNG (oder sonstiger Nachweis, VV Nr. 1 zu § 36), Voraussetzungen:
  – Antrag des Gefangenen;
  – Ladung oder sonstiger Nachweis;

---

[4] OLG Celle bei Roth NStZ 2012, 433.
[5] OLG Stuttgart ZfStrVo 1997, 370.

- Annahme, dass er der Ladung Folge leisten wird;
- keine Flucht-/Missbrauchsgefahr.

Dann hat der AL auf der Rechtsfolgenseite Ermessen, ob Sonderausgang oder Sonderurlaub nach § 36 erteilt wird.

Hier war die Entscheidung rechtswidrig, weil die gesetzlichen Möglichkeiten verkannt wurden und weder auf der Tatbestandsseite noch auf der Rechtsfolgenseite eine ordnungsgemäße Prüfung vorgenommen wurde, ob Ausgang oder Urlaub oder Ausführung nach § 36 erfolgt. Entscheidungsrelevant ist, ob Flucht- und/oder Missbrauchsgefahr vorliegt; dies ist mit allen entscheidungserheblichen Umständen des Einzelfalles zu prüfen.[6] Zudem hat die unzuständige Stelle entschieden: grundsätzlich ist der Anstaltsleiter oder ein leitender Bediensteter zuständig, dem die Entscheidungsbefugnis übertragen worden ist.

---

[6] OLG Hamm BlfStrVK 1993-2, 1.

Urlaub aus der Haft, §§ 13, 15, 35, 36, 124, 134

15.1 Rechtsgrundlagen

Es ist zu unterscheiden zwischen:
- Regelurlaub bis zu 21 Tagen, § 13;
- Sonderurlaub zur Entlassungsvorbereitung bis zu 1 Woche, § 15 III;
- Sonderurlaub für Freigänger bis zu 6 Tagen/Monat innerhalb von 9 Monaten vor der Entlassung, § 15 IV;
- Sonderurlaub aus wichtigem Anlass, § 35;
- Sonderurlaub zur Teilnahme an einem Gerichtstermin, § 36;
- Sonderurlaub zur Vorbereitung der Entlassung für Gefangene in der Sozialtherapie bis zu 6 Monate, § 124;
- Sonderurlaub zur Erprobung und Vorbereitung der Entlassung für Sicherungsverwahrte bis zu 1 Monat, § 134.

15.2 Regelurlaub

15.2.1 Bedeutung

Der Urlaub soll die aus der Isolierung in der JVA entstehenden Gefahren für die Lebenstüchtigkeit des Gefangenen mindern, der Aufrechterhaltung bzw. Herstellung von sozialen Kontakten dienen und die Möglichkeit der Erprobung unter Bedingungen des Lebens in Freiheit schaffen.

15.2.2 Voraussetzungen der Urlaubsgewährung, Umfang (§§ 13, 11 II) –Verfahren

Problematisch ist der Umfang der gerichtlichen Nachprüfung von ablehnenden Urlaubsentscheidungen wegen Flucht- oder Missbrauchsgefahr: obwohl es sich hierbei um unbestimmte Rechtsbegriffe handelt, die normalerweise der vollen

Abb. 15.1 Voraussetzungen der Urlaubsgewährung

TATBESTAND	=>	RECHTSFOLGE
- Zustimmung des Gefangenen		kann Urlaub bis zu 21 Tagen gewährt werden (= doppeltes Ermessen); Prüfung;
- Keine Flucht- oder Missbrauchsgefahr (= unbestimmter Rechtsbegriff)		- ob überhaupt Urlaub zu gewähren ist (z. B. Nr. 5 I VV zu § 13); - wann (z. B. nicht über Silvester, Karneval; sinnvolle Aufteilung);
- In der Regel 6 Monate im Strafvollzug		- wie lange (auch Beginn, Ende); - wie viel Tage/Jahr

gerichtlichen Nachprüfung unterliegen, geht der BGH[1] wegen der Koppelung mit der Ermessensentscheidung auf der Rechtsfolgenseite-wohl zu Unrecht – von einem Beurteilungsspielraum der Vollzugsbehörde aus, der von den Gerichten nur eingeschränkt überprüft werden könne,[2] nämlich, ob die Vollzugsbehörde (Abb. 15.1, 15.2):

- von einem zutreffend und vollständig ermittelten Sachverhalt ausgegangen ist (z. B. die Vollzugsbehörde hat Urlaub hauptsächlich wegen eines „offenen" Verfahrens abgelehnt trotz eines Hinweises des Gefangenen auf die zwischenzeitliche Einstellung dieses Verfahrens);
- den richtigen Begriff hinsichtlich des Versagensgrundes gewählt hat (Flucht- bzw. Missbrauchsgefahr);
- die Entscheidung ausreichend begründet hat (z. B. wäre ein Verweis auf eine VV zu § 13 unzureichend, die Vollzugsbehörde muss die im konkreten Einzelfall für und gegen den Urlaub sprechenden Aspekte abwägen);
- die Grenzen des Beurteilungsspielraums eingehalten hat (z. B. keine sachfremden Erwägungen angestellt hat, wie: „Betrüger kriegen hier grundsätzlich keinen Urlaub").

Die zu Recht in der Literatur dagegen erhobene Kritik weist auf die Verkürzung des Rechtsschutzes der Gefangenen – infolge der Selbstbeschränkung der Gerichte – hin.[3] Die Vollstreckungsgerichte, die über eine vorzeitige Entlassung gem. §§ 57, 57a StGB zu befinden haben, haben jedoch erst recht keine Verpflichtung oder auch nur Befugnis, Lockerungen bzw. Urlaub anzuordnen.[4] Das Bundesverfassungsgericht[5] hat hierzu trotz missverständlicher Formulierungen ausdrücklich keine Entscheidung getroffen.[6] Insofern begegnet die Praxis, innerhalb des Verfahrens über eine vorzeitige Entlassung von Gefangenen auch über Lockerungen bzw. Urlaub zu entscheiden,[7] größten Bedenken. Entsprechende Beschlüsse dürften nach herkömmlicher Auffassung sogar nichtig sein, weil in diesem Verfahren die JVA

---

[1] NStZ 1982, 173 ff. m.w.N.; vgl. auch OLG Hamm in st. Rspr. z. B. NStZ 1992, 149 ff. m. Anm. Begemann.
[2] Vgl. AK/Volckart, § 115 Rdnr. 28 ff.
[3] AK/Volckart a. a. O. Rdnr. 34 m.w.N.
[4] OLG Hamm NStZ 2006, 64.
[5] NJW 2009, 1941.
[6] Reichenbach NStZ 2010, 424 ff.
[7] So OLG Hamm 1 Ws (L) 479/09.

15.2 Regelurlaub

1234/12/3
(Buchnummer)

Köln, 29.11.2012
(Ort und Tag)

Urlaubsantrag

Müller, Moritz 05.03.1973
(Name, Vorname, Geburtstag des Gefangenen)

Ich beantrage, mir vom *30.11.12* bis *02.12.12*

- [x] Jahresurlaub (§ 13 Abs. 1 StVollzG)
- [ ] Sonderurlaub zur Vorbereitung der Entlassung (§ 15 Abs. 3, 4 StVollzG)
- [ ] Urlaub aus sonstigen Gründen (§§ 35 Abs. 1, 36 Abs. 1 StVollzG)
- [ ] Arbeitsurlaub (§ 43 Abs. 7 StVollzG)

zu bewilligen.

Urlaubsanschrift: *Michaelistr. 35, 52345 Mülheim*

Begründung (sofern nicht Jahresurlaub beantragt wird) *) _____

An Fahrtkosten werden mir Euro *6,90* entstehen. Zusätzlich benötige ich Euro *30,–* für den Lebensunterhalt während des Urlaubs.
Soweit ich nicht über genügend eigene Mittel verfüge, bitte ich um Bewilligung einer Beihilfe zu den entstehenden Kosten.

Mir ist bekannt, dass

a) ich rechtzeitig und nicht angetrunken in die Anstalt zurückzukehren habe,
b) ich keine nicht zugelassenen Gegenstände mit in die Anstalt bringen darf,
c) während des Urlaubs Anspruch auf ärztliche Behandlung und Pflege gegen die Vollzugsbehörde grundsätzlich nur in der Anstalt besteht, in der ich mich befinde; in der dem Urlaubsort nächstgelegenen Anstalt kann mir ambulante Krankenpflege nur gewährt werden, wenn eine Rückkehr in die zuständige Anstalt nicht zumutbar ist,
d) der Urlaub widerrufen werden kann, wenn aufgrund nachträglich eingetretener Umstände die Berechtigung bestand, ihn zu versagen, wenn ich den Urlaub mißbrauche oder gegebenen Weisungen nicht nachkomme,
e) der Urlaub mit Wirkung für die Zukunft zurückgenommen werden kann, wenn die Voraussetzungen für seine Bewilligung nicht vorgelegen haben.

Müller

*) Die Angaben sind in geeigneter Weise zu belegen (z. B. ärztl. Bescheinigungen, Schriftwechsel mit Arbeitgeber)

Vermerk der Zahlstelle:
Vorhanden: Euro *234,70* Eigengeld – Euro *74,93* Hausgeld – Euro *1.267,90* Überbrückungsgeld

Vermerk der Vollzugsgeschäftsstelle
Beginn der Strafzeit *07.04.10* /Ablauf von zwei Drittel *05.09.12* /Strafende *05.05.13*
Im laufenden Urlaubsjahr an Jahresurlaub bisher erhalten *2* Tage, mithin Rest *14* Tage.

Abb. 15.2 Beispiel eines Urlaubsantrags

15 Urlaub aus der Haft, §§ 13, 15, 35, 36, 124, 134

Stellungnahmen (auch Prüfung gem. Nrn. 3, 4, 5 Abs. 1 VV zu § 13 StVollzG)

Der Inhaftierte ist seit dem 16.10.12 lockerungsgeeignet. Bislang absolvierte Ausgänge, wie auch der Ersturlaub (19.10.12) verliefen problemlos.
Sein Vollzugsverhalten ist weiterhin tadellos.
Eine psychologische Stellungnahme lag vor.

Verfügung

1. Die Voraussetzungen für einen Urlaub nach § 13 Abs. 1 StVollzG waren am __28.09.12__ erfüllt (Ziff. 2 Abs. 2 VV zu § 13 StVollzG). Für das laufende Jahr verbleiben danach __14__ Urlaubstage.
2. Die Voraussetzungen für einen Urlaub nach § 43 Abs. 7 StVollzG sind erfüllt.
3. Der Gefangene wird für __2__ Tage und zwar vom __30.11.12__ bis __02.12.12__ beurlaubt.
   Er erhält vom — Eigengeld Euro __/__ — Hausgeld Euro __36,90__ — Überbrückungsgeld Euro __/__
   eine Beihilfe in Höhe von Euro __/__ aus Haushaltsmitteln.

   Folgende Weisungen werden erteilt: *pünktliche Rückkehr, kein Alkohol- u. Drogenkonsum, Aufenthaltsverbot Hauptbahnhof Köln, wird abgeholt u. gebracht von Frau Eva Müller*

   Die zu Ziff. _____ bezeichneten Weisungen sind auf dem Urlaubsschein zu vermerken.
   Der Antrag wird aus folgenden Gründen abgelehnt: _____

4. Der Vollzugsgeschäftsstelle zur Bekanntgabe und weiteren Veranlassung.

__29.11.12__   i.U. *[Unterschrift]* Der Anstaltsleiter
(Tag)

Verfügung

1. Mitteilung nach Vordruck VG 37 an Landeskriminalamt und an Polizeibehörde in _____
2. Urlaubsschein nach Vordruck VG 36 ausstellen.
3. Einzutragen in die Übersicht (H) und im Verzeichnis der Urlaubsfälle sowie im Abgangsbuch und im Fristenkalender.
4. Ablehnung des Antrages dem Gefangenen eröffnen.
5. Am _____

__29.11.12__   *[Unterschrift]*
(Tag)   (Unterschrift, Amtsbezeichnung)

Ich habe von — den mir erteilten und oben beschriebenen Weisungen — der Ablehnung des Urlaubsantrages — Kenntnis genommen.

__29.11.12__   *Müller*
(Tag)

Abb. 15.2 (Fortsetzung)

keine Beteiligte ist und ihr damit als der eigentlichen Entscheidungsträgerin nicht einmal rechtliches Gehör ermöglicht wird.[8]

Zum Verfahren der Urlaubsgewährung vgl. insbesondere die Nrn. 7 I, 8, 6 I VV zu § 13.

15.2.3 Problem der VV zu § 13

Die Nrn. 3 und 4 VV zu § 13 stellen lediglich Hinweise an die Vollzugsbehörde dar, bei welchen Gefangenen Hinderungsgründe aufgrund anderweitiger gerichtlicher Entscheidungen bestehen bzw. gesteigerte Flucht- oder Missbrauchsgefahr anzunehmen ist, wenngleich in den nachfolgenden Absätzen der VV bereits auf die Ausnahmemöglichkeiten hingewiesen wird. Es müsste also stets geprüft werden, ob der Gefangene nicht trotz Vorliegens von Bedenken, weil er zu dem Kreis nach Nr .... VV zu § 13 gehört, urlaubsgeeignet ist.[9]

Fraglich ist, welches Gericht nach Nr. 3 II 2 VV zu § 13 das zuständige Gericht ist (das verurteilende Gericht 1. Instanz oder die Strafvollstreckungskammer): vgl. §§ 67 c StGB, 463 III, 454, 462a I StPO, 82 JGG, so dass demnach die StVK bzw. der Vollstreckungsleiter (bei Jugendstrafe) zuständig ist. Allerdings kann durch eine VV für ein Gericht nicht verpflichtend eine Zuständigkeit festgelegt werden: Wenn sich die StVK weigert, zu der Urlaubsfrage Stellung zu nehmen, muss die Vollzugsbehörde hilfsweise die Staatsanwaltschaft befragen, wie sie zu dem Urlaubsantrag des betreffenden Gefangenen steht.

Wenn die Vollzugsbehörde übersehen hat, dass sie die Aufsichtsbehörde hätte beteiligen müssen (z. B. nach Nrn. 3 II 1, 7 III 3 VV zu § 13), wird die Entscheidung nicht dadurch rechtswidrig, wenn sie ansonsten ordnungsgemäß das Vorliegen der gesetzlichen Voraussetzungen geprüft hat. Denn ein Verstoß gegen eine Verwaltungsvorschrift führt nicht zur Rechtswidrigkeit, solange die gesetzlichen Voraussetzungen vorliegen. Deshalb liegt in diesem Fall auch keine Rücknahmemöglichkeit nach § 14 II 2 vor.

Problematisch ist insbesondere Nr. 4 II a VV zu § 13,[10] die davon ausgeht, dass bei Gefangenen, die noch eine längere Strafe „vor der Brust haben", ein besonderer Fluchtanreiz gegeben ist. Dies lässt sich empirisch nicht belegen, im Gegenteil; in der Vollzugspraxis ist festzustellen, dass häufig diejenigen Gefangenen nicht aus dem Urlaub zurückkehren, die nur noch wenige Wochen bis zur Entlassung haben (wohl wissend, dass „ihnen nichts mehr passieren kann"). Eine Entscheidung, die ausschließlich oder überwiegend auf Nr. 4 II a VV abstellt, ist daher sicher rechtswidrig.

---

[8] Zur Nichtigkeit in diesen Fällen: Meyer-Goßner StPO Einl. Rdnr. 113 ff.

[9] Zum Urlaub bei Sicherungsverwahrten: OLG Frankfurt/Main BlfStrVK 1992-2, 6; zur Fluchtgefahr bei Ausländern bei Vorliegen einer vollziehbaren Ausweisungsverfügung: OLG Frankfurt/Main ZfStrVo 1991, 372; BlfStrVK 1992-2, 5 m.w.N.; LG Heilbronn StV 2004, 276; zur Missbrauchsgefahr bei anhängigem Ermittlungsverfahren OLG Nürnberg ZfStrVo 1999, 113; LG Marburg NStZ-RR 2007, 285.

[10] Vgl. hierzu Calliess/ Müller-Dietz, § 13 Rdnr. 11 m.w.N.

15.2.4 Bedeutung des § 13 II, Berechnung der Urlaubstage und Urlaubskosten

Fall 15.1

Der Gefangene Ernst Eger befindet sich seit 1.2. in Strafhaft. Vom 15. bis 28.3. desselben Jahres war ihm Strafunterbrechung gewährt worden, damit er während eines Krankenhausaufenthalts seiner Ehefrau für sein Kind sorgen kann. Er ist beanstandungsfrei in die JVA zurückgekehrt. Er beantragt vom Freitag, 26.6., 17.00 Uhr, bis Sonntag, 28.6., 19.00 Uhr, Urlaub und gibt als Urlaubsanschrift „Amsterdam/NL, Hotel Europa" an. Er beantragt weiter, ihm 65,- € für Reisekosten, Lebensunterhalt usw. aus seinem EG, das als ÜG voraussichtlich benötigt wird, zusätzlich 25,- € aus seinem HG, die er beim Einkauf nicht verbraucht hat, zu gewähren. Der Antrag wird mit der Begründung abgelehnt, dass er sich noch nicht 6 Monate im Vollzug befinde, nicht ins Ausland beurlaubt werden könne und dass die Urlaubskosten ausschließlich aus dem HG zu bestreiten seien.

Lösungsskizze

§ 13 II spricht von „soll", d. h. es sind Ausnahmen bei der sog. Regelwartefrist möglich. Sinn der Vorschrift ist es, der Vollzugsbehörde ausreichend Zeit zum oder Missbrauchsgefahr besteht, sicherer beantworten zu können. Hier hat der Gefangene allerdings durch sein Verhalten während der Strafunterbrechung gezeigt, dass weder Flucht- noch Missbrauchsgefahr anzunehmen ist (falls nicht zwischenzeitlich andere Aspekte zu Tage getreten sind).

Nr. 1 VV zu § 13 ist allerdings von dem Gefangenen nicht beachtet. Die Vorschrift bezweckt die Möglichkeit des hoheitlichen Zugriffs auf den Gefangenen während des Urlaubs.[11] Sie ist allerdings im Hinblick auf das europäische Zusammenwachsen und auch bei ausländischen Gefangenen, die in einer JVA im Grenzbereich inhaftiert sind (z. B. niederländischer Gefangener in JVA Kleve), nicht unproblematisch. Es sollte mit dem Gefangenen besprochen werden, dass normalerweise eine Beurlaubung ins Ausland nicht erfolgen kann; bei Vorliegen dringlicher Gründe (Familienfeier usw.) müsste bei der Aufsichtsbehörde ein Abweichen von der Bestimmung bewirkt werden. Zum Freigang im EU-Ausland.[12]

Vorrangig müssen die Urlaubskosten aus dem HG bzw. dem freien EG bestritten werden. Allerdings muss dem Gefangenen auch die Möglichkeit eröffnet werden, in angemessenem Rahmen einzukaufen. Somit wird man dem Gefangenen, der z. B. höhere Fahrtkosten als die übrigen Gefangenen hat, gestatten müssen, auch auf einen Teil seines nichtfreien EG zurückzugreifen.

Voraussetzung ist, dass ÜG – wenn nicht in der festgesetzten Höhe – so doch in angemessener Höhe wahrscheinlich erreicht wird, vgl. Nr. 6 II VV zu § 13.[13] Die Inanspruchnahme des ÜG kommt in der Regel nur für Urlaube zur Vorbereitung der Entlassung in Frage, § 51 III, Nr. 2 VV zu § 51. Inwieweit hier die Inan-

---

[11] OLG Ffm NStZ 1995, 208.
[12] OLG Celle NStZ-RR 2002, 157.
[13] OLG Hamm NStZ 1991, 254.

15.2 Regelurlaub

spruchnahme des nichtfreien EG gestattet wird, hängt von der Notwendigkeit des Urlaubs, von der Strafzeit, von der angesparten Höhe des ÜG usw. ab. Urlaubsjahr ist das Vollstreckungsjahr, Nr. 2 II VV zu § 13, hier also vom 1.2. bis 31.1. des Folgejahres. Auch in der Zeit, in der die Regelwartefrist (§ 13 II) noch nicht erfüllt ist, „erwachsen" normalerweise Urlaubstage, Nr. 2 IV 1 VV zu § 13. Etwas anderes gilt, wenn der Gefangene für bestimmte Zeiten nicht als urlaubsgeeignet angesehen wird, z. B.: Der Gefangene ist nach Nichtrückkehr aus dem Weihnachtsurlaub Anfang Januar festgenommen worden, ab September ist er mit der Maßgabe zur Außenarbeit eingesetzt worden, dass er bei Bewährung wieder ab November mit Urlaub rechnen könne. Hier „erwachsen" dem Gefangenen erst wieder frühestens ab September Urlaubstage, Nr. 2 IV 2 VV zu § 13. Wenn diese Regelung auch zumeist richtig und sinnvoll erscheint, so darf die Anstalt Nr. 2 IV 2 VV zu § 13 doch nicht schematisch anwenden. Es bedarf vielmehr einer Einzelfallprüfung.[14]

Gemäß Nr. 2 III VV entfallen auf jeden angefangenen Kalendermonat der voraussichtlichen Vollzugsdauer im Rahmen der Höchstdauer in der Regel nicht mehr als 2 Tage Urlaub. „Angefangen" bedeutet nicht „angebrochen". Der 1. des jeweiligen Monats muss also in die Eignungszeit fallen. Ist der Gefangene vom 8.1. bis 14.9. urlaubsgeeignet, so erhält der Gefangene $8 \times 2 = 16$ Urlaubstage. Der Januar bleibt außer Ansatz.[15]

Was die Berechnung der Urlaubstage angeht, hat der BGH (NStZ 1988,148) § 187 BGB entsprechend angewandt, so dass der 1. Tag nicht mitzählt, hier also der Freitag von 17.00 Uhr bis 24.00 Uhr außer Betracht bleibt (vgl. jetzt Nr. 2 I VV zu § 13). Es fallen also 2 Urlaubstage an: Samstag, 0.00 Uhr, bis Sonntag, 19.00 Uhr. Die Anstalt ist nicht verpflichtet, Gefangene bis Mitternacht zu beurlauben. Allerdings sind durch den vorgenannten Berechnungsmodus Manipulationen der Gefangenen möglich, z. B. ständig nur eintägige Urlaube zu beantragen oder immer von Samstag, 7.00 Uhr, bis Sonntag, 19.00 Uhr. Dem muss die Anstalt – da rechtsmissbräuchlich – nicht entsprechen.[16]

15.2.5 Beurlaubung von ausländischen Strafgefangenen

Fall 15.2

Der 37 Jahre alte türkische Gefangene Ernan Ertogrül verbüßt in der für ihn zuständigen JVA Remscheid seit dem 14. Mai 2001 eine Freiheitsstrafe von 3 Jahren und 6 Monaten wegen Handeltreibens mit Betäubungsmitteln in nicht geringer Menge. Der Verurteilung liegt zugrunde, dass Ertogrül an der Einfuhr und Veräußerung von 75 kg Haschisch beteiligt war, ohne jedoch eine Zentralfigur zu sein. Bis zum Strafantritt, zu dem er sich selbst gestellt hat, befand er sich auf freiem Fuß. Ertogrül war zuvor nicht straffällig geworden.

---

[14] OLG Rostock ZfStrVo 1995, 244; kritisch auch OLG Hamm NStZ 1988, 331 = BlfStrVK 1988-4/5,6.
[15] Vgl. Schwind/Böhm, § 13 Rdnr. 10.
[16] vgl. OLG Hamm ZfStrVo 1991, 122 f.; OLG Celle NStZ 1993, 149 f.

Am 4. März 2002 hat der Oberbürgermeister der Stadt Remscheid die Ausweisung des Ertogrül und seine Abschiebung für den Zeitpunkt der Haftentlassung angeordnet. Gleichzeitig hat er die sofortige Vollziehung der Anordnung verfügt. Hiergegen hat Ertogrül insgesamt Rechtsmittel eingelegt.

Ertogrül hat am 28. Juni für die Zeit von Freitag, 9. August bis Sonntag, 11. August 2002 Urlaub beantragt. Er will ihn bei seiner Familie in Bonn verbringen. Die Ausländerbehörde hat auf Anfrage mitgeteilt, dass sie eine Beurlaubung in das Ermessen der JVA stelle.

Es wird festgestellt, dass Ertogrül seit 1973 in der Bundesrepublik Deutschland lebt. Er ist verheiratet und hat drei Kinder, die deutsche Schulen besuchen. Die Kinder sprechen kein Wort türkisch. Weder Ertogrül noch seine Familie haben irgendwelche Beziehungen in die Türkei. In der Haft erhält er regelmäßig Besuch von seiner Familie. Die familiären Verhältnisse erscheinen nach Auskunft des zuständigen Sozialarbeiters, der mit der Ehefrau ein längeres Gespräch geführt hat, geordnet. Ertogrül hat zu Beginn seiner Haft bekundet, schon wegen seiner Familie in der Bundesrepublik bleiben zu wollen. Er werde deshalb alle rechtlichen Möglichkeiten ausschöpfen, um dies zu erreichen. Nach der Entlassung wolle er zurück zu seiner Familie, und er habe eine Zusage seines früheren Arbeitgebers, seine Arbeit wieder aufnehmen zu können. Ertogrül hat sich bisher im Vollzug beanstandungsfrei geführt. Ist Ertogrül Urlaub zu gewähren?

Lösungsskizze
Beurteilungsgrundlage sind die §§ 13 I, II und 11 II.
Verfügbare Urlaubstage i. S. v. § 13 I 1 stehen gegebenenfalls zur Verfügung, da es sich um eine Erstbeurlaubung handelt. Die Regelausschlussfrist nach § 13 II steht nicht entgegen; der Antragsteller befindet sich länger als 6 Monate in Strafhaft. Hinsichtlich seiner Eignung gem. § 11 II ist fraglich, ob zu befürchten ist, dass er sich dem Vollzug der Freiheitsstrafe entziehen oder den Urlaub zu Straftaten missbrauchen wird.

Ein nennenswertes Straftatenrisiko lässt sich dem Sachverhalt nicht entnehmen. Anhaltspunkte, wie Vorstrafenbelastung, Drogenabhängigkeit, fortdauernder Drogenhandel oder Labilität sind nicht festzustellen.

Allerdings könnte Fluchtgefahr gegeben sein. Hierfür könnte sprechen, dass die Nr. 3 I c und Nr. 4 II a VV zu § 13– Urlaubsausschluss bei vollstreckbarer Ausweisungsverfügung und Regelannahme der Nichteignung bei längerer Restvollzugsdauer – einschlägig sind. Was Letzteres angeht, bestehen allerdings Zweifel, da eine vorzeitige Entlassung des Ertogrül durchaus möglich erscheint.

Unabhängig davon ist jedoch eine generalisierende Anwendung des VV ohne besondere Prüfung und Begründung des Einzelfalles nicht zulässig.[17] Hier bestehen folgende Besonderheiten: Die familiäre Situation und das soziale Umfeld des Gefangenen sind stabil, es spricht nichts dafür, dass er sich ins Ausland absetzen will. Er ist im Gegenteil auf einen Verbleib in der Bundesrepublik fixiert. Dies

---

[17] Calliess/Müller-Dietz, § 13 Rdnr. 8 m.w.N.; OLG Celle NStZ 2000, 615; OLG Frankfurt/Main NStZ-RR 2000, 350; LG Heilbronn StV 2004, 276.

führt andererseits nicht dazu, dass ihm ein Untertauchen auf deutschem Gebiet[18] zuzutrauen wäre. Seine derzeitigen Aktivitäten sind vielmehr auf legales, sozial angepasstes Verhalten gerichtet, da seine Familie fest in den deutschen Kulturkreis integriert ist, aber auch wegen seiner beruflichen Perspektiven.[19] Wenn er jetzt untertauchte, wären zudem seine Chancen, die Ausweisungsverfügung zu beseitigen, äußerst gering, so dass es zumindest derzeit ganz unwahrscheinlich ist, dass er dies tut. Bei der Beurlaubung handelt es sich außerdem um eine einmalige Maßnahme und nicht um eine andauernde Lockerungsmaßnahme (wie bei der Unterbringung im offenen Vollzug), bei der eine ungünstige Entwicklung des Umfeldes möglicherweise nicht rechtzeitig erkannt werden könnte. Sonstige Gründe, die gegen eine Beurlaubung des Antragstellers sprechen könnten, sind nicht ersichtlich.

Dem Antrag des Gefangenen Ertogrül ist damit stattzugeben. Gemäß Nr. 3 II VV zu § 13 ist die Zustimmung der Aufsichtsbehörde einzuholen.

15.2.6 Urlaub für zu lebenslänglicher Freiheitsstrafe verurteilte Gefangene

Nach § 13 III kann ein solcher Gefangener beurlaubt werden, wenn er sich einschließlich einer vorhergehenden U-Haft oder einer anderen Freiheitsentziehung (z. B. einstweilige Unterbringung nach § 126a StPO) 10 Jahre im Vollzug befunden hat oder – ohne diese Wartefrist, die § 13 II ersetzt – sich im offenen Vollzug befindet.

Auch die in derselben Sache angeordnet gewesene, aber unterbrochene U-Haft ist bei der Frist zu berücksichtigen. Beachte Nr. 7 III VV zu § 13! Zur Möglichkeit, die besondere Schuldschwere auf der Rechtsfolgenseite zu berücksichtigen s. oben Kap. 1 II.

Bei der Entscheidung über Vollzugslockerungen gewinnt das Interesse des Gefangenen, dessen Entlassung auf Bewährung nur noch von einer günstigen Kriminalprognose abhängt, möglichst bald wieder seiner Freiheit und Lebenstüchtigkeit teilhaftig zu werden, an Gewicht, je länger die Vollstreckung der Freiheitsstrafe schon andauert. Die Vollzugsbehörde kann ihre Entscheidung nicht im Wesentlichen damit begründen, die Mindestverbüßungszeit sei noch nicht festgelegt.[20] Sie muss auch in diesen Fällen im Rahmen einer Gesamtwürdigung nähere Anhaltspunkte darlegen, welche die Prognose einer Flucht- oder Missbrauchsgefahr konkretisieren.[21] Die Vollzugsbehörde darf es nicht von vornherein aufgeben, die Resozialisierungsfähigkeit des Gefangenen zu testen und ihn allmählich auf die Freiheit vorzubereiten.[22] Kostenfragen, z. B. hinsichtlich einer Therapie, dürfen keine Rolle spielen.[23] Ein unbedingter Anspruch auf bestimmte Vollzugslockerungen besteht jedoch nicht.[24]

---

[18] Vgl. OLG Nürnberg NStZ 1994, 376.
[19] Hierzu OLG Frankfurt/Main ZfStrVo 1994, 183.
[20] BVerfG v. 5.8.2010 2 BvR 729/08
[21] BVerfG NJW 1998, 1133
[22] BVerfG NStZ 1998, 373
[23] OLG Karlsruhe NStZ-RR 2004, 287
[24] BVerfG NStZ 2002, 222

15.2.7 Exkurs: Qualität der Prüfung

Bei der Frage, ob ein Gefangener zu beurlauben ist, stellen sich meist weniger rechtliche als tatsächliche Fragen. Eine Lockerungsprüfung sollte insbesondere bei Gefangenen mit Gewalt-/Sexualdelikten mindestens umfassen (wofür eventuell Fachleute heranzuziehen sind, da andernfalls Schadensersatzforderungen drohen[25]):
a. Eine Analyse der Auslösetat – Waren situative oder persönlichkeitsgebundene Momente entscheidend?
b. Wie waren Persönlichkeit und Entwicklung bis zur Tat?
c. Wie ist das derzeitige Persönlichkeitsbild?
d. Wie waren die Entwicklung und das Verhalten im Vollzug?
e. Wie sind die Bedingungen, unter denen die Lockerung erfolgen wird; wie wird der Gefangene mit seiner Freiheit umgehen?[26] Lehnt es der Gefangene ab, über die der Verurteilung zu Grunde liegende Tat zu sprechen, so lässt sich insbesondere bei Sexual- und Gewalttaten in der Regel keine fundierte Prognose stellen. Dies geht zu seinen Lasten.[27] Allerdings entbindet mangelnde Mitarbeitsbereitschaft die Vollzugsbehörde nicht von der Pflicht, mit den ansonsten zur Verfügung stehenden Erkenntnisquellen eine Entscheidung zu treffen (Abb. 15.3).[28]

15.3 Sonderurlaub, §§ 15 III und IV, 35 I und II, 36 I

15.3.1 Aus wichtigem Anlass, § 35 I

Das heißt, wenn zur Wahrnehmung wichtiger und unaufschiebbarer Angelegenheiten persönlicher, geschäftlicher oder rechtlicher Art, die nicht in der JVA erledigt werden können (durch Besuch, Schriftverkehr usw.), mehr als Ausgang erforderlich ist und eine Verweisung des Gefangenen auf den Regelurlaub nicht möglich oder nicht zumutbar ist.
Dies bedeutet, wenn die Zwecke des Sonderurlaubs weitgehend deckungsgleich sind mit denen des Regelurlaubs, ist eine Verweisung auf Regelurlaub zulässig, z. B.:
- Ein Gefangener beantragt Sonderurlaub zur Teilnahme an der Hochzeit[29] oder Kommunion/Konfirmation seines Kindes (Kirchgang mit der Familie, anschließend gemeinsames Mittagessen): hier sind die Zwecke weitgehend identisch, eine Verweisung ist möglich.
- Ein Gefangener muss wegen Inhaftierung seinen Handwerksbetrieb auflösen (verbunden mit zahlreichen Behördengängen zur Handwerkskammer, Stadt, Steuerberater, Finanzamt usw.): hier sind die Zwecke nicht deckungsgleich, somit ist keine Verweisung auf Regelurlaub möglich.

---

[25] Vgl. OLG Karlsruhe NJW 2002, 445 ff.
[26] Vgl. hierzu insgesamt OLG Frankfurt/Main NStZ 1982, 349; Rasch NStZ 1993, 510.
[27] OLG Hamm NStZ 2004, 227.
[28] OLG Celle NStZ-RR 2009, 64 zu §§ 13 II NJVollzG
[29] Vgl. LG Bielefeld BlfStrVK 1993-6, 4.

15.3 Sonderurlaub, §§ 15 III und IV, 35 I und II, 36 I

A. *Tatbestand*
1. Zustimmung bzw. Antragserfordernis
   gem. § 13 12 i.V.m. § 11 II StVollzG und VV Nr. 7 I zu § 13 StVollzG
2. 6-Monats-Frist gem. § 13 II StVollzG
3. Keine Flucht- oder Missbrauchsgefahr
   gem. § 13 I 2 i.V.m. § 11 II StVollzG und VV Nr. 4 11 zu § 13 StVollzG
   a) Ausschlusstatbestände (und Ausnahmen)
      gem. VV Nr. 3 zu § 13 StVollzG
   b) Mitarbeitsbereitschaft
      gem. VV Nr. 4 I 2 zu § 13 StVollzG z.B. erhebliche Disziplinarverfehlungen, längere Arbeitsverweigerung; aber Umstände des Einzelfalles sind entscheidend!
   c) Regelvermutungen für die Ungeeignetheit (und Ausnahmen)
      gem. VV Nr. 4 II zu § 13 StVollzG, insbesondere 18-Monats-Frist 26
   d) sonstige Gesichtspunkte, beispielsweise
      - erhebl. Persönlichkeitsdefizite
      - Sexual-/Gewaltproblematik
      - fehlende stabile Außenkontakte
        Vorstrafenbelastung
      - (mehrfaches) Bewährungsversagen
      - (hohe) Rückfallgeschwindigkeit
      - erhebl. Weisungsverstoß bei vorangegangenem Urlaub
      - fehlende Bereitschaft zur Auseinandersetzung mit der Straftat
      - ungeklärter Verbleib der Tatbeute
      - Wohnsitz im Ausland
      - über Jahre dokumentierter Hass gegenüber dem Vollzug
      - mangelnde Bereitschaft, an der Erhellung des sozialen Umfeldes mitzuwirken

B. *Rechtsfolgeermessen*
   a) „ob" Urlaub:
      - Schwere der Schuld[a]
      - Stand der Behandlung/Förderung des Erreichens des Vollzugszieles (vgl. OLG Nürnberg v. 20.2.1987 - Ws 1510/86)
      - fehlende, unzuverlässige oder der Eingliederung entgegenwirkende Urlaubsanschrift, vgl. VV Nr. 5 I und II zu § 13 StVollzG
   b) „wohin" Urlaub:
      - keine Beurlaubung ins Ausland, vgl. VV Nr. 1 zu § 13 StVollzG
      - nur an zuverlässige Urlaubsanschrift, vgl. auch hier VV Nr. 5 zu § 13 StVollzG

[a] vgl. z. B. OLG Hamm NStZ 1992, 375.

Abb. 15.3 Prüfungsschema zu § 13 StVollzG.

c) „wie viel" Urlaub:
   - bis zu 21 Tage/Vollstreckungsjahr gem. § 13 I StVollzG und VV Nr. 2 II 1 zu § 13 StVollzG
   - gegebenenfalls weniger bei kurzer Inhaftierung (UrlaubsRV NRW)
   - i. d. R. max. 2 Tage/angefang. Kalendermonat der vorauss. Vollzugsdauer gem. VV Nr. 2 III zu § 13 StVollzG
   - Anwachsen von Urlaubstagen während der 6-Monats-Fristen gem. VV Nr. 2 IV 1 zu § 13 StVollzG
   - i. d. R. kein Anwachsen von Urlaubstagen in Zeiten der Nichteignung gem. VV Nr. 2 IV 2 zu § 13 StVollzG (höchst umstritten)[b]
d) „wann" Urlaub:
   - Verteilung über das Vollstreckungsjahr, vgl. auch VV Nr. 2 I 1 zu § 13 StVollzG
   - Urlaub möglichst in der arbeitsfreien Zeit (UrlaubsRV NRW)
   - z. B. kein Urlaub über Karneval (Praxis im Rheinland)
e) „wie lange" Urlaub:
   Dauer des einzelnen Urlaubs (Beginn/Ende/Uhrzeit)[c]
f) „wie" Urlaub:
   - Weisungen möglich nach § 14 I StVollzG, z.B. Drogen-/Alkoholverbot, Abholen und Bringen durch Ehefrau, Verbot des Autofahrens,[d] vgl. auch Katalog in den VV
   Allerdings ist eine individuelle Prüfung nötig, das bloße Verweisen auf einen ministeriellen Erlass ist nicht zulässig[e]
g) „womit" Urlaub:
   - Bestimmung der Höhe des ausgezahlten Geldbetrages, ggf. Urlaubsbeihilfe gem. VV Nr. 6 II 3 zu § 13 StVollzG[f]

[b] Vgl. OLG Rostock ZfStrVo 1995, 244 f.
[c] vgl. einschränkend OLG Celle NStZ 1993, 149.
[d] OLG Ffm.NStZ 1992, 375.
[e] LG Frankfurt NStZ-RR 2004, 288.
[f] Vgl. OLG Hamm ZfStrVo 1993, 55.

Abb. 15.3 (Fortsetzung)

Für einen Anlass sind 7 Tage Sonderurlaub möglich (soweit erforderlich!), 7 Tage im Jahr (= Vollstreckungsjahr) dürfen jedoch nur bei lebensgefährlicher Erkrankung oder Tod eines Angehörigen überschritten werden.

15.3.2 Zur Vorbereitung der Entlassung, § 15 III

Selbst dann, wenn die Entlassung zu einem späteren Zeitpunkt erfolgt, als von der Anstalt angenommen (z. B. vorzeitige Entlassung nach Verbüßung von 2/3 der Strafe wurde von der Strafvollstreckungskammer trotz befürwortender Stellungnahme der JVA abgelehnt), darf insgesamt nur 1 Woche Sonderurlaub nach § 15 III gewährt werden.

Auch hier muss der Gefangene glaubhaft machen, dass er zur Entlassungsvorbereitung[30] auf diesen Sonderurlaub angewiesen ist. Es sollte daher in der Regel bei dem ersten Sonderurlaub nach § 15 III die Woche niemals ausgeschöpft werden!

15.4 Freigängerurlaub, § 15 IV

Hier muss der Gefangene nicht geltend machen, dass er zur Vorbereitung der Entlassung darauf angewiesen ist, sondern dieser Sonderurlaub dient der Erprobung der Zuverlässigkeit über einen längeren Zeitraum und der Einübung in den Umgang mit der Freiheit.[31] Es kommt allein auf die Eignung des Gefangenen zum Freigänger an, nicht darauf, dass er tatsächlich der Beschäftigung außerhalb der JVA nachgeht;[32] wenn z. B. ein Gefangener zum Freigang genehmigt ist, aber noch nicht entsprechend eingesetzt werden kann, weil der Platz durch einen anderen Gefangenen besetzt ist, ist er deshalb nicht von diesem Sonderurlaub ausgeschlossen. Die Vollzugsbehörde braucht weder die 9-Monats-Frist noch die 6 Tage im Monat auszuschöpfen, insoweit besteht Ermessen: Sie kann z. B. die Gesamtlänge der Haft berücksichtigen, auch die Unsicherheit, ob die Entlassung zu dem angenommenen vorzeitigen Entlassungszeitpunkt erfolgt. Mit der Gewährung von Sonderurlaub nach § 15 IV ist der Sonderurlaub nach § 15 III abgegolten, § 15 IV 3, nicht jedoch der Regelurlaub nach § 13.

---

[30] OLG Hamm ZfStrVo 1981, 189 ff.
[31] Calliess/Müller-Dietz, § 15 Rdnr. 5.
[32] OLG Hamm ZfStrVo 1991, 121 f.

Sicherheit und Ordnung, §§ 81 ff. 16

16.1 Allgemeines

Früher waren Sicherheit und Ordnung das „A" und „O" eines überwiegend repressiv verstandenen Vollzugs, Mittel der Machtdemonstration, auch der Erniedrigung des Gefangenen, in vielen Fällen auch Selbstzweck. Heute stellen sie nur Mittel zur Erreichung der in § 2 genannten Ziele dar, d. h. eine erzieherische Einwirkung zur Rückfallverhütung kann nur in einem gesicherten und geordneten Rahmen erfolgen.[1]

16.1.1 Aufbau des § 81

Abs. 1: Vorrangig ist die Selbstverantwortung der Gefangenen, die vom Vollzug durch Gespräche, Belehrungen etc. gefördert werden muss.
Abs. 2: 1) Subsidiär repressive Maßnahmen: sie sind das letzte Mittel;
2) dabei muss aber der Grundsatz der Verhältnismäßigkeit und des Übermaßverbots beachtet werden, d. h. das gewählte Mittel muss
- geeignet,
- erforderlich
- und zumutbar sein zur Zweckerreichung.

16.1.2 Begriffe

Allgemeine Sicherungsmaßnahmen: Vielzahl von Eingriffsermächtigungen, z. B. §§ 84, 85, 86, 87;
Besondere Sicherungsmaßnahmen: abschließende Aufzählung in §§ 88 ff., § 88 II Nrn. 1– 6, Nr. 3– § 89, Nr. 6– § 90.

---

[1] Schwind/Böhm, § 81 Rdnr. 1.

16.1.3 Regelungsinhalte des § 82

§ 82 hat vor allem Bedeutung im Zusammenhang mit
- § 102: bei der Beurteilung der Frage, ob ein Pflichtenverstoß des Gefangenen vorliegt;
- § 161: dem Inhalt der Hausordnung.

Der allgemeine Aufbau von § 82:
Abs. 1: Tageseinteilung, vgl. § 161 II Nr. 2;
Abs. 2: Gehorsamspflicht des Gefangenen gegenüber
- rechtmäßigen,
- nicht jedoch rechtswidrigen[2] oder nichtigen Anordnungen;

Bereichsgebundenheit des Gefangenen nach Zuweisung
- innerhalb des umfriedeten Anstaltsgeländes,
- bei Außenarbeit;

Abs. 3: Verpflichtung des Gefangenen hinsichtlich Sorgfalts- und Reinigungspflicht;
Abs. 4: Beschränkte Meldepflicht, z. B. ein Gefangener erfährt von einem geplanten Ausbruch mit Geiselnahme.

16.2 Allgemeine Sicherungsmaßnahmen

16.2.1 Durchsuchung, § 84

Die Durchsuchung eines/ einer Gefangenen nach Abs. 1 darf nur von Bediensteten gleichen Geschlechts vorgenommen werden (Gegenwart andersgeschlechtlicher Bed. zulässig), die Durchsuchung nach Abs. 2 darf nur in Gegenwart von Bediensteten gleichen Geschlechts erfolgen.

Abs. 1: Berechtigung zur jederzeitigen Durchsuchung des Gefangenen selbst (soweit nicht mit Entkleidung verbunden), seiner Sachen und seines Haftraums. Zum „Entmüllen" anlässlich einer Durchsuchung sind die Bediensteten grundsätzlich nicht befugt. Auch das Beschädigen von Gegenständen, falsch aufgehängten Bildern etc. ist nicht erlaubt.[3] Es kann selbst eine Sache des Betroffenen durchsucht werden, die sich in einem der JVA noch örtlich zuzuordnenden Bereich befindet;[4] diese Befugnis erstreckt sich aber nicht auf eine weder funktionell noch räumlich der Vollzugsanstalt zuzuordnende Wohnung eines im offenen Vollzug befindlichen Strafgefangenen.[5] Grenzen: verfassungsrechtliche Bestimmungen, z. B. Willkürverbot; die Anordnung kann auf einer allgemeinen Anordnung des Anstaltsleiters

---
[2] OLG Frankfurt/Main BlfStrVK 1992-4, 5.
[3] KG NStZ-RR 2005, 281.
[4] OLG Hamm NStZ 1996, 359.
[5] LG Koblenz NStZ 2004, 231.

16.2 Allgemeine Sicherungsmaßnahmen

beruhen.[6] Der Gefangene hat kein Anwesenheitsrecht bei der Haftraumdurchsuchung (anders als bei der Durchsuchung nach § 106 I StPO.[7]

Abs. 2: Berechtigung zu einer mit Entkleidung verbundenen körperlichen Durchsuchung des Gefangenen:
- auf Anordnung des Anstaltsleiters (beachten Sie: § 156 III) im Einzelfall, oder
- bei Gefahr im Verzug durch jeden Vollzugsbediensteten.

Abs. 3: Die generelle Anordnung der Entkleidungsdurchsuchung (Abs. 2) ist nur bei der Aufnahme, nach Kontakten mit Besuchern und nach jeder Abwesenheit von der Anstalt zulässig.

Fraglich ist, wann die Grenze von Abs. 1 zu Abs. 2 überschritten ist: Wenn der Gefangene lediglich die Oberhose herunterlassen muss, um festzustellen, ob er etwas am Oberschenkel festgeklebt hat, handelt es sich um Abs. 1. Wenn der/die Gefangene sich vollständig entkleiden oder die Schamteile entblößen muss, handelt es sich um Abs. 2.[8] Die Durchsuchung ist in einem geschlossenen Raum durchzuführen, d. h. der Raum muss zwingend Türen haben, Vorhänge oder andere Abtrennungen genügen nicht.[9]

§ 84 stellt keine Rechtsgrundlage dar für eine Untersuchung (gleichgültig, ob aus medizinischer Indikation oder aus Gründen der Sicherheit und Ordnung), sondern nur für eine Durchsuchung.[10]

Die DURCHSUCHUNG dient dem Zweck, Gegenstände zu finden, die in oder unter der Kleidung, auf der Körperoberfläche und in natürlichen Körperöffnungen, die ohne medizinische Hilfsmittel einsehbar, versteckt sind.

Eine UNTERSUCHUNG soll über den körperlichen Zustand Auskunft geben: Auffinden bestimmter Körpermerkmale wie Warzen, Leberflecke, Tätowierungen oder von Tatspuren wie Kratzer, Injektionsspuren, Hautfetzen unter den Fingernägeln. Auch die Suche nach verschluckten oder sonst im Körperinnern befindlichen Gegenständen ist Untersuchung.

Problematisch ist, wann es sich um eine Anordnung im Einzelfall bzw. um eine Allgemeinanordnung handelt. Eine Durchsuchung nach § 84 II darf nämlich nicht schematisch angeordnet werden, weil der mit der Entkleidung des Gefangenen verbundene Eingriff in die Intimsphäre möglichst vermieden werden soll.[11] So dürfen auch nicht grundsätzlich alle oder fast alle Gefangene **vor** jedem Besuchskontakt auf diese Weise durchsucht werden.[12] Um eine Einzelfallentscheidung handelt es sich, wenn angeordnet wird:

---

[6] Vgl. OLG Nürnberg ZfStrVo 1998, 53.
[7] OLG Dresden BlfStrVK 1995-4, 10.
[8] LG Karlsruhe BlfStrVK 1982-3, 3.
[9] OLG Frankfurt 3 Ws 836/11 (StVollzG) zu § 46 HstVollzG.
[10] AK/Brühl, § 84 Rdnr. 8 m.w.N.
[11] Calliess/Müller-Dietz, § 84 Rdnr. 3; BT-Drs. 7/918 S. 77; KG BlfStrVK 1995-1, 6 f.
[12] BVerfG NStZ 2004, 227.

- bei einem bestimmten Gefangenen, ihn jedes Mal – wenn er das Hafthaus betritt – bei Entkleidung zu durchsuchen;[13]
- eine namentlich bestimmte oder bestimmbare Anzahl Gefangener an einem bestimmten Tag bei Entkleidung zu durchsuchen, z. B. „die auf Abt. V (sogenannte offene Abteilung) am 20.5. in der Zeit vom…";
- an einem bestimmten Tag von den aus den Arbeitsbetrieben ins Hafthaus einrückenden strikt jeden 3. ankommenden Gefangenen bei Entkleidung zu durchsuchen (so dass die durchführenden Bediensteten kein Ermessen haben, wen sie herausgreifen usw).[14]

Um eine Allgemeinanordnung handelt es sich jedoch, wenn angeordnet wird:
- ab sofort täglich beim Einrücken ins Hafthaus jeweils 10 Gefangene bei körperlicher Entkleidung zu durchsuchen.[15]

16.2.2 Verlegung zur sicheren Unterbringung, § 85

Die Verlegung zur sichereren Unterbringung setzt nicht voraus, dass der Gefangene in eine Anstalt mit grundsätzlich höherem Sicherheitsstandard verlegt wird. Ob eine Anstalt „sicherer" ist bemisst sich vielmehr nach individuellen, den Gefangenen betreffenden Maßstäben. Eine Verlegung in eine Zweiganstalt fällt grundsätzlich nicht unter § 85, es sei denn die Zweiganstalt ist räumlich sehr weit von der Hauptanstalt entfernt und es werden durch die Verlegung Sozialkontakte des Gefangenen deutlich erschwert.[16]

16.2.3 Erkennungsdienstliche Maßnahmen, § 86

Die in § 86 I abschließend genannten erkennungsdienstlichen Maßnahmen sind nur zur Sicherung des Vollzugs zulässig, d. h. um die Fahndung und Wiederergreifung flüchtiger Gefangener zu erleichtern. Anordnungen, die der Aufrechterhaltung der Sicherheit und Ordnung dienen, z. B. ständig ein Foto an der Kleidung zu tragen, um festzustellen, in welches Hafthaus der betreffenden Gefangene gehört, können nicht auf § 86 gestützt werden, auch nicht auf § 4 II 2, da § 86 eine abschließende Regelung enthält, unter welchen Voraussetzungen erkennungsdienstliche Maßnahmen zulässig sind.[17] Insofern könnte es widersprüchlich erscheinen, wenn § 180 I 2 der Vollzugsbehörde die Möglichkeit gibt, den Gefangenen zu verpflichten, einen Lichtbildausweis bei sich zu führen. Jedoch wird dadurch lediglich die bisherige Praxis sanktioniert, z. B. die Erlaubnis zur Teilnahme an Freizeitveranstaltungen aus sachlich gerechtfertigten Gründen davon abhängig zu machen, dass der

---

[13] OLG Celle ZfStrVo SH 1979, 83.
[14] OLG Nürnberg NStZ 1982, 526.
[15] OLG Koblenz NStZ 1984, 287.
[16] (OLG Celle NStZ-RR 2007, 192).
[17] kritisch unter Datenschutzaspekten: AK/Brühl, § 86 Rdnrn. 2, 3.

16.3 Besondere Sicherungsmaßnahmen, §§ 88 ff.

Gefangene der Ausfertigung und Benutzung eines Lichtbildausweises zustimmt.[18] Eine weitergehende Befugnis, erkennungsdienstliche Maßnahmen durchzuführen, ergibt sich dadurch nicht.[19] Die Speicherung von Lichtbildern des Gefangenen in Computerdateien der Anstalt gegen dessen Willen ist nach OLG Hamm[20] nicht von § 86 II gedeckt.[21] Durch den neu geschaffenen § 86 a ist dies inzwischen aber wieder möglich.

Der vorzeitig zur Bewährung nach Teilverbüßung entlassene Gefangene hat erst nach erfolgreicher Beendigung der Bewährungszeit Anspruch auf Vernichtung der Unterlagen, § 86 III 1. Der Gefangene ist über dieses Recht bei der erkennungsdienstlichen Behandlung und bei der Entlassung aufzuklären, § 86 III 2. Der Anspruch aus § 86 III bezieht sich nicht auf die kriminalpolizeiliche Sammlung (KPS), da das StVollzG nur die Vollzugsbehörde bindet.[22]

16.2.4 Festnahmerecht, § 87

Das Festnahmerecht der Vollzugsbehörde erfordert einen relativ engen zeitlichen und räumlichen Zusammenhang zum Vollzug; dieser ist nicht mehr gegeben, wenn der Gefangene bereits mehrere Tage entwichen ist. Dann bleibt nur der Vollstreckungshaftbefehl nach § 457 StPO durch die Vollstreckungsbehörde, der dann die Polizei, aber nicht Vollzugsbedienstete, zur Festnahme berechtigt. Wo die Grenze liegt, kann im Einzelfall fraglich sein. Wenn z. B. die Urlaubszeit um 6 oder 8 Stunden überschritten ist, besteht das Festnahmerecht gemäß § 87 noch.[23]

Liegen die Voraussetzungen des § 87 vor, darf die Polizei nur auf Veranlassung des Vollzugs den

- entwichenen oder
- sonst ohne Erlaubnis sich außerhalb der Anstalt aufhaltenden Gefangenen (= auch der Gefangene nach Urlaubsende oder Widerruf seines Urlaubs nach § 14 II 1) festnehmen.

16.3 Besondere Sicherungsmaßnahmen, §§ 88 ff.

16.3.1 Systematik des § 88

Abs. 1: regelt Anordnungsvoraussetzungen: Bei dem einzelnen Gefangenen muss nach seinem Verhalten (z. B. toben) oder aufgrund seines seelischen Zustandes (z. B. der Gefangene durchläuft z. Z. eine depressive Phase)

---

[18] Vgl. OLG Koblenz ZfStrVo 1986, 253.
[19] Schwind/Böhm, § 180 Rdnr. 10.
[20] ZfStrVo 2001, 315.
[21] A. A. mit Recht Bothge ZfStrVo 2001, 333 ff.
[22] A. A. Calliess/Müller-Dietz, § 86 Rdnr. 2.
[23] Vgl. BT-Drs. 7/ 918, S. 1925.

- in erhöhtem Maße Fluchtgefahr oder
- Gefahr von Gewalttätigkeiten gegen Personen oder Sachen (z. B. Haftraumzerstörung) oder
- Gefahr des Selbstmordes oder
- Gefahr der Selbstverletzung bestehen.

Zu beachten ist, dass es sich immer um eine gegenwärtige, konkrete Gefahr handeln muss, die von dem Gefangenen selbst ausgeht.[24] Unter Gefahr ist der unmittelbar drohende Eintritt eines unerwünschten Erfolges zu verstehen.[25] Allgemeine Gefahrenlagen des Vollzugs, z. B. ein Anstieg der Entweichungsquote, bloße Befürchtungen oder Vermutungen rechtfertigen besondere Sicherungsmaßnahmen also nicht. Es müssen vielmehr konkrete Anhaltspunkte für das Vorliegen der einzelnen Eingriffstatbestände vorliegen,[26] die bei der erhöhten Fluchtgefahr über die allgemein bei Gefangenen naheliegende Fluchtvermutung hinausgehen.[27] Vertrauliche Angaben eines Mitgefangenen z. B. über einen geplanten Fluchtversuch, können dabei durchaus ausreichend sein.[28] Diese müssen aber rasch und besonders kritisch überprüft werden.[29] Die Vollzugsbehörde hat einen Beurteilungsspielraum hinsichtlich ihrer Gefahrenprognose. Ob diese uneingeschränkt durch die Gerichte überprüfbar ist, ist umstritten.[30] Jedenfalls kommt es bei der Rechtmäßigkeit auf den Zeitpunkt der Entscheidung an. Erweist sich die Prognose im Nachhinein als falsch, ist die Maßnahme aber aufzuheben.

Abs. 2: zählt die „besonderen Sicherungsmaßnahmen" auf. Andere, den Gefangenen ähnlich schwer einschränkende Sicherungsmaßnahmen, zu denken ist hier z. B. an einen elektronischen Peilsender, der an dem Gefangenen unlösbar angebracht wird, eine Eisenkugel am Fuß des Gefangenen, dürfen nicht getroffen werden. Die Rechtsgrundlage für den Einbau von Beobachtungskameras auf dem Haftraum des Gefangenen ergibt sich in NRW aus dem Gesetz zur Verbesserung der Sicherheit in Justizvollzugsanstalten v. 27.10.2010 (GV.NRW.S. 540). Hieraus ergibt sich nicht zwangsläufig auch eine Befugnis zur Speicherung der Kamerabilder. Insoweit ist § 180 maßgeblich.[31]

Zu beachten ist, dass Spezialregelungen Vorrang haben, z. B. die §§ 69, 70 III gegenüber § 88 II Nr. 1. Der Ausschluss von der gemeinschaftlichen Unterbringung während der Arbeitszeit ist nach § 17III Nr. 3 möglich.[32]

---

[24] Vgl. OLG Celle NStZ 1989, 143.
[25] OLG Celle NStZ 1989, 143 m.w.N.
[26] Vgl. OLG Koblenz BlfStrVK 1996-1, 4.
[27] OLG Hamm NStZ-RR 2011, 291.
[28] Vgl. Calliess/Müller-Dietz, § 88 Rdnr. 2.
[29] OLG Frankfurt/Main NStZ 1994, 256.
[30] OLG Celle NStZ-RR 2011, 191 m.w.N.
[31] Vgl. OLG Celle NStZ 2011, 349 f.
[32] Vgl. OLG Koblenz NStZ 1989, 342 f. m. Anm. Rotthaus.

Abs. 3: stellt klar, dass die Gefahr oder Störung[33] nicht nur von dem Gefangenen selbst herrühren muss. Insoweit hat die Vollzugsbehörde aber zu prüfen, ob zur Abwehr einer Gefahr vorrangig Maßnahmen gegenüber Personen, von denen die Gefahr ausgeht zu ergreifen sind.[34] Es muss eine erhebliche Störung der Anstaltsordnung (die Gefahr der Selbstbefreiung ist vom Gesetzgeber dogmatisch nicht ganz richtig als bloßer Beispielsfall hierfür gemeint) vorliegen. Die Gefahr kann von außen oder innen drohen. Allerdings muss sie von der Intensität her der Selbstbefreiung entsprechen, z. B. drohende Gewalttätigkeiten gegen Personen oder Sachen. Das Verstecken von Drogen zum Eigenkonsum gehört nicht dazu.[35] Es sind nur die Maßnahmen nach Absatz 2 Nr. 1,3 bis 5 zulässig.

Abs. 4: befasst sich mit der Ausführung, Vorführung und dem Transport eines Gefangenen. Diese Gelegenheiten sind vom Gesetzgeber als besonders gefahrenträchtig angesehen worden.[36] Deshalb darf ein Gefangener hierbei auch aus anderen Gründen als denen des Absatzes 1 gefesselt werden. Die Gründe können außerhalb der Person des Gefangenen liegen. Auch die Anforderungen an eine Fluchtgefahr in erhöhtem Maße dürften geringer sein als in Absatz 1, da die Situation an sich gefahrenträchtig ist.[37] So dürfte es keinen Bedenken begegnen, wenn z. B. ein Gefangener, der zu einer lebenslänglichen Freiheitsstrafe verurteilt ist, der bisher noch nicht in Lockerungen erprobt ist und dessen Zuverlässigkeit nicht unzweifelhaft ist, anlässlich einer Ausführung gefesselt wird.[38] Es muss jedoch eine *höhere* Fluchtgefahr gegeben sein, als sie für die Versagung von Urlaub, Ausgang, Verlegung in den offenen Vollzug ausreichend wäre.[39]

Abs. 5: greift den bereits in § 81 II genannten Grundsatz der Verhältnismäßigkeit auf. Besondere Sicherungsmaßnahmen dürfen hiernach nur zur Bewältigung aktueller und zeitlich begrenzter Gefahrensituationen angeordnet und aufrechterhalten werden.[40]

▶ Beispiel
Ein Gefangener, der in seiner Zelle randaliert hat, darf nur so lange im besonders gesicherten Haftraum oder in der Schlichtzelle (s. unten) untergebracht werden, bis er sich beruhigt hat und eine Gefahr von ihm nicht mehr ausgeht. Allgemeine Gesichtspunkte von Sicherheit oder Ordnung bzw. Straf- oder Disziplinarzwecke müssen anders, z. B. durch Disziplinarmaßnahmen, erreicht werden. In Fällen der Dauergefahr kommen außerdem möglicherweise die §§ 17 III, 85, 89 in Betracht.

---

[33] Hierzu Calliess/Müller-Dietz, § 88 Rdnr. 3.
[34] OLG Celle bei Roth NStZ 2012, 430.
[35] OLG Zweibrücken NStZ 1994, 151.
[36] BT-Drs. 7/918, 78.
[37] Vgl. OLG Karlsruhe ZfStrVo 1993, 121.
[38] Ähnlich OLG Hamm BlfStrVK 1995-2, 10.
[39] OLG Celle NStZ 1989, 143.
[40] Schwind/Böhm, § 88 Rdnr. 18; OLG Zweibrücken NStZ 1994, 151.

Fall 16.1

Der Gefangene Friedhelm Fritte bekommt vom Abteilungsbeamten eröffnet, dass sein Antrag auf Urlaub gemäß § 13 StVollzG abgelehnt wurde. Fritte ist sehr deprimiert und meint zu dem Abteilungsbeamten, er wolle jetzt Schluss machen. Daraufhin versucht er, sich mit einer Rasierklinge die Pulsader am linken Arm zu öffnen. Nur durch das schnelle Eingreifen des Abteilungsbeamten wird der Erfolg verhindert. Dieser Selbstmordversuch, so ist dem Beamten bekannt, ist bereits der zweite innerhalb der letzten 14 Tage. Der Beamte hat keinen Zweifel daran, dass es Fritte ernst ist mit seiner Selbsttötungsabsicht. Der Abteilungsbeamte überlegt, ob hier eine besondere Sicherungsmaßnahme in Betracht kommt, wer sie anordnen könnte und was darüber hinaus zu veranlassen ist.

Lösungsskizze
Gemäß § 88 I können gegen den Gefangenen besondere Sicherungsmaßnahmen angeordnet werden, wenn wie hier nach seinem Verhalten die Gefahr des Selbstmordes besteht. In einem derart krassen Fall wie bei Fritte dürfte zur Krisenintervention zunächst nur die Möglichkeit bestehen, ihn in einem besonders gesicherten Haftraum ohne gefährdende Gegenstände unterzubringen, § 88 II Nr. 5. Nur hier ist gewährleistet, dass der Gefangene nicht wieder irgendeinen Gegenstand benutzt, um sich das Leben zu nehmen.

Besondere Sicherungsmaßnahmen ordnet gemäß § 91 I der Anstaltsleiter an. Lediglich wenn Gefahr im Verzuge ist, können auch andere Bedienstete der Anstalt, also auch hier der Abteilungsbeamte, diese Maßnahmen vorläufig anordnen, § 91 I 2. Gefahr im Verzug bedeutet, dass sich die Gefahr evtl. verwirklichen könnte, wenn zunächst die Entscheidung des an sich Zuständigen eingeholt werden müsste.[41] Außerdem liegt sie auch vor, wenn eine Störung fortdauert. Da hier unmittelbar gehandelt werden muss, ist somit der Abteilungsbeamte zuständig. Hinsichtlich der Verhältnismäßigkeit der Maßnahme, §§ 81 II, 88 V bestehen keine Bedenken, da die Unterbringung im besonders gesicherten Haftraum zumindest vorläufig das einzige Mittel zu sein scheint, um den Fritte von seinem Selbsttötungsentschluss abzubringen. Der Abteilungsbeamte kann somit die besondere Sicherungsmaßnahme rechtmäßig anordnen. Allerdings muss er gemäß § 91 I 3 die Entscheidung des Anstaltsleiters unverzüglich, d. h. ohne schuldhaftes Zögern, herbeiführen.[42] Nach § 92 I sucht der Anstaltsarzt den Gefangenen alsbald und in der Folge möglichst täglich auf, wenn er in einem besonders gesicherten Haftraum untergebracht ist. Die VV Abs. 1 zu § 92 StVollzG sieht deshalb vor, dass der Anstaltsarzt von der Unterbringung in einem besonders gesicherten Haftraum unverzüglich zu unterrichten ist.

Nach § 88 V StVollzG dürfen besondere Sicherungsmaßnahmen nur soweit aufrechterhalten werden, wie es ihr Zweck erfordert. Deshalb schreibt die VV Abs. 2 zu § 88 StVollzG auch vor, dass in angemessenen Abständen zu überprüfen ist,

---

[41] KG NStZ 2006, 414.
[42] Vgl. Schwind/Böhm, § 91 Rdnr. 3.

16.3 Besondere Sicherungsmaßnahmen, §§ 88 ff.

ob und in welchem Umfang die besonderen Sicherungsmaßnahmen aufrechterhalten werden müssen.

Während die Anordnungsbefugnis in § 91 I StVollzG geregelt ist, regelt das Gesetz nicht, wer befugt ist, besondere Sicherungsmaßnahmen wieder aufzuheben. Man wird hier 2 Fälle unterscheiden müssen:

a) Der Zweck einer besonderen Sicherungsmaßnahme ist nicht mehr gegeben. Hier schreibt § 88 V vor, dass die Sicherungsmaßnahme nicht länger aufrechterhalten werden darf. Hieraus folgt, dass *jeder* Bedienstete, der dies feststellt, zur Aufhebung der Maßnahme berechtigt und verpflichtet ist.

b) Eine besondere Sicherungsmaßnahme ist weiterhin erforderlich. Hier dürfte es richtig sein, dass nur derjenige die Sicherungsmaßnahme aufheben darf, der sie auch anordnen könnte. Nur der Anstaltsleiter kann also die besondere Sicherungsmaßnahme aufheben, es sei denn, es liegt ein Fall der Gefahr im Verzug vor.

▶ Beispiel
Der Psychologe stellt nach einem Besuch des lebensmüden Gefangenen im besonders gesicherten Haftraum fest, der Gefangene sollte an einer Freizeitveranstaltung teilnehmen, weil ihm das helfen könnte, seine Selbstmordgedanken zu überwinden. Der Anstaltsleiter ist nach Dienstschluss nicht zu erreichen. In diesem Fall ist der Psychologe befugt, die besondere Sicherungsmaßnahme aufzuheben.

Sonderfälle
SCHLICHTZELLE: Bei der Schlichtzelle handelt es sich um einen Haftraum, in dem das Inventar fest mit der Zellenwand verbunden ist bzw. mit dem Boden verschraubt ist. Wenn ein Gefangener randaliert oder droht, die Zellenmöbel zu zerstören, ist es bei einer solchen Gefahr für Sachen in der Regel ausreichend, ihn in eine Schlichtzelle zu verbringen. Hiermit wird nicht etwa unzulässigerweise eine neue Art von besonderer Sicherungsmaßnahme eingeführt, die Schlichtzelle unterfällt vielmehr dem § 88 II Nr. 1.

SICHTSPION: § 88 II Nr. 2 sieht als besondere Sicherungsmaßnahme die Beobachtung bei Nacht vor. Liegen die Voraussetzungen für eine solche besondere Sicherungsmaßnahme vor, ist es zulässig, den Gefangenen in einem Haftraum unterzubringen, der mit einem Sichtspion ausgestattet ist, um den Gefangenen dadurch zu beobachten. Eine andere Handhabung, etwa das Aufschließen der Haftraumtür oder die Installation einer Fernsehkamera, sind während des Nachtdienstes unpraktikabel (vgl. Richtlinien für den Bereich der Sicherheit und Ordnung in den Justizvollzugsanstalten des Landes NRW Nr. 22 I, Haftraumöffnung nur, wenn 3 Bedienstete zur Stelle sind) oder belasten den Gefangenen noch stärker als die Beobachtung durch einen Sichtspion. § 88 II Nr. 2 berücksichtigt, dass eine Beobachtung zur Nachtzeit besonders stark in die Rechte des davon betroffenen Gefangenen eingreift. Eine Beobachtung bei Tag, die ohnehin meist zwangsläufig sein wird, ist dadurch selbstverständlich nicht ausgeschlossen. Jedoch fehlt es an einer besonderen Regelung. Die einfache Überwachung der Gefangenen ohne besondere Hilfsmittel hat ihren Grund in der Inhaftierung der Gefangenen und belastet darüber hinaus die Gefangenen lediglich geringfügig. Die Beobachtung durch einen Sichtspion und damit das Bewusstsein, zu jeder Zeit und in jeder Situation der Kontrolle Dritter ausgesetzt zu sein, kann jedoch durchaus eine starke psychische Belastung bedeuten und bedarf deshalb einer besonderen Rechtsgrundlage.[43] Sind die Voraussetzungen für eine besondere Sicherungsmaßnahme nach § 88 II Nr. 2 gegeben, so dürfte darin gleichzeitig die Rechtsgrundlage für eine Beobachtung bei Tag durch einen Sichtspion liegen. Im Übrigen bleibt nur der Rückgriff auf § 4 II 2. Danach muss eine den einzelnen Gefangenen treffende rechtsbeschränkende Maßnahme, die zur Aufrechterhaltung der Sicherheit getroffen wird, unerlässlich sein. Dies entspricht weitgehend den strengen Voraussetzungen des § 88.

UNTERBRINGUNG IN GEMEINSCHAFT MIT ZUVERLÄSSIGEN GEFANGENEN: Diese Sicherungsmaßnahme fehlt im Katalog der Maßnahmen in § 88, während sie in der U-Haft vor Inkrafttreten des UVollzG in der Nr. 63 I Ziff. 8 UVollzO als besondere Sicherungsmaßnahme erwähnt wurde. Sie ist dennoch zulässig gemäß § 18 I 2 unter den dortigen Voraussetzungen als allgemeine Sicherungsmaßnahme. Diese Maßnahme dürfte insbesondere bei einer Selbsttötungsabsicht eines Gefangenen mittelfristig das Mittel der Wahl sein.

16.3.2 Einzelhaft, § 89

Sowohl § 88 II Nr. 3 als auch § 89 sehen als besondere Sicherungsmaßnahme eine Absonderung des Gefangenen vor. Während es sich bei § 88 II Nr. 3 um eine vorübergehende räumliche Trennung von anderen Gefangenen handelt, die in der Regel nicht länger als 24 Stunden dauern soll, meint § 89 die unausgesetzte, länger andauernde Absonderung eines Gefangenen. Allerdings sollte auch sie wegen der Schwere des Eingriffs nicht länger als 4 Wochen dauern.[44] Die räumliche Trennung von Mitgefangenen umfasst die Bereiche Ruhezeit, Arbeit und Freizeit. Die Teilnahme am Gottesdienst und an der täglichen Freistunde mit anderen ändert am Charakter der Einzelhaft nichts. Auch dürfen Kontakte zum Vollzugspersonal und zur Außenwelt (Briefe, Besuche) nicht unterbunden werden. Die Einzelhaft wird in einem normalen Haftraum vollzogen.

Nur Gründe in der Person des Gefangenen rechtfertigen die Einzelhaft. Außerdem muss sie unerlässlich sein. Dies bedeutet, dass die Einzelhaft das wirklich allerletzte Mittel darstellen muss, das der Anstalt zur Verfügung steht.[45] Besonders strenge Anforderungen gelten, wenn die Einzelhaft mit weiteren besonderen Sicherungsmaßnahmen kombiniert wird.[46] Vor Anordnung der Einzelhaft sind alle sonstigen Mittel der Behandlung und der Sicherheit und Ordnung einzusetzen. Die Einzelhaft ist zeitlich nicht begrenzt. Allerdings ist bei Einzelhaft von mehr als 3 Monaten Gesamtdauer in einem Jahr die Zustimmung der Aufsichtsbehörde einzu-

---

[43] BGH ZfStrVo 1991, 242; vgl. auch Müller-Dietz, Jura 1992, 193, 196.
[44] AK/Brühl, § 89 Rdnr. 5.
[45] Calliess/Müller-Dietz, § 89 Rdnr. 2 m.w.N.
[46] OLG Frankfurt NStZ-RR 2002, 155.

holen, und zwar so rechtzeitig, dass eine Entscheidung vor Ablauf der Frist möglich ist (§ 89 II, VV zu § 89). Mit „Jahr" in § 89 II ist nicht das Kalenderjahr gemeint. Vielmehr ist auf einen zusammenhängenden Zeitraum von 12 Monaten abzustellen. Eine andere Auslegung würde die Intention des Gesetzgebers unterlaufen. Andernfalls könnte zum Ende des Kalenderjahres eine bis zu 6monatige Einzelhaft verhängt werden, ohne dass die Aufsichtsbehörde dieser zustimmen müsste.

16.3.3 Fesselung, § 90

Die Fesselung ist wohl die einschneidendste besondere Sicherungsmaßnahme für einen Gefangenen. Der Gesetzgeber hat deshalb hierfür besondere Handlungsanweisungen gegeben.

Fesseln dürfen nur an den Händen *oder* an den Füßen angelegt werden. Lediglich im Interesse des Gefangenen kann der Anstaltsleiter eine andere Art der Fesselung anordnen. Von besonderer Bedeutung ist hier die sog. Hamburger Fessel.

Hierbei werden eine Hand und ein Bein durch eine Fessel verbunden, wobei die Fesselkette unsichtbar unter der Kleidung des Gefangenen verläuft. Der Gefangene wird so am schnellen Laufen gehindert. Diese Fesselung stellt eine weniger einschneidende und weniger auffällige Maßnahme dar, so dass sie insbesondere bei Ausführungen gewählt wird. Da diese Art der Fesselung nur im Interesse des Gefangenen gewählt wird, dürfte er sie hier zugunsten einer anderen Art der Fesselung ablehnen dürfen.

Im Übrigen kommt eine andere Art der Fesselung nur dann in Frage, wenn diese Fesselung besser geeignet ist, den Gefangenen vor erheblichen Selbstverletzungen zu bewahren.[47]

---

[47] Calliess/Müller-Dietz, § 90.

Unmittelbarer Zwang (§§ 94 ff., 178) 17

17.1 Allgemeine Voraussetzungen

Fall 17.1

Der Strafgefangene Gerold Gantler hat einen Bediensteten angegriffen. Deshalb wurde gegen ihn die Disziplinarmaßnahme „Arrest" verhängt. Als der Abteilungsbeamte Greif dem Gefangenen erklärte, er müsse ihn in den Arrestraum bringen, erklärte ihm Gantler, freiwillig ginge er nicht mit. Greif forderte ihn auf, dies sich in den nächsten 15 min in Ruhe zu überlegen – auch die Konsequenzen einer Weigerung – und schloss die Haftraumtür wieder zu. Kurz darauf begann Gantler nach lauthalser Ankündigung sein Haftraummobiliar zu zerschlagen, die Wasserleitung aus der Wand zu reißen und sich im Haftraum zu verbarrikadieren. Der herbeigerufene Inspektor für Sicherheit und Ordnung Scharf – ein Beamter des gehobenen Vollzugs- und Verwaltungsdienstes – forderte den Gefangenen auf, die Türe freizugeben, andernfalls müsse unmittelbarer Zwang angewendet werden. Nachdem dies über mehrere Minuten Zuwarten hinweg erfolglos war, gab Scharf den anwesenden Bediensteten des allgemeinen Vollzugsdienstes die Anweisung, die Haftraumtür mit einer Winde zu öffnen. Den Bediensteten gelang es schließlich, die Türe etwa 5 cm breit zu öffnen. Scharf schoss durch diesen Spalt zweimal mit einer Tränengaspatronenpistole in den Haftraum, jedoch ohne Erfolg, vielmehr mussten die auf dem Flur versammelten Bediensteten heftig weinen. Daraufhin drohte Scharf dem Gefangenen, er werde das Bild der Frau des Gefangenen, das sich noch bei dessen Habe auf der Kammer befand, zerstören, wenn er nicht freiwillig rauskäme. Jedoch auch das machte keinen Eindruck auf den Gefangenen. Nach einiger Zeit gab Scharf die Anweisung, Greif solle mit einem Feuerschutzschlauch („C-Rohr") in den Haftraum spritzen. Daraufhin kam Gantler mit geballten Fäusten aus dem Haftraum. Greif drehte dem Ganter blitzschnell die Hände auf den Rücken, fesselte ihn mit einer Handfessel und führte ihn in den Arrestraum.

Lösungsskizze
Bei den vorgenannten Maßnahmen könnte es sich um die rechtmäßige Anwendung von unmittelbarem Zwang gegen einen Gefangenen handeln.
1. Zunächst ist zu prüfen, ob es sich um unmittelbaren Zwang handelt. Eine Legaldefinition dessen, was unmittelbarer Zwang ist, enthält § 95 I. Da nach ist er die Einwirkung auf Personen oder Sachen durch körperliche Gewalt, ihre Hilfsmittel und durch Waffen. In den nachfolgenden Absätzen werden die Begriffe „körperliche Gewalt", „Hilfsmittel der körperlichen Gewalt" und „Waffen" definiert. Die §§ 94 ff. sind die Rechtsgrundlage für Eingriffe in Rechte des Gefangenen. Deshalb scheidet unmittelbarer Zwang aus, wo in diese Rechte nicht eingegriffen wird.[1] Das zwangsweise Öffnen der Haftraumtür mit der Winde stellt zwar die Einwirkung auf eine Sache durch ein Hilfsmittel der körperlichen Gewalt dar. Jedoch handelt es sich nicht um eine Sache *des Gefangenen*. Somit scheidet insofern unmittelbarer Zwang aus. Weiterhin liegt unmit-telbarer Zwang nur dann vor, wenn unmittelbar auf den Gefangenen oder seine Sachen eingewirkt werden soll. Mittelbare Einwirkungen dagegen, wie z. B. die Vorenthaltung von Gegenständen, die Beobachtung bei Nacht oder die Zerstörung eines Gegenstandes, der sich bei der Habe des Gefangenen befindet, sind keine persönlichen und direkten Einwirkungen auf das Gefangenenverhalten.[2] Die Zulässigkeitsvoraussetzungen ergeben sich nicht aus den §§ 94 ff., sondern z.B.aus § 88.

Da es für die angedrohte Zerstörung des Bildes keine Rechtsgrundlage gibt, war diese Androhung rechtswidrig. Dagegen war der Gebrauch der Tränengaspistole ein Einwirken auf eine Person durch eine Waffe. Der Gebrauch des Wasserschlauchs und die Fesselung waren das Einwirken auf eine Person durch ein Hilfsmittel der körperlichen Gewalt. Der Fesselgriff selbst war das Einwirken auf eine Person durch körperliche Gewalt.

2. Es müssten die Voraussetzungen für die Anwendung des unmittelbaren Zwangs gemäß § 94 I vorgelegen haben.

   a) Anwendung des unmittelbaren Zwangs durch „Bedienstete der Justizvollzugsanstalten". Es wird hier ein weiterer Begriff als sonst im Gesetz (dort ist von „Vollzugsbediensteten" die Rede) gebraucht, so dass hieraus zu schließen ist, dass z. B. auch Verwaltungsangestellte der JVA, Sozialarbeiter oder Psychologen unmittelbaren Zwang anwenden dürfen.[3] Damit scheiden nur etwa zu Hilfe gerufene Polizeibeamte aus, die nach eigenen gesetzlichen Vorschriften unmittelbaren Zwang ausüben.[4] Jedoch ist zu fordern, dass es sich um Bedienstete handelt, die zumindest über die Voraussetzungen und die zulässigen Mittel des unmittelbaren Zwangs unterrichtet sind. Dies ist für Scharf zu bejahen.

   Allerdings enthält § 99 II für „Schusswaffen" eine Einschränkung. Schusswaffen dürfen nur die dazu bestimmten Vollzugsbediensteten gebrauchen.

---

[1] Vgl. Grommek, § 3 Rdnr. 4.
[2] Schwind/Böhm, § 95 Rdnr. 2.
[3] Schwind/Koepsel, § 94 Rdnr. 4.
[4] Calliess/Müller-Dietz, § 94 Rdnr. 1.

17.1 Allgemeine Voraussetzungen

In der Regel wird die Berechtigung zum Umgang mit Schusswaffen und Munition dem Bediensteten durch Eintragung in den Dienstausweis erteilt (vgl. Nr. 10 der RV d. JM NRW vom 05.03.2012– 2403-IV A.13). Bei Beamten des gehobenen Vollzugs- und Verwaltungsdienstes ist dies in aller Regel jedoch nicht der Fall. Was Schusswaffen sind, definiert § 1 Waffengesetz. Danach sind Schusswaffen Waffen, bei denen ein Geschoss durch einen Lauf (mit Bewegungsrichtung nach vorn) getrieben wird. Hierzu zählen nach Rechtsprechung und Lehre auch Gaspistolen.[5]
Etwas anderes könnte man dann annehmen, wenn das Gas seitlich durch kleine Öffnungen in der Pistole austreten würde. Wenn keine Berechtigung dazu im Dienstausweis eingetragen war, hätte der Inspektor für Sicherheit und Ordnung also unzulässig selbst geschossen. Allerdings erscheint es vertretbar anzunehmen, dass § 95 IV wegen der besonderen Aufzählungen der Reizstoffe von einem engeren Begriff der Schusswaffen ausgeht. So wird etwa bei der Aufzählung der in Nordrhein-Westfalen zugelassenen Waffen (Nr. 2 der RV d. JM NRW vom 05.03.2012 (2403-IV A.13)):
- Schlagstöcke,
- Pistolen,
- Maschinenpistolen,
- Reizstoffsprühgeräte
- Gewehre,

ein deutlicher Unterschied gemacht zwischen einfachen Waffen und Reizstoffsprühgeräten. Auch die Tränengaspatronenpistole dürfte also dem Begriff „Reizstoffsprühgeräten" zuzuordnen sein. Der Inspektor für Sicherheit und Ordnung war somit berechtigt, dieses Mittel anzuwenden.

b) Unmittelbarer Zwang ist möglich, wenn Vollzugs- und Sicherungsmaßnahmen rechtmäßig durchgeführt werden. (Zur Frage, ob unmittelbarer Zwang im Wege der Amtshilfe zur Entnahme einer Speichelprobe im Rahmen von § 2 DNA-Identitätsfeststellungsgesetz angewendet werden darf):[6] Der Gesetzestext stellt an sich auf die rechtmäßige Durchführung ab, nicht aber auf die Durchführung einer rechtmäßigen Maßnahme. Dennoch dürfte es richtig sein, den schweren Eingriff des unmittelbaren Zwangs nur bei einer zugrunde liegenden rechtmäßigen Vollzugs- oder Sicherungsmaßnahme zu ermöglichen. Die Rechtswidrigkeit der zugrunde liegenden Anordnung erfasst also auch die Rechtswidrigkeit des unmittelbaren Zwangs.[7] Die Abgrenzung zwischen Vollzugs- und Sicherungsmaßnahme lässt sich nur vom Begriff der Sicherungsmaßnahme her vornehmen. Es zählen hierzu alle allgemeinen und besonderen Sicherungsmaßnahmen, also Maßnahmen mit Präventivcharakter. Vollzugsmaßnahmen sind dagegen Maßnahmen zur Aufrechterhaltung eines geordneten Vollzugs. Die Disziplinarmaßnahmen mit ihrer repressiven Wirkung (Ahndung von Pflichtverstößen des Gefangenen) zählen daher zu den Vollzugsmaßnah-

---

[5] Vgl. Fischer, §244 Rdnr. 3m.w.N.
[6] Bothge ZfStrVo 2001, 335 ff.
[7] Vgl. Schriever NStZ 1993, 103 m.w.N.

men. Vorliegend sind soweit ersichtlich keine Fehler bei der Anordnung der Disziplinarmaßnahme „Arrest" geschehen. Die Durchführung der Vollzugsmaßnahme „Arrest" war somit rechtmäßig.
c) Weiterhin müsste der mit dem unmittelbaren Zwang verfolgte Zweck auf keine andere Weise erreichbar sein. Dies wäre der Fall, wenn der Gefangene freiwillig nach eingehender Belehrung über seine Rechte und Pflichten, evtl. auch einem intensiven Gespräch mit einer Fachkraft bereit wäre, sich der Vollzugs- oder Sicherungsmaßnahme zu unterziehen; u. U. kann auch bloßes Zuwarten angemessen sein. Hier wurde der Gefangene mehrfach belehrt, es wurden auch die erforderlichen Denkpausen gewährt, ein weiteres Zuwarten war damit sicherlich wegen der im Haftbaus entstehenden Unruhe, der zu befürchtenden Beschädigungen (Wasserleitung) und wegen der Notwendigkeit, den Dienstbetrieb fortzuführen, nicht zumutbar.
3. Es fragt sich, ob die in diesem Fall angewandten Mittel zulässig waren, § 95. Unzulässig – wegen Verstoßes gegen Art. 1,2 GG – wären z. B. Elektroschock, Dunkelzelle, Schlafentzug, Peitsche).[8]
Unproblematisch, da direkt im Gesetz erwähnt bzw. vorausgesetzt, sind hier: Fesselgriff und Fessel. Auch das Tränengas dürfte ein dienstlich zugelassener Reizstoff im Sinne von § 95 IV sein.
Fraglich ist die Rechtmäßigkeit der Verwendung des Wasserschlauchs. § 95 III bezeichnet als Hilfsmittel der körperlichen Gewalt namentlich Fesseln. § 95 III enthält somit keine abschließende Aufzählung. Der Wasserschlauch wird jedoch zuweilen als ein gegen Art. 1 GG verstoßendes Hilfsmittel der körperlichen Gewalt angesehen.[9] Dies wird man jedoch nur da für richtig halten können, wo der Einsatz dieses Mittels einen demütigenden oder erniedrigenden Charakter hat. Damit ist insbesondere die Willensrichtung der handelnden Bediensteten bzw. der Zweck, den sie verfolgen, entscheidend.
Im Regelfall dürfte jedenfalls da, wo sogar Reizstoffe eingesetzt werden dürfen, die Verwendung eines Wasserschlauches rechtlich zulässig, ja sogar als milderes Mittel geboten sein.
4. Gemäß § 96 ist der Grundsatz der Verhältnismäßigkeit zu beachten. Nach Abs. 1 sind unter mehreren möglichen und geeigneten Maßnahmen des unmittelbaren Zwangs diejenigen zu wählen, die den einzelnen und die Allgemeinheit voraussichtlich am wenigsten beeinträchtigen.
Nach Abs. 2 hat unmittelbarer Zwang zu unterbleiben, wenn ein durch ihn zu erwartender Schaden erkennbar außer Verhältnis zum angestrebten Erfolg steht.
Kurz gesagt enthält der Verhältnismäßigkeitsgrundsatz drei Elemente: GEEIGNETHEIT: Ist das Mittel überhaupt wirksam? ERFORDERLICHKEIT: Ist unter den geeigneten Mitteln das mildeste gewählt worden?
ANGEMESSENHEIT: Stehen Zweck und Mittel noch in einem vernünftigen Verhältnis zueinander?

---

[8] Schwind/Böhm, § 95 Rdnr. 4.
[9] vgl. Schwind/Koepsel, a. a. O.

Hier sind unter den zur Verfügung stehenden Mitteln zur Erreichung des Zwecks diejenigen gewählt worden, die den Gantler und andere Gefangene sowie Bedienstete am wenigsten beeinträchtigen, insbesondere solche, die zu keinen bleibenden Gesundheitsschädigungen oder massiven Sachschäden geführt hätten. Der Grundsatz der Verhältnismäßigkeit wurde also beachtet. 5. Gemäß § 98 ist unmittelbarer Zwang vorher anzudrohen. § 98 S. 2 lässt jedoch Ausnahmen zu:[10]

- die Umstände lassen es nicht zu (schnelles Handeln ist erforderlich, der unmittelbare Zwang würde seine Wirkung verfehlen, wenn er zunächst angedroht würde, z. B. bei einem Gefangenen, der versucht zu entweichen und dem die Entweichung fast schon geglückt ist);
- zur Verhinderung einer Straftat (z. B. Körperverletzung, Gefangenenmeuterei);
- zur Abwendung einer gegenwärtigen Gefahr (z. B. der Gefangene will sich selbst verletzen oder töten).

Im vorliegenden Fall ist die vorherige Androhung erfolgt. Die Anwendung des unmittelbaren Zwangs war somit rechtmäßig. Für die Praxis ist noch wichtig, dass die Anwendung des unmittelbaren Zwangs bestimmte Meldepflichten mit sich bringt (VV Nr. 3 zu § 94):

- gegenüber dem Anstaltsleiter ist jede Anwendung unmittelbaren Zwangs zu melden und außerdem ist sie in den Akten zu vermerken;
- gegenüber der Aufsichtsbehörde ist jeder Gebrauch von Waffen (vgl. § 95 IV) zu berichten (Abb. 17.1)[11, 12].

17.2 Unmittelbarer Zwang und Notrechte, § 94 III

Gemäß § 94 III bleibt das Recht zu unmittelbarem Zwang aufgrund anderer Regelungen unberührt. Damit wollte der Gesetzgeber den Hinweis geben, dass insbesondere die Regelung in den §§ 32 und 34 StGB bzw. § 127 StPO, die außerhalb des Strafvollzugsgesetzes liegen, für ihren bisherigen Anwendungsbereich weiter gelten. Jedoch ist zu beachten, dass das Notrecht des Justizvollzugsbediensteten ein persönliches ist. Mit diesem Notrecht kann unmittelbarer Zwang zur Durchsetzung einer Vollzugs- und Sicherungsmaßnahme, die nach dem Strafvollzugsgesetz nicht rechtmäßig wäre, nicht gerechtfertigt oder entschuldigt werden. Das allgemeine Notrecht greift nur da ein, wo der Justizvollzugsbedienstete unabhängig vom hoheitlichen Auftrag selbst bedroht ist.[13]

---

[10] Vgl. Schwind/Böhm, § 98 Rdnr. 3 ff.
[11] Vgl. Grommek, § 4 Rdnr. 8.
[12] Vgl. Schwind/Böhm, § 98 Rdnr. 2.
[13] Grommek, 5 Rdnr. 3; vgl. auch Koch ZfStrVo 1995, 27.

1. Liegt unmittelbarer Zwang überhaupt vor? Definition § 95 I, unmittelbare Einwirkung auf Personen oder Sachen durch körperliche Gewalt.
2. Handelt es sich um Bedienstete der JVA (nicht nur Bedienstete des allgemeinen Vollzugsdienstes)?
3. Rechtmäßigkeit der durchzuführenden Vollzugs- und Sicherungsmaßnahme (nur wenn die zugrunde liegende Maßnahme rechtmäßig ist, ist es auch rechtmäßig, unmittelbaren Zwang anzuwenden):
   a) örtliche Zuständigkeit (war der Bedienstete örtlich zuständig?);
   b) Sachliche Zuständigkeit (Anordnung des sachlich zuständigen Bediensteten?);
   c) Ermächtigungsgrundlage für die Vollzugs- und Sicherungsmaßnahme;
   d) Verhältnismäßigkeit der angeordneten Maßnahme;
   e) Ermessen (nur bei den Rechtsgrundlagen, die Ermessen vorsehen);
   f) Adressat (wendet sich die Maßnahme gegen den richtigen Gefangenen?);
   g) sonstige entgegenstehende Rechtssätze (sind Grundrechte des Gefangenen betroffen?);
4. Rechtmäßigkeit des unmittelbaren Zwangs:
   a) § 94 I (Konnte der mit dem unmittelbaren Zwang verfolgte Zweck auf keine andere Weise erreicht werden?);
   b) Waren die angewandten Mittel zulässig (§ 95)?
   c) Verhältnismäßigkeit, § 96 I, II (hier ist nur die Verhältnismäßigkeit des unmittelbaren Zwangs, nicht die der zugrunde liegenden Maßnahme zu prüfen);
   d) Ermessen (auch wenn die Voraussetzungen des unmittelbaren Zwangs vorliegen, muss der Bedienstete nicht unmittelbaren Zwang anwenden, sondern darf es. Er hat die Vor- und Nachteile der Anwendung unmittelbaren Zwangs gegeneinander abzuwägen und eine Entscheidung zu treffen, die sich am Sinn des Gesetzes orientiert. Der Bedienstete muss die Interessen der Allgemeinheit und des einzelnen wahrnehmen, dabei dürfen seine Erwägungen nur von sachlichen Gesichtspunkten getragen sein;
   e) andere Rechtmäßigkeitsvoraussetzungen, insbesondere § 98 (bei der Androhung ist zu prüfen, ob sie soweit inhaltlich bestimmt ist, dass dem Gefangenen die Konsequenzen für den Fall klar sind, dass er eine Anordnung nicht befolgt).

Abb. 17.1 Prüfungsschema für unmittelbaren Zwang

▶ Beispiel (vgl. OVG Münster ZfStrVo 1990, 311)
Ein Vollzugsbediensteter fordert einen Gefangenen auf, seine Kleidung, die vor Schmutz starrt, aus hygienischen Gründen zu wechseln. Für den Fall der Weigerung droht er ihm unmittelbaren Zwang an. Der Gefangene zeigt sich zunächst einsichtig, greift jedoch dann unvermittelt den Bediensteten an. Dieser nimmt den Gefangenen in den Transportgriff (Armhebelgriff) und bringt den Gefangenen zur Kleiderkammer, wo er sich freiwillig umzieht.
Nach § 32 StGB durfte sich der Bedienstete gegen den gegenwärtigen, rechtswidrigen Angriff des Gefangenen wehren. Der Transportgriff war auch eine den Gefangenen möglichst schonende und damit auch erforderliche Verteidigung. Selbst das Festhalten über einen gewissen Zeitraum hinweg, bis sich der Gefangene beruhigte, dürfte noch von der Notwehr umfasst sein. Der Bedienstete handelte also insoweit rechtmäßig. Als der Bedienstete den Gefangenen jedoch zur Kleiderkammer brachte, führte er einen hoheitlichen Auftrag aus und war nicht (mehr) persönlich

bedroht. Insofern sind die Voraussetzungen der §§ 94 ff. zu prüfen. Fraglich ist dabei insbesondere, ob der unmittelbare Zwang die letzte Möglichkeit gewesen ist, um den angestrebten Zweck zu erreichen. Dies ist hier sehr zweifelhaft, zumal der Gefangene sich auf der Kammer freiwillig auszog. Das gewaltsame Verbringen zur Kleiderkammer dürfte damit rechtswidrig gewesen sein.[14] Bedeutung haben die Notrechte noch bei Verteidigungsmitteln, die als Waffen gebraucht werden. So ist es z. B. zulässig, einen Angriff mit einem Stuhlbein abzuwehren. Sobald der Angriff vorüber ist, wird der Einsatz der nicht zugelassenen Waffe rechtswidrig.

17.3 Unmittelbarer Zwang gegen andere Personen, § 94 II

Gegen andere Personen als Gefangene darf gemäß § 94 II StVollzG unmittelbarer Zwang nur angewendet werden,
a. wenn sie es unternehmen, Gefangene zu befreien;
b. wenn sie in den Anstaltsbereich widerrechtlich eindringen oder
c. wenn sie sich unbefugt darin aufhalten.

„Unternehmen" im Sinne von § 94 II ist entsprechend der Definition in § 11 I Nr. 6 StGB auszulegen. Danach muss die Befreiung konkret versucht oder vollendet werden.[15]

Widerrechtliches Eindringen oder unbefugtes Sich-Aufhalten im Anstaltsbereich knüpft an die Voraussetzungen des § 123 StGB an.

▶ Beispiel
Ein Besuchsbeamter hat den Besuch abgebrochen, weil ein Besucher dem Gefangenen etwas übergeben wollte. Er fordert den Besucher auf, die Anstalt zu verlassen. Die Aufforderung kann mit unmittelbarem Zwang durchgesetzt werden. Ein Widerspruch des Besuchers beeinträchtigt die Vollziehbarkeit des einstweiligen Hausverbots nicht (vgl. § 80 II Nr. 2 VwGO analog,).
Zum Anstaltsbereich gehören nicht nur die unmittelbaren Sicherheitseinrichtungen, sondern alle deutlich erkennbar umfriedeten Teile, so z. B. möglicherweise auch die Gärtnerei einer Justizvollzugsanstalt.[16]

17.4 Besondere Voraussetzungen für den Schusswaffengebrauch, §§ 99, 100

Fall 17.2
Der Strafgefangene Hans Hass ist in der Justizvollzugsanstalt Bielefeld-Senne im offenen Vollzug untergebracht. Von dort aus wird er einem Facharzt außerhalb der Anstalt vorgeführt. Bei der Facharztvorführung entweicht der Gefangene.

---

[14] Ebenso OVG Münster a. a. O. S. 313.
[15] Calliess/Müller-Dietz, § 94 Rdnr. 3.
[16] Calliess/Müller-Dietz, § 94 Rdnr. 3.

Der Vollzugsbedienstete, der die Überwachung übernommen hat, überlegt, ob ein Schusswaffengebrauch zur Verhinderung der Flucht zulässig wäre.
Kurze Zeit später trifft ein Vollzugsbediensteter in einem Waldstück den tatsächlich entwichenen Gefangenen Hass an. Ist nunmehr ein Schusswaffengebrauch zulässig?

Lösungshinweise
Die §§ 99,100 behandeln spezielle Fälle des unmittelbaren Zwangs und schränken die §§ 94 ff. ein. Sogar die Androhung ist in § 99 III gegenüber § 98 S. 2 besonders geregelt.
Schusswaffengebrauch ist nur zulässig, wenn bereits andere Maßnahmen des unmittelbaren Zwangs scheiterten bzw. voraussichtlich nicht den gewünschten Zweck herbeiführen können (§ 99 I 1).
Die Anwendung gegen Personen ist nur dann zulässig, wenn der Schusswaffengebrauch gegen Sachen den Zweck nicht erfüllt (§ 99 I 2).
Schusswaffen dürfen, wie bereits erwähnt, nur durch die dazu bestimmten Vollzugsbediensteten gebraucht werden (§ 99 II).
Schusswaffengebrauch gegen Personen ist nur zulässig, um diese angriffs-oder fluchtunfähig zu machen (§ 99 II 1 2. Halbsatz). Damit scheidet ein gezielter (finaler) Todesschuss aus. Dieser ist nur im Falle von Nothilfe, § 32 StGB, erlaubt.[17]
Schusswaffengebrauch hat zu unterbleiben, wenn dadurch erkennbar Unbeteiligte gefährdet werden können (§ 99 II 2). Erkennbar Unbeteiligte in diesem Sinne sind auch andere Gefangene. § 100 bringt weitere Einschränkungen. Als Maßnahme des unmittelbaren Zwangs dürfen Schusswaffen gebraucht werden:
a) Gegen Gefangene
– § 100 I 1, wenn sie eine Waffe oder ein anderes gefährliches Werkzeug trotz wiederholter Aufforderung nicht ablegen;
– § 100 I Nr. 2, wenn sie eine Meuterei unternehmen;
– § 100 I Nr. 3, um ihre Flucht zu vereiteln oder um sie wieder zu ergreifen.
b) Gegen andere Personen (§ 100 II):
– wenn sie eine gewaltsame Befreiung unternehmen oder
– gewaltsam in die Anstalt einzudringen versuchen.
Zur Vereitelung der Flucht aus einer offenen Anstalt ist der Schusswaffeneinsatz unzulässig (§ 100 I 2). Offene Anstalt meint nicht nur den baulichen/tatsächlichen Anstaltsbereich, sondern gilt insgesamt, solange der Gefangene den Status eines Gefangenen im offenen Vollzug hat. Damit sind auch Vorführungen, Ausführungen aus dem offenen Vollzug von diesem Privileg umfasst.[18] Dagegen gilt es nicht für einen Gefangenen, der aus dem offenen Vollzug in den geschlossenen Vollzug zurückverlegt wird und z. B. bei dem Transport in die geschlossene Anstalt zu entweichen versucht.

---

[17] Schwind/Böhm, § 99 Rdnr. 7.
[18] Schwind/Böhm, § 100 Rdnr. 4.

Im vorliegenden Fall durfte der Vollzugsbedienstete die Flucht des Gefangenen Hass also nicht mit Waffengewalt verhindern.

Ähnliche Einschränkungen für den Schusswaffengebrauch bestehen gemäß § 178 II1 für den Jugendarrest, den militärischen Strafarrest, die verschiedenen Arten der Zivilhaft und die Abschiebungshaft (§ 422 Abs. 4 FamFG i.V.m. § 178 II).

Zur Wiederergreifung eines Gefangenen, der sich im offenen Vollzug befunden hat, dürfen Schusswaffen jedoch gebraucht werden. Außerdem ist aus den in § 100 Abs. I Nr. 1 und 2 genannten Gründen auch bei den vorgenannten Haftarten der Schusswaffeneinsatz im Rahmen der Anwendung unmittelbaren Zwangs grundsätzlich zulässig.

Der Grund dafür, dass der Schusswaffengebrauch bei der Wiederergreifung eines aus einer offenen Anstalt entwichenen Gefangenen zulässig ist, liegt darin, dass in der Regel der besondere Status des Gefangenen nicht mehr gegeben ist und auch die Situation unüberschaubar ist. So ist bei der Wiederergreifung z. B. oft nicht ersichtlich, ob der Gefangene im geschlossenen oder offenen Vollzug gewesen ist und ob er sich nicht inzwischen mit Waffen versehen hat.[19] Allerdings wird man verlangen müssen, dass zwischen Flucht und Wiederergreifung eine gewisse Zeitspanne verstrichen ist. Andernfalls entstünde der paradoxe Zustand, dass zwar zur Vereitelung der Flucht eines Gefangenen Schusswaffen nicht gebraucht werden dürfen, wohl aber direkt nachdem er die Anstalt verlassen hat zu seiner sich daran anschließenden Wiederergreifung.

Im Ausgangsfall ist einige Zeit seit der Entweichung aus dem offenen Vollzug vergangen. Somit ist hier der Schusswaffengebrauch grundsätzlich zulässig.

17.5 Handeln auf Anordnung, Zwangsmaßnahmen auf dem Gebiet der Gesundheitsfürsorge, §§ 97, 101

Fall 17.5

In der JVA X geht ein Hinweis ein, dass der Gefangene Ingo Immel bei seiner Rückkehr aus dem Urlaub Haschisch einschmuggeln möchte. Da Immel an einem Sonntag zurückkehrt, ordnet der Anstaltsleiter fernmündlich eine intensive körperliche Durchsuchung unter vollständiger Entkleidung im Krankenrevier an. Hierbei wird auch der Anstaltsarzt hinzugezogen. Er geht davon aus, der Anstaltsleiter habe auch eine sog. Rektoskopie angeordnet, d. h. eine Untersuchung des Afters mit technischen Hilfsmitteln. Immel lässt sich nur unter Protest auf diese Behandlung ein.

Aufgabe
Haben die beteiligten Bediensteten rechtmäßig gehandelt?

---

[19] BT-Drs. 7/1963.

Lösungsskizze
Der Arzt hat unmittelbaren Zwang angewandt, indem er gegen den Protest des Immel körperlich auf diesen einwirkte durch die Untersuchung. Rechtsgrundlage für diesen unmittelbaren Zwang könnte § 101 sein. Bei § 101 handelt es sich um einen besonderen Fall des unmittelbaren Zwangs. Damit sind grundsätzlich auch die besonderen Voraussetzungen der §§ 94 ff. zu beachten.[20] Ebenso wie dort stellt § 101 nur die Grundlage für die *zwangsweise* Durchsetzung einer Maßnahme dar, ist jedoch nicht auch die Rechtsgrundlage für die durchzusetzende Maßnahme selbst. Insofern ist § 56 II für entsprechende Anordnungen der Vollzugsbehörde heranzuziehen. Danach hat ein Gefangener die notwendigen Maßnahmen zum Gesundheitsschutz und zur Hygiene zu unterstützen. Es ist aber sehr fraglich, ob es sich im vorliegenden Fall um eine Maßnahme im Rahmen der der Vollzugsanstalt obliegenden Pflicht zur Gesundheitsfürsorge handelt. Dass der Haschischkonsum entweder bei dem Gefangenen selbst oder bei anderen Gefangenen unmittelbare gesundheitliche Folgen hat, ist zumindest zweifelhaft. Dies kann jedoch dahinstehen, wenn jedenfalls die zwangsweise Untersuchung gemäß § 101 in diesem Fall nicht zulässig ist. Gemäß § 101 I ist eine zwangsweise medizinische Untersuchung nur dann zulässig, wenn Lebensgefahr, schwerwiegende Gefahr für die Gesundheit des Gefangenen oder eine von dem Gefangenen selbst ausgehende Gefahr für die Gesundheit anderer Gefangener besteht. Eine solche Gefahr lässt sich zwar nicht in jedem Fall des Einschmuggelns von Drogen ausschließen (zu denken ist an Heroin, Crack, LSD und andere sog. harte Drogen), bei vermutetem Haschischschmuggel dürfte dies jedoch nicht zutreffen. Zwar sind auch schon zum bloßen Gesundheitsschutz gemäß § 101 II zwangsweise körperliche Untersuchungen zulässig, jedoch nur dann, wenn sie nicht mit körperlichen Eingriffen verbunden sind. Da jedoch bei einer Rektoskopie aktiv in das muskelumschlossene Innere des Körpers, u. U. auch noch mit medizinischen Hilfsmitteln eingedrungen wird, handelt es sich um einen körperlichen Eingriff. Die §§ 84, 94 ff. können ebenfalls das Handeln in diesem Fall nicht rechtfertigen. § 84 bildet nämlich nur die Rechtsgrundlage für Durchsuchungen. Zwar umfasst eine Durchsuchung auch das Nachforschen nach Gegenständen in natürlichen, ohne Eingriff mit medizinischen Hilfsmitteln einsehbaren Körperhöhlen und – Öffnungen.[21] Eine Rektoskopie geht jedoch darüber hinaus. Sie dient dem Nachforschen nach Gegenständen *im* Körper. Somit handelt es sich um eine Untersuchung. Die §§ 84, 94 ff. sind damit nicht einschlägig.[22]
§ 4 II 2 kommt ebenfalls als Ermächtigungsgrundlage für eine Untersuchung nicht in Betracht. Was die Anstalt darf, ist abschließend in § 84 StVollzG behandelt. Außerdem wäre eine Untersuchung auch nicht unerlässlich im Sinne von § 4 II 2. Bei Vorliegen von konkreten Anhaltspunkten dafür, dass im Körperinnern eines Gefangenen Gegenstände versteckt sein könnten, besteht nämlich

---

[20] Calliess/Müller-Dietz, § 101 Rdnr. 4.
[21] Calliess/Müller-Dietz, § 84 Rdnr. 1.
[22] Vgl. OLG Stuttgart BlfStrVK 1992-2, 7 f.

17.5 Handeln auf Anordnung, Zwangsmaßnahmen auf dem Gebiet ...

die Möglichkeit eines Vorgehens gemäß § 81 a StPO. Die zwangsweise Untersuchung durch den Anstaltsarzt war damit unzulässig.
Der Anstaltsarzt ging jedoch davon aus, eine Anordnung des Anstaltsleiters zu befolgen. Gemäß § 97 besteht die grundsätzliche Verpflichtung eines Vollzugsbediensteten, unmittelbaren Zwang anzuwenden. Keine Verpflichtung besteht, soweit die Anordnung die Menschenwürde verletzt oder nicht zu dienstlichen Zwecken erteilt worden ist (z. B. die Anweisung, den Gefangenen gewaltsam zu entkleiden und nackt durch das Hafthaus in den besonders gesicherten Haftraum zu schleppen). Die Anordnung darf auch dann nicht befolgt werden, wenn dadurch eine Straftat begangen würde (ein Bediensteter wird angewiesen, einen entwichenen und wieder eingefangenen Gefangenen zu verprügeln). Soweit der Bedienstete nicht erkannt hat und soweit es auch nicht offensichtlich war, dass es sich um ein Verbrechen oder Vergehen handelte, bildet § 97 einen Schuldausschließungsgrund.[23]
Im vorliegenden Fall hätte sich der Arzt wohl darauf berufen können, da es für ihn nicht ohne weiteres erkennbar war, dass eine entsprechende Anordnung des Anstaltsleiters rechtswidrig bzw. sogar ein Vergehen gewesen wäre. Da eine solche Anordnung des Anstaltsleiters jedoch fehlte, kann hier nur § 35 II StGB zu Gunsten des Arztes analog angewandt werden.[24] Er ging ja irrig davon aus, dass der Anstaltsleiter ihm die angenommene Weisung erteilt habe. Der Anstaltsarzt hat somit rechtswidrig gehandelt, strafbar hat er sich jedoch nicht gemacht.

▶ Sonderfälle des § 101
   a) ZWANGSERNÄHRUNG: § 101 I unterscheidet 2 Bereiche. In dem einen kann die Vollzugsbehörde nach Ermessen tätig werden, in dem anderen ist sie dazu verpflichtet. Bei beiden ist Voraussetzung, dass die Maßnahme für die Beteiligten zumutbar ist und keine erhebliche Gefahr für das Leben oder die Gesundheit des Gefangenen besteht.
   Lebensgefahr bedeutet, dass aufgrund von Tatsachen die Wahrscheinlichkeit des Todes anzunehmen ist. Schwerwiegende Gefahr für die Gesundheit bedeutet, dass nicht unerhebliche Dauerschäden drohen.[25] Das Strafvollzugsgesetz bezieht hier eine Position zwischen staatlicher Fürsorgepflicht und dem Selbstbestimmungsrecht des Gefangenen. Eine Verpflichtung zu Zwangsmaßnahmen entfällt, soweit eine freie Willensentscheidung des Gefangenen anzunehmen ist. Die Berechtigung zu Zwangsmaßnahmen bleibt jedoch auch in diesem Fall bestehen. Erst wenn der Gefangene nicht mehr in der Lage ist, sein Selbstbestimmungsrecht auszuüben, weil er dazu nicht mehr fähig ist, muss der Staat nach dem Grundsatz der mutmaßlichen Einwilligung davon ausgehen, dass der Gefangene – könnte er entscheiden – letztlich sich doch für das Leben entscheiden und einer Zwangsernährung zustimmen würde. Ob ein Gruppenzwang (z. B. bei

---

[23] Fischer, vor § 32 Rdnr. 6.
[24] Schönke/Schröder/Cramer, § 16 Rdnr. 30.
[25] Calliess/Müller-Dietz, § 101 Rdnr. 7.

kollektiven Hungerstreikaktionen) oder die Haftsituation selbst die Willensfreiheit in diesem.

Sinne einschränken oder ausschließen, ist zweifelhaft, wird aber wohl zu verneinen sein.

Die Zumutbarkeit ist für jeden Beteiligten einzeln zu beantworten. Die Tatsache, dass der Gefangene durch die Zwangsernährung gesundheitlich gefährdet werden kann, berührt die Zumutbarkeit jedoch nicht. Dies wurde vom Gesetzgeber vorausgesetzt.

Auch die Gefährdung des beamteten Arztes oder der Vollzugsbeamten ändert nichts an der Zumutbarkeit, da die Bediensteten, wenn es die dienstlichen Aufgaben erfordern (bei typischen Gefahren ihres Amts) auch ihre Gesundheit und u. U. ihr Leben einsetzen müssen.[26]

Der Arzt kann (ggf. unter Einschaltung der Fachaufsicht) angewiesen werden zu handeln. § 101 III ändert nicht die grundsätzlich im Strafvollzugsgesetz vorgesehene Kompetenzverteilung (Schwind/Müller, § 101 Rdnr. 32). Wenn jedoch die Anordnung zur medizinischen Zwangsbehandlung ergangen ist, so ist es nach § 101III Aufgabe des Arztes, vor Ort die erforderlichen Maßnahmen gegenüber dem Gefangenen umzusetzen,

b) ZWANGSWEISE BLUTENTNAHME BEI VERDACHT EINER HIV-INFEKTION ODER AIDS-ERKRANKUNG: Es gibt keine Rechtsgrundlage für die zwangsweise Untersuchung von Gefangenen auf eine HIV-Infektion bzw. AIDS-Erkrankung nach dem Strafvollzugsgesetz: dies gilt für die zwangsweise Testung aller Gefangenen ebenso wie für die solcher Gefangenen, die sogenannten Risikogruppen (intravenöse Drogengebraucher, Homosexuelle, Prostituierte) zugehören. Zum einen handelt es sich bei der Zwanguntersuchung um einen Gefahrerforschungseingriff, mit dessen Hilfe erst die Tatbestandsvoraussetzungen (ob eine Gefahr vorliegt) ermittelt werden sollen. Zum anderen fehlt es an einer konkreten Gefahrenlage, die Voraussetzung für den Zwangseingriff wäre. Allerdings kann jetzt nach § 36 IV 7, V Infektionsschutzgesetz zwangsweise auf übertragbare Krankheiten getestet werden. Hierzu gehören damit wohl auch Krankheiten wie HIV und Hepatitis B und C.[27] Damit nicht gleich zu Beginn des Vollzuges das Vertrauensverhältnis zwischen (Anstalts-)Arzt und Patient beeinträchtigt wird, sollte aber davon abgesehen werden.

Bei überlegtem Handeln besteht weder für Bedienstete noch für andere Gefangene eine Gefahr der Infektion. Zur Vorbeugung reichen umfassende, wiederholte Aufklärung von Bediensteten und Gefangenen, Vorhaltung von Handschuhen (für Erste-Hilfe-Maßnahmen usw.), Kondomen und sterilen Einwegspritzen als mildere Mittel (vgl. §§ 94 I, 96 I) aus.[28]

Etwas anderes gilt, wenn ein einzelner Gefangener ein besonders aggressives und unverantwortliches Verhalten zeigt (gewaltsame Sexualkontakte oh-ne

---

[26] BT-Drs. 7/3998, 37.
[27] Vgl. Arloth § 56 Rdnr. 3.
[28] Zur Problematik umfassend: Höflich ZfStrVo 91, 77 und Calliess/Müller-Dietz, § 56 Rdnr. 8 ff. m.w.N.

17.5 Handeln auf Anordnung, Zwangsmaßnahmen auf dem Gebiet ...

Vorsichtsmaßnahmen, Bedrohung eines Bediensteten oder Mitgefangenen mit einer blutgefüllten Spritze unter Angabe, dass das Blut HIV-infiziert sei u. ä.). Hier dürfte es zulässig und angezeigt sein, den betreffenden Gefangenen zwangsweise zu testen. Denn hier kann z. B. durch besondere Sicherungsmaßnahmen Gefahren vorgebeugt werden. Voraussetzung dürfte aber sein, dass es konkrete Hinweise auf eine HIV-Infektion bzw. AIDS-Erkrankung dieses Gefangenen gibt.

▶ Beispiel
Ein Gefangener verletzt einen Vollzugsbediensteten, wobei dieser in Kontakt mit dem Blut des Gefangenen kommt. Darüber hinaus verunsichert der Gefangene den Bediensteten dadurch, dass er diesem höhnisch erklärt: „Nun hast Du auch Aids".
Hier erscheint es ausnahmsweise gerechtfertigt, den Gefangenen, der den Bediensteten unter einen unerträglichen psychischen Druck gesetzt hat, zwangsweise auf die Immunschwächekrankheit zu testen. Zum einen dürfte auch in Zukunft von dem Gefangenen eine Gefahr ausgehen, zum anderen wäre es für den Bediensteten wohl unzumutbar, über lange Zeit hinweg – es würde ca. 8 Wochen dauern, bis bei ihm eine Infektion nachgewiesen werden könnte – mit der Ungewissheit zu leben, möglicherweise angesteckt worden zu sein.

Disziplinarmaßnahmen, § 102 ff.   18

Bei Einführung des Strafvollzugsgesetzes sprach der Gesetzgeber davon, dass Disziplinarmaßnahmen zwar notwendig, aber nicht die wichtigsten Mittel zur Wahrung oder Hebung der Disziplin in den Vollzugsanstalten seien.[1] Trotz mancher Kritik an den Disziplinarmaßnahmen insgesamt – teilweise wird von kleinlichen, ja fast dümmlichen Schikanen gesprochen[2] – dürfte die damalige Einschätzung auch noch heute richtig sein. Disziplinarmaßnahmen, insbesondere wenn sie als schnelle,[3] unmittelbare Reaktion auf ein Fehlverhalten erfolgen, scheinen, ohne dass das hier genau ausgeleuchtet werden kann, für die Aufrechterhaltung von Sicherheit und Ordnung in den Anstalten durchaus förderlich zu sein. Sie haben den Vorteil, dass nicht sofort zu stärkeren Sanktionen, etwa des Strafrechts, Zuflucht genommen werden muss. Insofern sind sie durchaus „modern". Andererseits ist herauszustellen, dass das Klima in einer Anstalt und das Verhalten der Gefangenen in ihr größtenteils von anderen Faktoren als der konsequenten Anwendung des Disziplinarrechts abhängen.

18.1 Formelle und materielle Voraussetzungen von Disziplinarmaßnahmen

Fall 18.1

In dem Haftraum des Gefangenen Josef Jonndar wird, eingewickelt in Stanniolpapier, ein kleines Stück Haschisch gefunden (ca. 5 g). Die beiden Bediensteten Schnell und Scharf, die davon ausgehen, dass Jonndar wegen des Haschischfundes mit Arrest bestraft werde, fordern ihn daraufhin auf, mit zum Arzt zu kommen, damit er umgehend auf seine Arresttauglichkeit untersucht werde. Als

---

[1] BT-Drs. 7/3998, 38; BT-Drs. 7/918, 81.
[2] Schwind/Böhm, § 103 Rdnr. 4.
[3] Zu den Anforderungen an die beschleunigte Durchführung des Disziplinarverfahrens: OLG Hamburg StV 2004, 276, OLG München NStZ-RR 2013, 94.

Jonndar weder darauf noch auf die Androhung, ihn mit Gewalt zum Arzt zu bringen, reagiert und anfängt, heftig zu schreien und um sich zu schlagen, greifen Schnell und Scharf den
Jonndar mit festem Griff, um ihn ruhig zu stellen und zum Arzt zu bringen. Jonndar gibt seinen Widerstand dann auch schnell auf.

Aufgabe
Welche Überlegungen sind im Hinblick auf ein Disziplinarverfahren gegen Jonndar anzustellen?

Lösungshinweise
Im Disziplinarrecht des StVollzG lassen sich formelle und materielle Voraussetzungen für die Verhängung einer Disziplinarmaßnahme unterscheiden:
Formelle Voraussetzungen
a) ZUSTÄNDIGKEIT. Gemäß § 105 I hat der Anstaltsleiter die Disziplinarbefugnis. Diese Befugnis darf der Anstaltsleiter gemäß § 156 III nur mit Zustimmung der Aufsichtsbehörde übertragen. Richtet sich die Verfehlung des Gefangenen gegen den Anstaltsleiter selbst, ist gemäß § 105 II die Aufsichtsbehörde zuständig. In einer Justizvollzugsanstalt, in der das Abteilungsleitersystem eingeführt ist, ist der Anstaltsleiter nicht gehindert, über Verfehlungen gegen Abteilungsleiter, obwohl diesem die meisten Anstaltsleiterbefugnisse übertragen sind, zu entscheiden. Umgekehrt dürfte es nicht richtig sein, dass ein Abteilungsleiter über Verfehlungen gegen den Anstaltsleiter entscheidet, auch wenn ihm formal die Disziplinarbefugnis in seinem Bereich übertragen worden ist und der Gefangene zu diesem Zuständigkeitsbereich gehört. Zwar besteht hier keine Personenidentität zwischen dem, der über die Disziplinarmaßnahme entscheidet, und dem, gegen den sich die Verfehlung richtet.[4] Jedoch folgt aus der herausgehobenen Stellung des Anstaltsleiters innerhalb der Anstalt, dass bei Verfehlungen gegen ihn nur die Aufsichtsbehörde über eine Disziplinarmaßnahme entscheiden darf und nicht ein in der Hierarchie unter ihm stehender Bediensteter. Anders liegt es beim bloßen Leiter einer Teilanstalt.[5]
b) ERFORSCHUNG DES SACHVERHALTS. Gemäß § 106 I 1 ist der Sach- verhalt zu klären. Die VV Nr. 1 I erläutert dies genauer: belastende, aber auch entlastende Umstände und ggf. die Verantwortlichkeit des Gefangenen sind zu ermitteln. In der Regel führt die Ermittlungen nicht der Anstaltsleiter selbst, sondern ein hierzu besonders bestimmter Bediensteter, z. B. der Inspektor für Sicherheit und Ordnung (VV Nr. 3). Dieser Bedienstete darf allerdings nicht selbst durch den Verstoß betroffen sein.
c) ANHÖRUNG DES GEFANGENEN. Im Rahmen der Sachverhaltsklärung ist auch der Gefangene zu hören. Zunächst wird ihm hierbei der Vorwurf, der ihm gemacht wird, bekannt gegeben (VV Nr. 1 I). Falls der Gefangene sich äußert, wird seine Einlassung schriftlich niedergelegt (§ 106 I 3). Der Gefangene

---
[4] Vgl. hierzu Calliess/Müller-Dietz, § 156 Rdnr. 7.
[5] KG NStZ 2000, 111.

muss sich zu dem Disziplinarvorwurf nicht äußern und kann die Aussage verweigern. Dies entspricht normalen rechtsstaatlichen Grundsätzen, die auch im Disziplinarverfahren gelten. Dem Gefangenen steht insbesondere auch das Recht zu, einen Rechtsanwalt schon vor der Anhörung zu konsultieren.[6] Nach dem Abschluss der Ermittlungen ist dem Gefangenen erneut Gelegenheit zu geben, sich zu deren Ergebnissen zu äußern (VV Nr. 1 III). Nach dem Willen des Gesetzgebers wird nicht zuletzt durch diese Anhörung dem Verfassungsgrundsatz auf rechtliches Gehör im Disziplinarverfahren Genüge getan.[7] Dem entspricht, dass diese letzte Anhörung auch von dem vorgenommen werden sollte, der die Entscheidung über die Disziplinarmaßnahme trifft, also dem Anstaltsleiter oder Abteilungsleiter. In der Praxis dürfte dies auch die Regel sein. Bedenken begegnet insofern die VV Nr. 3, wonach die Delegation der Anhörung ohne Ausnahme möglich sein soll. Im Übrigen reicht es, wenn dem Gefangenen Gelegenheit zur Anhörung gegeben wird; es bleibt ihm überlassen, ob er davon Gebrauch macht.[8]

d) BERATUNG IN EINER KONFERENZ. Disziplinarmaßnahmen spielen im Vollzugsalltag eine besondere Rolle. Sie können das Behandlungsklima beeinflussen und auch sonst einen großen Einfluss auf die Verhältnisse in der Anstalt haben. Bei der Auswahl von Disziplinarmaßnahmen sind zudem eine Menge von verschiedenen vollzuglichen Gesichtspunkten zu berücksichtigen. Es ist demnach nur vernünftig, wenn § 106 III 1 vorschreibt, dass bei schweren Verstößen der Anstaltsleiter sich vor der Entscheidung in einer Konferenz mit Personen besprechen soll, die bei der Behandlung des Gefangenen mitwirken. Obwohl das Gesetz dies auf schwere Disziplinarverstöße beschränkt, dürfte es angesichts der eingangs genannten Gesichtspunkte richtig sein, wenn bei Disziplinarmaßnahmen immer, außer in dringenden Fällen, die Konferenz oder zumindest noch eine weitere, in der Behandlung des Gefangenen erfahrene Person beteiligt wird.[9]

e) ANHÖRUNG DES ANSTALTSARZTES. In besonderen Fällen, nämlich wenn der Gefangene sich in ärztlicher Behandlung befindet, oder bei einer Schwangeren oder einer stillenden Mutter ist vor Verhängung der Disziplinarmaßnahme der Arzt zu hören (§ 106 II 2). Dasselbe gilt bei Zweifeln an der Verantwortlichkeit des Gefangenen (VV Nr. 1 II 2). In den aufgeführten Fällen ist die Anhörung des Arztes schon deshalb sinnvoll, weil dadurch bei zweifelhaftem Gesundheitszustand des Gefangenen verhindert wird, dass eine Disziplinarmaßnahme verhängt wird, die nachher aus ärztlichen Gründen nicht vollstreckt werden kann. Die Nichtbeachtung dieser Vorschrift führt, da es sich um eine bloße Ordnungsvorschrift handelt, nicht zur Rechtswidrigkeit der Disziplinarmaßnahme.[10] Jedoch kann die Disziplinarmaßnahme deshalb

---

[6] OLG Karlsruhe NStZ-RR 2002, 29.
[7] BT-Drs. 7/918, 82.
[8] OLG Koblenz NStZ 1987, 429 f.
[9] Calliess/ Müller-Dietz, § 106 Rdnr. 5; BlfStrVK 1994-1,7
[10] A.A. OLG Hamburg StV 2004, 389; OLG Karlsruhe NStZ-RR 2006,190.

rechtswidrig sein – oder jedenfalls ihr Vollzug -, wenn die genannten gesundheitlichen Bedenken bestehen.[11]

f) MÜNDLICHE ERÖFFNUNG DURCH DEN ANSTALTSLEITER. Gemäß § 106 III ist der Anstaltsleiter verpflichtet, die Disziplinarentscheidung dem Gefangenen mündlich mitzuteilen. Sinn dieser Vorschrift, die an Nr. 188 der alten Dienst- und Vollzugsordnung anknüpft, dürfte sein, dass derjenige, der die Entscheidung getroffen hat, diese auch am besten erläutern kann. Die direkt mit der Behandlung des Gefangenen befassten Bediensteten werden außerdem dadurch von dieser zumeist sehr unangenehmen Aufgabe entlastet. Da es sich um eine Frage reiner Zweckmäßigkeit handelt, kann die Eröffnung der Disziplinarentscheidung – wie in der Praxis üblich – auch ein von dem Anstaltsleiter beauftragter Bediensteter vornehmen. Dies muss jedenfalls dann gelten, wenn der Gefangene selbst es ablehnt, mit dem Anstaltsleiter zusammenzutreffen. Es erscheint nämlich nicht haltbar, aus § 106 III eine Pflicht des Gefangenen abzuleiten, im Rahmen der Eröffnung der Disziplinarentscheidung vor dem Anstaltsleiter zu erscheinen.[12] Genauso wenig ist einzusehen, warum nur der Anstaltsleiter, obwohl er z. B. ein gespanntes Verhältnis mit dem Gefangenen hat, die Disziplinarentscheidung eröffnen kann.[13]

g) SCHRIFTLICHE BEGRÜNDUNG. Gemäß § 106 III ist die Disziplinarentscheidung schriftlich zu begründen. Sie wird danach zu den Gefangenenpersonalakten genommen. Die Begründung muss derart genau sein, dass sie gerichtlich überprüft werden kann. Auch muss ohne weiteres klar ersichtlich sein, auf welche Tatsachenfeststellung sich die Disziplinarentscheidung stützt.[14]

Materielle Voraussetzungen

a) PFLICHTVERSTOSS. Gemäß § 102 I muss ein Gefangener gegen Pflichten verstoßen, die ihm durch dieses Gesetz oder aufgrund dieses Gesetzes auferlegt sind. Die Pflichten erwachsen also direkt aus den gesetzlichen Bestimmungen des Strafvollzugsgesetzes oder sind dem Gefangenen aufgrund einer Ermächtigung im Strafvollzugsgesetz zusätzlich auferlegt worden.

Im obigen Fall hat der Gefangene gegen § 83 verstoßen, weil er eine Sache (Haschisch) in Gewahrsam hatte, die ihm nicht von der Vollzugsbehörde oder mit ihrer Zustimmung überlassen worden war. Ein Verstoß gegen die Hausordnung der Anstalt wird hier wahrscheinlich hinzukommen, da das Verbot des Besitzes berauschender Mittel dort in der Regel ebenfalls aufgeführt ist. Für die Verhängung einer Disziplinarmaßnahme ist letzteres jedoch keine notwendige Bedingung.[15] Fraglich ist, ob der Gefangene Jonndar dadurch einen Pflichtverstoß begangen hat, dass er der Anordnung der Bediensteten Schnell

---

[11] Vgl. Schwind/Böhm, § 106 Rdnr. 6 m.w.N.
[12] So aber: OLG Hamm NStZ 1991, 509; a. A. Schriever NStZ 1993, 103; Calliess/Müller-Dietz, § 106 Rdnr. 2; vgl. jetzt auch BGH NStZ 1997, 614 m. Anm. Müller-Dietz; OLG Frankfurt/Main NStZ-RR 1997, 1529.
[13] Ebenso: Diepolder ZfStrVo 1980, 145; Calliess/Müller-Dietz, § 106 Rdnr. 4.
[14] Vgl. LG Hamburg ZfStrVo SH 1979, 85 LS.
[15] Vgl. OLG Hamm NStZ 1995, 55.

und Scharf nicht nachgekommen ist, seine Arresttauglichkeit beim Arzt feststellen zu lassen. Es kommt ein Verstoß gegen die Gehorsamspflicht des Gefangenen gemäß § 82 II 1 in Betracht. Dabei ist jedoch zu beachten, dass § 82 II S. 1 keine selbständige Rechtsgrundlage für Anordnungen darstellt, sondern vielmehr eine rechtmäßige Anordnung aufgrund einer speziellen Ermächtigung im StVollzG voraussetzt.[16] Dies bedeutet: nur wenn die Anordnung der Bediensteten rechtmäßig war, musste Jonndar ihr auch nachkommen. Rechtsgrundlage für die Vorführung des Jonndar beim Anstaltsarzt könnte hier nur § 107 I sein. Danach ist die vom Gefangenen zu duldende Mitwirkung des Arztes notwendig, bevor der Arrest vollzogen wird. Hier steht jedoch noch gar nicht fest, ob überhaupt Arrest verhängt wird. Die Bediensteten durften diese Entscheidung des Anstaltsleiters nicht einfach vorwegnehmen. Da es somit an einer Rechtsgrundlage für die Anordnung der Bediensteten fehlte, war Jonndar auch nicht verpflichtet, diese Anord-nung zu befolgen. Es liegt insofern also auch kein Pflichtverstoß vor.

Fraglich ist weiterhin, wie die Widerstandshandlung des Jonndar gegen die Bediensteten Schnell und Scharf zu bewerten ist. Er könnte hierdurch gemäß § 82 I 2 das geordnete Zusammenleben in der Anstalt gestört haben. Tätliche Angriffe sind sicherlich Störungen des geordneten Zusammenlebens in der Anstalt. Es bleibt jedoch zu untersuchen, welchen Einfluss es hat, dass in diesem Fall die Bediensteten rechtswidrig handelten, als sie den Gefangenen zwangen, mit zum Arzt zu kommen.

Es läge kein Pflichtverstoß vor, wenn der Gefangene in Notwehr handelte, § 32 StGB oder ihm ein anderer Rechtfertigungsgrund zur Seite stand. Notwehr gegen Vollstreckungshandlungen kommt jedoch nur dann in Betracht, wenn die Vollstreckungsbeamten formell unrechtmäßig gehandelt haben. Auf die materielle Richtigkeit ihres Handelns kommt es dagegen nicht an. So müssen die Vollstreckenden sachlich und örtlich zuständig sein und die wesentlichen Förmlichkeiten bei der Vollstreckungshandlung, hier bei der Anwendung des unmittelbaren Zwangs, einhalten.[17] Davon ist aber im vorliegenden Fall auszugehen. Der Gefangene musste den unmittelbaren Zwang also dulden und durfte ihm keine Gewalt entgegensetzen. Er hätte vielmehr bei Gericht oder auf dem Dienstaufsichtswege sein Recht suchen müssen.

Der Gefangene Jonndar hat also sowohl durch den Besitz von Haschisch als auch durch seinen aktiven Widerstand gegen die Bediensteten Pflicht-verstöße begangen,

    b) SCHULDHAFTER „PFLICHTVERSTOSS". Eine Disziplinarmaßnahme ist nur möglich, wenn der Gefangene für sein Tun verantwortlich ist.[18] Begeht der Gefangene im Vollrausch einen Pflichtverstoß, so ist – von dem seltenen Fall abgesehen, dass er sich vorsätzlich berauscht hat, um dann in diesem Zustand den Pflichtverstoß zu begehen – der Gefangene hierfür nicht verantwortlich. Allerdings wird in der Regel darin ein Pflichtverstoß liegen, dass der Gefan-

---

[16] OLG Ffm BlfStrVK 1992-4, 5; Calliess/Müller-Dietz, § 82 Rdnr. 3.
[17] Vgl. Fischer, § 113 Rdnr. 10 ff. m.w.N.
[18] Hierzu Hans. OLG Bremen ZfStrVo 1997, 245.

gene sich überhaupt berauscht hat. Der freiwillige Konsum von Rauschmitteln ist, selbst wenn dies durch die Hausordnung nicht ausdrücklich verboten sein sollte, immer ein Pflichtverstoß.[19]

Hinsichtlich der Schuldform schreibt § 102 II nicht vor, dass der Gefangene vorsätzlich handeln muss. Es genügt also grundsätzlich ein fahrlässiger Pflichtverstoß. Jedoch wird in solchen Fällen, in denen bloß Fahrlässigkeit vorliegt, die Notwendigkeit einer Disziplinarmaßnahme wohl in der Regel nicht bestehen.[20]

Im vorliegenden Fall liegen keine Anhaltspunkte dafür vor, dass Jonndar für sein Verhalten nicht verantwortlich war. Hinsichtlich des Besitzes von Haschisch und des Widerstands gegen die Bediensteten hat er vorsätzlich gehandelt.

c) HANDLUNGSERMESSEN DES ANSTALTSLEITERS. Gemäß § 102 I kann der Anstaltsleiter, muss aber nicht eine Disziplinarmaßnahme verhängen. Er kann insbesondere von Disziplinarmaßnahmen absehen, wenn sich die Vollzugsaufgaben mit Behandlungs- oder auch Sicherungsmaßnahmen erreichen lassen. Gemäß § 102 II ist es ihm dann auch möglich, den Gefangenen lediglich zu verwarnen.[21]

d) AUSWAHLERMESSEN. Liegt ein Pflichtverstoß vor und will der Anstaltsleiter eine Disziplinarmaßnahme verhängen, so muss er die Maßnahme dem Katalog des § 103 I Nr. 1–9 entnehmen. Die Vorschrift ist abschließend. Andere Disziplinarmaßnahmen dürfen dem Gefangenen deshalb nicht auferlegt werden. Das Ermessen hinsichtlich der Verhängung von Disziplinarmaßnahmen ist jedoch durch verschiedene gesetzliche Vorschriften und Verwaltungsvorschriften beschränkt. Zunächst ist zu beachten, dass gemäß VV Nr. 2 zu § 106 StVollzG mehrere Verfehlungen eines Gefangenen, die gleichzeitig zu beurteilen sind, durch *eine* Entscheidung geahndet werden. Mehrere Disziplinarverstöße bilden damit eine einheitliche Tat, wie im Disziplinarrecht, aber auch im Jugendstrafrecht (vgl. § 31 JGG) allgemein üblich.[22] Damit entfällt es, für jede Verfehlung eine Art Einsatzstrafe (vgl. § 53 StGB) zu bilden. Die nachträgliche Bildung einer Art Gesamtstrafe gibt es ebenfalls nicht. Durch die Kombination mehrerer Disziplinarmaßnahmen hat der Anstaltsleiter jedoch gemäß § 103 III die Möglichkeit, auf verschiedene Aspekte des Fehlverhaltens eines Gefangenen einzugehen.

Generell hat der Anstaltsleiter bei der Verhängung von Disziplinarmaßnahmen das Verhältnismäßigkeitsprinzip und auch das Schuldprinzip zu beachten.[23] Dies bedeutet: je schwerer der Pflichtenverstoß des Gefangenen ist, desto schwerer kann auch die Disziplinarmaßnahme ausfallen. Der Verweis gemäß § 103 I Nr. 1 ist demgemäß nur bei leichten Verstößen angebracht. Dem gegenüber steht der Arrest, der gemäß § 103 II nur wegen schwerer oder

---

[19] OLG Hamm NStZ 1995, 55.
[20] Schwind/Böhm, § 102 Rdnr. 8.
[21] Vgl. Calliess/Müller-Dietz, § 102 Rdnr. 1 m.w.N.
[22] Schwind/Böhm, § 102 Rdnr. 12.
[23] Schwind/Böhm, § 103 Rdnr. 3.

mehrfach wiederholter Verfehlungen verhängt werden darf. Schwere Verfehlungen sind z. B. der Besitz oder Konsum von Rauschmitteln,[24] tätliche Angriffe gegenüber Bediensteten, aber auch die Entweichung aus einer Anstalt bzw. wiederholte Entweichungsversuche, Tätowierung eines Mitgefangenen wegen der Infektions-/Lebensgefahr.[25]

Es mag zweifelhaft sein, was unter mehrfach wiederholten Verfehlungen gemäß § 103 II zu verstehen ist. Es dürfte richtig sein, dass hier nur gleiche bzw. annähernd gleichartige Verfehlungen berücksichtigt werden dürfen. Nur der beharrliche, hartnäckige Verstoß gegen dieselbe Pflicht rechtfertigt es, mehrere leichte Verfehlungen einer schweren Verfehlung im Sinne von § 103 II gleichzusetzen.

Bei den Disziplinarmaßnahmen gemäß § 103 I Nr. 3–8 gilt das sog. Spiegelungsgebot, § 103 IV. Diese Maßnahmen sollen möglichst nur angeordnet werden, wenn sie in einem Zusammenhang mit den Verfehlungen stehen, die der Gefangene begangen hat.

Diese vom Gesetzgeber so angeordnete Anforderung ist schon häufig kritisiert worden.[26] Es ist nämlich fraglich, ob das hier Gesetz gewordene Prinzip wirklich einen pädagogischen Sinn hat. Jedoch wäre es fehlerhaft und würde zur Rechtswidrigkeit der Disziplinarmaßnahmen führen, wenn man diesen Gesetzesbefehl bei der Ermessensentscheidung einfach außer acht lassen würde. Das Spiegelungsgebot ist vielmehr so anzuwenden, dass es jedenfalls nicht mehr Schaden als Nutzen bewirkt.

Falsch wäre es, dem Gefangenen bei einem Verstoß gegen die Arbeitspflicht etwa auch noch die Arbeit ganz zu entziehen im Hinblick auf das Spiegelungsgebot. Richtig wäre es vielmehr, die Freizeitaktivitäten des Gefangenen in diesem Falle zu beschneiden, da Freizeit u. a. auch ein Ausgleich für die geleistete Arbeit sein soll.[27] Bei dem Entzug von Gegenständen für die Freizeitbeschäftigung gemäß § 103 I Nr. 4 darf nicht in die Befugnisse des Gefangenen aus § 19 eingegriffen werden. Es darf demzufolge nicht angeordnet werden, dass dem Gefangenen nur noch „landeseigene Gegenstände" belassen werden.[28] Bei einer Freizeitsperre gemäß § 103 I Nr. 4 ist der Ausschluss von religiösen Veranstaltungen i.S.d. § 54 nicht enthalten. Unter letztere fallen auch Maßnahmen karitativer und diakonisch-fürsorgerischer Art bis hin zu Veranstaltungen der konfessionellen Erwachsenenbildung.[29]

Im vorliegenden Fall hat der Gefangene Rauschmittel[30] (Haschisch) in seinem Besitz gehabt und außerdem einen Bediensteten tätlich angegriffen und Widerstand geleistet. Beide Verfehlungen wiegen schon für sich genommen schwer. Daran ändert auch die Tatsache nichts, dass der Gefangene sich mit seinem Wi-

---

[24] Einschränkend: BVerfG NStZ 1993, 605 f.; OLG Nürnberg NStZ 1993, 512.
[25] OLG Karlsruhe NStZ-RR 2006, 190.
[26] Vgl. Schwind/Böhm, § 103 Rdnr. 4.
[27] Vgl. Schwind/Böhm, a. a. O.
[28] OLG Koblenz ZfStrVo 1994, 182 f.
[29] OLG Hamm ZfStrVo 1999, 306.
[30] Zum Rauschmittelkonsum vgl. Skirl ZfStrVo 1995, 93.

derstand gegen eine materiell unrechtmäßige Diensthandlung zur Wehr setzte. Es wäre ihm zuzumuten gewesen, formellen oder informellen Rechtsschutz zu suchen, be- vor er Gewalt anwendete. Für das Fehlverhalten des Gefangenen erscheint eine Disziplinarmaßnahme von 2 Wochen Arrest, davon 1 Woche zur Bewährung, angemessen.

18.2 Vollzug der Disziplinarmaßnahmen

Gemäß § 104 I sind Disziplinarmaßnahmen sofort zu vollstrecken. Ein Widerspruch oder ein Antrag auf gerichtliche Entscheidung hindern die Vollstreckung der Disziplinarmaßnahme nicht. Allerdings kann die Vollzugsbehörde bis zur gerichtlichen Entscheidung eine angefochtene Maßnahme selbst aussetzen. Da letzteres relativ selten vorkommt, ist der vorläufige Rechtsschutz des § 114 II besonders bedeutsam.[31] Die Anstalt hat demzufolge auch alles in ihrer Macht stehende zu tun, dass der Gefangene rechtzeitig Zugang zum Gericht erhält. Auch der Eilantrag gemäß § 114 II führt zwar noch nicht unbedingt zur Aussetzung der Disziplinarmaßnahme. Ist jedoch der Antrag des Gefangenen schlüssig begründet und kommt das Gericht nach Konsultation der Anstalt zu dem Ergebnis, dass dem Antragsteller geglaubt werden kann, so muss es nach dem Maßstab des § 114 II 1 abwägen und über die Aussetzung der Disziplinarmaßnahme entscheiden. In besonderen Fällen wird dabei auch eine vorläufige Aussetzung der Disziplinarmaßnahme in Betracht kommen.[32]

Gemäß § 107 ist außerdem, bevor der Arrest vollzogen wird, der Arzt zu hören. Während des Arrests steht der Gefangene unter ärztlicher Aufsicht. Stellt der Arzt eine Gesundheitsgefährdung durch den Arrest fest, so unterbleibt der Vollzug des Arrests oder wird nachträglich unterbrochen.

Gemäß § 104 II kann die Disziplinarmaßnahme auch nachträglich noch zur Bewährung ausgesetzt werden. Das nähere Verfahren zur Bewährung und zur Bewährungszeit regelt die VV zu § 104. § 104 III-V regelt das Verfahren beim Vollzug verschiedener Disziplinarmaßnahmen. Wird die Verfügung über das Hausgeld beschränkt oder entzogen, ist das in dieser Zeit anfallende Hausgeld dem Überbrückungsgeld hinzuzurechnen. Ist das festgesetzte Überbrückungsgeld also noch nicht erreicht, spart der Gefangene das Überbrückungsgeld schneller an, indem sein gesamter, in dieser Zeit anfallender Arbeitsverdienst auf das Überbrückungs-geldkonto gebucht wird. Hat ein Gefangener sein Überbrückungsgeldsoll bereits erreicht, so erhöht sich automatisch um den durch die Disziplinarmaßnahme befangenen Betrag sein Überbrückungsgeld.

Gemäß § 104 IV ist dann, wenn der Verkehr des Gefangenen mit Personen außerhalb der Anstalt eingeschränkt ist, dem Gefangenen Gelegenheit zu geben, dies einer Kontaktperson mitzuteilen.

---

[31] Vgl. hierzu BVerfG NJW 1994, 3087 ff.
[32] BVerfG NJW 1994, 3089 f.

§ 104 V regelt die Modalitäten des Vollzugs von Arrest. Arrest wird danach in Einzelhaft vollzogen. Der Gefangene wird also in der Ruhe-, der Arbeits- und Freizeit von seinen Mitgefangenen räumlich abgesondert. In der Regel geschieht dies, indem der Gefangene in eine besondere Arrestzelle gebracht wird. Es ist jedoch auch durchaus möglich, den Gefangenen in seinem Haftraum zu belassen.[33] Dann müssen allerdings die meisten der ihm erlaubten Gegenstände für die Arrestzeit entzogen werden und aus seinem Haftraum entfernt werden. Genauso wie allgemein für die Einzelhaft gilt auch für den Arrest, dass die Rechte des Gefangenen auf die Freistunde (§ 64) und die Teilnahme am Gottesdienst (§ 54) hierdurch nicht zwangsläufig suspendiert sind. Da dem Anstaltsleiter ein gewisser Spielraum bei der Ausgestaltung der Einzelhaft zusteht, dürfte es rechtmäßig sein, wenn er anordnet, dass die Freistunde als Einzelfreistunde stattfindet. Jedoch ist dies keine Selbstverständlichkeit (Abb. 18.1).

Gemäß § 104 V 3 ruhen im Regelfall die Befugnisse des Gefangenen aus den §§ 19, 20, 22, 37, 38, 68–70. Allerdings können diese Befugnisse auf besondere Anordnung des Anstaltsleiters erhalten bleiben.[34] Eine besonders schmerzliche Konsequenz für den Gefangenen ist, dass er während der Arrestzeit nicht am Einkauf teilnehmen kann. Diese Vorschrift macht nur Sinn, wenn der Gefangene während des Arrests auch nicht auf Vorräte zurückgreifen kann. Andernfalls könnte er durch rechtzeitige Proviantierung diese Folge des Arrests umgehen. Da Tabak zu den Genussmitteln gehört, die der Gefangene beim Einkauf erwerben kann, darf er diesen während des Arrests nicht nutzen und somit auch nicht rauchen.[35]

Arrest soll – wie die anderen Disziplinarmaßnahmen auch – den Gefangenen dazu bringen, in Zukunft keine Pflichtverstöße mehr zu begehen. Auch wenn man dabei noch die Wirkung auf andere Gefangene berücksichtigt, so dürfte es dennoch zweifelhaft sein, ob ein besonders strenger Arrestvollzug dieses angestrebte Ziel erreichen kann. Im Einzelfall scheint es demnach durchaus angemessen und sogar angezeigt zu sein, Ausnahmen von einzelnen Beschränkungen und Einschränkungen zu machen.

18.3 Problemfälle

a) Ein Gefangener begeht WÄHREND DES URLAUBS EINE STRAFTAT. Handelt es sich hierbei auch noch in jedem Fall um einen Pflichtverstoß gemäß § 102? Die §§ 102 ff. wollen nicht Fehlverhalten insgesamt, sondern nur Verfehlungen im Hinblick auf die Verhältnisse im Strafvollzug ahnden. Eine Straftat außerhalb des Vollzugs während eines Hafturlaubs kann deshalb nur disziplinarrechtlich geahndet werden, wenn der Gefangene mit der Straftat gleichzeitig gegen seine Pflichten als Strafgefangener verstoßen hat. Dies kommt etwa dann in Frage, wenn er gegen

---
[33] Schwind/ Böhm, § 104 Rdnr. 5.
[34] Calliess/Müller-Dietz, § 104 Rdnr. 3.
[35] Vgl. Schwind/Böhm, § 104 Rdnr. 6

184   18   Disziplinarmaßnahmen, § 102 ff.

Köln
(Justizvollzugsanstalt)

1234/12/3		
(Buchnummer)	**Disziplinarverfahren**	
gegen: Str.Gef. Paulo, Post *23.03.1978	Haus:	Haus 3/216 Abt.:
	Anzeige	

Anzeige

Der heute (04.12.2012) entlassene Inhaftierte Müller, Ulf *05.05.1955 wollte zwei frankierte Briefe, die nicht von ihm waren, mit aus der Justizvollzugsanstalt nehmen. Bei der Kontrolle wurde festgestellt, dass es sich bei dem Absender um den Inhaftierten Grund, Georg *12.12.1986 aus Haus 11 handelt. Der Brief ist in russischer Sprache verfasst und nach Überprüfung des Empfängers könnte der Brief ursprünglich vom Untersuchungsgefangenen Post, Paolo aus Haus 3 stammen, der eine Postkontrolle über die StA Bonn hat.

04.12.12	Schreiberling, JVAI
(Tag)	(Unterschrift, Amtsbezeichnung)

Einlassung des Gefangenen. Wesentliches Ergebnis der weiteren Erhebungen. Stellungnahme des Gefangenen hierzu.

Vorgeführt erscheint der o.g. Gefangene. Auf sein Aussageverweigerungsrecht hingewiesen erklärte er:

„Ich wollte die Briefe schnell befördern lassen, da mein Vater Geburtstag hatte. Zudem hatte ich meiner Mutter, Freundin und Tochter zum Weltfrauentag gratulieren wollen. Es tut mir leid. Es war das erste und letzte Mal."

Köln, 04.12.12
v.g.u.   geschlossen

Unterschrift Inhaftierte/r   Schreiberling, JVAI

VG 52 Disziplinarverfahren - Nr. 59 VGO - gen. 1. 77 -   Recycling-Papier aus 100% Altpapier
       JVA Bochum   Preisklasse 13

Abb. 18.1 Muster einer Disziplinarverfügung

18.3 Problemfälle

Entscheidung

1. - Der Sachverhalt ist gem. § 106 Abs. 2 StVollzG mit _dem BRL S.i. ciberling u. dem Gef._ besprochen worden. -

2. - Das Ergebnis der Erhebungen reicht zu einer Überführung des Gefangenen nicht aus. Von der Anordnung einer Disziplinarmaßnahme wird daher abgesehen.

   - Auf Grund der Anzeige, der Einlassung des Gefangenen und des Ergebnisses der weiteren Erhebungen ist als erwiesen anzusehen, daß*)

   der Gef. versucht hat, die Postkontrolle zu umgehen.

   - Verstoß gegen §§ _____ StVollzG - Nr. _____ VV zu § _____ StVollzG -
   - Von einer Disziplinarmaßnahme wird abgesehen. - Der Gefangene ist verwarnt worden. -
   - Gegen den Gefangenen werden gem. § 103 Abs. 1 Ziff. _5_ StVollzG folgende Disziplinarmaßnahmen angeordnet:
   1 Woche Ausschluss von Freizeitveranstaltungen

3. - Die Entscheidung ist dem Gefangenen von mir zusammen mit der o. a. Begründung eröffnet worden. -
   - Herrn Anstaltsarzt mit der Bitte um Stellungnahme zur Vollstreckung. -

4. - Herrn Aufsichtsdienstleiter zur Vollstreckung der Disziplinarmaßnahme, soweit nicht der Anstaltsarzt Bedenken gegen die Vollstreckung äußert. In diesem Falle ist mir der Vorgang wieder vorzulegen. -

5. - Der Vollzugsgeschäftsstelle zur Eintragung im Verz. d. Disziplinarmaßnahmen und im G-Bogen der Personalakten.

6. - Zu den Personalakten.

_04.12.2012_ (Tag)   Der Anstaltsleiter

Vermerk

Durch den Vollzug des Arrestes wird die Gesundheit des Gefangenen - nicht - gefährdet. Der Vollstreckung steht vom ärztlichen Standpunkt aus folgendes im Wege: _____

_____ (Tag)   Der Anstaltsarzt

Vermerk über den Vollzug der Disziplinarmaßnahme	Vermerk der Vollzugsgeschäftsstelle
Die Disziplinarmaßnahme ist am _04.12.12_ vom _04.12.12_ bis _10.12.12_ vollzogen worden.	Eingetragen im Verz. d. Disziplinarmaßnahmen unter lfd. Nr. _76/12_ und im G-Bogen der Personalakten.
_04.12.12_ (Tag) (Unterschrift, Amtsbezeichnung)	_04.12.12_ (Tag) (Unterschrift, Amtsbezeichnung)

*) Genaue Schilderung des Verstoßes einfügen. Eine Bezugnahme auf die Anzeige genügt nicht.

Abb. 18.1 (Fortsetzung)

rechtmäßige Weisungen gemäß § 14 I verstoßen hat. Wenn also ein Gefangener im Urlaub eine Schlägerei in einer Gaststätte anfängt, so ist das für sich genommen noch kein Disziplinarverstoß. Die Verfehlung kann aber darin liegen, dass er gegen die Weisung des Anstaltsleiters, keine Gaststätten aufzusuchen, verstoßen hat.[36]

b) Ein Gefangener kommt AUS DEM URLAUB NICHT FREIWILLIG ZURÜCK. Hier handelt es sich um die Verletzung von konkreten Anordnungen des Anstaltsleiters, die sogar in dem Urlaubsschein enthalten sind, der dem Gefangenen in den Urlaub mitgegeben wird.[37] In einem solchen Fall bestehen keine Bedenken, als Disziplinarmaßnahme das Verbot der Teilnahme an Gemeinschaftsveranstaltungen zu verhängen. Eine sog.Urlaubssperre ist als Disziplinarmaßnahme nämlich nicht zulässig,[38] und eine korrespondierende Sanktion ist im Katalog des § 103 I nicht enthalten. Daneben ist es im Übrigen durchaus zulässig, wenn der Gefangene zunächst nicht mehr für Urlaub zugelassen wird. Dabei handelt es sich allerdings nur um die Konsequenz dessen, dass er sich im Urlaub nicht bewährt hat, nicht also um eine Disziplinarmaßnahme.[39]

c) Ein Gefangener ENTWEICHT aus einer Anstalt. Nach herkömmlicher Meinung begeht der Gefangene durch seine Flucht einen Pflichtverstoß. Begründet wird dies damit, dass er gemäß § 82 II 2 an dem ihm zugewiesenen Platz bleiben müsse, was er nicht getan habe. Außerdem treffe den Gefangenen eine Voll-zugsduldungspflicht. Eine neuere Auffassung differenziert danach, ob der Gefangene aus dem offenen oder dem geschlossenen Vollzug entweicht. Durch die Zustimmung des Gefangenen zu seiner Unterbringung im offenen Vollzug (§ 10 I) entstehe ein gesetzlich begründetes Pflichtenverhältnis, im Verantwor- tungsbereich der Anstalt zu verbleiben (§ 102). Für den im geschlossenen Vollzug befindlichen Gefangenen bestehe hingegen eine disziplinarrechtlich ahnbare Pflicht nicht. Auch aus § 82 II 2 lasse sich eine disziplinarrechtlich ahnbare Bleibepflicht in der Anstalt des geschlossenen Vollzugs nicht herlei-ten, da die Vorschrift über die „Bereichsgebundenheit" nur die innere Ordnung und Sicherheit der Anstalt betreffe, nicht die äußere Sicherheit.[40]

Diese Auffassung hat sich bislang in der Vollzugspraxis und der Rechtsprechung sowie der Lehre nicht durchgesetzt. Vielmehr erscheint das Argument überzeugend: wenn der Gefangene nicht einmal den ihm zugewiesenen Bereich innerhalb der Anstalt verlassen darf, dann erst recht nicht die Anstalt überhaupt.[41] Häufig wird die Entweichung mit anderen Verstößen einhergehen (Beschädigung von Anstaltseigentum, Verwendung von Gegenständen, die nicht von der Anstalt überlassen wurden).

---

[36] Zu Straftaten während des Vollzugs: Schwind/Böhm, § 102 Rdnr. 15 m.w.N.; siehe auch unten i.
[37] Calliess/Müller-Dietz, § 102 Rdnr. 6 m.w.N.
[38] Calliess/Müller-Dietz, § 103 Rdnr. 1 m.w.N.
[39] Schwind/Böhm, § 13 Rdnr. 26 m.w.N.
[40] Vgl. Calliess/Müller-Dietz, § 102 Rdnr. 8 ff. m.w.N.
[41] Schwind/Böhm, § 102 Rdnr. 18 m.w.N.; a. A. Ostendorf NStZ 2007, 313.

18.3 Problemfälle

d) Ein Gefangener weigert sich am Testverfahren in einer Einweisungs-anstalt mitzuwirken.
Gemäß den §§ 4 I 2, 82 trifft den Gefangenen keine Pflicht, an seiner Behandlung mitzuwirken. Es handelt sich lediglich um eine Mitwirkungsnotwendigkeit, die jedoch nicht sanktionsbewehrt ist.[42]

e) Ein Gefangener WEIGERT SICH, SEINER ARBEITSPFLICHT NACHZUKOMMEN. Gegen ihn wird eine Disziplinarmaßnahme verhängt; er weigert sich jedoch weiterhin zu arbeiten.
Auch im Disziplinarrecht gilt der Grundsatz aus Artikel 103 I GG, dass man nicht zweimal für dasselbe bestraft werden kann. Im vorliegenden Fall ist indes der Anstaltsleiter nicht gehindert, erneut eine Disziplinarmaßnahme zu verhängen. Die Verhängung der Disziplinarmaßnahme und deren anschließender Vollzug bildet nämlich eine Zäsur. Kommt der Gefangene weiterhin seinen Pflichten nicht nach, so handelt es sich um einen erneuten Pflichtverstoß, der auch wiederum mit einer Disziplinarmaßnahme geahndet werden kann.[43]

f) Ein Gefangener GIBT SEINEN FERNSEHAPPARAT EINEM ANDEREN GEFANGENEN, damit sich dieser ein Fußballspiel ansehen kann.
Eine Disziplinarmaßnahme kommt hier nicht in Betracht für den Gefangenen, der den Fernsehapparat abgibt. § 83 I verbietet nämlich lediglich die unerlaubte Annahme von Gegenständen. Die Abgabe wird dagegen nicht erwähnt. Ein Disziplinarverstoß kommt auch nicht dann zustande, wenn die Hausordnung einer Anstalt die Abgabe von Gegenständen verbietet. Da die Hausordnung gemäß § 161 nur auf der Grundlage des Strafvollzugsgesetzes ergeht, können dem Gefangenen mit ihr keine über das Strafvollzugsgesetz hinausgehenden oder diesem widersprechenden Pflichten auferlegt werden.[44] § 83 I ist eine abschließende Regelung, über die auch die Hausordnung nicht hinausgehen kann. Dieses Ergebnis kann auch nicht dadurch verändert werden, dass man den Pflichtverstoß des abgebenden Gefangenen in der Beteiligung an dem Pflichtverstoß des annehmenden Gefangenen sieht.[45]

g) Ein Anstaltsleiter hat aufgrund detaillierter Hinweise den Verdacht, dass ein Gefangener Betäubungsmittel konsumiert hat. Zur Aufklärung dieses Verdachts ordnet der Anstaltsleiter an, den Gefangenen zur freiwilligen ABGABE EINER URINPROBE aufzufordern, um die Proben sodann auf Betäubungsmittelrückstände untersuchen zu lassen. Der Betroffene weigert sich jedoch ohne Angabe von Gründen, die von ihm geforderte Urinprobe abzugeben.
Es fragt sich, ob der Gefangene mit seiner Weigerung einen Pflichtverstoß begangen hat. Dieser liegt dann vor, wenn der Gefangene einer *rechtmäßigen* Anordnung nicht nachgekommen ist, § 82 II 1. Dann müsste es für die Anordnung, eine Urinprobe abzugeben, eine Rechtsgrundlage geben. § 101 scheidet als Rechtsgrundlage aus, da § 101 ein Sonderfall des unmittelbaren Zwangs ist und damit keine Rechtsgrundlage für die Anordnung darstellen kann, sondern nur für deren

---

[42] Calliess/Müller-Dietz, § 4 Rdnr. 3 f.
[43] Schwind/Böhm, § 102 Rdnr. 14 m. w. N.; Calliess/Müller-Dietz, § 102 Rdnr. 3.
[44] BT-Drs. 7/948, 97 f.
[45] OLG Koblenz NStZ 1988, 528; a. A. OLG Nürnberg BlfStrVK 1996-1, 3; nunmehr klarstellend im hier vertretenen Sinn BVerfG StV 1996, 499.

zwangsweise Durchsetzung.[46] Möglicherweise lässt sich die Anordnung jedoch auf § 56 II stützen, wonach der Gefangene die notwendigen Maßnahmen zum Gesundheitsschutz zu unterstützen hat. Hier bestehen schon Zweifel an einer aktuellen gesundheitlichen Gefährdung des Gefangenen. Im Übrigen steht im Vordergrund eine allgemeine, an Gesichtspunkten von Sicherheit und Ordnung orientierte Maßnahme zur Kontrolle des Drogenkonsums und -Umlaufs in der Vollzugsanstalt.[47] Selbst wenn die Anstalt auch den Gesundheitsschutz des Gefangenen im Auge hat, so handelt es sich doch nur um eine Selbstbeschädigung, die der Gefangene vornimmt und die disziplinarrechtlich nicht zu ahnden ist. Nur der Rauschmittel-/ Alkoholgebrauch ist disziplinarwürdig und ein schwerwiegender Verstoß gegen die Sicherheit bzw. Ordnung einer Anstalt. Dies gilt jedoch nicht für die in diesem Zusammenhang allein maßgebliche fehlende Mitwirkung des Gefangenen beim Gesundheitsschutz für ihn selbst. Ebenso wenig wird ja nach richtiger Ansicht der Gefangene z. B. für einen misslungenen Selbstmordversuch oder eine Selbstverletzung zur Verantwortung gezogen,[48] es sei denn, er setzt sein Verhalten als Nötigungsmittel ein.

Eine Disziplinarmaßnahme erscheint deshalb zweifelhaft.[49] Eine gesetzliche Ermächtigungsgrundlage für diese sachgerechten Kontrollen wäre allerdings vorzuziehen.[50] Sie findet sich deshalb wohl auch in allen landesrechtlichen Neuregelungen des StVollzG. Die Anstalt kann auf jeden Fall die Verweigerung einer Urinprobe zum Anlass nehmen, ihre Entscheidung, z. B. im Hinblick auf Lockerungen, zum Nachteil des Gefangenen zu überprüfen.[51] Ein positiver Befund setzt ein aufwändiges, labortechnisches Verfahren voraus.[52] Die Kosten einer so genannten B-Probe können selbst dann nicht von dem Gefangenen verlangt werden, wenn er sich im Voraus dazu bereit erklärt.[53] Für Atemalkoholkontrollen gelten die Grundsätze zur Abgabe von Urinproben entsprechend.[54]

h) RECHTSBERATENDE TÄTIGKEIT UNTER GEFANGENEN dürfte auch nach Inkrafttreten des neuen Rechtsdienstleistungsgesetzes eine Pflichtverletzung sein und kann mit einer Disziplinarmaßnahme geahndet werden.[55]

---

[46] Unrichtig: OLG Koblenz ZfStrVo 1990, 51 ff.
[47] Vgl. Ritter, Anm. zu LG Hamburg ZfStrVo 1997, 109.
[48] Vgl. Schwind/Böhm, § 102 Rdnr. 7 m.w.N.; a. A. offenbar LG Regensburg ZfStrVo 1992, 70 f.
[49] Umfassend hierzu, wenn auch teilweise mit anderer Begründung: Bühring ZfStrVo 1994, 271 ff.; ebenfalls zweifelnd hinsichtlich der Ermächtigungsgrundlage: OLG Dresden NStZ 2005, 588; anders OLG Jena NStZ-RR 2008, OLG Hamm 1 Vollz (Ws) 113/07, die in § 56 II eine ausreichende Ermächtigungsgrundlage sehen.
[50] Schwind/Böhm § 56 RdNr. 8.
[51] LG Kleve NStZ 1988,48; LG Freiburg NStZ 1988, 151; BVerfG NStZ-RR 2006, 189.
[52] OLG Frankfurt NStZ 2005, 158.
[53] OLG Jena NStZ 2011, 224.
[54] OLG Hamm NStZ 2010, 398.
[55] OLG Celle NStZ 2009, 218.

18.3 Problemfälle

1. Formelle Voraussetzungen
1. ZUSTÄNDIGKEIT (Disziplinarbefugnis):
   - § 105 I Anstaltsleiter (Delegation gemäß § 156 III mit Zustimmung der Aufsichtsbehörde möglich, z. B. auf Abteilungsleiter);
   - § 105 II Aufsichtsbehörde bei Verfehlungen *gegen* den Anstaltsleiter
2. ERFORSCHUNG DES SACHVERHALTS:
   - § 106 I 1 Sachverhalt ist zu klären;
   - VV Nr. 1 I belastende, entlastende Umstände und ggf. Verantwortlichkeit des Gefangenen sind zu ermitteln;
   - § 106 I 3, 1. HS Niederschrift der Erhebungen;
   - VV Nr. 3 Delegation der Ermittlungen (formlos) möglich.
3. ANHÖRUNG DES GEFANGENEN:
   - VV Nr. 1 I Bekanntgabe des Vorwurfs an den Gefangenen, § 106 I 2, 3 und Anhörung des Gefangenen mit Niederschrift der Einlassung;
   - VV Nr. 1 III abschließende Anhörung des Gefangenen (Schlusswort) zum Ergebnis der Ermittlungen;
   - VV Nr. 3 Delegation der Anhörung (formlos) möglich.
4. BERATUNG IN EINER KONFERENZ
   - § 106 II 1 bei schweren Verstößen „soll" (Regelfall);
   - §§ 159, 154 I bei übrigen Verstößen „kann".
5. ANHÖRUNG DES ANSTALTSARZTES (vor der Entscheidung):
   - § 106 II 2 bei Gefangenen in ärztlicher Behandlung, Schwangeren usw.;
   - VV Nr. 1 II 2, 2. HS bei Zweifeln an der Verantwortlichkeit des Gefangenen.
6. MÜNDLICHE ERÖFFNUNG durch Anstaltsleiter gemäß § 106 III: Delegation (formlos) möglich.
7. ABFASSEN EINER SCHRIFTLICHEN BEGRÜNDUNG gemäß § 106 III:(wird zu den Gefangenenpersonalakten genommen)

2. Materielle Voraussetzungen
1. PFLICHTVERSTOSS DES GEFANGENEN gemäß § 102 I:
   - Pflicht aus gesetzlicher Bestimmung oder
   - Pflicht aufgrund des Gesetzes auferlegt;
   - schuldhafter Verstoß, d. h.
     - fahrlässig oder vorsätzlich;
     - Verantwortlichkeit des Gefangenen ist gegeben (vgl. VV Nr. 1 II zu § 106).
2. HANDLUNGSERMESSEN des Anstaltsleiters gemäß § 102 I (Opportunitätsprinzip):
   Einstellung des Verfahrens gemäß § 102 I („kann") und Verwarnung gemäß § 102 II möglich.
3. AUSWAHLERMESSEN:
   - Maßnahme ist dem Katalog des § 103 1 Nr. 1-9 zu entnehmen (Auswahlermessen);
   - Arrest nur bei schweren oder mehrfach wiederholten Verfehlungen, § 103 II;
   - Spiegelungsgebot ist zu beachten, § 103 IV (nicht bei Maßnahmen gemäß § 103 I Nr. 1, 2, 9).

3. Vollzug der Disziplinarmaßnahmen
   - § 104 I Grundsatz der sofortigen Vollstreckung;
   - § 104 II Bewährungsaussetzung (vgl. hierzu auch VV zu § 104);
   - § 104 III Verfahren bei Maßnahmen nach § 103 Nr. 2;
   - § 104 IV Besonderheiten bei Maßnahmen nach § 103 Nr. 8 (Beschränkung der Außenkontakte);
   - § 104 V Modalitäten des Vollzugs von Arrest;
   - § 107 Anhörung des Anstaltsarztes vor Arrestvollzug.

Abb. 18.2 Übersicht über das Disziplinarverfahren

i) DISZIPLINARVERSTOSS GLEICHZEITIG STRAFTAT Nach § 102 III ist eine Disziplinarmaßnahme auch zulässig, wenn wegen derselben Verfehlung ein Straf- oder Bußgeldverfahren eingeleitet wird. Beruft sich der Gefangene aber darauf, dass er sich nicht strafbar gemacht habe, ist zunächst zu prüfen, ob der Pflichtverstoß nur bei einem strafbaren Verhalten in Betracht kommt. Ist dies der Fall muss die Anstalt den Ausgang des Strafverfahrens abwarten, da sie nicht selbständig die Strafbarkeit feststellen kann und die Disziplinierung ein Verstoß gegen die Unschuldsvermutung wäre[56] unter Berufung auf die Rechtsprechung des EuGH[57] und Aufgabe der bisherigen Rechtsprechung.[58] Diese Rechtsprechung ist äußerst problematisch, da wegen des Grundsatzes der Einheit des Disziplinarverfahrens (vgl. VV Nr. 2 zu § 106) Pflichtverstöße vorübergehend überhaupt nicht mehr geahndet werden können, solange ein Ermittlungs/Strafverfahren im Zusammenhang mit einem Pflichtverstoß bei einem Gefangenen läuft. Deshalb dürfte auch die Befürchtung von Walter,[59] die Anstalt werde in Zukunft auch bei geringen Strafverstößen Anzeige erstatten, gerade nicht zutreffen. Die Anstalt hat ein Interesse daran, dass kein justizförmiges Verfahren eingeleitet wird, weil sie dies abwarten müsste. Dagegen ist sie an einer Ahndung nicht gehindert, wenn kein Ermittlungsverfahren eingeleitet wird oder auch wenn die Staatsanwaltschaft nach kurzer Prüfung das Verfahren nach den §§ 153, 154 ff. StPO einstellt. Im Übrigen bleibt der Anstalt nur der Ausweg, spitzfindig zu begründen, dass neben der strafrechtlichen Verfehlung ein davon unabhängiger Verstoß gegen die Ordnung in der Anstalt, z. B. nach § 82 I 2 vorliegt. *Walter*[60] hat zu Recht Zweifel angemeldet, dass dies regelmäßig möglich ist (Abb. 18.2).

---

[56] OLG Hamm ZfStrVo 2012, 306.
[57] NJW 2004, 43 f.
[58] Vgl. OLG Hamm NStZ 1989, 448.
[59] ZfStrVo 2012, 308, 309.
[60] a.a.O.

Rechtsbehelfe des Gefangenen 19

Die Rechtsbehelfe des Gefangenen lassen sich grob unterteilen in formlose und förmliche Rechtsbehelfe.

19.1 Formlose Rechtsbehelfe

Entgegen der landläufigen Meinung, wonach formlose Rechtsbehelfe im Grunde keine Bedeutung haben – sie werden des Öfteren als form-, frist- und fruchtlos bezeichnet – spielen sie tatsächlich im Strafvollzug eine ganz erhebliche Rolle. Zwar eröffnen sie nicht den Rechtsweg, dennoch werden sie bei Behandlung und Bearbeitung mindestens genauso ernst genommen wie rechtswegeröffnende Rechtsbehelfe, wie z. B. der Widerspruch. Wer meint, dies stimme nicht, verkennt die besondere Bedeutung von formlosen Rechtsbehelfen in einer Hierarchie. Hier sind sie ein wesentliches Element der Kontrolle und Machtausübung. So kann es im übrigen auch nicht verwundern, dass in der DDR zwar kein irgendwie gearteter Rechtsweg gegen Verwaltungsentscheidungen bestand, dafür aber die Eingabe – am besten wohl als formloser Rechtsbehelf zu qualifizieren – gesetzlich geregelt war.

An erster Stelle bei den formlosen Rechtsbehelfen[1] ist die Gegenvorstellung oder Remonstration zu nennen. Hierbei handelt es sich um die Aufforderung an denjenigen, der eine Entscheidung erlassen hat, die eigene Entscheidung (aus nachträglich besserer Einsicht) aufzuheben oder abzuändern.

Demgegenüber wendet sich die Dienstaufsichtsbeschwerde an den die Dienstaufsicht führenden Vorgesetzten. Dabei kann es sich um die Beanstandung des dienstlichen Verhaltens eines Bediensteten handeln. In diesem Fall spricht man von der Dienstaufsichtsbeschwerde im engeren Sinne.

Wenn es sich jedoch um die Beanstandung der Sachbehandlung des Bediensteten handelt, so spricht man gemeinhin von einer Sachaufsichtsbeschwerde.

---

[1] Vgl. hierzu Schwind/Böhm, § 108 Rdnr. 8.

Im Strafvollzug kann sich ein Gefangener außerdem noch gemäß § 164 an den Anstaltsbeirat wenden. Möglich ist außerdem eine Mittlerfunktion der Gefangenenmitverantwortung bei Beschwerden des Gefangenen allgemeiner Art (§ 160).

Gemäß Art. 17 GG sowie den Verfassungen der Bundesländer hat der Gefangene außerdem noch die Möglichkeit sich an die Petitionsausschüsse der Volksvertretungen mit einer Petition zu wenden.[2]

Allen diesen Rechtsbehelfen ist gemeinsam, dass sie formlos erhoben werden können – für die Petition ist allerdings Schriftform erforderlich, andernfalls genießt sie nicht den Schutz des Art. 17 GG[3] – und an keine Frist gebunden sind. Weiterhin setzen sie keine persönliche Beschwer voraus, d. h. diese Beschwerden können auch in fremdem Interesse erhoben werden. Schließlich muss der formlose Rechtsbehelf im Strafvollzug auch nicht eine Maßnahme mit Regelungscharakter (hierzu s. unten) zum Gegenstand haben.

19.2 Beschwerde gemäß § 108 I

Zwischen den formlosen und den förmlichen Rechtsbehelfen des Gefangenen steht die Beschwerde gemäß § 108 I. Zwar ist auch sie formlos und fristlos, und es muss sich auch nicht um eine Maßnahme mit Regelungscharakter handeln, gegen die vorgegangen wird. Jedoch erfasst dieser Rechtsbehelf nur eigene und nicht fremde Angelegenheiten.

Das Beschwerderecht gemäß § 108 I hat im Vollzugsalltag eine ganz besondere Bedeutung. Eine ähnliche Vorschrift aus einem anderen Bereich der Verwaltung, die dem Betroffenen das Recht gibt, den Behördenleiter persönlich zu sprechen oder sich sonst unmittelbar an ihn zu wenden, gibt es in dieser Form nicht. Im Strafvollzug dürfte diese Regelung aus mehreren Gründen sinnvoll sein:

Das Verhältnis zwischen Anstaltsleiter und Gefangenen ist wesentlich umfassender und elementarer als jedes andere Verhältnis zwischen Behörde und Bürger. Sehr vielen Gefangenen dürfte es schwer fallen, sich schriftlich oder darüber hinausgehend sogar auf dem Gerichtswege mit seinem Anliegen Gehör zu verschaffen. Letzteres ist im Übrigen, solange andere Formen der Konfliktbewältigung bestehen, auch nicht wünschenswert.[4]

Umso mehr stellt § 108 I mit Recht das persönliche Gespräch als Mittel zur gütlichen Auseinandersetzung in den Vordergrund. § 108 gibt dem Gefangenen das Recht, mit dem Anstaltsleiter zu sprechen. Dieser hat regelmäßige Sprechstunden einzurichten. Der Anstaltsleiter kann grundsätzlich diese Pflicht auf andere Vollzugsbedienstete nicht übertragen. Etwas anderes gilt jedoch, wenn in einer Anstalt das Abteilungsleitersystem eingeführt worden ist. Ist dem Abteilungsleiter gemäß § 156 II die Verantwortung für einen Teilbereich der Anstalt übertragen worden, so ist es nur vernünftig, dass dieser auch die Anstaltsleitersprechstunde wahrnimmt.

---

[2] Vgl. hierzu Schwind/Böhm, vor § 108 Rdnr. 3.
[3] BVerfGE 2, 229 ff.
[4] Vgl. AK/Volckart, vor § 108 Rdnr. 6.

Das Recht des Gefangenen, den Gesamtanstaltsleiter zu sprechen, lebt jedoch wieder auf, wenn er sich gerade über den Abteilungsleiter beschweren will.

Sogar auf bloße Anregungen eines Gefangenen muss ein Anstaltsleiter eingehen. Der Gefangene kann auch verlangen, dass er einen abschließenden Bescheid erhält. Dieser kann schriftlich oder mündlich gegeben werden. Nur bei bestimmten Sachverhalten komplexer Natur wird die Anstalt verpflichtet sein, einen schriftlichen Bescheid zu erteilen.[5]

19.3 Förmliche Rechtsbehelfe

Förmliche Rechtsbehelfe sind solche, die einen Rechtsweg eröffnen. Sie setzen eine bestimmte Form, Frist und eine eigene Beschwer des Betroffenen voraus. Im Strafvollzug muss es sich außerdem um Maßnahmen mit Regelungscharakter handeln. Zu den förmlichen Rechtsbehelfen gehört zunächst der Widerspruch, der in den Bundesländern gilt, die sich gemäß § 109 III a. F. für ein Verwaltungsvorverfahren entschieden haben. Weiterhin sind zu nennen: der Antrag auf gerichtliche Entscheidung gemäß § 109 (in diesem Verfahren ist ein Wiederaufnahmeverfahren nicht möglich),[6] der Antrag auf Strafvollstreckungsentscheidung gemäß den §§ 462 a, 463 StPO, die Verfassungsbeschwerde gemäß Art. 93 I Nr. 4 a GG, §§ 13 Nr. 8 a, 90, 93 BVerfGG. Nach Erschöpfung des innerstaatlichen Rechtswegs kommt außerdem noch die Anrufung des europäischen Gerichtshofs für Menschenrechte gemäß Art. 25 ff. MRK in Betracht (Abb. 19.1, 19.2; Tab. 19.1, 19.2).

19.4 Bestimmung des Rechtsbehelfs

In der Praxis macht es häufig Schwierigkeiten, den vom Gefangenen gewollten Rechtsbehelf zu bestimmen, wenn er sich mit einer „Beschwerde" an die Anstalt wendet. Hierzu folgender:

Fall 19.1

a) Der Strafgefangene Kurt Kilcher schreibt: „Herr Anstaltsleiter, Sie haben in der gestrigen Konferenz meinen Urlaubsantrag für Ende Juni unter Hinweis auf den langen Strafrest und die Tatsache, dass ich vor einem Jahr bei einer Ausführung zur Klinik einen Fluchtversuch unternommen habe, abgelehnt. Meine Frau hat sich schon so gefreut und auch die Kleinen fragen ständig, wo ihr Papa ist. Sie ist jetzt völlig mit den Nerven fertig und hat auch heute beim Besuch mit Selbstmord gedroht. Prüfen Sie doch, ob ich nicht doch fahren kann. Ich verspreche Ihnen, keinen Mist zu machen und pünktlich zurückzukommen."

---

[5] So OLG Koblenz ZfStrVo 1992, 263 f.; OLG Bamberg BlfStrVK 1992-5/6, 2 f.
[6] Hans. OLG Hamburg ZfStrVo 2001, 368.

Gegenvorstellung	§ 108 III, Sach-/Dienstaufsichts-beschwerde	§164	§160	Art. 17 GG, Verfassungen der Länder; Petitionen	§ 108 I, Beschwerde
URSPRÜNGLICHER ENTSCHEIDUNGS-TRÄGER	ANSTALTSLEITER	ANSTALTSBEIRAT	GEFANGENENMIT-VERANTWORTUNG	PETITIONS-AUSSCHUSS	ANSTALTSLEITER ABTEILUNGSLEITER
	AUFSICHTS-BEHÖRDE				§ 108 II
	Evtl. weitere Beschwerde				VERTRETER DER AUFSICHTS-BEHÖRDE
	OBERSTE LANDESBEHÖRDE				

Abb. 19.1 Nichtförmliche Rechtsbehelfe des erwachsenen Strafgefangenen

19.4 Bestimmung des Rechtsbehelfs

§ 109 III a. F., seit dem 01.06.2013 aufgehoben, Widerspruch, in Ländern mit Verwaltungsvorverfahren	§ 109, Antrag auf gerichtliche Entscheidung	§§ 462 a 463 StPO, Antrag auf Strafvollstreckungsentscheidung	§§ 90, 93 BVerfGG Verfassungsbeschwerde (nach Erschöpfung des Rechtswegs, § 90 II BVerfGG)	Art. 25 ff. MRK, Menschenrechtsbeschwerde (nach Erschöpfung des innerstaatlichen Rechtswegs)
ANSTALTSLEITER (ABHILFE)	STRAFVOLLSTRECKUNGSKAMMER DES LANDGERICHTS §§ 78 a, bGVG, § 110	STRAFVOLLSTRECKUNGSKAMMER DES LANDGERICHTS, §§ 462 a I, 463 StPO; OBERLANDESGERICHT §§ 462 V, 463 StPO	BUNDESVERFASSUNGSGERICHT	EUROPÄISCHER GERICHTSHOF FÜR MENSCHENRECHTE
AUFSICHTSBEHÖRDE	Rechtsbeschwerde, § 116	Sofortige Beschwerde		
	STRAFSENAT DES OBERLANDESGERICHTS, § 117	OBERLANDESGERICHT gem. §311; StPO, BGH gem. §§304 IV Nr. 5, 311 StPO		

Abb. 19.2 Förmliche Rechtsbehelfe des erwachsenen Strafgefangenen

Tab. 19.1 Form, Frist und Auswirkungen nichtförmlicher Rechtsbehelfe

	Gegenvorstellung	§ 108 III Sach-/ Dienstaufsichtsbeschwerde	§ 164	§ 160	Art. 17 GG, Verfassungen der Länder; Petitionen	§ 108 I, Beschwerde
Form	Nein	Nein	Nein	Nein	Schriftlich, Art. 17 GG bzw. Landesverfassung	Nein
Frist	Nein	Nein	Nein	Nein	Nein	Nein
Persönliche Betroffenheit	Nein	Nein	Nein	Nein	Nein	Ja, § 108 I, eigene Angelegenheit
Aufschiebende Wirkung	Nein	Nein	Nein	Nein	Nein	Nein
Umfang der Entscheidung	Eigene Sachentscheidung	Eigene Sachentscheidung (auch Eilentscheidung entspr. § 114 II)	Empfehlung an Anstaltsleitung	Empfehlung an Anstaltsleitung	Empfehlung an Bundes-/Landesregierung	Eigene Sachentscheidung (auch Eilentscheidung entspr. §114 II)

19.4 Bestimmung des Rechtsbehelfs

Tab. 19.2 Form, Frist und Auswirkungen förmlicher Rechtsbehelfe

	§ 109 III a. F.	§ 109	§§ 462 a 463 StPO	§§ 90, 93 BverfGG	Art. 25 ff. MRK
Form	In der Regel schriftlich oder zur Niederschrift eines Bediensteten	Schriftlich oder zur Niederschrift der Geschäftsstelle des Gerichts § 112 I; Rechtsbeschwerde, durch RA oder zur Niederschrift der Geschäftsstelle, § 118 III	Schriftlich oder zur Niederschrift bei Gericht, § 306 I StPO	Schriftlich oder zur Niederschrift der Geschäftsstelle des BVG, § 93 I BVerfGG	Schriftlich (auch in deutscher Sprache), Art. 25 I MRK
Frist	1 Woche-1 Monat(je nach Bundesland)	2 Wochen, § 112 II/ Rechtsbeschwerde: 1 Monat, § 118 I	1 Woche (sofortige Beschwerde) § 311 II StPO	1 Monat	Innerhalb 6 Monaten nach letzter innerstaatlicher Entscheidung, Art. 26 MRK
Persönliche Betroffenheit	Ja, § 109 II, analog bzw. Gesetze der Länder	Ja, § 109 II	Ja	Ja, § 90 I BVerfGG	Ja, Art. 15 I MRK
Aufschiebende Wirkung	Nein	Nein, §§ 114 I,116 II, s. aber § 114 II	Nein, § 307 I StPO	Nein	Nein
Umfang der Entscheidung	Eigene Sachentscheidung (auch Eilentscheidung entspr. § 114 II)	Bei gebundenen Entsch. eigene Sachentscheidung, bei Ermessens-/ Beurteilungsspielraum, Aufhebung und Verpflichtung zu neuer Sachentsch.	In den Grenzen des § 308 StPO eigene Sachentscheidung	Vgl. § 95 BVerfGG	Feststellung der (Nicht-) Vereinbarkeit des innerstaatlichen Rechts mit Menschenrechtskonvention

b) Der Strafgefangene Lambert Lensing schreibt: „Herr Anstaltsleiter, Sie haben mich vor 10 Tagen mit 4 Tagen Arrest belegt, weil ich an die Wand meines Haftraums geschrieben haben soll: Wenn Schweine fliegen könnten, bräuchten Bullen keinen Hubschrauber. – Ich versichere Ihnen nochmals, dass das bereits an der Wand stand, als ich vor 14 Tagen in die Zelle kam; im übrigen ist es nicht meine Schrift, und außerdem dürfen Sie sicher sein, dass ich weiß, wie man Hubschrauber schreibt. Wenn Sie die Maßnahme nicht aufheben, will ich die Entscheidung von Köln."

c) Die Strafgefangenen Manfred Motz und Neidhard Niemann: „Herr Anstaltsleiter, wir haben gestern mitbekommen, wie der Abteilungsbeamte in dem Gemeinschaftshaftraum gegenüber die Gefangenen, die noch in den Betten lagen, angeschrien hat: ‚He, ihr Penner, raus aus den Federn!' – Bringen Sie diesem Herrn doch mal Sitten bei!"

d) Der Strafgefangene Otto Ohnesorg, JVA Neumünster: W „Möchte umgehend, und zwar noch heute, Sonntag, den Anstaltsleiter persönlich sprechen und nur ihn." Am Montag hört ihn der Abteilungsleiter ORR Rauh an, der Gefangene weigert sich, mit ihm zu sprechen, schreibt statt dessen eine Beschwerde an das Justizministerium, dass er aus seinem Recht aus § 108 verletzt sei, den Anstaltsleiter zu sprechen, außerdem hieße es in der Hausordnung: „Sprechstunde bei Bedarf nach vorheriger schriftlicher Anmeldung." Das widerspreche doch dem Gesetz.

e) Der Bruder des Gefangenen Paul Prächtig, JVA Neumünster: „Herr Anstaltsleiter, der Abteilungsleiter ORR Rauh hat mir gestern einen Brief geschrieben, in dem er ein Verbot ausgesprochen hat, meinen bei Ihnen einsitzenden Bruder zu besuchen, weil ich in der taz einen kritischen Artikel über den Vollzug in NRW geschrieben habe und damit die Gefahr bestünde, dass ich meinen Bruder an der Erreichung des Vollzugszieles behindere. Ich wünsche, dass das überprüft wird, notfalls werde ich das gerichtlich prüfen lassen."

Lösungshinweise
Ist nicht eindeutig, welchen Rechtsbehelf der Gefangene gewählt hat, so wird man in der Praxis zumeist nachfragen können, was der Gefangene gemeint hat. Nicht immer jedoch ist dies möglich; manchmal ist dieser Weg auch nicht gangbar, weil das Verhältnis zu dem Gefangenen gestört ist.

In diesen Fällen ist durch Auslegung zu ermitteln, welches Rechtsschutzbegehren der Gefangene verfolgt. Dabei ist zunächst zu beachten, dass die „Beschwerde" des Gefangenen möglichst rechtsschutzfreundlich auszulegen ist, d. h. ihr ist der Sinn beizulegen, welcher das Rechtsschutzbegehren des Gefangenen am effektivsten verwirklicht.

Im übrigen bieten sich folgende Auslegungskriterien an:
1. Bezeichnung (Wovon spricht der Gefangene selbst?);
2. Inhalt (Lässt sich sonst aus dem Inhalt der „Beschwerde" erschließen, welchen Rechtsbehelf der Gefangene gemeint hat?);
3. Maßnahme zur Regelung (Liegt eine Maßnahme zur Regelung i. S. v. § 109 vor, so liegt ein förmlicher Rechtsbehelf nahe.);
4. Eigene Angelegenheit (Ist der Gefangene nicht persönlich betroffen, kommt nur ein nichtförmlicher Rechtsbehelf in Frage.);
5. Form (Ist die Form für einen bestimmten Rechtsbehelf gewahrt?);
6. Frist (Ist die Frist gewahrt? Wenn nicht, kommt nur ein formloser Rechtsbehelf in Frage.).

19.4 Bestimmung des Rechtsbehelfs

Zu den einzelnen Punkten von Fall 36:

a) Der Gefangene wendet sich hier an denjenigen, der die Entscheidung getroffen hat. Eine gerichtliche Prüfung kommt wegen des nahen Urlaubstermins nicht mehr in Frage. Es handelt sich somit um eine Gegenvorstellung. Sollte der Gefangene – was durchaus möglich ist – etwa durch einen Widerspruch doch mit seinem Schreiben ein förmliches Verfahren einleiten wollen, so kann er dies innerhalb der Widerspruchsfrist noch tun.

b) Lensing will die Überprüfung durch die Aufsichtsbehörde. Ein Widerspruch ist nach dem 01.06.2013 nicht mehr möglich. Somit ist seine Eingabe als Beschwerde i. S. v. § 108 I bzw. II zu werten. Obwohl § 108 II dies nicht ausdrücklich erwähnt, kann sich ein Gefangener auch *schriftlich* in Angelegenheiten, die ihn selbst betreffen, an die Aufsichtsbehörde wenden.[7]

c) Motz und Niemann wenden sich in einer Angelegenheit an den Anstaltsleiter, die sie nicht selbst betrifft. Damit kommen weder eine Beschwerde gemäß § 108 I, II noch ein Widerspruch in Frage. Es handelt sich hier also um eine Dienstaufsichtsbeschwerde im engeren Sinn, § 108 III, da hier das persönliche Verhalten eines Anstaltsbediensteten gerügt wird.

d) Hier sind Sachaufsichtsbeschwerde und Widerspruch abzugrenzen. Gegen einen Widerspruch spricht, dass der Gefangene seine Eingabe nicht an den Anstaltsleiter bzw. die Aufsichtsbehörde gerichtet hat. Im Übrigen wendet er sich, indem er die Hausordnung angreift, nicht gegen eine Maßnahme zur Regelung eines Einzelfalls.[8] Dies wäre jedoch bei einem Widerspruch erforderlich. Es handelt sich somit um eine Sachaufsichtsbeschwerde des Gefangenen. Er rügt nicht persönliches Fehlverhalten, sondern die nach seiner Ansicht unrichtige Sachbehandlung.

e) Der Bruder des Gefangenen Prächtig erwähnt hier ausdrücklich, dass er die Entscheidung des Anstaltsleiters ggf. gerichtlich überprüfen lassen möchte. Schon daraus ergibt sich, dass er einen förmlichen Rechtsbehelf will. Die Frist für einen Widerspruch ist gewahrt. Gegen einen Widerspruch spricht nicht, dass der Bruder des Prächtig selbst kein Gefangener ist. Denn sowohl Widerspruch als auch Antrag auf gerichtliche Entscheidung hängen nur davon ab, dass jemand durch eine Maßnahme der Vollzugsbehörde, ihre Ablehnung oder Unterlassung in seinen Rechten verletzt worden sein kann, § 109 II.[9] Dies ist bei dem Bruder des Prächtig, dem gegenüber das Besuchsverbot ausgesprochen worden ist, der Fall. (Der Widerspruch wäre auch begründet, da der Bruder Angehöriger des Gefangenen ist und ein Besuchsverbot nach dem hier allein in Betracht kommenden § 25 Nr. 2 gegenüber einem Angehörigen nicht ausgesprochen werden kann.)

---

[7] Schwind/Schuler, § 108 Rdnr. 3.
[8] Schwind/Schuler, § 109 Rdnr. 12.
[9] vgl. Calliess/Müller-Dietz, § 109 Rdnr. 15.

Beispiel eines Berichts zum Widerspruch eines Gefangenen[10]

Az:

Vfg.:

1. Zu schreiben:
An das
Justizministerium xy

Betr.:
Eingabe des Gefangenen XY
JVA X-Stadt, vom ....
Bezug:
Verfügung vom .... , hier eingegangen am ......
(Az der Aufsichtsbehörde);
Bericht vom .... (gl. Az)
Anlg.:
1 Heft Ablichtungen
I.
Wegen der Person und des Vollstreckungsstandes des Gefangenen darf ich auf den in Ablichtung beigefügten A-Bogen der Gefangenenpersonalakte Bezug nehmen.[1']
II.
In der vorbezeichneten Eingabe[2'] wendet sich der Gefangene gegen die ablehnende Entscheidung vom.........seines Antrages auf Gewährung von Jahresurlaub nach § 13 Abs. 1 StVollzG. Die ablehnende Entscheidung ist dem Gefangenen am[3']..........eröffnet worden.
Die Eingabe ist als Widerspruch zulässig, jedoch unbegründet.[4),5)]
Mit Antrag vom.........begehrte der Gefangene für die Zeit vom .... bis..........Jahresurlaub nach § 13 Abs. 1 StVollzG. Dieser Antrag ist nach ausführlicher Beratung in der Konferenz u. a. aus folgenden Gründen abgelehnt worden:
„Hoher Strafrest (...), Bewährungsversager, lange kriminelle Entwicklung. Mit vorzeitiger Entlassung kann nicht gerechnet werden. Ausnahmegrunde sind nicht ersichtlich."[6)]
Wegen der Persönlichkeit des Gefangenen darf ich zunächst auf den Inhalt der mit dem Bezugsbericht überreichten Einweisungsentschließung vom ....der JVA Hagen Bezug nehmen.
Auch in der hiesigen Anstalt ist eine positive Auseinandersetzung mit seinem Fehlverhalten nicht feststellbar. So hat der zuständige Dipl. Psychologe in seiner Stellungnahme vom .... u. a. folgendes festgehalten:
„Eine Auseinandersetzung über seine bevorzugten kriminellen Handlungen (Betrug u. Diebstahl) kann ich bei.............nicht erkennen, hier kann man auch nicht von einem entwickelten Unrechtsbewusstsein sprechen."
Hinzu kommt folgendes:

---

[10] gilt seit dem 01.06.2013 nur noch für Altfälle

19.4 Bestimmung des Rechtsbehelfs

Vor seiner Inhaftierung ist dem Gefangenen mehrfach Strafaufschub gewährt worden, zuletzt, damit er sich einer Leistenbruchoperation in einem von ihm selbst gewählten Krankenhaus unterziehen könnte. Der Gefangene nahm diese Gelegenheit jedoch nicht wahr. Mit Schreiben vom........wurde von der zuständigen Vollstreckungsbehörde ein erneutes Gnadengesuch um Gewährung von Strafaufschub abgelehnt. Wegen der Einzelheiten darf ich auf das Schreiben des ltd. Oberstaatsanwalts X-Stadt vom .... , in Ablichtung beigefügt, Bezug nehmen. Der Gefangene musste festgenommen werden. Die ihm angebotene und im Justizvollzugskrankenhaus F. durchzuführende Leistenbruchoperation verweigert er weiterhin.

Unter Berücksichtigung seiner erheblichen strafrechtlichen Vorbelastung, seiner fehlenden Bereitschaft, sich mit seinem Fehlverhalten auseinanderzusetzen und des Umstands, dass er trotz großzügig gewährter Strafaufschübe sich nicht freiwillig zum Strafantritt gestellt hat, sondern festgenommen werden musste, sind Lockerungsentscheidungen derzeit kaum verantwortbar. Der Antrag auf Gewährung von Jahresurlaub war daher abzulehnen.

Ich bitte demnach, den Widerspruch als unbegründet zurückzuweisen.[7]

Im Auftrag:
2) Schreiben zu Ziff. 1) mit anl. Abl. absenden.
3) Durchschr. z. d. PA.
4) Herrn Anstaltsleiter m. d. B. u. K.
5) WV. in 2 Monaten (Bescheid?)
X-Stadt, den ....
Der Leiter der JVA
I.A.
Scharf, Olnspektor

Erläuterungen
1) Ein ausführliches Eingehen auf den vollzuglichen Werdegang des Gefangenen erübrigt sich in der Regel und ist unnötige Schreibarbeit.
2) Im Einleitungssatz sollte der Rechtsbehelf noch nicht rechtlich qualifiziert werden. Dies geschieht später, wenn die Voraussetzungen geklärt sind.
3) Das Datum ist wichtig, um festzustellen, ob der Widerspruch fristgerecht eingelegt wurde.
4) Nunmehr kurze Qualifizierung der Eingabe.
5) Es folgt eine kurze Sachverhaltsschilderung zusammen mit einer rechtlichen Subsumtion.
6) Es müssen hinsichtlich der Urlaubsentscheidung nur die wesentlichen Erwägungen der Vollzugsbehörde erkennbar sein. Im Übrigen ist im Verwaltungsvorverfahren das Nachschieben von Gründen erlaubt, da Gegenstand der gerichtlichen Überprüfung die Verwaltungsentscheidung in der Form ist, die diese im Widerspruchsverfahren angenommen hat.[11]
7) Schlusssatz mit Antrag.

---

[11] vgl. OLG Koblenz NStZ 1981, 495, OLG Hamm ZfStrVo 1983, 184.

Antrag auf gerichtliche Entscheidung, §§ 109 ff.

20

20.1 Anwendungsbereich der §§ 109 ff.

Die §§ 109 ff. gelten dann, wenn gemäß § 1 Freiheitsstrafe vollzogen wird. Selbst in den relativ wenigen Fällen, in denen Freiheitsstrafe im Jugendstrafvollzug vollzogen wird, vgl. § 114 JGG, kann der Gefangene Antrag auf gerichtliche Entscheidung gemäß den §§ 109 ff. stellen. Dies folgt u. a. auch aus der Nachrangigkeit des sonst im Jugendstrafvollzug geltenden Rechtsbehelfs gemäß § 23 EGGVG.[1] Entsprechendes gilt, wenn Jugendstrafe nach § 92 Abs. 2 JGG im Erwachsenenvollzug vollzogen wird.

Die §§ 109 ff. gelten außerdem im Vollzug der Sicherungsverwahrung gemäß § 130, bei der Unterbringung in einem psychiatrischen Krankenhaus oder in einer Entziehungsanstalt gemäß § 138 Abs. 2, bei der Verbüßung von militärischem Strafarrest in Justizvollzugsanstalten gemäß § 167, bei Zivilhaft gemäß § 171 und bei Abschiebungshaft, die in Justizvollzugsanstalten vollzogen wird, gemäß § 185. Für alle anderen Arten des Freiheitsentzugs gelten die §§ 109 ff. nicht. Allerdings sind die §§ 109 ff. z.B. in Jugendstrafvollzug und U-Haft durch Verweisung ebenfalls anwendbar oder daran angelehnt.

20.2 Voraussetzungen des Antrags auf gerichtliche Entscheidung und Antragsarten

Fall 20.1

Quirinus Quax verbüßt seit November 2010 eine Freiheitsstrafe von 6 Jahren abzüglich 90 Tagen U-Haft wegen Vergewaltigung und sexueller Nötigung. Er befindet sich im Anschluss an die Unterbringung in der Einweisungsanstalt seit Ende Dezember 2010 in der für ihn zuständigen geschlossenen JVA Aachen. Das Strafende ist notiert auf den 15.8.2016.

---

[1] BGH NJW 1980, 351.

20 Antrag auf gerichtliche Entscheidung, §§ 109 ff.

Vor der zuständigen StVK beim Landgericht Aachen sind 3 den Gefangenen betreffende Antragsverfahren i. S. v. §§ 109 ff. StVollzG anhängig, und zwar zu Az.:
- 52 Vollz 36/12 wegen Briefmarkenerwerbs vom Eigengeld;
- 52 Vollz 61/12 den Vollzugsplan betreffend;
- 52 Vollz 98/12 wegen Ausgang.

a) Zu der Vollzugssache 52 Vollz 36/12 entnehmen Sie den Unterlagen:

Quirinus Quax hat Anfang April 2012 bei der JVA Aachen beantragt, ihm -da er einen umfangreichen Schriftwechsel tätige – zu gestatten, sein Eigengeld für den Erwerb von Briefmarken benutzen zu dürfen. Noch im April hat der zuständige Abteilungsleiter ORR Schmitz den Antrag abgelehnt und dem Gefangenen schriftlich bekannt gegeben. In dem ablehnenden Bescheid hat er festgestellt, dass das Eigengeld als Überbrückungsgeld, das auf 1448,- € festgesetzt sei, benötigt werde und für den Einkauf von Briefmarken nicht zur Verfügung stehe. Falls jemand unverschuldet nicht über Hausgeld verfüge, könne er in angemessenem Umfang Briefmarken aus Haushaltsmitteln erhalten. Begründet sind die Bescheide im Wesentlichen mit Mängeln im Arbeitsverhalten, wonach der Antragsteller
- bis in den März hinein jegliche Arbeit im Vollzug als Ausbeutung abgelehnt habe;
- ab Ende März gelegentlich gearbeitet, aber nicht ¼ der vorgeschriebenen Leistung erbracht habe.

Quax hat fristgerecht gerichtliche Entscheidung beantragt. Zu dem Antrag haben die Vollzugsbehörde mit Schreiben vom 12.6.2012 und der Antragsteller mit Schreiben vom 28.6.2012 ergänzend Stellung genommen. Der Antragsteller stellt in seiner ergänzenden Stellungnahme mit Nachdruck fest, dass die Vollzugsbehörde bei ihrer Beurteilung der Rechtslage von einem falschen Sachverhalt ausgehe, da er nunmehr bereits während des gesamten August zur vollsten Zufriedenheit der Arbeitsverwaltung ihm zugewiesene Arbeit ausübe. Die Vollzugsbehörde hat in der Stellungnahme vom 12.6.2012 dargelegt, dass der Antrag zwar zulässig aber unbegründet sei, weil das vorhandene EG des Antragstellers in Höhe von 150,- € als ÜG benötigt werde. Auf Anfrage hat die Arbeitsverwaltung die Angaben der ergänzenden Stellungnahme des Antragstellers vom 28.6.2012 bestätigt und mitgeteilt, dass das Arbeitsverhalten des Antragstellers seit Juni zu Beanstandungen keinen Anlass mehr gegeben habe und für die Monate Juni und Juli 2012 insgesamt 115,- € ÜG zugunsten des Antragstellers gebucht worden sei.

b) Zu der Vollzugssache 52 Vollz 61/12 entnehmen Sie den Unterlagen:

In der JVA Aachen ist Anfang Januar 2012 für den Antragsteller ein Vollzugsplan erstellt worden, der am 6.7.2012 überprüft und fortgeschrieben worden ist. Die vollzugliche Situation war neben einem veränderten Arbeitsverhalten zu der Zeit gekennzeichnet dadurch, dass der Antragsteller sich seit Juni 2012 einer Androcurbehandlung unterzogen hat. In dem Vollzugsplan sind Angaben in dem nach § 7 II StVollzG vorgesehenen Rahmen aufgenommen. In der fortgeschriebenen Fassung vom 6.7.2012

20.2 Voraussetzungen des Antrags auf gerichtliche Entscheidung und Antragsarten

ist unter Ziff. 7 festgestellt: Unter Würdigung des strafrechtlichen Werdegangs und des psychisch labilen Verhaltens des Q werden Vollzugslockerungen auch weiterhin nicht zu vertreten sein.

Unter Ziff. 9 ist festgestellt: Überprüfung des Vollz-Plans nach 6 Monaten. Gegen die fortgeschriebene Fassung des Vollzugsplans hat sich der Antragsteller, mit dem der Vollzugsplan am 8.7.2012 erörtert worden war, mit Schreiben vom 11.7.2012 an die StVK beim LG Aachen gewandt. Er macht geltend, dass die Feststellungen des Vollzugsplans insgesamt nichtssagend seien. Der Plan weise ihm keinerlei Perspektiven auf. Insbesondere sei bezüglich möglicher Vollzugslockerungen überhaupt nicht festgestellt, wann etwa und aufgrund welcher Entwicklung Lockerungen gewährt würden. Jedenfalls sei es völlig rechtswidrig, den Plan erst nach einem halben Jahr fortzuschreiben und bis dahin hinsichtlich möglicher Vollzugslockerungen nichts zu prüfen. Wegen seiner Verhaltensänderungen müssten kürzere Fortschreibungsfristen vorgesehen werden. Dem fortgeschriebenen Vollzugsplan sind Feststellungen des Anstaltsarztes und des zuständigen Anstaltspsychologen beigefügt, in denen übereinstimmend dargelegt ist, dass im Hinblick auf die Persönlichkeits- und insbesondere die Sexualproblematik des Antragstellers auch einer fortdauernden Androcurbehandlung eine bedeutsame Wirkung nicht vor Ablauf von 9 Monaten zukommen werde.

Mit Schreiben vom 14.7.2012 hat das LG Aachen das Antragsschreiben vom 11.7.2012 mit der Bitte um Stellungnahme in Ablichtung übersandt.

c) Zu der Vollzugssache 52 Vollz 98/12 entnehmen Sie den Unterlagen:
Der Antragsteller hat am 3.8.2012 mündlich beim zuständigen Abteilungsleiter ORR Schmitz vorsorglich beantragt, ihm zur Beerdigung seines im Sterben liegenden Vaters Ausgang zu gewähren. ORR Schmitz hat den Antrag sofort zurückgewiesen unter Hinweis auf die der Verurteilung zugrunde liegenden Straftaten, die Höhe des Strafrests sowie bestehende Persönlichkeitsprobleme einschließlich des bisherigen Verhaltens im Vollzug. Der Vater des Q ist am 4.8.2012 gestorben, die Beerdigung wird am 8.8.2012 sein.

Gegen die ablehnende Entscheidung hat Q mit Schreiben vom 4.8.2012 bei der StVK Aachen gerichtliche Entscheidung beantragt. Das Gericht hat am 5.8.2012 fernmündlich um Stellungnahme gebeten.

Aufgabe
Die Anträge sind gutachtlich zu prüfen. Sofern ein Antrag als unzulässig bewertet wird, ist die Begründetheit gleichwohl zu prüfen. Sofern Erledigung herbeigeführt wird, ist darzulegen, weshalb bei Wegfall des die Erledigung erfordernden Grundes der Antrag nicht begründet gewesen wäre.

Lösungsskizze
Zu a):
Der Gefangene wendet sich hier dagegen, dass sein Eigengeld nicht für den Kauf von Briefmarken freigegeben wird.

I. Zunächst ist die ZULÄSSIGKEIT eines Antrags auf gerichtliche Entscheidung zu untersuchen.

Die angegriffene Maßnahme im Sinne von § 109 Abs. 1 muss Regelungscharakter besitzen, eine einzelne Angelegenheit betreffen und auf dem Gebiet des Strafvollzugs getroffen worden sein.

MASSNAHME ist jedes zweckgerichtete Verhalten, das von Menschen ausgeht bzw. diesen zurechenbar ist; auch schlicht hoheitliches Handeln, z. B. die Art der Essensausgabe oder die medizinische Behandlung.[2]

ZUR REGELUNG bedeutet, dass die Maßnahme mit dem Anspruch hoheitlicher Verbindlichkeit direkt bzw. unmittelbar gestaltend die Rechts- oder Lebensverhältnisse des Betroffenen berühren muss.[3]

Keine Regelung sind somit alle Maßnahmen, die im Vorfeld von Entscheidungen ablaufen, z. B. die negative Stellungnahme eines Fachdienstes[4] vor der (Erst-)Beurlaubung eines Gefangenen, wohl jedoch die evtl. Urlaubsablehnung. Keine Regelung sind auch die Belehrung oder Ermahnung des Gefangenen ebenso wie die nicht aktenkundige Verwarnung oder innerdienstliche Vermerke.[5] Gleiches gilt für Vermerke über verbrauchte oder noch verbliebene Urlaubstage. Ferner stellt auch das bloß einmalige Fehlverhalten eines Justizvollzugsbediensteten (Unfreundlichkeit etc.) in der Regel keine zu beanstandende Regelung/Maßnahme dar; erst ein diesbezüglich abgelehnter Antrag (z. B. in Zukunft an der Haftraumtür anzuklopfen o.a.) hat Regelungscharakter.[6]

Die Nichtfreigabe von Eigengeld des Gefangenen Quax ist eine regelnde Maßnahme.[7]

EINZELNE ANGELEGENHEITEN sind dann nicht gegeben, wenn allgemeine Regelungen mit dem Antrag auf gerichtliche Entscheidung angefochten werden (wie Hausordnungen, Erlasse, Gesetze).[8] Das heißt, nur die Einzelmaßnahme, die aufgrund der allgemeinen Regelung erfolgt ist, kann angegriffen werden. Im vorliegenden Fall ist dies unproblematisch.

AUF DEM GEBIET DES STRAFVOLLZUGS. Die angefochtene Maßnahme muss aus den Rechtsbeziehungen zwischen dem Staat und dem Betroffenen aufgrund des StVollzG resultieren.[9] Somit scheiden Maßnahmen aus, die auf anderen Rechtsquellen beruhen und für die ein anderer Rechtsweg vorgesehen ist. So ist die Zurückweisung eines Antrags auf Haftunterbrechung durch die StA oder die Ladung zum Strafantritt durch die Vollstreckungsbehörde eine Vollstreckungsangelegenheit, für die der Rechtsweg nach den §§ 23 ff. EGGVG

---

[2] Calliess/Müller-Dietz, § 109 Rdnr. 11, LG Hamburg ZfStrVo SH 78, 22.
[3] Calliess/ Müller-Dietz, a. a. O. Rdnr. 12; BVerfG NStZ 2013, 168.
[4] Ebenso OLG Celle NStZ 2009, 577.
[5] OLG Naumburg bei Roth NStZ 2012, 436.
[6] Vgl. AK/Volckart, § 109 Rdnr. 20 ff.
[7] Vgl. Schwind/Böhm, § 109 Rdnr. 15.
[8] Vgl. Calliess/Müller-Dietz, § 109 Rdnr. 14.
[9] Calliess/Müller-Dietz, a. a. O., Rdnr. 7 m.w.N.

20.2 Voraussetzungen des Antrags auf gerichtliche Entscheidung und Antragsarten

gegeben ist, nicht jedoch der Antrag auf gerichtliche Entscheidung gemäß § 109.[10] Selbst wenn *auch* andere Vorschriften außerhalb des Strafvollzugsgesetzes betroffen sind, fallen diese Angelegenheiten deshalb nicht unbedingt aus dem Gebiet des Strafvollzugs heraus. Es kommt darauf an, ob das Vollzugsrechtsverhältnis dennoch die Rechtsstellung des Gefangenen prägt. Ist das der Fall, wie z. B. auch bei baulichen Maßnahmen in der Justizvollzugsanstalt[11], ist § 109 einschlägig. Eine Besonderheit besteht, wenn ein Gefangener die Verlegung in eine JVA eines anderen Bundeslandes begehrt. Lehnt die Heimatanstalt die Verlegung unter Berufung auf § 8 StVollzG ab, ist hiergegen der Rechtsweg nach § 109 gegeben. Lehnt dagegen in dem anderen Bundesland die Vollzugsbehörde ab, die gem. § 26 StVollstrO mitwirken muss, ist hiergegen allein der Rechtsweg nach § 23 EGGVG möglich.[12]

Hier wendet sich der Gefangene Quax gegen die Nichtfreigabe seines Eigengeldes, die nur auf § 83 Abs. II, 51 Abs. IV gestützt werden kann. Es handelt sich somit um eine Maßnahme auf dem Gebiet des Strafvollzugs.

VON EINER VOLLZUGSBEHÖRDE muss die Maßnahme herrühren. Dies bedeutet, dass die Entscheidung oder Maßnahme für bzw. gegen den Betroffenen wie eine Entscheidung/Maßnahme des Anstaltsleiters wirken muss; dies kann auch bei einem nachgeordneten Bediensteten der Fall sein. Somit muss – wie hier – keine Entscheidung des Anstaltsleiters herbeigeführt werden, wenn eine Delegation von Aufgaben oder Befugnissen des Anstaltsleiters an den nachgeordneten Bediensteten im Sinne des § 156 Abs. 2 erfolgt ist und der Bedienstete sich bei seiner Entscheidung im Rahmen dieser Aufgabenverteilung gehalten hat.[13]

Im vorliegenden Fall hat der hierzu ermächtigte Abteilungsleiter die Entscheidung getroffen. Auch dieses Erfordernis ist somit gegeben.

ANTRAGSBEFUGNIS, § 109 Abs. II. Antragsberechtigt ist jeder, in dessen Rechte die Maßnahme, deren Ablehnung oder Unterlassung eingreifen könnte. Die bloße Möglichkeit reicht aus![14] Allerdings muss aus der Begründung hervorgehen, welche Maßnahme der Antragsteller beanstandet.[15] Somit sind neben dem Gefangenen z. B. auch sein Rechtsanwalt antragsberechtigt, wenn Verteidigerpost des Gefangenen kontrolliert wird[16], Besucher, wenn ihr Be-

---

[10] Vgl. OLG Koblenz ZfStrVo 78, 180.
[11] OVG Hamburg NJW 93, 1153; zweifelhaft insofern OLG Koblenz bei Bungert NStZ 94, 381 – Filmaufnahmen in der JVA -; zu Recht differenzierend OVG Schleswig NJW 1994,1299.
[12] KG ZfStrVo 1995, 113 m. Anm. Heischel; OLG Hamm NStZ 2002, 53, OLG Hamm StV 2004, 86, OLG Frankfurt NStZ-RR 2006, 253; für Überstellungen innerhalb eines Bundeslandes: Thür. OLG ZfStrVo 1997, 306.
[13] So OLG Ffm BlfStrVK 1994-3, 8; AK/Volckart, § 109 Rdnr. 8 m.w. N.; BVerfG ZfStrVo 1999, 54.
[14] Schwind/Böhm, § 109 Rdnr. 30.
[15] OLG Hamm NStZ-RR 2013, 30.
[16] OLG Celle ZfStrVoSH 1978, 26.

suchsantrag abgelehnt wird[17] oder Beiratsmitglieder der Anstalt, wenn in ihre Rechte gemäß § 163 ff. StVollzG eingegriffen wird.[18] Nicht antragsberechtigt ist z. B. die Wohngruppe, da sie weder Träger von Rechten noch Pflichten sein kann.[19]

Vorliegend ist durch die Ablehnung des Antrags des Gefangenen Quax dieser selbst in seinem Recht auf freie Verfügung über sein Eigengeld beeinträchtigt. Er ist somit im Sinne von § 109 II antragsbefugt.

ANTRAGSART. Die richtige Antragsart richtet sich nach dem mit dem jeweiligen Antrag des Antragstellers/Gefangenen verfolgten Ziel.[20] Geht es ihm vornehmlich um die Anfechtung bzw. Aufhebung einer erlassenen Maßnahme, so ist die richtige Antragsart der Anfechtungsantrag gemäß § 109 11. Beantragt er dagegen den Erlass einer zuvor abgelehnten Maßnahme, so ist die richtige Antragsart der Verpflichtungsantrag gemäß § 109 I 2, 1. Alt. Schließlich erwähnt § 109 I 2, 2. Alt. noch den Vornahmeantrag. Hier handelt es sich um die Vornahme einer beantragten Maßnahme, über die noch nicht entschieden worden ist, weil die Behörde untätig geblieben ist. § 115 Abs. 3 sieht außerdem noch den Feststellungsantrag vor, wenn der Antragsteller ein berechtigtes Interesse an der Feststellung der Rechtswidrigkeit einer zuvor erledigten Maßnahme hat. Ob es darüber hinaus noch weitere Antragsarten gibt, ist bestritten, in der Regel wird man jedoch mit den hier aufgeführten Antragsarten auskommen.[21] Im vorliegenden Fall handelt es sich um einen Verpflichtungsantrag. Dem Gefangenen wäre nämlich nicht damit gedient, lediglich die Ablehnung seines Antrags aufheben zu lassen. Ihm geht es vielmehr um die Freigabe seines Eigengelds für den von ihm gewünschten Zweck.

FORM. § 112 I verlangt die Schriftform oder die mündliche Äußerung zur Niederschrift der Geschäftsstelle des Gerichts. In vielen Anstalten ist es möglich, bei einem Urkundsbeamten der Geschäftsstelle, der regelmäßig in die Anstalten kommt, den Antrag auf gerichtliche Entscheidung aufnehmen zu lassen. Erforderlich ist, dass Verfasser, Anschrift und Antrag aus dem Schreiben hinreichend erkennbar sind. Außerdem ist eine Begründung notwendig, d. h. der Antrag muss sich auf eine bestimmte Maßnahme beziehen und der Sachvortrag aus sich heraus verständlich sein.[22] Indes dürfen die Anforderungen an die Begründung nicht überspannt werden und die Fürsorgepflicht des Gerichtes gebietet es in der Regel, den Antragsteller auf Mängel hinzu-

---

[17] OLG Hamm ZfStrVoSH 1977, 50.
[18] Schwind/Böhm, § 109 Rdnr. 26.
[19] OLG Hamm NStZ 93, 512.
[20] Vgl. Schwind/Böhm, § 109 Rdnr. 22 ff.
[21] Vgl. Schwind/Böhm, § 109 Rdnr. 24 f.; zum vorbeugenden Unterlassungsantrag: OLG Nürnberg BlfStrVK 1992-4/5, 6.
[22] OLG Hamm NStZ 2002, 531; OLG Celle ZfStrVo 1990, 310.

20.2 Voraussetzungen des Antrags auf gerichtliche Entscheidung und Antragsarten

weisen. Dies gilt aber nicht für Antragschriften von Rechtsanwälten und in gerichtlichen Angelegenheiten erfahrenen Gefangenen.[23]

FRIST. Die Frist beträgt 2 Wochen gemäß § 112 I 1 i.V.m. 2. Der Gefangene hat den Antrag form- und fristgerecht eingelegt. Im vorliegenden Fall beginnt die Frist mit der schriftlichen Bekanntgabe der Maßnahme. Ist sie ihm nur mündlich eröffnet worden, beträgt die Frist analog § 113 III ein Jahr.[24] Hat ein Gefangener nicht rechtzeitig seine Vorführung vor den Rechtspfleger beantragt, hat er die Fristversäumung zu vertreten[25], wenn die Protokollierung im Zuge eines ordentlichen Geschäftsgangs nicht vor Ablauf der Rechtsmittelfrist möglich ist.

ANTRAGSGEGNER. Gemäß § 111 I Nr. 2 ist der Leiter der jeweiligen JVA zu benennen, von dem die Maßnahme angeordnet bzw. abgelehnt/ unterlassen wurde. Baier[26] möchte diesen Punkt bei der Begründetheit behandelt wissen. Dagegen spricht aber folgendes: Wird der Gefangene verlegt, muss er seinen Antrag auf gerichtliche Entscheidung gegen den Leiter der aufnehmenden Anstalt richten, wenn die angegriffene Maßnahme auch Wirkung für den Vollzug in der Folgeanstalt entwickelt. Das Verfahren vor dem ursprünglich zuständigen Gericht wird UNZULÄSSIG. Die StVK hat nach Anhörung des Antragstellers ihre Unzuständigkeit auszusprechen und die Sache an das zuständige Gericht zu verweisen.[27]

ZUSTÄNDIGES GERICHT. Gemäß § 110 ist der Antrag auf gerichtliche Entscheidung an die Strafvollstreckungskammer des Landgerichts zu richten, in dessen Bezirk die JVA ihren Sitz hat (bei Zweiganstalten ist der Sitz der Hauptanstalt maßgebend). Bei einer (vorübergehenden) Verlegung bzw. Überstellung gelten Besonderheiten.[28]

Grundsätzlich gilt: Im Fall eines Verpflichtungsantrags ändert sich durch eine Verlegung die zuständige StVK.[29] Auf den Antrag des Gefangenen ist das Verfahren an die StVK zu verweisen, in deren Bezirk die neue Anstalt liegt. Bei einem Anfechtungsantrag wird durch die Verlegung die Zuständigkeit der bisherigen StVK nicht berührt.[30] Die gegenteilige Ansicht des OLG Stuttgart[31] betrifft einen Sonderfall, wobei unseres Erachtens schon fraglich ist, ob die von dem Gericht angenommene Antragsart (Anfechtungsantrag bei Anhalteverfügung eines ausgehenden Schreibens) die richtige war.[32]

---

[23] OLG Koblenz NStZ-RR 2011, 32.
[24] Schwind/Böhm § 112 RdNr. 2.
[25] OLG Hamm NStZ 2011, 227.
[26] JA 2001, 582.
[27] OLG Celle ZfStrVo 2002, 245; wie hier: Laubenthal, Rdnr. 707.
[28] Vgl. BGH NStZ 89, 548; BGH NStZ 89,196.
[29] Thür. OLG ZfStrVo 1996, 313; BGH NStZ 1999, 158.
[30] Thür. OLG a. a. O.
[31] NStZ 1989, 496.
[32] Vgl. hierzu Hohmann JuS 1997, 914 m.w.N.

Auch insofern ergeben sich keine Zweifel an der Zulässigkeit des Antrags auf gerichtliche Entscheidung des Gefangenen Quax. Der Antrag ist somit insgesamt zulässig.

II. BEGRÜNDETHEIT. Gemäß § 83 II kann ein Gefangener über sein Eigengeld verfügen, soweit dies nicht als Überbrückungsgeld notwendig ist. Damit ist auch dann, wenn das Überbrückungsgeld noch nicht den vorgesehenen Stand hat, das Eigengeld der Verfügung des Gefangenen nicht völlig entzogen. Es ist vielmehr eine Prognose anzustellen, ob der Gefangene in der verbleibenden Haftzeit aus seinem Arbeitsentgelt das Überbrückungsgeld bilden kann. Im vorliegenden Fall besteht die Besonderheit, dass diese Prognose ursprünglich, d. h. bei der ersten Ablehnung des Antrags negativ sein musste, da der Gefangene keiner Arbeit nachging. Ab Juni 2012 stellt sich diese Situation jedoch anders dar. Es ist deshalb zu fragen, welcher Zeitpunkt maßgeblich ist für die Beurteilung der Begründetheit eines Antrags auf gerichtliche Entscheidung. Dies hängt davon ab, um welche Art von Antrag es sich handelt.[33]

Bei einem Anfechtungsantrag ist maßgeblicher Zeitpunkt für die Sachentscheidung grundsätzlich der Zeitpunkt des Erlasses der Maßnahme (letzte Behördenentscheidung). Anders liegt es bei noch nicht ausgeführten belastenden Maßnahmen (z. B. Verlegung gegen den Willen des Gefangenen) oder aber belastenden Maßnahmen mit Dauerwirkung, z. B. besondere Sicherungsmaßnahmen. Eine Verlegung ist allerdings keine solche Maßnahme mit Dauerwirkung.[34] In diesen Fällen ist der Zeitpunkt der gerichtlichen Entscheidung maßgeblich.[35] Bei einem Verpflichtungsantrag, um den es sich hier handelt, ist dagegen regelmäßig der Zeitpunkt der gerichtlichen Entscheidung maßgeblich, denn es geht um die Durchsetzung eines Rechtsanspruchs, der zu dem Zeitpunkt beurteilt werden muss, zu dem die gerichtliche Entscheidung ergeht.[36] Anders liegt es dann, wenn die Vollzugsbehörde bei Erlass der Maßnahme Beurteilungsspielraum oder Ermessen hatte. In diesem Fall kommt es wieder auf den Zeitpunkt des Erlasses der Maßnahme an, da das Gericht nur diejenigen Beurteilungs- bzw. Ermessenserwägungen beurteilen kann, die seinerzeit eine Rolle gespielt haben.[37]

Im vorliegenden Fall hatte die Behörde zwar ursprünglich eine Prognose zu treffen. Dies spricht dafür, dass die Grundsätze über den Beurteilungsspielraum angewandt werden müssten. Tatsächlich aber kann und muss die Vollzugsbehörde hier nach festen Kriterien bestimmen, ob der Antragsteller die festgesetzte Höhe seines Überbrückungsgeldes erreichen wird oder nicht.

---

[33] Vgl. Schwind/Böhm, § 115 Rdnr. 12 m.w.N.
[34] Hans. OLG Hamburg ZfStrVo 91, 312.
[35] Schwind/Böhm, § 115 Rdnr. 12 m.w.N.
[36] AK/Volckart § 115 Rdnr. 44; für Vollzugslockerungen vgl. OLG Nürnberg StV 2000, 573.
[37] Calliess/Müller-Dietz, § 115 Rdnr. 9.

20.2 Voraussetzungen des Antrags auf gerichtliche Entscheidung und Antragsarten

Im Übrigen kann das Gericht auch die Festsetzung der Höhe des Überbrückungsgeldes uneingeschränkt überprüfen.[38]
Festzustellen ist also, dass die ursprüngliche Beurteilung der Vollzugsbehörde rechtmäßig war. Nachdem der Gefangene jedoch jetzt arbeitet, muss sie nunmehr das Eigengeld freigeben, wenn sie nicht vor Gericht unterliegen will. Tut sie dies, bewirkt sie die Erledigung des Rechtsstreits. In diesem Fall entscheidet das Gericht dann nur noch gemäß § 121 Abs. 2 S. 2 über die Kosten des Verfahrens. Dies tut es nach billigem Ermessen unter Berücksichtigung des Sach- und Streitstandes. Da die ursprüngliche Entscheidung der Vollzugsbehörde rechtmäßig war und sie sogleich nach Änderung der Sachlage Erledigung herbeigeführt hat, muss hier der Gefangene die Kosten des Verfahrens tragen.

Zu b):
Der Antragsteller wendet sich mit seinen Anträgen gegen
1. den Vollzugsplan insgesamt;
2. die Feststellungen, die in Bezug auf seine Lockerungseignung gemacht worden sind;
3. die Frist zur Fortschreibung seines Vollzugsplans.

Der Antragsteller verlangt nicht lediglich die Aufhebung der von ihm gerügten Punkte, sondern eine Änderung. Es handelt sich somit um Verpflichtungsanträge, § 109 I 2, 1. Alt.
Hinsichtlich der ZULÄSSIGKEIT der Verpflichtungsanträge ist zunächst zu prüfen, ob Maßnahmen im Sinne von § 109 I mit Regelungscharakter betroffen sind. Der Vollzugsplan als ganzes stellt nur einen abänderbaren Plan für die Vollzugsgestaltung dar, aufgrund dessen die einzelnen Behandlungsmaßnahmen künftig getroffen werden sollen. Der Vollzugsplan ist also selbst keine Maßnahme zur Regelung einzelner Angelegenheiten auf dem Gebiet des Strafvollzugs, weil er die Rechtsstellung des Gefangenen noch nicht unmittelbar berührt.[39] Anders läge es, wenn überhaupt kein Vollzugsplan erstellt worden wäre [40] oder wenn die ordnungsgemäße Aufstellung des Vollzugsplans (Rechtsfehlerfreiheit des Verfahrens) streitig wäre.[41] Letzteres ist hier jedoch nicht der Fall.
Die Feststellungen bezüglich künftiger Vollzugslockerungen- „werden auch weiterhin nicht zu vertreten sein" – enthalten den Hinweis, wie entsprechende Anträge in der Zukunft zu behandeln sein werden. Ob damit eine die Rechte des Antragstellers verbindlich gestaltende Regelung vorliegt, ist zweifelhaft. Das OLG Koblenz [42] hat dies für die Festsetzung einer einjährigen Sperrfrist für die Prüfung von Vollzugslockerungen bejaht. Es handle sich um eine den Antrag-

---

[38] OLG Ffm BlfStrVK 1994-4/5, 8.
[39] Widersprüchlich: Calliess/Müller-Dietz, § 7 Rdnr. 2 m.w.N.
[40] OLG Celle BlfStrVK 1992-2, 3 m.w.N.
[41] BVerfG NStZ 1993, 301.
[42] ZfStrVo 1992, 321, 322.

steller benachteiligende Einzelregelung des Vollzugsplans. Eine entsprechende Wertung liegt hier nahe, da durch die Feststellung des Vollzugsplans das Ergebnis künftiger Prüfungen von Vollzugslockerungen quasi vorweggenommen wird. Hält man dies für richtig, so liegt kein entscheidender Unterschied darin, wenn die Vollzugsbehörde eine Frist von 1 Jahr setzt oder aber – etwas unbestimmter – Vollzugslockerungen „bis auf weiteres" nicht für möglich hält. Es liegt somit eine verbindliche Regelung im Sinne von § 109 I vor.

Mit der Festsetzung der Fortschreibungsfrist wird der Anspruch bzw. die Rechtsposition des Antragstellers aus § 7 II konkretisiert, und insoweit wird Recht verbindlich gestaltet.[43]

Hinsichtlich der Anträge 2 und 3 liegen die Voraussetzungen des § 109 I somit vor. Insoweit ist der Antragsteller auch antragsbefugt, § 109 II. Der Antrag zu 1 ist unzulässig.

Im Übrigen ergeben sich keine Zweifel an der Zulässigkeit der Anträge, sie sind insbesondere frist- und formgerecht eingelegt.

Hinsichtlich der BEGRÜNDETHEIT der Anträge ist zunächst zu prüfen, ob die Feststellungen zu den Vollzugslockerungen sachgerecht und damit auch rechtmäßig sind. Hier haben sowohl der Anstaltsarzt als auch der zuständige Anstaltspsychologe dargelegt, dass die Androcurbehandlung bei dem Antragsteller frühestens nach 9 Monaten wirken könne. Dieser Androcurbehandlung kommt aber im Hinblick auf die Persönlichkeit und die Sexualproblematik des Antragstellers besondere Bedeutung auch im Hinblick auf Lockerungen zu. So lange man nicht sicher beurteilen kann, dass die Behandlung bei dem Antragsteller sich positiv auswirkt, muss insbesondere von einer erheblichen Gefahr des Missbrauchs von evtl. Lockerungen ausgegangen werden. Es ist somit nicht zu beanstanden, wenn im Vollzugsplan festgehalten wurde, dass Vollzugslockerungen weiterhin nicht zu vertreten sind.

Hinsichtlich der Fortschreibungsfrist für den Vollzugsplan gelten im wesentlichen die gleichen Gesichtspunkte. Solange die Androcurbehandlung in ihren Auswirkungen nicht sicher beurteilt werden kann, erscheint eine Änderung oder Fortschreibung des Vollzugsplans weder notwendig noch sinnvoll. Die Fortschreibungsfrist von 6 Monaten für den Vollzugsplan ist somit angemessen.

Die Anträge des Gefangenen sind somit zulässig, aber nicht begründet.

Zu c):
Der Antragsteller begehrt, ihm zur Beerdigung seines Vaters Ausgang zu gewähren. Mit einem normalen Antragsverfahren ist ihm hier nicht gedient. Die Entscheidung käme in jedem Fall zu spät, um ihn noch rechtzeitig an der Beerdigung teilnehmen zu lassen. Dem Antragsteller geht es also um EINSTWEILIGEN RECHTSSCHUTZ.

Dieser ist gemäß § 114 Abs. 2 grundsätzlich möglich. § 114 II sieht den einstweiligen Rechtsschutz in 2 Formen vor:

---

[43] Vgl. OLG Koblenz NStZ 1986, 92.

20.2 Voraussetzungen des Antrags auf gerichtliche Entscheidung und Antragsarten

Zum einen kann das Gericht den Vollzug einer angefochtenen Maßnahme aussetzen. Im Hauptverfahren kommt dann ein Anfechtungsantrag in Betracht. Beispiele sind die Verbüßung von Arrest,[44] die Herausnahme aus einer Ausbildung und auch die geplante Verlegung in eine andere Anstalt. § 114 II 1 steht in engem Zusammenhang mit § 114 I, wonach der Antrag auf gerichtliche Entscheidung keine aufschiebende Wirkung hat.[45] § 114 Abs. 2 kann diese aufschiebende Wirkung herstellen. Die Aussetzung des Vollzugs kommt in Betracht, wenn die Gefahr besteht, dass durch den Vollzug einer Maßnahme die Verwirklichung eines Rechts des Antragstellers wesentlich erschwert oder vereitelt werden könnte und ein höher zu bewertendes Interesse an dem sofortigen Vollzug der Maßnahme nicht entgegensteht. Dies bedeutet, dass die schutzwürdigen Interessen des Gefangenen gegen das öffentliche Interesse an einem geordneten und funktionsfähigen Strafvollzug abgewogen werden. Die Erfolgsaussichten in der Hauptsache spielen hierbei eine wichtige Rolle.[46]

Neben der Aussetzung des Vollzugs ist auch eine einstweilige Anordnung möglich nach § 114 II 2. Sie kommt immer dann in Betracht, wenn im Hauptsacheverfahren ein Verpflichtungsantrag möglich wäre.

Vorliegend geht es dem Antragsteller darum, dass die Vollzugsbehörde zum Erlass der abgelehnten Maßnahme „Ausgang" verpflichtet wird. Es kommt also eine einstweilige Anordnung gemäß § 114 II 2 in Betracht. Diese einstweilige Anordnung trifft das Gericht, wenn die Gefahr besteht, dass durch die Veränderung eines bestehenden Zustandes die Verwirklichung eines Rechts des Antragstellers vereitelt oder wesentlich erschwert wird (Sicherungsanordnung). Außerdem ist eine einstweilige Regelung eines vorläufigen Zustandes in Bezug auf ein streitiges Rechtsverhältnis zulässig, wenn diese Regelung, um wesentliche Nachteile abzuwenden oder drohende Gefahren zu verhindern oder aus anderen Gründen, nötig erscheint.[47]

Die Zulässigkeitsvoraussetzungen des einstweiligen Rechtsschutzes entsprechen denen des Hauptsacheverfahrens. Vorliegend muss der Antragsteller also geltend machen, durch die Ablehnung einer Vollzugsmaßnahme in seinen Rechten verletzt zu sein. Bei der Ablehnung des Antrags des Gefangenen auf Ausgang handelt es sich um eine Vollzugsmaßnahme. Deren Ablehnung greift auch möglicherweise in Rechte des Antragstellers ein.

Weiterhin muss das Hauptverfahren überhaupt noch möglich sein, damit noch Raum für einstweiligen Rechtsschutz ist, denn die einstweilige Anordnung soll nur vorläufigen Rechtsschutz bis zur Hauptsacheentscheidung ermöglichen.[48] Im vorliegenden Fall hat Quax fristgemäß Widerspruch eingelegt. Irgendwel-

---

[44] Vgl. BVerfG NStZ 2004, 223 f.
[45] Ab dem 01.06.2013 ist aber § 172 VwGO entsprechend anwendbar.
[46] Schwind/Böhm, § 114 Rdnr. 2 m.w.N.
[47] BT-Drs. 7/3998, 41.
[48] Schwind/Böhm, § 114 Rdnr. 7 m.w.N.

che Hindernisse, die der Hauptsacheentscheidung entgegenstehen könnten, sind nicht ersichtlich.

Fraglich ist, wie es sich auf die Zulässigkeit auswirkt, dass der Antragsteller mit seiner Eilentscheidung die Hauptsacheentscheidung quasi vorwegnimmt. Wenn Quax zum Ausgang zugelassen wird, so könnte daran eine später ergehende Entscheidung in der Hauptsache nichts mehr ändern.

Damit die Hauptsacheentscheidung nicht entwertet wird, darf der einstweilige Rechtsschutz die Hauptsache nicht vorwegnehmen (Calliess/Müller-Dietz, § 114 Rdnr. 3 m.w.N.). Eine Ausnahme gilt jedoch dann, wenn dem Antragsteller evtl. schwere, unzumutbare Nachteile entstehen, die durch die Hauptsacheentscheidung nicht mehr beseitigt werden können (z. B. die Vollzugsbehörde weigert sich, eine dringend notwendige Operation in einem externen Krankenhaus durchführen zu lassen).

Mithin ist die Vorwegnahme der Hauptsache keine Frage der Zulässigkeit des einstweiligen Rechtsschutzes, sondern ist im Rahmen der Begründetheit des Antrags zu beurteilen.[49]

Der Antrag auf einstweilige Anordnung des Gefangenen ist also zulässig.

Der Antrag auf einstweilige Anordnung ist begründet, wenn der Antrag ein streitiges Rechtsverhältnis betrifft, aus dem der Antragsteller eigene Rechte herleitet und eine vorläufige Regelung zur Abwendung drohender Nachteile nötig ist. Ob eine einstweilige Anordnung dann zu erlassen ist, liegt im Ermessen des Gerichts. Dieses wägt die beteiligten Interessen unter Berücksichtigung der Erfolgsaussichten in der Hauptsache ab.[50]

Grundsätzlich gilt:

Ist die Maßnahme der Vollzugsbehörde offensichtlich rechtswidrig und drohen irreparable Nachteile, wird das Gericht die einstweilige Anordnung erlassen.

Im vorliegenden Fall drohen zwar möglicherweise irreparable Nachteile dadurch, dass der Antragsteller nicht an der Beerdigung seines Vaters teilnehmen kann. Die Ablehnung des Antrages auf Ausgang ist jedoch in Anbetracht der Persönlichkeitsprobleme des Antragstellers (z. Z. findet eine Androcurbehand-lung statt) durchaus nachvollziehbar und jedenfalls nicht offensichtlich rechtswidrig. Hinzu kommt, dass hier wegen der Vorwegnahme der Hauptsache ein besonders strenger Maßstab angelegt werden muss. So hat die Rechtsprechung bisher den Erlass einstweiliger Anordnungen bei der Ablehnung von Urlaubsanträgen bzw. bei Verlegungen abgelehnt.[51]

Der Antrag des Quax ist somit unbegründet (Abb. 20.1, 20.2 und 20.3).

---

[49] OLG Karlsruhe NStZ 1993, 557 ff., m. Anm. Ullen-bruch NStZ 1993, 517 ff.)
[50] Vgl. Schwind/Böhm, § 114 Rdnr. 5.
[51] Übersicht bei Calliess/Müller-Dietz, § 114 Rdnr. 3 m.w. N.

20.2 Voraussetzungen des Antrags auf gerichtliche Entscheidung und Antragsarten

I. Zulässigkeit

1. Antragsgegenstand gem. § 109 I 1:
   a) Maßnahme einer Vollzugsbehörde
   b) zur Regelung
   c) eines Einzelfalles
   d) auf dem Gebiet des Strafvollzugs
2. Antragsberechtigung gem. § 109 II: Verletzung eigener Rechte geltend gemacht?
3. Welche bzw. richtige Antragsart?
4. Widerspruchsverfahren (§ 109 III) erforderlich (Landesrecht), durchgeführt oder verzichtbar (Antragsart)?
5. Form des Antrags gem. § 112 I?
6. Frist gem. § 112 I (2 Wochen), ggf. Wiedereinsetzung in den vorigen Stand gem. §112 III?
7. Richtiger Antragsgegner gem. § 111 I Nr. 2?
8. Zuständiges Gericht gem. § 110?

II. Begründetheit

1. Maßnahme rechtmäßig?
   (bei Ermessensprüfung vgl. § 115 V)
2. Verletzung des Antragstellers in seinen Rechten?

III. Ggf. Beschlusstenor

- Aufhebung der Maßnahme § 115 II 1
- Art u. Weise der Folgenbeseitigung § 115 II 2
- Verpflichtung der Behörde § 115 IV 1
- Bescheidungsbeschluss § 115 IV 2
- Feststellung der Rechtswidrigkeit § 115 III

Abb. 20.1 Prüfungsschema zum Antrag auf gerichtliche Entscheidung, § 109

1. Zulässigkeit:

   - Maßnahme einer VB zur Regelung eines Einzelfalles auf dem Gebiet des Strafvollzugs
   - Anfechtungsantrag im Hauptsacheverfahren
   - Antragsbefugnis, § 109 II
   - Widerspruch eingelegt bzw. innerhalb der Frist/Durchführung des Widerspruchsverfahrens nicht notwendig
   - sonstige Zulässigkeitsvoraussetzungen des Antragsverfahrens/Rechtsschutzbedürfnis (gibt es einfacheren Weg zum Ziel?)

2. Begründetheit:

Begründet, wenn Gefahr besteht, dass durch den Vollzug der Maßnahme die Verwirklichung eines Rechts des Antragstellers wesentlich erschwert oder vereitelt werden könnte und ein höherstehendes Interesse an dem Vollzug der Maßnahme nicht entgegensteht. Erfolgsaussichten in der Hauptsache spielen wichtige Rolle.

Abb. 20.2 Prüfungsschema zum Einstweiligen Rechtsschutz – Aussetzung des Vollzugs, § 114 II 1

1. Zulässigkeit
   - Maßnahme einer VB zur Regelung eines Einzelfalles auf dem Gebiete des StVollz
   - Verpflichtungsantrag bzw. kein Anfechtungsantrag im Hauptsacheverfahren
   - Antragsbefugnis § 109II
   - Zulässigkeitsvoraussetzungen entsprechend Hauptsacheverfahren evtl. Rechtsschutzbedürfnis
2. Begründetheit

Sicherungsanordnung	Regelungsanordnung
§ 123 I S. 1 VwGO §	123 I S. 2 VwGO
Sicherung eines gefährdeten Rechts (selten, wenig praktische Bedeutung)	Regelung eines streitigen Rechtsverhältnisses

   - Anordnungsanspruch (Rechtsgrundlage für Anspruch?)
   - Anordnungsgrund (Vorläufige Regelung nötig? Eilbedürftig?)
   - Interessenabwägung unter Berücksichtigung der Erfolgsaussichten in der Hauptsache
   - Vorwegnahme der Hauptsache?
       I. d. R. nicht möglich, es sei denn bei schweren, unzumutbaren Nachteilen; wenn ein effektiver Rechtsschutz sonst nicht mehr möglich ist.

Abb. 20.3 Prüfungsschema zur Einstweiligen Anordnung, § 114 II 2

Beispiel für eine Stellungnahme zum Antrag auf gerichtliche Entscheidung

---

Vfg.:

1. Zu schreiben:

An das
Landgericht
- Strafvollstreckungskammer -

Antrag auf gerichtliche Entscheidung des
Strafgefangenen............
JVA X-Stadt, vom.........
Zuschrift vom........ , hier eingegangen am.........
(52 Vollz 8/10)

Anlg.:
1 Durchschrift, 1 Heft Ablichtungen

I.
Wegen der Person und des Vollstreckungsstandes des Antragstellers nehme ich auf den in Ablichtung beigefügten A-Bogen der Gefangenenpersonalakte Bezug.

II.
Mit dem vorbezeichneten Antrag auf gerichtliche Entscheidung wendet sich der Gefangene gegen meine ablehnende Entscheidung vom.. seines Antrages auf Gewährung von Jahresurlaub nach § 13 Abs. 1 StVollzG (i.d. F. des Widerspruchsbescheides des.. vom (Az.:)
(Der Widerspruchsbescheid vom....... mit Rechtsmittelbelehrung ist dem Antragsteller am........ gegen Empfangsbescheinigung ausgehändigt worden.)
Der Antrag ist unzulässig.
Er ist nicht innerhalb der Antragsfrist nach § 112 Abs. 1 StVollzG ausreichend begründet worden. Der anwaltlich vertretene Antragsteller hat erst mit Schriftsatz vom.......... eine aus sich heraus verständliche Darstellung vorgelegt, welche Maßnahme der Anstalt der Antragsteller beanstandet und begehrt.

20.2 Voraussetzungen des Antrags auf gerichtliche Entscheidung und Antragsarten

Zudem ist innerhalb der Antragsfrist nicht mitgeteilt worden, inwiefern sich der Antragsteller durch die angegriffene Maßnahme und die Ablehnung in seinen Rechten verletzt fühlt.

Hilfsweise wird zur Begründetheit des Antrags folgendes ausgeführt:
Der Antrag ist im Übrigen unbegründet.
Mit Antrag vom......... begehrte der Antragsteller für die Zeit vom.......... bis zum........... Jahresurlaub nach § 13 Abs. 1 StVollzG. Dieser Antrag ist nach ausführlicher Beratung in der Konferenz aus folgenden Gründen abgelehnt worden:

> „Hoher Strafrest (...), Bewährungsversager, lange kriminelle Entwicklung. Mit vorzeitiger Entlassung kann nicht gerechnet werden. Ausnahmegründe sind nicht ersichtlich."

Wegen der Persönlichkeit des Antragstellers darf ich zunächst auf den Inhalt der in Ablichtung überreichten Einweisungsentschließung vom......... der Justizvollzugsanstalt XY Bezug nehmen.
Auch in der hiesigen Anstalt ist eine positive Auseinandersetzung des Antragstellers mit seinem Fehlverhalten nicht feststellbar. So hat der zuständige Diplompsychologe in seiner Stellungnahme vom............zum o. a. Urlaubsantrag u. a. folgendes festgehalten:

> „Eine Auseinandersetzung über seine bevorzugten kriminellen Handlungen (Betrug und Diebstahl) kann ich bei.......nicht erkennen, hier kann man auch nicht von einem entwickelten Unrechtsbewusstsein sprechen."

Hinzu kommt folgendes:
Vor seiner Inhaftierung ist dem Antragsteller mehrfach Strafaufschub gewährt worden. Mit Schreiben vom............ wurde von der zuständigen Vollstreckungsbehörde ein erneutes Gesuch um Gewährung von Strafaufschub abgelehnt. Wegen der Einzelheiten darf ich auf das Schreiben des Leitenden Oberstaatsanwalts Düsseldorf vom..........., in Ablichtung beigefügt, Bezug nehmen. Der Antragsteller musste festgenommen werden. Die ihm angebotene und im Justizvollzugskrankenhaus Fröndenberg durchzuführende Leistenbruchoperation verweigert er weiterhin aus nicht nachvollziehbaren Gründen. Diese Haltung steht im Widerspruch zu seinen Schreiben, mit denen er seine Gesuche um Strafaufschub begründet hatte.
Unter Berücksichtigung seiner erheblichen strafrechtlichen Vorbelastung, seiner fehlenden Bereitschaft, sich mit seinem Fehlverhalten auseinanderzusetzen und des Umstandes, dass er trotz großzügig gewährter Strafaufschübe sich nicht freiwillig zum Strafantritt gestellt hat, sondern festgenommen werden musste, waren Lockerungsentscheidungen bislang nicht verantwortbar. Der Antrag auf Gewährung von Jahresurlaub war daher abzulehnen.

Ich bitte, den Antrag zurückzuweisen.
Sollte das Gericht weitere Ausführungen für erforderlich halten, bitte ich um entsprechende Mitteilung.

Im Auftrag
2) Schr. zu 1) bitte anliegende Ablichtungen beifügen
3) Schr. zu 1) mit 4 Durchschriften und Ablichtungen zu 2) absenden
4) Durchschrift zu 1) z. d. PA
5) Herrn Anstaltsleiter m. d. B. u. K.
6) WV nach 2 Monaten (Beschluss?)
X-Stadt, den..........
Der Leiter der JVA
I.A.
Scharf, Olnspektor

20.3 Besondere Antragsarten

20.3.1 Folgenbeseitigungsantrag, § 115 II 2

Der Folgenbeseitigungsantrag dient der Wiederherstellung des vorherigen Zustandes bzw. der Beseitigung fortwährender Wirkungen einer erfolgreich angefochtenen vollzugsbehördlichen Maßnahme.

▶ Beispiel
Einem Gefangenen sind die Kosten für eine Ausführung von seinem Hausgeldkonto gegen seinen Willen abgebucht worden. Da das Hausgeld unpfändbar ist, kann die Vollzugsbehörde hier auch nicht mit ihrem Anspruch auf Erstattung der Kosten für die Ausführung gegen die Hausgeldforderung des Gefangenen aufrechnen, § 394 BGB. Die Handlungsweise der

Vollzugsbehörde ist also rechtswidrig. Allein diese Feststellung und die Aufhebung der entsprechenden Maßnahme helfen dem Gefangenen jedoch nicht weiter. Hier greift der Folgenbeseitigungsantrag, § 115 II 2, ein. Er führt dazu, dass die Vollzugsbehörde die zu Unrecht dem Gefangenen von seinem Hausgeldkonto abgezogenen Gelder zurückbuchen muss.

Ähnliches gilt für die Aushändigung entzogener Gegenstände oder die Rückgängigmachung einer Entscheidung über die Verlegung vom offenen in den geschlossenen Vollzug.[52] Zu beachten ist jedoch, dass der Folgenbeseitigungsantrag dem Antragsteller keinen Schadensersatz verschafft. Lässt sich der vorherige Zustand nicht mehr wiederherstellen, etwa weil Arrest verbüßt ist etc., ist eine Entschädigung in Geld nicht möglich. Ist eine Ablösung von der Arbeit rechtswidrig, so scheitert die Folgenbeseitigung nicht daran, dass der Arbeitsplatz einem anderen Gefangenen zugewiesen wurde. Diese Zuweisung kann nämlich nach den Grundsätzen des Widerrufes eines rechtswidrigen begünstigenden Verwaltungsaktes rückgängig gemacht werden.[53] Seit dem 01.06.2013 ist gem. § 120 I i.V.m. § 172 VwGO ein Zwangsgeld gegen die Behörde möglich, wenn sie ihren durch Beschluss auferlegten Verpflichtungen nicht nachkommt.

20.3.2 Vornahmeantrag, §§ 113,109 I 2,2. Alt.

Mit dem Vornahmeantrag wendet sich der Antragsteller gegen das Unterlassen einer Maßnahme. Sein Ziel ist die Bescheidung seines Antrages. Kommt die Anstalt einer gerichtlich angeordneten Bescheidungsverpflichtung nicht nach, ist hiergegen ebenfalls ein Vornahmeantrag statthaft.[54]

---

[52] Calliess/Müller-Dietz, § 115 Rdnr. 11 m.w.N.
[53] OLG Celle NStZ-RR 2008, 125.
[54] OLG Schleswig NStZ 2009,576, so wohl auch BVerfG ZfStrVo 2011, 192, 194 m.w.N.; a. A. OLG Hamm BeckRS 2010, 03565.

Voraussetzung für den Vornahmeantrag ist, dass
a) 3 Monate seit Antragstellung verstrichen sind oder
b) besondere Umstände des Einzelfalls vorliegen (es drohen unverhältnismäßige Nachteile, wie z. B. wegen des baldigen Beginns einer beruflichen Maßnahme).

Gemäß § 113 II 1 kann das Gericht, wenn ein zureichender Grund für die Nichtbescheidung vorliegt, bis zum Ablauf einer bestimmten Frist das Verfahren aussetzen. Folgende Abläufe sind denkbar:

1. Ein Antrag geht innerhalb der 3-Monats-Frist bei Gericht ein, es liegen keine besonderen Umstände vor. Hier ist der Vornahmeantrag unzulässig.
2. Das Gericht hat eine Frist gemäß § 113 II 1 gesetzt. Innerhalb der Frist ergeht der Bescheid der Vollzugsbehörde.
   a) Die Vollzugsbehörde erlässt die begehrte Maßnahme. Gemäß § 113 II S. 3 ist der Rechtsstreit in der Hauptsache erledigt.
   b) Die Vollzugsbehörde erlässt einen ablehnenden Bescheid.
      aa) Hat der Gefangene lediglich den Antrag gestellt, die Vollzugsbehörde möge seinen Antrag bescheiden, so tritt ebenfalls gemäß § 113 II S. 3 Erledigung ein. (Gegen die Sachentscheidung kann der Antragsteller evtl. Widerspruch einlegen bzw. einen Verpflichtungsantrag stellen.)
      bb) Hat der Antragsteller gleichzeitig einen Verpflichtungsantrag gestellt, so kann das Verfahren weitergeführt werden.[55]
3. Ist die Frist abgelaufen oder liegt kein zureichender Grund dafür vor, dass die beantragte Maßnahme noch nicht erlassen ist, so verpflichtet das Gericht die Vollzugsbehörde, den Antrag des Antragstellers zu bescheiden, falls sein Begehren lediglich auf Bescheidung gerichtet ist. Hat er gleichzeitig einen Verpflichtungsantrag gestellt, so wird das Verfahren als Verpflichtungsantrag weitergeführt[56].

20.3.3 Feststellungsantrag

Der Feststellungsantrag kommt nur in Frage, wenn ein Anfechtungs- oder Verpflichtungsantrag nicht mehr möglich ist, weil sich die Hauptsache erledigt hat. Eine (belastende) Maßnahme ist erledigt, wenn sie nicht mehr unmittelbar fortwirkt.[57] Dies kann beispielsweise durch die Rücknahme der angefochtenen Maßnahme oder die Ersetzung der angefochtenen Maßnahme durch eine andere geschehen. Auch der Zeitablauf kann bei einer befristeten Maßnahme zu deren Erledigung führen, genauso wie der Tod eines Gefangenen oder seine Entlassung. Besonderes ist bei Disziplinarmaßnahmen zu beachten. In der Regel tritt hier Erledigung ein, wenn sie vollzogen worden sind, wenn auch eine Rückabwicklung (Folgenbeseitigung) nicht mehr möglich ist.[58] Ist also z. B. Arrest vollzogen worden, so liegt Erledigung vor, da dieser nicht mehr rückgängig gemacht werden kann. Dagegen ist der Entzug der Verfügung über das Hausgeld durch Rückbuchung auf das Konto des Gefange-

---

[55] Vgl. hierzu OLG Frankfurt/Main NStZ-RR 1998, 9.
[56] Zu den Möglichkeiten: HansOLG Hamburg ZfStrVo 2006, 50.
[57] AK/ Volckart, § 115 Rdnr. 59 ff. m.w.N.
[58] Vgl. OLG Nürnberg ZfStrVo 2002, 246.

nen durchaus reversibel. In diesen Fällen tritt also keine Erledigung ein. Aber auch dann, wenn für die Vollzugsbehörde noch die rechtliche Möglichkeit besteht, über die Verhängung einer Disziplinarmaßnahme neu oder anders als bisher zu entscheiden, tritt durch die bloße Vollziehung der Disziplinarmaßnahme keine Erledigung im Sinne von § 115 III ein. Liegt also lediglich ein Verfahrensfehler vor oder hat die Vollzugsbehörde einen Entlastungszeugen für den Gefangenen nicht gehört, so bleibt die Möglichkeit offen, dass die Vollzugsbehörde diesen Fehler behebt und später doch noch eine Disziplinarmaßnahme verhängt. In diesen Fällen tritt also auch durch Vollzug einer Disziplinarmaßnahme keine Erledigung ein.[59]

Auch bei begünstigenden Maßnahmen kann Erledigung eintreten, wenn sich die Voraussetzungen so verändert haben, dass die Maßnahme jetzt nicht mehr gewährt werden kann und die Ablehnung insofern bedeutungslos geworden ist.[60] Ebenso nicht durch die bloße Fortschreibung des Vollzugsplans.[61]

So hat sich ein Verfahren über einen Antrag auf Urlaub erledigt, wenn es (z. B. bei § 35) auf einen ganz bestimmten Termin ankommt, der inzwischen verstrichen ist.

Wenn, wie im Fall oben 38 c), ein Gefangener Ausgang zur Beerdigung eines Elternteils beantragt, so hat sich der Antrag mit Ablauf des Termins erledigt.

Regelurlaubs- oder Ausgangsanträge erledigen sich aber nicht notwendigerweise dadurch, dass der Termin des beantragten Urlaubs verstrichen ist. Wenn es dem Gefangenen nur darauf ankommt, überhaupt Urlaub zu erhalten, so kann er dieses Begehren weiter mit dem Verpflichtungsantrag verfolgen.[62] Letzteres gilt selbst dann, wenn der Antragsteller in eine neue JVA verlegt worden ist. Allerdings muss der Antragsteller den Antrag auf die aufnehmende JVA umstellen, es ist also eine Klageänderung erforderlich, denn die alte JVA kann über den Antrag des Antragstellers nicht mehr entscheiden.[63]

Zulässigkeitsvoraussetzung eines Feststellungsantrags ist ein FESTSTELLUNGSINTERESSE. Ein Feststellungsinteresse liegt vor:

- bei WIEDERHOLUNGSGEFAHR, die sich konkret abzeichnet, z. B. der Gefangene ist nach seinem letzten Verteidigerbesuch durchsucht worden und auch in Zukunft beabsichtigt die Vollzugsbehörde, dies zu tun;[64]
- wenn der Antragsteller ein SCHUTZWÜRDIGES INTERESSE an seiner REHABILITIERUNG hat, etwa weil die angegriffene Maßnahme, die sich erledigt hat, diskriminierende Wirkung hat. Beispiele hierfür sind besondere Sicherungsmaßnahmen (Einweisung in den bgH oder Fesselung)[65] oder rechtswidrige Disziplinarmaßnahmen im Hinblick auf etwaige nachteilige Folgen für Vollzugs-oder Entlassungsentscheidungen;[66]

---

[59] OLG Hamm NStZ1991, 509 ff. m.w.N.
[60] AK/ Volckart, § 115 Rdnr. 61.
[61] BVerfG NStZ-RR 2013, 120.
[62] Schwind/Böhm, § 115 Rdnr. 17 m.w.N.
[63] Vgl. hierzu Calliess/Müller-Dietz, § 115 Rdnr. 14; BGH NStZ 1989, 196 ff. m.w.N.
[64] Vgl. Calliess/Müller-Dietz, § 115 Rdnr. 13; OLG Saarbrücken ZfStrVo 1983, 60 m.w.N.
[65] OLG Hamm NStZ-RR 2011, 291.
[66] OLG Hamm NStZ 1991,509; NStZ 93, 104; ZfStrVo 1989, 250.

- zur VORBEREITUNG EINES AMTSHAFTUNGSPROZESSES (Art. 34 GG, § 839 BGB), der nicht offenbar aussichtslos erscheint[67], z. B. ein Gefangener hat über längere Zeit hinweg offenbar rechtswidrige besondere Sicherungsmaßnahmen erdulden müssen, wodurch er auch körperlich geschädigt worden ist. Zu beachten ist, dass ein Feststellungsinteresse in diesen Fällen entfällt, wenn die Maßnahme schon bei Antragstellung erledigt war. In diesem Fall kann das Zivilgericht die vollzugsrechtliche Vorfrage selbst beantworten.[68]
- Eine schlüssig behauptete Grundrechtsverletzung begründet nicht ohne Weiteres das Feststellungsinteresse. Vielmehr muss darüber hinaus eine andauernde Diskriminierung des Antragstellers oder seine Benachteiligung in der Resozialisierung dargetan werden.[69] Bei einer menschenrechtswidrigen Unterbringung liegen diese Voraussetzungen aber grundsätzlich vor.[70]

20.3.4 Besonderheiten bei der Einlegung eines Widerspruchs

Das StVollzG kennt als Feststellungsantrag nur den gemäß § 115 III, d. h. die Maßnahme hat sich nach Stellung des Anfechtungs- oder Verpflichtungsantrags erledigt. Zur Zulässigkeit des Feststellungsantrags gehört hier, dass das ursprüngliche Anfechtungs- oder Verpflichtungsverfahren zulässig gewesen sein muss, also musste auch – soweit erforderlich – Widerspruch eingelegt werden.

Anders liegt es, wenn die Erledigung bereits vor Antragstellung eingetreten ist. Das Ziel ist hier von vorneherein die Feststellung der Rechtswidrigkeit der Maßnahme. In diesem Fall ist kein Vorverfahren erforderlich.[71] Richtigerweise wird man in einem solchen Fall bereits an der Statthaftigkeit des Vorverfahrens zweifeln müssen. Denn weder der Leiter der JVA noch die Aufsichtsbehörde können in rechtlich bindender Weise die Rechtswidrigkeit einer Vollzugsmaßnahme feststellen, so dass sie dem Gefangenen auch bei Verlegung, z. B. in ein anderes Bundesland, nicht mehr vorgehalten werden kann.[72]

20.4 Rechtsbeschwerde, §§ 116 ff.

Fall 20.2

Der Gefangene Siegfried Schreiber verbüßt eine 6jährige Freiheitsstrafe mit anschließender Sicherungsverwahrung. Seine Entlassung ist nicht vor dem Jahr 2016 zu erwarten. Wegen einer dringenden Meniskusoperation muss der Gefangene am 25.6.2013 in eine orthopädische Klinik ausgeführt werden. Der Anstaltsleiter hatte für diese Ausführung des Gefangenen dessen Fesselung ur-

---

[67] BVerwG NJW 1980, 2426; AK/Volckart, § 115 Rdnr. 66.
[68] AK/Volckart, § 115 Rdnr. 66, Calliess/ Müller-Dietz, § 115 Rdnr. 13 m.w.N.
[69] OLG Celle ZfStrVo 1993,185; BVerfG NJW 1997, 2164.
[70] OLG Hamm NStZ-RR 2010,93; BVerfG bei Roth NStZ 2012, 437.
[71] Calliess/Müller-Dietz, § 109 Rdnr. 27, § 115 Rdnr. 16 m.w. N.
[72] Vgl. OLG Hamm ZfStrVo 1989, 250, 251; ebenso für die Feststellungsklage nach § 113 I 4 VwGO: BVerwGE 81, 266 ff.

sprünglich angeordnet. Am 24.6.2013 ordnete das Landgericht – Strafvollstreckungskammer – im Wege der einstweiligen Anordnung an, dass die Ausführung des Gefangenen ohne seine Fesselung durchzuführen sei. Der Gefangene fragt an, ob nun sicher sei, dass er ungefesselt ausgeführt werde und ob die Anstalt gegen die Entscheidung noch ein Rechtsmittel einlegen könne.

Lösungshinweise
Als einziges mögliches Rechtsmittel kommt hier die Rechtsbeschwerde nach §§ 116 ff. in Betracht. Die Rechtsbeschwerde ist revisionsähnlich ausgestaltet, d. h., es findet nur eine rechtliche, nicht aber eine tatsächliche Überprüfung der Entscheidung der Strafvollstreckungskammer statt. Deshalb muss auch die Strafvollstreckungskammer die entscheidungserheblichen Tatsachen so vollständig wiedergeben, dass anhand dieser Feststellungen eine gerichtliche Überprüfung durch das Rechtsbeschwerdegericht möglich ist.[73]
Die Rechtsbeschwerde ist gemäß § 116 I zulässig gegen Entscheidungen der Strafvollstreckungskammer, wenn:
1. die NACHPRÜFUNG GEBOTEN ist, d. h. sie muss sich aufdrängen und nicht nur naheliegen;
2. zur FORTBILDUNG DES RECHTS, D. H. der Fall gibt Veranlassung, Leitsätze für die Auslegung von Normen des materiellen oder formellen Rechts aufzustellen oder Lücken der gesetzlichen Regelung rechtsschöpferisch auszufüllen. Letzteres kommt insbesondere in Betracht, wenn es darum geht, unbestimmte Rechtsbegriffe des Strafvollzugsgesetzes auszulegen, z. B. „besondere Anforderungen", § 10, „Flucht- und Missbrauchsgefahr", § 11 Abs. 2, „Sicherheit und Ordnung", § 70, usw.;
3. zur Sicherung einer einheitlichen Rechtsprechung, d. h.
    a) der Beschluss weicht von der ständigen obergerichtlichen Rechtsprechung oder von der anderer Strafvollstreckungskammern ab, oder
    b) es liegt ein besonders schwerer Rechtsfehler vor,
        – weil eine grundsätzliche Frage formeller oder materieller Art betroffen ist
        – oder zu schwer erträglichen Unterschieden in der Rechtsanwendung führt
        – oder weitere Fehlentscheidungen in gleichgelagerten Fällen erwarten lässt.[74] Dies gilt nach Einführung eines Landesstrafvollzugsgesetzes nur noch bei divergierenden Entscheidungen im Anwendungsbereich des Strafvollzugsgesetzes des Bundes.[75]
Ein Verstoß gegen das rechtliche Gehör im Sinne des Art. 103 I GG führt, wenn die angefochtene Entscheidung hierauf beruhen kann, zur Zulässigkeit der Rechtsbeschwerde über den Wortlaut des § 116 I hinaus.[76]

---

[73] OLG Stuttgart ZfStrVo 1992, 322 ff.
[74] Zu den Voraussetzungen Calliess/Müller-Dietz, § 116 Rdnrn. 2, 3 m.w.N.
[75] OLG Frankfurt bei Roth NStZ 2012, 437.
[76] OLG Koblenz ZfStrVo 1994,182,183 m.w.N.

Im vorliegenden Fall sind Maßnahmen des Anstaltsleiters gemäß den §§ 12, 35 III, 88 I und IV betroffen. Die Auslegung der dort betroffenen Begriffe hat grundsätzliche Bedeutung.

Fraglich ist die Zulässigkeit der Rechtsbeschwerde hier aber deshalb, weil Entscheidungen gemäß § 114 II 3 nicht anfechtbar sind. Allerdings handelt es sich vorliegend um eine Vorwegnahme in der Hauptsache durch die „vorläufige" Entscheidung. In solchen Fällen wird trotz des entgegenstehenden Gesetzeswortlauts die Zulässigkeit einer Anfechtung bejaht. Dies wird entweder damit begründet, dass die Entscheidung der StVK als eine Entscheidung nach § 115 und nicht nach § 114 Abs. 2 anzusehen sei[77], oder aber man sieht eine Regelungslücke im Gesetz, wonach es der Gesetzgeber nicht wollte, dass unter dem Deckmantel des einstweiligen Rechtsschutzes Entscheidungen in der Hauptsache getroffen werden, ohne dass diese durch eine zweite Instanz überprüfbar sind.[78] Die Rechtsbeschwerde ist somit zulässig.

Fraglich ist hier aber, ob die Rechtsbeschwerde es verhindern kann, dass der Gefangene Schreiber am 24.6.2013 ungefesselt ausgeführt wird. Mit der Entscheidung über die Rechtsbeschwerde ist nämlich sicherlich nicht in einem Tag zu rechnen. Gemäß § 116 III 1 hat die Rechtsbeschwerde keine aufschiebende Wirkung. Dies könnte dafür sprechen, dass die richterliche Entscheidung bereits mit Erlass vollstreckbar und durchführbar ist. Richtigerweise bezieht sich § 116 III 1 jedoch ausschließlich auf den Antragsteller unmittelbar belastende Vollzugsmaßnahmen, die von diesem angefochten werden und deren Durchsetzung im Interesse eines wirksamen Behandlungsvollzugs durch Rechtsbehelfe grundsätzlich nicht verzögert werden darf.[79] Die Bindung einer beklagten Behörde an eine sie zu einer bestimmten Maßnahme verpflichtende gerichtliche Entscheidung zur Hauptsache vor Eintritt ihrer Rechtskraft ist allen bekannten Verfahrensordnungen für die gerichtliche Überprüfung von Verwaltungsmaßnahmen fremd.[80] Entsprechendes muss auch im Strafvollzug gelten. Der vorliegende Fall zeigt auch, dass die Vollzugsbehörde selbst mit einem Antrag auf Aussetzung des Vollzugs entsprechend den §§ 116 III 2, 114 II 2 zu spät käme. Die Ansicht, die der Vollzugsbehörde lediglich diese Möglichkeit gibt[81] ist demnach abzulehnen.

Fraglich ist, ob der Anstaltsleiter hier überhaupt Rechtsbeschwerde einlegen kann. Teilweise wird aus § 111 II die alleinige Befugnis der Aufsichtsbehörde abgeleitet, das Rechtsmittel einzulegen. Demgegenüber wird auch vertreten, das Verfahren vor dem Oberlandesgericht beginne nicht vor Eingang der Akten auf der Geschäftsstelle des Rechtsbeschwerdegerichts, so dass Einlegung und Begründung der Rechtsbeschwerde beim Landgericht ausschließlich Sache der Be-

---

[77] OLG Hamm ZfStrVo 1987, 378.
[78] Ullenbruch NStZ 1993, 519 m.w.N.
[79] Ullenbruch NStZ 1993, 517, 520.
[80] OLG Hamm ZfStrVo SH 1979, 105; Ullenbruch a. a. O. S. 521.
[81] So aber die h.M. vgl. OLG Frankfurt/Main ZfStrVo 1986, 188; OLG Zweibrücken NStZ 1987, 344; OLG Karlsruhe StraFo 2009, 305; OLG Stuttgart Justiz 2005, 253; Calliess/Müller-Dietz, § 116 Rdnr. 6 m.w.N.

teiligten erster Instanz, also hier des Anstaltsleiters sei.[82] Richtig dürfte es sein, sowohl den Anstaltsleiter als auch die Aufsichtsbehörde für rechtsmittelbefugt anzusehen.[83]
Der Gefangene Schreiber wird also vorerst gefesselt ausgeführt werden.

▶ Beachten Sie
Stellt der Antragsteller erst im Rechtsbeschwerdeverfahren einen Feststellungsantrag im Sinne von § 115 III, so ist dies unzulässig. Denn die Vorschrift setzt nach Sinn und Zweck eine Tatsacheninstanz voraus.[84] Entsprechendes gilt für eine Kostenentscheidung nach erledigtem Antrag auf gerichtliche Entscheidung.[85] Hat die Strafvollstreckungskammer entschieden, obwohl eine Zuständigkeit des Haftgerichts vorlag, ist nicht die Rechtsbeschwerde, sondern die einfache Beschwerde gemäß § 304 StPO das statthafte Rechtsmittel.[86]

Formalien, § 118
Die Rechtsbeschwerde ist innerhalb eines Monats nach Zustellung, § 118 I 1, einzulegen, und zwar zur Niederschrift der Geschäftsstelle (der StVK) – hierbei ist die Bevollmächtigung eines Mitgefangenen möglich [87] – oder schriftlich durch einen Rechtsanwalt (dies gilt nur für den Antragsteller), § 118 III. Die Rechtsbeschwerde der Vollzugsbehörde muss unterschrieben sein. Eine maschinenschriftliche Verfasserangabe reicht nicht aus.[88] Der Rechtsanwalt darf sich in der notwendigen Begründung nicht von den darin erhobenen Beanstandungen distanzieren und lediglich Erwägungen des Betroffenen weitergeben.[89] Dasselbe gilt, wenn ein Rechtspfleger als Urkundsbeamter der Geschäftsstelle tätig wird.[90] Die von einem Mitgefangenen mit Wissen des Beschwerdeführers unter Verstoß gegen das Rechtsberatungsgesetz eingelegte Rechtsbeschwerde ist nicht unzulässig.[91] Die Begründung muss die Erklärung beinhalten, inwieweit die Entscheidung der StVK angefochten wird, § 118 I 2. Außerdem müssen dann, wenn eine Verfahrensrüge erhoben wird, konkret die den Mangel enthaltenden Tatsachen angegeben werden, § 118 II 2. Handelt es sich bei der Rechtsbeschwerde um eine Untätigkeitsbeschwerde, weil die StVK über den Antrag in angemessener Zeit nicht entschieden hat, sind auch insofern die Formalien des § 118 zu beachten.[92]

---

[82] Zum Streitstand vgl. Calliess/Müller-Dietz, § 111 Rdnr. 3 m.w.N.
[83] Vgl. Schwind/Böhm, § 111 Rdnr. 5.
[84] Calliess/Müller-Dietz, § 115 Rdnr. 16 m.w.N.; ThürOLG ZfStrVo 2005, 245 f.
[85] OLG Karlsruhe NStZ 1994, 456.
[86] OLG Stuttgart Beschl. v. 14.2.2011– 4 Ws 10/2011.
[87] OLG Saarbrücken BlfStrVK 1994-6, 4.
[88] OLG Stuttgart NStZ 1997, 152
[89] OLG Hamm NStZ 1992, 208.
[90] OLG Koblenz bei Roth NStZ 2012, 437.
[91] BVerfG StV 2004, 277; a. A. OLG Nürnberg NStZ 2002, 55.
[92] OLG Frankfurt NStZ 2006, 356; OLG Celle NStZ 2008, 348.

20.5 Prozessuale Grundsätze

20.5.1 Verfügungsgrundsatz

Im Verfahren nach den §§ 109 ff. gilt der Verfügungsgrundsatz. Dementsprechend bestimmt der Antragsteller mit seinem Antrag den Streitgegenstand mit bindender Wirkung für das Gericht und die anderen Verfahrensbeteiligten.[93] Der Antragsteller kann also jederzeit, ohne dass das Gericht zustimmen muss, seinen Antrag zurücknehmen oder den Rechtsstreit für erledigt erklären. Innerhalb der Antragsfrist kann er seinen Anspruch auch erneut gerichtlich geltend machen.[94]

20.5.2 Untersuchungsgrundsatz

Das Gericht hat den Sachverhalt von Amts wegen aufzuklären.[95] Das Gericht muss und darf nicht allein den Vortrag der Parteien hinsichtlich des Streitgegenstandes zugrunde legen, sondern muss selbst die Sachaufklärung betreiben. Eine Schlüssigkeitsprüfung reicht nicht aus.[96] Dies gilt auch bei Ermessensentscheidungen.[97]

▶ Beispiel
Hat ein Gefangener eine Disziplinarmaßnahme wegen Arbeitsverweigerung angefochten, so muss das Gericht – ohne dass es eines entsprechenden Antrages des Gefangenen bedarf – auch die Frage prüfen, ob der Gefangene die ihm zugewiesene Arbeit aus gesundheitlichen Gründen ausüben konnte oder nicht.[98]

20.5.3 Freibeweisverfahren

Im Verfahren gemäß §§ 109 ff. gelten keine besonderen Beweisformen. Somit gelten die Grundsätze der Mündlichkeit, Unmittelbarkeit und Öffentlichkeit der Beweisaufnahme nicht.[99] Beweisverbote sind aber zu beachten.[100] Sie kommen insbesondere in Betracht bei Erkenntnissen, die der ärztlichen Schweigepflicht unterliegen oder die dadurch erlangt worden sind, dass ein Spitzel in den Haftraum des Gefangenen verlegt worden ist.[101]

---

[93] OLG Koblenz ZfStrVo 1993, 377.
[94] OLG Hamm ZfStrVo 1989, 378.
[95] Calliess/Müller-Dietz, § 115 Rdnr. 3 m.w.N.
[96] OLG Jena 2009, 156: Umstände der Verlegung in ein anderes Bundesland.
[97] OLG Naumburg bei Roth NStZ 2012, 437.
[98] Vgl. KG ZfStrVo 1990, 187; zum Amtsermittlungsgrundsatz vgl. auch OLG Frankfurt/Main BlStrVK 1994-4/5, 8; OLG Stuttgart ZfStrVo 1997, 371.
[99] OLG Hamburg NStZ-RR 2010, 191.
[100] AK/Volckart, § 115 Rdnr. 3 m.w.N.
[101] AK/Volckart, § 115 Rdnr. 4.

20.5.4 Der Grundsatz des rechtlichen Gehörs, Art. 103 I GG

Der Gefangene hat einen Rechtsanspruch, zu Tatsachen und Beweisergebnissen, die das Gericht berücksichtigen will, gehört zu werden. Der Grundsatz des rechtlichen Gehörs ist verletzt, wenn das Gericht beispielsweise eine am Tage der Entscheidung eingegangene Stellungnahme nicht mehr berücksichtigt oder wenn der Gefangene vor der Entscheidung durch die StVK nicht über entscheidungserhebliche Anstaltsleiterberichte in Kenntnis gesetzt wird.[102] Möglich ist eine Verletzung des rechtlichen Gehörs auch durch den Ausschluss von einer Zeugenvernehmung oder wenn eine erbetene Stellungnahme nicht angemessene Zeit abgewartet wird.[103]

Zum Anspruch auf rechtliches Gehör gehört auch der Anspruch auf Akteneinsicht.[104] Früher bestand kein grundsätzlicher Rechtsanspruch aus dem Verfahrensrecht oder nach dem StVollzG,[105] sondern die Gewährung von Akteneinsicht stand im pflichtgemäßen Ermessen der Vollzugsbehörde.[106] Nunmehr muss dem Antragsteller die Möglichkeit gegeben werden, seine Gefangenenpersonalakten einzusehen, evtl. auch die Krankenakten, wenn er ohne diese Einsicht seine Rechte nicht wahrnehmen kann. § 185 unterscheidet zwischen dem Recht auf konkrete Auskunft über gespeicherte personenbezogene Daten und dem Recht auf (generelle) Akteneinsicht. Der Strafgefangene hat einen Anspruch auf Auskunftserteilung. Akteneinsicht steht ihm nur zu, wenn er aus besonderen Gründen zusätzlich zu diesem Anspruch darauf angewiesen ist.[107]

In der Regel ist es demnach ausreichend, wenn der vollständige Sachverhalt in der Stellungnahme der Vollzugsbehörde mitgeteilt wird (ggf. können Zitate aus der Personalakte eingerückt werden). Auch können Ablichtungen der entscheidungserheblichen Teile der Personalakte übersandt werden. Vertrauliche Beiakten, die nicht zur Kenntnis des Gefangenen gegeben werden dürfen, dürfen vom Gericht auch nicht verwertet werden.[108] Es verstößt nicht gegen den Grundsatz des rechtlichen Gehörs, wenn das Gericht ohne mündliche Verhandlung durch Beschluss entscheidet. § 115 I sieht dies sogar für den Regelfall vor. Allerdings ist, was in der Praxis recht selten geschieht, eine mündliche Anhörung aller Beteiligten möglich.

---

[102] OLG Hamm bei Roth NStZ 2012, 437.
[103] Vgl. Bungert NStZ 1990, 427.
[104] Zum Anspruch des Verteidigers: OLG Dresden ZfStrVo 2000, 124.
[105] BVerfG NStZ 1982, 44.
[106] OLG Karlsruhe ZfStrVo 1994, 177 ff.
[107] LG Hamburg NStZ 2002, 55.
[108] Calliess/Müller-Dietz, § 115 Rdnr. 6 m.w.N.

Teil II
Das Recht der Untersuchungshaft

Rechtsgrundlagen der Untersuchungshaft 21

21.1 Die Neuregelung des Rechts der Untersuchungshaft und Untersuchungshaftvollzuges

Das Recht der Untersuchungshaft war seit Inkrafttreten der StPO im Jahre 1877 bis in die jüngste Vergangenheit im Wesentlichen unverändert geblieben.[1] Der Vollzug der Untersuchungshaft war bis Ende des Jahres 2009 lediglich in einer gesetzlichen Generalklausel – § 119 StPO – gesetzlich normiert. Die konkrete Ausgestaltung des Vollzugs der Untersuchungshaft reglementierte hingegen die Untersuchungshaftvollzugsordnung. Hierbei handelte es sich um eine bundeseinheitliche Verwaltungsvorschrift. Allgemeine Verwaltungsvorschriften können indes Eingriffe in die Grundrechte von Untersuchungsgefangenen nicht rechtfertigen.[2] Gleichwohl fehlte es über Jahrzehnte weitestgehend an einer gesetzlichen Regelung des Vollzugs der Untersuchungshaft. Dem bis zur Föderalismusreform zuständigen Bundesgesetzgeber ist es – trotz einer Legion von Gesetzentwürfen – nicht gelungen, den Bereich des Untersuchungshaftvollzuges legislatorisch zu regeln. Alle Bemühungen der letzten Dekaden, diesen rechtsstaatlichen Missstand zu beseitigen, scheiterten am kameralistisch motivierten Widerstand der Länder.[3] Auch um diese gesetzgeberische Apathie zu überwinden, ist die Gesetzgebungskompetenz für den Untersuchungshaftvollzug seit dem 1.9.2006 auf die Länder übergegangen. Die Länder sind nunmehr gem. Art 74 I Nr. 1 GG für das „Wie" der Untersuchungshaft, d. h. die normative Ausgestaltung des Untersuchungshaftvollzugs zuständig.

Der Bund hat dagegen weiterhin die Gesetzgebungszuständigkeit für das „Ob" der U-Haft (Anordnung der U-Haft, Voraussetzungen und Dauer) und für Beschränkungen, die der Zweck der Untersuchungshaft erfordert.[4] Letzteres führt zu Abgrenzungs-

---

[1] Lammer, in AnwK-StPO, § 112 Rn 1.
[2] BVerfG, 2 BvR 1229/07 vom 10.1.2008, Tz. 28.
[3] Seebode, HRRS 2008, 236.
[4] Letzteres ist str., vgl. jüngst OLG Celle, Beschl. v. 9.2.2010, 1 Ws 37/10: Die Ausgestaltung der Untersuchungshaft richte sich allein nach der landesgesetzlichen Regelung.

Abb. 21.1 Abgrenzung der Gesetzgebungszuständigkeiten von Bund und Ländern im Bereich der Untersuchungshaft

problemen. Denn die einzelnen Beschränkungen sind nunmehr sowohl Regelungsgegenstand des neuen § 119 StPO als auch der Untersuchungshaftvollzugsgesetze der Länder, nach denen Beschränkungen zur Aufrechterhaltung der Sicherheit und Ordnung in den Anstalten angeordnet werden können. Beide Bereiche lassen sich zum Teil kaum trennen (Abb. 21.1).[5]

21.2 Die wesentlichen Neuregelungen der Strafprozessordnung

Infolge der verfassungsrechtlich veränderten Kompetenzlage hat der Bundesgesetzgeber die in seiner Kompetenz verbliebenen Regelungsbereiche in der StPO novelliert: Am 1.1.2010 ist das „Gesetz zur Änderung des Untersuchungshaftrechts" in Kraft getreten.[6] Diese Neuregelung hat die Rechte der Untersuchungsgefangenen substantiell erweitert.[7]

- **Pflichtverteidiger von Beginn der U-Haft an**
  Dem Untersuchungsgefangenen steht nun mit Beginn der Untersuchungshaft ein Pflichtverteidiger zu. Bislang war dem U-Haftgefangenen gem. § 140 I Nr. 5 StPO ein Pflichtverteidiger zwingend erst nach Ablauf von 3 Monaten Haft zu bestellen. Durch den neu geschaffenen § 140 I Nr. 4 StPO wird die Mitwirkung eines Verteidigers jetzt für notwendig erachtet, wenn gegen einen Beschuldigten

---

[5] So auch Seebode, HRRS 2008, 236, 239; Paeffgen, StV 2009, 46.
[6] Gesetz zur Änderung des Untersuchungshaftrechts v. 22.7.2009, BGBl I 2274 ff.
[7] Vgl. Bittmann, NStZ 2010, 13, 17; Michalke, NJW 2010, 17, 20.

21.2 Die wesentlichen Neuregelungen der Strafprozessordnung

Untersuchungshaft nach den §§ 112, 112a oder einstweilige Unterbringung nach § 126a oder § 275a V StPO vollstreckt wird.[8] Die Bestellung des Verteidigers hat nach § 141 III 4 StPO n.F. unverzüglich zu erfolgen.

- **Präzisierung des Akteneinsichtsrechts**
Um eine Überprüfung der Anordnung der Untersuchungshaft zu ermöglichen, besteht nunmehr ein gesetzlich ausdrücklich geregelter Anspruch auf Überlassung zumindest derjenigen Informationen, die für die Beurteilung der Rechtmäßigkeit der Inhaftierung erforderlich sind. Dieser Informationsanspruch ist gem. § 147 II 2 2.Hs StPO im Regelfall durch Gewährung von Akteneinsicht zu erfüllen. Bislang konnte die Staatsanwaltschaft gem. § 147 II StPO a. F. die Einsichtnahme in die Ermittlungsakten vollständig verweigern, wenn dadurch der Untersuchungszweck gefährdet wird.

- **Erweiterte Belehrungspflichten**
Nach altem Recht musste ein Beschuldigter nicht bereits im Moment der Festnahme, sondern erst zu Beginn der Vernehmung über seine Rechte belehrt werden. Nunmehr sind festgenommene Personen nach dem neu eingeführten § 127 IV StPO, der auf § 114a ff. StPO verweist, unverzüglich und schriftlich etwa darüber zu belehren, dass sie spätestens am Tag nach der Ergreifung einem Richter vorzuführen sind, dass sie Zugang zu einem Verteidiger oder einem Arzt und das Recht haben, keine Aussage zu machen. Durch die neuen §§ 114a und 114b StPO soll sichergestellt werden, dass Beschuldigte so früh wie möglich umfassend über ihre Rechte aufgeklärt werden.

- **Beschränkende Anordnungen nach der StPO nur im Einzelfall**
Nach § 119 I StPO können Beschuldigten bei Kontakten zur Außenwelt – also bei Besuchen, bei Schrift- und Paketverkehr und bei Telekommunikation – Beschränkungen auferlegt werden, die im Gesetz im Einzelnen ausgeführt werden und ausführlicher richterlicher Anordnung bedürfen. Anders als nach alter Rechtslage sind Beschränkungen wie die gerichtlich angeordnete Postkontrolle und Überwachung von Besuchen von einer Prüfung im Einzelfall abhängig zu machen. Beschränkungen sind nur zur Abwehr von Flucht-, Verdunkelungs- und Wiederholungsgefahr zulässig und nach § 34 StPO zu begründen. Schematische und standardmäßig geltende Beschränkungen unabhängig von den Erfordernissen des konkreten Falls sind daher heute nicht mehr zulässig.[9]

- **Neue Rechtsbehelfe im Untersuchungshaftvollzug**
Gegen Entscheidungen der Vollzugsanstalt auf dem Gebiet des Untersuchungshaftvollzugs ist seit dem 01.01.2010 gemäß § 119a StPO der Antrag auf gerichtliche Entscheidung statthaft. Zuständig ist gemäß § 126 StPO der Haftrichter. Der Bundesgesetzgeber hat insoweit von seiner Gesetzgebungskompetenz für das gerichtliche Verfahren auch auf dem Gebiet des Untersuchungshaftvollzugs Gebrauch gemacht. Bislang stand dem Inhaftierten Beschuldigten gegen vollzugliche Entscheidungen ein Beschwerderecht nach Nr. 75 I der Untersuchungshaftvollzugsordnung (UVollzO) bzw. der Antrag auf gerichtliche Ent-

---

[8] Instruktiv zu dieser Neuregelung Heydenreich, StRR 2009, 444.
[9] König, AnwBl. 2010, 50; Michalke, NJW 2010, 20; Herrmann, StRR 2010, 4, 7.

scheidung nach den §§ 23, 24 I EGGVG in Verbindung mit Nr. 75 III UVollzO an das jeweils zuständige Oberlandesgericht zu. Die neue Regelung des § 119a StPO stellt nunmehr ein für alle Landesjustizvollzugsgesetze geltendes Instrumentarium dar, das – soweit das aufwändige Verfahren vor den Oberlandesgerichten entfällt – praxisgerechter ist. Neben dem § 119a StPO ist – soweit es sich im Rahmen des § 119 StPO nicht um richterliche Entscheidungen, die mit der Beschwerde gem. §§ 304 ff. StPO anfechtbar sind, handelt – der Antrag auf gerichtliche Entscheidung gem. § 119 V StPO zu beachten. Dieser bezieht sich insbesondere auf die Überprüfung von Entscheidungen der Staatsanwaltschaft, ihrer Ermittlungspersonen sowie der Vollzugsanstalt.

21.3 Die Untersuchungshaftvollzugsgesetze der Länder im Überblick

Das „Wie" des Untersuchungshaftvollzugs wurde durch die einzelnen Bundesländer unterschiedlich ausgestaltet. Bis zum 31.12.2011 haben sämtliche Bundesländer die nur rudimentäre und rechtsstaatlich fragwürdige Regelung des § 119 StPO a. F. und der Untersuchungshaftvollzugsordnung durch eigene Landesuntersuchungshaftvollzugsgesetze abgelöst. Dabei variierte legislative Vorgehensweise und Geschwindigkeit in den einzelnen Bundesländern ganz erheblich.

Das Land Niedersachsen hat bereits zum 14.12.2007 ein eigenes einheitliches Niedersächsisches Justizvollzugsgesetz verabschiedet, welches auch den Bereich des Untersuchungshaftvollzuges beinhaltet.

Eine gemeinsame legislatorische Vorgehensweise wählte eine Gruppe von zwölf Ländern (Berlin, Thüringen, Sachsen-Anhalt, Sachsen, Rheinland-Pfalz, Hessen, Bremen, Saarland, Brandenburg, Mecklenburg-Vorpommern, Schleswig-Holstein, Hamburg). Diese haben zunächst einen Musterentwurf für ein Untersuchungshaftvollzugsgesetz vorgelegt. Aus diesem Entwurf hervorgehend sind mit einzelnen Änderungen zum 1.1.2010 in den Ländern Berlin, Brandenburg, Mecklenburg-Vorpommern, Saarland, Hamburg, Rheinland-Pfalz und Thüringen Untersuchungshaftvollzugsgesetze in Kraft getreten.[10] Diese orientieren sich inhaltlich wesentlich an dem gemeinsamen Musterentwurf. In den Ländern Bremen und Sachsen-Anhalt sind entsprechende Untersuchungshaftvollzugsgesetze im Laufe des März 2010 in Kraft getreten.

Vom ursprünglichen gemeinsamen Musterentwurf gelöst hat sich Hessen, das die Bereiche Erwachsenen-, Jugend- und Untersuchungshaftvollzug – dem niedersächsischem Beispiel folgend – in einem einheitlichen Hessischen Vollzugsgesetz geregelt hat. Dieses ist zum Oktober 2010 in Kraft treten. Ebenfalls eine alle Vollzugs-

---

[10] Vgl. für die einzelnen Landesgesetze: Berlin (GVBl. 2009, S. 686), Brandenburg (GVBl. I 2009, S. 271), Mecklenburg-Vorpommern (GVOBl. M-V 2009, S. 763), Saarland (Amtsbl. 2009, S. 1219), Hamburg (HmbGVBl. I Nr. 56 vom 29.12.2009 S. 473), Rheinland-Pfalz (GVBl. 2009, 317) und Thüringen (GVBl. 2009, 553).

21.3 Die Untersuchungshaftvollzugsgesetze der Länder im Überblick

bereiche umfassende Regelung hat Baden-Württemberg mit dem zum 01.01.2010 in Kraft getretenen Justizvollzugsgesetzbuch Baden Württemberg gewählt.[11]

Das bevölkerungsreichste Bundesland Nordrhein-Westfalen hat einen eigenständigen Weg gewählt und den Untersuchungshaftvollzug mit dem zum 01.03.2010 in Kraft getretenen Untersuchungshaftvollzugsgesetz NRW normiert[12].

Das Land Sachsen hat zum 1.1.2011 ein eigenes Sächsisches Untersuchungshaftvollzugsgesetz verabschiedet.

Den vorläufigen Schlusspunkt der landesgesetzgeberischen Aktivitäten bilden die zum Jahresbeginn 2012 in Kraft getreten Untersuchungshaftvollzugsgesetze in Bayern und Schleswig-Holstein.[13]

---

[11] Vgl. GVBl. Baden-Württemberg 2009, 545.
[12] Vgl. GV.NRW 2009, S. 540.
[13] Vgl. für Bayern: GVBL. 2011, 678; für Schleswig-Holstein: GVOBl Schl.-H 2011, 322.

Daten zum Untersuchungshaftvollzug in der Bundesrepublik Deutschland

22.1 Zahl der Untersuchungsgefangenen und Dauer der Untersuchungshaft

Im Jahr 2011 befanden sich zum Stichtag 30. November 2011 insgesamt 10.793 Personen in Untersuchungshaft. Die Zahl der Untersuchungsgefangenen ist in den letzten Jahren deutlich zurückgegangen. Noch im Jahr 2000 befanden sich zum Stichtag 17.524 Bürger in Untersuchungshaft.[1] Hinzuweisen ist allerdings darauf, dass diese Zahlen sich auf einen Stichtag beziehen und keine Jahrgangszahlen darstellen. Zur jährlichen Zahl der Anordnungen der Untersuchungshaft fehlen leider valide, langjährige Vergleichsdaten, aber aus dem vorhandenen Datenmaterial und Schätzungen ergibt auch hier ein insgesamt rückläufiger Trend. So findet sich in den Statistiken der preußischen Justizverwaltung noch für die Jahre 1925–1929 eine jährliche Zahl zwischen 80.000 und 116.000 Untersuchungsgefangenen, während spätere Schätzungen von 70.000 (1974), 60.000 (1979) sowie 40.000–50.000 (1985) Untersuchungsgefangenen jährlich ausgehen.[2] Im Laufe des Jahres 2010 befanden sich schließlich insgesamt 26.967 Bürger in Untersuchungshaft (Abb. 22.1).

Setzt man die Zahl der in Untersuchungshaft untergebrachten Bürger in Relation zur Gesamtgefangenenpopulation, so war noch im Jahr 2000 ein Viertel (17.524 Bürger) aller in der Bundesrepublik Inhaftierten (70.252 Bürger) als unschuldig zu betrachten. Für das Jahr 2011 hat sich der Anteil der Untersuchungsgefangenen an der Gesamtgefangenenpopulation auf 15 % reduziert.[3]

Angesichts der unverändert hohen Zahl der Gefangenen und Verwahrten in der Bundesrepublik (Jahr 2011: 68.099) ist dieser Rückgang des Anteils der Untersuchungsgefangenen nur damit zu erklären, dass einerseits die Zahl der Anordnungen

---

[1] Vgl. Statistisches Bundesamt „Rechtspflege – Bestand der Gefangenen und Verwahrten in deutschen Justizvollzugsanstalten", Wiesbaden 2011, S. 5.

[2] *Seebode,* Untersuchungshaft, S. 18–20.

[3] Vgl. Statistisches Bundesamt „Rechtspflege" a.a.O.

Abb. 22.1 Zahl der Untersuchungsgefangenen in der Bundesrepublik Deutschland 1980–2010 jeweils zum Stichtag 30.11. (Quelle: Statistisches Bundesamt, Online-Veröffentlichung Justizvollzug, Stand 03/2012, S. 10.)

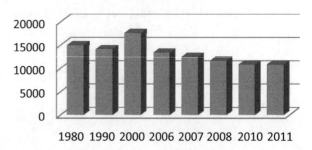

Abb. 22.2 Dauer der Untersuchungshaft in der Bundesrepublik Deutschland im Jahr 2010, insgesamt 26.967 Untersuchungsgefangene im Jahr 2010. (Quelle: Statistisches Bundesamt „Fachserie 10, Reihe 3, Strafverfolgung – 2010", Wiesbaden 2010, S. 360.)

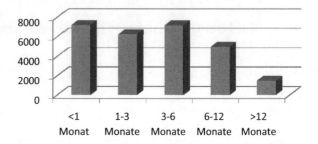

der Untersuchungshaft rückläufig ist, andererseits der Trend zur Anordnung längerer Freiheitsstrafen und freiheitsentziehender Maßregeln, die zudem nicht vorzeitig ausgesetzt werden, unverändert anhält.

Die durchschnittliche Dauer der Untersuchungshaft wird auf 3 bis 4 Monate geschätzt.[4] Im Jahr 2010 dauerten zum Beispiel rund 27 % der Inhaftierungen „nur" bis zu einem Monat, bei 23 % über einen Monat, aber nicht länger als 3 Monate. Untersuchungshaft von 3 Monaten bis 6 Monaten wurde in rund 27 % der Fälle vollzogen. Immerhin in rund 18 % der Fälle wurde Untersuchungshaft bis zu einem Jahr vollzogen, in etwas mehr als 5 % der Fälle sogar länger als 1 Jahr (Abb. 22.2).[5]

Insgesamt lässt sich ein Trend zu längeren Untersuchungshaftzeiten zu beobachten. Am Beispiel Nordrhein-Westfalen wird deutlich, dass im Jahr 1990 insgesamt „nur" 48 % der Untersuchungsgefangenen länger als 3 Monate in Untersuchungshaft einsaßen, der Anteil im Jahr 2006 aber bereits bei über 60 % lag (Abb. 22.3).

---

[4] *Seebode*, Untersuchungshaft, S. 23.

[5] Statistisches Bundesamt „Fachserie 10, Reihe 3, Strafverfolgung – 2010", Wiesbaden 2010, S. 360.

22.2 Anlasstaten und Haftgründe für die Anordnung von Untersuchungshaft 237

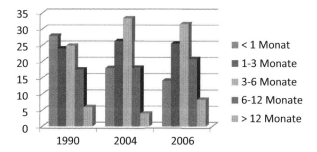

Abb. 22.3 Entwicklung der Dauer der Untersuchungshaft in Nordrhein-Westfalen 1990–2006; angegeben sind die prozentualen Anteile. Die Gesamtzahl der Untersuchungshaft gestaltete sich in den einzelnen Jahren wie folgt: 1990–5403 Fälle, 2004–6.359 Fälle, 2006–6212 Fälle. (Quelle: Justiz in Zahlen in NRW, Hrsg. Justizministerium des Landes NRW- www.justiz.nrw.de.)

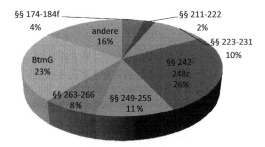

Abb. 22.4 Prozentuale Verteilung der Anlasstaten der Untersuchungsgefangenen in der Bundesrepublik Deutschland im Jahr 2010, insgesamt 26.967 Untersuchungsgefangene im Jahr 2010. (Quelle: Statistisches Bundesamt „Fachserie 10, Reihe 3, Strafverfolgung – 2010", Wiesbaden 2010, S. 360.)

22.2 Anlasstaten und Haftgründe für die Anordnung von Untersuchungshaft

Hinsichtlich der Anlasstaten zur Anordnung der Untersuchungshaft ist augenfällig, dass im Jahr 2010 mehr als 65 % der Untersuchungsgefangenen wegen Eigentums- und Vermögensdelikte (§§ 242 ff., 249 ff., 263 ff. StGB) bzw. Verstößen gegen das BtMG in Untersuchungshaft saßen (Abb. 22.4).

Ein anderes Bild ergibt sich bei Betrachtung der Haftquoten anhand der späteren Verurteilung. Gegen rund 76 % aller nach §§ 211–213 StGB Abgeurteilten ergeht regelmäßig Haftbefehl. So wurde im Jahr 2010 gegen 523 von 688 wegen §§ 211–213 StGB verfolgten Personen die Untersuchungshaft angeordnet.[6] Die

---

[6] Vgl. Statistisches Bundesamt „Fachserie 10, Reihe 3, Strafverfolgung – 2010", Wiesbaden 2010, S. 360.

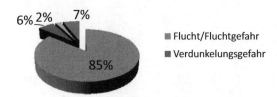

Abb. 22.5 Die Verteilung der Haftgründe nach der Strafverfolgungsstatistik 2010. Insofern mehrere Haftgründe nebeneinander bestehen können, basierten die 26.967 Untersuchungshaftanordnungen auf insgesamt 28.660 Haftgründen.

zweithöchsten Haftquoten weisen die Beschuldigten einer Vergewaltigung – gegen 25 % der Abgeurteilten war Untersuchungshaft angeordnet – bzw. eines Raubdeliktes – hier war im Laufe des Verfahrens gegen 22 % der Abgeurteilten Untersuchungshaft angeordnet – auf. In BtMG-Sachen ergeht durchschnittlich gegen jeden zehnten Abgeurteilten Haftbefehl, während bei Verfahren wegen Einbruchdiebstahl (§§ 243 I 2 Nr. 1; 244 I Nr. 3 StGB) gegen jeden siebten Abgeurteilten Haftbefehl erlassen wird.[7]

Im Jahr 2010 wurde gegen 26.967 Bürger Untersuchungshaft angeordnet. Bei näherer Betrachtung der Haftgründe, die diesen Haftbefehlen zugrunde lagen, ist augenfällig, dass mehr als 85 % aller Haftanordnungen vor dem Hintergrund einer Flucht oder Fluchtgefahr erfolgen.[8] Die übrigen Haftgründe der §§ 112, 112a StPO spielen demgegenüber nur eine untergeordnete Rolle (Abb. 22.5).

22.3 Soziodemographischer Hintergrund der Untersuchungsgefangenen

Der durchschnittliche Untersuchungsgefangene in der Bundesrepublik ist männlich (94 %) und älter als 21 Jahre (87 %). Nur rund 6 % der Untersuchungsgefangenen sind Frauen. Knapp 13 % der Untersuchungsgefangenen zum Stichtag 31.03.2012 waren zwischen 14 und 21 Jahren alt. Insgesamt ist die Zahl der in Untersuchungshaft befindlichen Jugendlichen und Heranwachsenden erfreulicherweise seit einigen Jahren rückläufig. Der Anteil der jugendlichen bzw. heranwachsenden Frauen hieran lag ebenfalls bei 13 % (Abb. 22.6).

---

[7] So befanden sich im Jahr 2010 von insgesamt 2295 wegen § 177 StGB abgeurteilten Personen 582 in Untersuchungshaft. Bei den wegen der Delikte §§ 249 ff. StGB verfolgten Personen befanden sich 3003 von 13.575 Abgeurteilten in Untersuchungshaft. Bei den wegen Einbruchdiebstahl Abgeurteilten waren 2849 von insgesamt 19.805 Personen im Laufe des Verfahrens in Untersuchungshaft. Bei den wegen Verstößen gegen das BtMG verfolgten Personen waren 6224 von insgesamt 63.470 Abgeurteilten von Untersuchungshaft betroffen. Vgl. im Einzelnen Statistisches Bundesamt „Fachserie 10, Reihe 3, Strafverfolgung – 2010", Wiesbaden 2010, S. 360.

[8] Vgl. Statistisches Bundesamt „Fachserie 10, Reihe 3, Strafverfolgung – 2010", Wiesbaden 2010, S. 360.

22.3 Soziodemographischer Hintergrund der Untersuchungsgefangenen

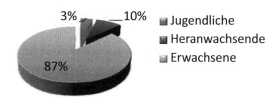

Abb. 22.6 Altersstruktur der Untersuchungsgefangenen zum Stichtag 31.03.2012. (Quelle: Statistisches Bundesamt, Online-Veröffentlichung Justizvollzug, Stand 03/2012, S. 7.)

Angesichts der Vielzahl der wegen Fluchtgefahr ergangenen Haftbefehle verwundert es nicht, dass die Untersuchungshaft primär eine Haftform für ausländische Mitbürger bzw. Staatsangehörige darstellt. So waren 50,1 % der Untersuchungsgefangenen in Nordrhein-Westfalen zum 31.03.2010 ausländischer Staatsangehörigkeit. Bei den erwachsenen Strafgefangenen in Nordrhein-Westfalen ist hingegen nur knapp jeder Vierte (24,4 %) ausländischer Nationalität.[9] Stellt man darüber hinaus in Rechnung, dass eine Vielzahl der Untersuchungsgefangenen mit deutscher Staatsangehörigkeit einen sog. Migrationshintergrund aufweist, so wird deutlich, dass die Zahl der Anordnungen der Untersuchungshaft für Ausländer und deutsche Staatsangehörige mit Migrationshintergrund in Relation zu dem registrierten Ausländeranteil (rund 8,5 % in 2011)[10] in der Bundesrepublik deutlich erhöht ist.

---

[9] NRW-Justiz: Ausländer im Strafvollzug http://www.jm.nrw.de/Gerichte_Behoerden/Justizvollzug/justizvollzug1/Auslaender_11/index.php (Abruf am 13.11.2012).
[10] Statistisches Bundesamt, Online-Veröffentlichung Justizvollzug, Stand 03/2012, S. 6.

Voraussetzungen für die Anordnung und den Vollzug der Untersuchungshaft 23

23.1 Materielle Voraussetzungen der Anordnung der Untersuchungshaft

Die Untersuchungshaft wird durch schriftlichen Haftbefehl des Richters angeordnet (§ 114 I StPO). In materieller Hinsicht setzt die Anordnung der Untersuchungshaft gemäß § 112 I StPO voraus, dass
- ein auf Tatsachen beruhender dringender Tatverdacht besteht,
- ein Haftgrund vorliegt, wobei zwischen den Haftgründen der Flucht (§ 112 II Nr. 1 StPO), der Fluchtgefahr (§ 112 II Nr. 2 StPO), der Verdunkelungsgefahr (§ 112 II Nr. 3), der Tatschwere (§ 112 III StPO) sowie der Wiederholungsgefahr (§ 112a StPO) unterschieden wird, und
- der Grundsatz der Verhältnismäßigkeit gewahrt bleibt.[1]

Ein dringender Tatverdacht liegt dann vor, wenn nach dem derzeitigen Stand der Ermittlungen die hohe Wahrscheinlichkeit besteht, dass der Betroffene die Straftat als Täter oder Teilnehmer begangen hat.[2]

Steht der dringende Tatverdacht eines versuchten oder vollendeten Kapitalverbrechens im Raum, wird der Haftbefehl in der Praxis häufig auf den Haftgrund der Tatschwere gem. § 112 III StPO gestützt. Dabei ist zu beachten, dass es hierbei nicht um einen besonderen Haftgrund im eigentlichen Sinne handelt. Bei verfassungskonformer Auslegung dieser Vorschrift darf nämlich auch bei dringendem Tatverdacht der in dieser Vorschrift aufgezählten Straftaten die Untersuchungshaft nicht ohne weiteres angeordnet werden. Vielmehr müssen auch hier Umstände vorliegen, die die Gefahr begründen, dass ohne Festnahme des Beschuldigten die alsbaldige

---

[1] Vgl. zu den Voraussetzung der Anordnung der Untersuchungshaft den ausführlichen Überblick bei *Püschel/Bartmeier/Mertens*, §§ 6,7.

[2] Allgemeine Meinung; vgl. z. B. BVerfG v. 12.9.1995 – 2 BvR 2475/94, NJW 1996, 1049 f.

Aufklärung und Ahndung der Tat gefährdet sein könnte.[3] In der Praxis erleichtert § 112 III StPO also nur die Ausstellung eines Haftbefehls.

Schließlich darf gemäß § 112 I 2 StPO Untersuchungshaft nicht angeordnet werden, wenn sie zur Bedeutung der Sache und der zu erwartenden Strafe oder Maßregel außer Verhältnis steht. Die Verhältnismäßigkeit der Anordnung der Untersuchungshaft ist in jedem Fall positiv festzustellen. Dabei ist immer auch die Schwere des Eingriffs in die konkrete Lebenssphäre des Betroffenen, d. h. evtl. gesundheitliche Einschränkungen, Auswirkungen auf die soziale, berufliche und wirtschaftliche Situation, in die Abwägung einzubeziehen.[4]

23.2 Formelle Voraussetzungen der Anordnung der Untersuchungshaft

In formeller Hinsicht muss der Haftbefehl dem Schriftformerfordernis gem. § 114 I StPO entsprechen und als notwendigen Inhalt die Personalien des Betroffenen (§ 114 II Nr. 1 StPO), den strafrechtlichen Tatvorwurf und den Haftgrund (§ 114 II Nr. 3 StPO bezeichnen). Darüber hinaus muss der Haftbefehl begründet werden (§ 114 II Nr. 4 StPO). Zuständig für den Haftbefehl ist vor Erhebung der öffentlichen Klage der Richter bei dem Amtsgericht, in dessen Bezirk ein Gerichtsstand (§§ 7 ff. StGB) begründet ist oder der Beschuldigte sich aufhält, § 125 I StPO. Nach Erhebung der öffentlichen Klage erlässt den Haftbefehl das Gericht, das mit der Sache befasst ist, § 125 II StPO.

23.3 Das Aufnahmeersuchen als Grundlage für den Untersuchungshaftvollzug

Neben dem Haftbefehl ist urkundliche Grundlage für den Vollzug der Untersuchungshaft das Aufnahmeersuchen. Nach der Neuregelung des Rechts der Untersuchungshaft findet sich dieses Erfordernis nun ausdrücklich in § 114d I, 1 StPO. Zum Teil haben die Länder in ihren Untersuchungshaftvollzugsgesetzen das Vorliegen eines Aufnahmeersuchens als Aufnahmevoraussetzung in den Untersuchungshaftvollzug auch explizit aufgenommen.[5]

Das Aufnahmeersuchen beinhaltet neben den Personalangaben des Gefangenen, der ihm zur Last gelegten Tat und dem Grund der Verhaftung auch die besonderen Anordnungen des Richters, die für die aufnehmende Justizvollzugsanstalt bindend sind (vgl. § 114 II StPO). Außerdem enthält das Aufnahmeersuchen die Regelanordnung, wonach die durch das jeweilige Untersuchungshaftvollzugsgesetz allgemein getroffene Regelung im konkreten Fall gelten soll, soweit nicht in dem Aufnahmeersuchen oder später besondere Verfügungen getroffen werden (Abb. 23.1).

---

[3] BVerfG v. 15.12.1965 – 1 BvR 513/65, E 19,342 = NJW 1966, 243.
[4] Vgl. *Püschel/Bartmeier/Mertens*, § 7 Rdn. 68, 69.
[5] Art. 8 I Bay UVollzG, § 6 I UVollzG NRW.

23.3 Das Aufnahmeersuchen als Grundlage für den Untersuchungshaftvollzug 243

Amtsgericht Lüdenscheid

Geschäfts-Nr.:
75 Gs 13/2011

Bitte bei allen Schreiben angeben!

An die
JVA Dortmund

Dortmund

Ort und Tag
Lüdenscheid, 07.01.2011
Anschrift und Fernruf

Ersuchen um Aufnahme zum Vollzug der Untersuchungshaft
Bei auswärtigen Haftbefehlen:
Die Verschubung d. U-Gefangenen in die für das Haftgericht zuständige JVA wird hiermit angeordnet.

I. Zum Vollzug der Untersuchungshaft ist aufzunehmen:

Familien- und Vorname (auch Geburtsname)		Staatsangehörigkeit
▓▓▓ ▓▓▓ Alexander ▓		niederländisch
Beruf	Geburtstag und -ort	
	▓▓▓ 971 in Den Haag / Niederlande	
Ständiger Wohnort und feste Wohnung		
▓▓▓▓▓▓▓ Venlo / Niederlande		
Ort des letzten Aufenthalts in der Freiheit (nur bei Fehlen von ständigem Wohnort und fester Wohnung)		
Neuenrade		
Er wurde heute aufgrund des Haftbefehls des		

Amtsgerichts Aachen	
vom	Geschäftsnummer
06.01.2011	622 Gs 901 AJS 4/09 – 31/11a -

um
16.50 Uhr in Haft genommen

Haftgrund
- X Fluchtgefahr
- X Verdunkelungsgefahr
- ☐ Wiederholungsgefahr
- ☐ § 112 Abs. 3 StPO
- ☐ unentschuldigtes Fernbleiben von der Hauptverhandlung
- ☐ Sicherungshaftbefehl gem. § 453 c StPO

Vorläufige Festnahme (auch im Ausland) durch eine Amtsperson erfolgte am:
Datum, Uhrzeit
06.01.2011, 11.10 Uhr

Übernahme durch deutsche Beamte erfolgt am (nur bei Festnahme im Ausland):
Datum, Uhrzeit

Abb. 23.1 Beispiel eines Aufnahmeersuchens aus der Praxis

II. Anordnungen für den Vollzug:

1. Soweit nicht in diesem Aufnahmeersuchen oder später besondere Verfügungen getroffen werden, sollen für die/den Verhaftete(n) die durch das Gesetz zur Regelung des Vollzuges der Untersuchungshaft und die hierzu erlassenenen landesrechtlichen Verwaltungsvorschriften allgemein getroffenen Regelungen gelten, im Falle der einstweiligen Unterbringung gemäß § 126 a StPO die Vorschriften über den Vollzug der Unterbringung gemäß §§ 63, 64 StGB entsprechend, soweit nicht Rücksichten auf das Verfahren entgegenstehen oder Anderes bestimmt ist.
2. Nicht beschwerende Anordnungen über den Verkehr mit der Außenwelt (Erteilung der Besuchserlaubnis und Anordnung der Beförderung von Briefen nach Durchsicht) sowie über

   werden bis auf Weiteres der/dem zuständigen Staatsanwältin/Staatsanwalt bzw. der/dem zuständigen Amtsanwältin/Amtsanwalt in Aachen überlassen.
3. (x) Auf den anliegenden Anordnungsbeschluss gem. § 119 StPO wird ausdrücklich verwiesen.
4. Die Überwachung der Besuche wird dem vom Anstaltsleiter bestimmten Bediensteten übertragen.
5. Folgende
   ( ) Beteiligte an der Strafsache   ( ) Mitbeschuldigte,   ( ) bereits Verurteilte,   ( ) Zeugen,
   von denen die/der Beschuldigte getrennt zu halten ist, befinden sich dort in Haft:
6. Gemeinsame Unterbringung ist   (x) zulässig.   ( ) nicht zulässig.
7. Die Teilnahme an gemeinsamen Ver- (x) genehmigt.   ( ) nicht genehmigt.
   anstaltungen wird
8. Ausschluß von religiösen Veranstal- ( ) angeordnet.   (x) nicht angeordnet.
   tungen wird
9. Es besteht   ( ) besondere Fluchtgefahr   ( ) besondere Verdunklungsgefahr.
   Gefahr für ( ) Selbsttötung   ( ) Selbstverletzung   ( ) Gewalttätig- ( ) Entzugser-
                                                                        keit   scheinungen
   Gründe für die Annahme der Gefahr für Selbsttötung oder Selbstverletzung:

   Es wird angeordnet:

10. Arbeit in Gemeinschaft ist   (x) gestattet.   ( ) nicht gestattet.
11. Der befristeten Überlassung der/des Verhafteten in den Gewahrsam der Polizei zum Zwecke der Vernehmung oder Gegenüberstellung im vorliegenden
    Verfahren wird   (x) zugestimmt.   ( ) nicht zugestimmt.
12. Sonstige besondere Anordnungen:

III. Besondere Bemerkungen:

1. Von der Verhaftung ist/wird benachrichtigt:

2. Bei Ausländern:
   (Nr. 10 ErgRiVASt)   (x) Über die Möglichkeit der Unterrichtung auf Verlangen bzw. über die Verpflichtung der Unterrichtung der Auslandsvertretung von der Verhaftung wurde die /der Beschuldigte ausdrücklich belehrt (Nr. 135 Abs. 1 Satz 3, Abs. 2 RiVASt)
   ( ) Die zuständige Auslandsvertretung, nämlich d. _____ wurde unterrichtet.
   (Bezeichnung der konsularischen Vertretung, Angabe des Ortes der Vertretung)
   ( ) Die zuständige Auslandsvertretung wurde nicht unterrichtet.

3. Seelische oder geistige Besonderheiten:

   Krankheiten (insbesondere ansteckende):

4. Bisher bekannte Vorstrafen:

   Überhaft auf Grund Haftbefehl des _____ | vom _____ | Geschäftsnummer _____

   Weitere anhängige Strafverfahren:

5. Hinweise auf Organisierte Kriminalität (ggf. auf einem besonderen Blatt näher erläutern):

6. Verteidigerbestellung:
   ( ) nachgewiesene Wahlverteidigerbestellung: RA(in) _____
   ( ) gerichtliche Verteidigerbeiordnung
       ( ) ist erfolgt: RA(in) _____
       ( ) ist noch nicht erfolgt

Anlage(n):   (x) Abschrift des Haftbefehls
             ( ) Abschrift des Unterbringungsbefehls
             (x) Beschluss gemäß § 119 StPO

Diewald, Vorsitzender Richter am Landgericht

Abb. 23.1 (Fortsetzung)

Zuständigkeitsverteilung zwischen Anstaltsleiter und Haftrichter 24

24.1 Alleinzuständigkeit des Anstaltsleiters für vollzugssichernde Beschränkungen auf der Grundlage des UVollzG

Für den Vollzug der Untersuchungshaft ist der Anstaltsleiter verantwortlich. Soweit die Sicherheit und Ordnung der Anstalt Beschränkungsmaßnahmen erfordern, ist für deren Anordnung der Anstaltsleiter zuständig. Seine Entscheidungen ergehen auf der Grundlage des jeweiligen Untersuchungshaftvollzugsgesetzes. Alle Entscheidungen nach diesem Gesetz sind konzentriert der Zuständigkeit der Anstalt zugewiesen.[1] Die neue Rechtslage nach der Föderalismusreform hat insofern das Nebeneinander der Zuständigkeiten zwischen Gericht und Anstalt im Bereich der vollzugssichernden Anordnungen beendet.[2]

Diese Kompetenzzuweisung führt dazu, dass auch besonders belastende Beschränkungen im Bereich des Vollzuges der Untersuchungshaft, die nach früherem Recht vom Richter auferlegt worden sind, nunmehr in die Alleinentscheidungskompetenz des Anstaltsleiters fallen.[3] Zu nennen sind hier z. B. die Anordnung von Disziplinarmaßnahmen und die Anordnung von besonderen Sicherungsmaßnahmen. Diese Kompetenzzuweisung an die Anstalt ist im Sinne „einer schnellen Entscheidung aus einer Hand" vorrangig vollzugspraktischen Erwägungen geschuldet, ist

---

[1] Vgl. jeweils § 3 der UVollzG für die Länder Brandenburg, Rheinland-Pfalz, Berlin, Bremen, Mecklenburg-Vorpommern, Hamburg, Saarland, Sachsen, Schleswig-Holstein, Sachsen-Anhalt, Thüringen. §§ 4,5 UVollzG NRW; § 3 des 2. Buchs des JVollzGB BW; § 134 I NJVollzG; Art. 6, 7 BayUVollzG.

[2] Vgl. AnwK-U-Haft/*Meinen* § 3 Rdn. 1.

[3] Dies Kompetenzverteilung ergibt sich auch nach Auffassung der Mehrzahl der Oberlandesgerichte: OLGe Köln v. 12. 8. 2010 – 2 Ws 498/10, NStZ 2011, 55 = StV 2011, 35; Rostock v. 25. 1. 2010 – 3 Ws 29/10, NStZ 2010, 350, 351 = StV 2010, 197, 198; Hamm v. 25. 2. 2010–2 Ws 18/10, NStZ-RR 2010, 292, 293; und Frankfurt v. 11. 2. 2010 – 3 Ws 127/10, NStZ-RR 2010, 294; KG v. 29. 3. 2010 – 4 Ws 14/10, StV 2010, 370, 371. Das OLG Celle lehnt sogar die Anwendbarkeit des § 119 I StPO für den U-Haftvollzug gänzlich ab: OLG Celle v. 9. 2. 2010 – 1 Ws 37/10, StV 2010, 194 ff.

aber verfassungsrechtlich nicht ganz unbedenklich (Näheres dazu in den Kap. 15.2 und 16.3).[4]

24.2 Zuständigkeit des Haftrichters bei verfahrenssichernden Anordnungen gemäß § 119 I StPO

Für verfahrenssichernde Anordnungen „um einer Flucht-, Verdunkelungs- oder Wiederholungsgefahr zu begegnen" ist gemäß § 119 I StPO weiterhin der Haftrichter zuständig. Diese Beschränkungen haben ihren Grund im Strafverfahrensrecht, sind also einer Regelung durch die Länder entzogen. Die Vollzugsanstalten haben die Pflicht, die gerichtlichen Anordnungen im Rahmen des Vollzugs der Untersuchungshaft zu beachten und umzusetzen.

24.2.1 Nebeneinander von verfahrenssichernden und vollzugssichernden Anordnungen

Fall 24.1

Keppler befindet sich wegen Raubes in Untersuchungshaft in der JVA Bielefeld. Der Haftrichter hat u. a. eine gemeinsame Unterbringung mit anderen Inhaftierten ausgeschlossen, da er dringend befürchtet, dass Keppler über Mitgefangene versuchen könnte, mit Zeugen und Mitbeschuldigten Kontakt aufzunehmen. Bei der Aufnahmeuntersuchung in der JVA Bielefeld stellt der Anstaltsarzt fest, dass Keppler an einer infektiösen Erkrankung leidet. Nach dem Keppler zunächst für einige Tage im abgesonderten Krankenbereich der Anstalt untergebracht wird, wird er anschließend in einem normalen Hafthaus untergebracht. Um Infektionsrisiken, insbesondere bei gemeinsamer Toilettenbenutzung, vorzubeugen, ordnet der Anstaltsarzt aber an, dass Keppler nicht gemeinsam untergebracht werden darf. Keppler ist das Alleinsein auf dem Haftraum nach einiger Zeit leid und möchte gemeinschaftlich untergebracht werden. Er fragt um Rat beim zuständigen Abteilungsbeamten.

Lösungsskizze
Das Nebeneinander von Untersuchungshaftrecht und Untersuchungshaftvollzugsrecht kann dazu führen, dass ein und dieselbe Maßnahme auf der Grundlage von zwei verschiedenen Rechtsgrundlagen durch zwei unterschiedliche Behörden angeordnet wird.[5] Hier hatte das Gericht auf der Grundlage des § 119 I 2 Nr.5 StPO die gemeinsame Unterbringung des Untersuchungsgefangenen Keppler untersagt, während die Untersuchungshaftanstalt aus Gründen der Sicherheit und Ordnung (Vorbeugung von Infektionsrisiken) auf der Grundlage des UVollzG NRW eine gemeinsame Unterbringung ausgeschlossen hat. Für den

---
[4] Vgl. Ostendorf/Ostendorf Teil 1 § 1 Rdn. 14; Püschel/Bartmeier/Mertens § 10 Rdn. 23, 155, 174.
[5] Vgl. AnwK UHaft/*Meinen* § 3 Rdn. 16.

Fall, dass die Anstalt die von ihr getroffene Anordnung aufhebt, weil z. B. kein Infektionsrisiko mehr besteht, kann der Untersuchungsgefangene aber dennoch nicht wunschgemäß gemeinschaftlich untergebracht werden, da er weiterhin der angeordneten Beschränkung durch das Haftgericht unterliegt. Erst wenn die Beschränkung gem. § 119 I Nr. 5 StPO wegfällt, weil sie z. B. zur Sicherung des Verfahrens nicht mehr erforderlich ist, könnte der Untersuchungsgefangene Keppler von der Anstalt gemeinschaftlich untergebracht werden.

24.2.2 Verfahren bei Meinungsverschiedenheiten

Die Anstalt hat weder die Aufgabe noch die Pflicht, die Rechtmäßigkeit oder Verhältnismäßigkeit einer verfahrenssichernden Anordnung zu überprüfen. Die Umsetzungspflicht der Anstalt ist umfassend.[6] Der Anstaltsleiter trägt aber die Verantwortung für den Vollzug der Untersuchungshaft und für die Ordnung der Anstalt. Diese Position bringt es mit sich, dass er darauf achten muss, dass einzelne Anordnungen der Richter bei bestimmten Untersuchungsgefangenen das Gesamtgefüge der Anstalt nicht beeinträchtigen. Sieht der Anstaltsleiter durch eine richterliche Anordnung gem. § 119 I 2 StPO die Ordnung in der Anstalt gefährdet, so kann er gegen die Anordnung nur im Rahmen der Gegenvorstellung beim Richter vorgehen. Der Anstaltsleiter ist auf diesen formlosen Rechtsbehelf beschränkt, weil § 119 V StPO als Antragsberechtigte nur den von der verfahrenssichernden Anordnung betroffenen Inhaftierten und die Staatsanwaltschaft umfasst.[7] Der Anstaltsleiter selbst kann also keinen Antrag auf gerichtliche Entscheidung gem. § 119 V StPO stellen.

24.3 Kein genereller Rückgriff auf die Generalklausel des UVollzG

Hat der Haftrichter keine besonderen verfahrenssichernden Anordnungen gem. § 119 I 2 StPO getroffen und fehlen spezielle Eingriffsermächtigungen im jeweiligen Untersuchungshaftvollzugsgesetz, so kann der Anstaltsleiter nur im Einzelfall Beschränkungen auf Grundlage der allgemeinen Generalklausel anordnen.

Fall 24.2

Der Untersuchungsgefangene Dante erhält einen Brief von seiner Ehefrau. Das Gericht hat bei ihm eine Kontrolle des Briefverkehrs nicht angeordnet. Der Vollzugsbedienstete Sorgsam möchte den Brief lesen, um herauszufinden, ob Dante selbstmordgefährdet ist.

---

[6] Vgl. AnwK U-Haft/*Meinen* § 3 Rdn. 15.
[7] *Wiesneth* Rdn. 128.

Lösungsskizze
Nach § 20 UVollzG NRW ist die Anstalt nur zur Vermittlung der Absendung und des Empfangs aller Schreiben der Untersuchungsgefangenen über die zur Überwachung zuständigen Stellen ermächtigt.

Eine spezielle Ermächtigungsgrundlage, welche auch die Inhaltskontrolle durch Anstaltsbedienstete ermöglicht, sieht das UVollzG NRW für die Überwachung des Schriftverkehrs, nicht vor. Regelmäßig ist der Schriftverkehr in NRW also nur durch Gericht und Staatsanwaltschaft inhaltlich zu überwachen, die bedeutsame Erkenntnisse nach § 114e StPO an die Anstalt weitergeben sollen (anders die anderen Bundesländer, die eine solche Möglichkeit ausdrücklich vorsehen oder wie im Falle von Niedersachsen eine zwingende Inhaltskontrolle durch die Gerichte vorschreiben). Demnach könnte die Anordnung einer Inhaltskontrolle im vorliegenden Fall nur auf die Generalklausel, § 1 Abs. 3 i.V.m. § 4 UVollzG NRW, gestützt werden. Dabei ist zu berücksichtigen, dass das Absehen von einer Inhaltskontrolle durch Vollzugsbedienstete nicht ein bloßes Versehen, sondern eine bewusste gesetzgeberische Entscheidung war.[8] Somit kann die Generalklausel nicht pauschal diese gewollte gesetzliche Regelung aushebeln, obwohl einzuräumen ist, dass das Gesetz zu Schwierigkeiten in der Praxis führt.[9] So kann z. B. nicht wirksam ausgeschlossen werden, dass ein U-Gefangener, welcher der Kontrolle durch Gericht und Staatsanwaltschaft unterliegt, seine Post über einen anderen U-Gefangenen versendet, der diesbezüglich nicht eingeschränkt ist. Für die Briefkontrolle aufgrund der Generalklausel müssen besondere Gründe vorliegen, die über das hinausgehen, was üblicherweise an Unzuträglichkeiten besteht. Hier könnte man daran denken, dass der Gefangene vorher angekündigt haben könnte sich umzubringen, falls seine Frau ihm im Brief mitteilte, dass sie sich von ihm trennen wolle. Wichtig ist aber, dass es sich um besondere Gründe *im Einzelfall* handeln muss. Eine anstaltsweite Regelung unter Berufung auf die Generalklausel scheidet aus. Anderenfalls wäre dies ein Verstoß gegen verfassungsrechtliche Grundsätze, wonach generelle Eingriffe in grundrechtlich geschützte Bereiche nur aufgrund einer ausdrücklichen und bestimmten Grundlage erlaubt sind.[10] Im vorliegenden Fall ist damit eine Briefkontrolle durch den Vollzugsbediensteten Sorgsam ausgeschlossen, wenn keine besonderen Hinweise auf eine Selbstmordgefahr bestehen.

24.4 Zuständigkeit des Anstaltsleiters bei „Ausführungen" des Untersuchungsgefangenen im Rahmen des Untersuchungshaftvollzuges

Die Untersuchungshaftvollzugsgesetze sehen selbstverständlich keine Lockerungen des Vollzuges wie z. B. Ausgang oder Urlaub vor. Dies widerspricht dem Zweck der Untersuchungshaft. Dennoch gibt es verschiedene Anlässe, die es erforderlich

---

[8] Vgl. die Gesetzesbegründung zum UVollzG NRW, LT-Drucks 14/8631, 57.
[9] Vgl. auch *Püschel/Bartmeier/Mertens* § 10 Rdn. 70; *Schlothauer/Weider* Rdn. 1193.
[10] So schon BVerfGE 33, 1.

24.4 Zuständigkeit des Anstaltsleiters bei „Ausführungen"...

machen, den Untersuchungsgefangenen an einen Ort außerhalb der Haftanstalt auszuführen. In den meisten Ländern sind Ausführungen von Untersuchungsgefangenen aus besonderen Anlässen vorgesehen.[11] In Nordrhein-Westfalen fehlen klare Regelungen, so dass die Zuständigkeit zwischen Anstaltsleiter und Haftrichter im Einzelfall zu klären ist.

Fall 24.3

Der Untersuchungsgefangene Ballauf möchte an der Beerdigung seines Vaters teilnehmen. Hierfür beantragt er eine Ausführung.

Lösungsskizze
Nr. 41 UVollzO sah in der Vergangenheit die Möglichkeit vor, auch den Untersuchungshaftvollzug mit Zustimmung des Gerichts im Rahmen einer Ausführung zu lockern, wenn „wichtige und unaufschiebbare Angelegenheiten persönlicher, geschäftlicher oder rechtlicher Art" die persönliche Anwesenheit des Untersuchungsgefangenen außerhalb der Anstalt erforderlich machten. Eine entsprechende Regelung fehlt im UVollzG NRW. Dennoch besteht weiterhin ein Bedürfnis, in Fällen wie oben dem Gefangenen zu erlauben, an bestimmten, ihn besonders berührenden Ereignissen außerhalb der Anstalt teilzunehmen. Dies sollte auch weiterhin möglich sein. Fraglich ist aber, unter welchen Voraussetzungen dies erlaubt ist und wer die Erlaubnis erteilen darf.

Grundsätzlich gilt:
Der Bundesgesetzgeber hat mit der Neufassung der StPO wie bisher das Ob der gerichtlich anzuordnenden Untersuchungshaft geregelt und inwieweit Beschränkungen zur Abwehr von Flucht-, Verdunklungs- und/oder Wiederholungsgefahr erforderlich sind.
Der Landesgesetzgeber hat hingegen das Wie der Inhaftierung durch das UVollzG näher bestimmt, insbesondere Unterbringung, Kleidung, Verpflegung, Arbeit und Maßnahmen zur Aufrechterhaltung von Sicherheit und Ordnung in der Justizvollzugsanstalt.
Das Gericht hat durch § 119 I 1 StPO die Möglichkeit, und zwar durch gesonderten Beschluss gemäß § 119 I 3, dem Untersuchungsgefangenen Beschränkungen aufzuerlegen, die dann auch weitgehend den Vollzug der Untersuchungshaft beeinflussen. Dies gilt insbesondere (ohne dass dies abschließend ist) für Erlaubnis und Überwachung von Besuchen, Telekommunikation sowie Brief- und Paketverkehr. Hierbei ist zu beachten, dass der Stelle, die angeordnet hat, auch die Durchführung obliegt. Allerdings kann diese widerruflich und insoweit unanfechtbar gemäß § 119 II 1 StPO der Staatsanwaltschaft übertragen werden, die sich wiederum der Hilfe ihrer Ermittlungspersonen und/oder der Justizvollzugsanstalt bedienen kann.

---

[11] Vgl. jeweils § 9 II der UVollzG für die Länder Brandenburg, Rheinland-Pfalz, Berlin, Bremen, Mecklenburg-Vorpommern, Hamburg, Saarland, Sachsen, Schleswig-Holstein, Sachsen-Anhalt, Thüringen; § 6 II des 2. Buchs des JVollzGB BW; § 138 I NJVollzG.

Wenn das Gericht keine Anordnungen trifft, entscheidet allein die Justizvollzugsanstalt im Rahmen des UVollzG NRW, ob Beschränkungen oder auch Erleichterungen (vgl. § 1 II und III) notwendig und möglich sind. Durchgängig ist damit nach dem Willen des Gesetzgebers die Anstalt zuständig, soweit nicht das Gericht oder die Staatsanwaltschaft besondere Anordnungen getroffen haben. Daraus folgt, dass auch im Fall der Ausführung die Anstalt zu entscheiden hat, ob und wie sie stattfinden soll, wenn nichts anderes ausdrücklich bestimmt ist. Dagegen spricht nicht, dass mit einer Ausführung das Gewahrsamsverhältnis des Untersuchungsgefangenen tangiert ist, da dieses hierdurch eben nicht aufgehoben wird. Auch in anderen Vorschriften des UVollzG NRW (vgl. § 24, 25) sind Ausführungen bzw. Verbringungen erwähnt, ohne dass diese zwingend von einer Erlaubnis des Richters oder Staatsanwalts abhängig gemacht werden. Lediglich die Beendigung der Untersuchungshaft ist unter den Bedingungen, die in § 9 genannt sind, allein vom Gericht oder durch die Staatsanwaltschaft zu verfügen.[12] Im vorliegenden Fall ist also die Anstalt zur Entscheidung befugt. Maßstab für ihre Entscheidung ist § 4. Hiernach wird sie die Ausführung in der Regel zulassen.

24.5 Folgen für das Rechtschutzsystem im Untersuchungshaftvollzug

Das Nebeneinander von verfahrenssichernden Anordnungen des Haftrichters und vollzugssichernden Anordnungen des Anstaltsleiters im Untersuchungshaftvollzug führt dazu, dass auch die Rechtsschutzmöglichkeiten des betroffenen Untersuchungsgefangenen neu ausgestaltet worden sind. Der für das gerichtliche Verfahren zuständige Bundesgesetzgeber hat mit dem § 119 V StPO, soweit es um die Anfechtung verfahrenssichernder Anordnungen des Haftrichters geht, und mit dem § 119a StPO, soweit es um vollzugssichernde Anordnungen der Vollzugsbehörde geht, das entsprechende Instrumentarium geschaffen (Vgl. ausführlich hierzu Kap. 18.1.2).

---

[12] Noch weitergehend: das Gericht darf sich wegen Vorrangs des UVollzG die Genehmigung von Ausführungen nicht einmal vorbehalten KG v. 29. 3. 2010–4 Ws 14/10, StV 2010, 370, 371.

25 Aufnahme des Untersuchungsgefangenen und Voraussetzungen der Entlassung aus der Untersuchungshaft

25.1 Stellung des Untersuchungsgefangenen

Alle Untersuchungshaftvollzugsgesetze betonen die Unschuldsvermutung gem. Art. 6 II EMRK. Die Untersuchungsgefangenen gelten als unschuldig und „sind entsprechend zu behandeln, so dass nicht der Anschein entsteht, sie würden zur Verbüßung einer Strafe festgehalten".[1] Konsequenz aus der Unschuldsvermutung ist der Angleichungs- oder Bequemlichkeitsgrundsatz wonach „das Leben im Vollzug den allgemeinen Lebensverhältnissen anzugleichen ist" bzw. sich Untersuchungsgefangene „Bequemlichkeiten (…) verschaffen dürfen (…).[2]

25.2 Rechte und Pflichten zur Benachrichtigung Angehöriger

25.2.1 Benachrichtigungspflichten des Haftrichters

Auf der Rückseite des Aufnahmeersuchens ist zu vermerken, ob von der Verhaftung ein Angehöriger des Verhafteten oder eine Person seines Vertrauens benachrichtigt worden ist (§§ 114d I Nr. 2; 114c I StPO). Die Benachrichtigung geschieht bei der (endgültigen) Verhaftung, nicht bei der vorläufigen Festnahme gem. § 127 II StPO[3], von Amts wegen. Eine Benachrichtigung erfolgt auch gegen den Willen des Verhafteten. Art. 104 IV GG stellt das öffentliche Vertrauen, dass in Deutschland niemals mehr Menschen durch staatliche Organisationen „verschwinden" dürfen,

---

[1] § 4 I UVollzG der Länder Berlin, Brandenburg, Bremen, Hamburg, Mecklenburg-Vorpommern, Hessen, Rheinland-Pfalz, Saarland, Thüringen, Sachsen-Anhalt und Schleswig-Holstein; § 3 II SächsUVollzG; § 2 I des 2. Buches JVollzG BW, § 135 I NJVollzG; Art. 3 I Bay UVollzG; § 1 I UVollzG NRW.

[2] Vgl. nur § 2 I („angleichen") und § 1 II („Bequemlichkeiten") UVollzG NRW.

[3] *Meyer-Goßner*; § 114 b Rdn. 2.

höher als das mögliche Interesse des Verhafteten an der Geheimhaltung seiner Festnahme. Für die Anordnung, welche Person zu benachrichtigen ist, ist der Haftrichter zuständig (§ 114c II StPO). Er kann beispielsweise auch entscheiden, dass statt des vom Verhafteten gewünschten Freundes (gegen den aber selbst ermittelt wird und der dadurch vorgewarnt würde) die Mutter des Verhafteten benachrichtigt wird. Für die Durchführung der Benachrichtigung ist die Geschäftsstelle des Gerichts zuständig. Die Benachrichtigung hat unverzüglich zu erfolgen, d. h. in der Regel telefonisch oder per Brief, bei dem jedoch sichergestellt sein muss, dass er auch umgehend zur Post gegeben wird, auch eine Benachrichtigung per Telefax oder durch Email kommt in Betracht.[4] Soweit sich aus dem Aufnahmeersuchen ergibt, dass noch niemand benachrichtigt ist, hat dies die Anstalt – nach Rücksprache mit dem Haftrichter – zu veranlassen, um dem Verfassungsbefehl („ist") zu genügen. Der Verhaftete hat hierbei keinen Anspruch, selbst mit dem Angehörigen oder der Vertrauensperson zu telefonieren. Wenn der Verhaftete seine Mitwirkung an der Benennung von Angehörigen oder Vertrauenspersonen verweigert, trifft den Richter eine Ermittlungspflicht in beschränktem Umfang, ob und welcher Angehörige bzw. welche Vertrauensperson (dies kann auch der Wahlverteidiger sein) existiert.[5]

25.2.2 Benachrichtigungspflichten der Untersuchungshaftanstalt

Hiervon zu unterscheiden ist die Benachrichtigung von Angehörigen durch den Untersuchungsgefangenen zu Beginn des Untersuchungshaftvollzugs selbst. Danach ist dem Untersuchungsgefangenen Gelegenheit zu geben, einen Angehörigen oder eine Vertrauensperson von der Aufnahme in die Untersuchungshaftanstalt zu benachrichtigen.[6] Das Untersuchungshaftvollzugsgesetz des Landes Bremen ergänzt dies um eine Benachrichtigungsmöglichkeit des Verteidigers.[7] Das Benachrichtigungsrecht des Untersuchungsgefangenen bei Aufnahme ist als Ergänzung der strafprozessualen Benachrichtigungsrechte und – pflichten erforderlich. Denn die Pflicht zur unverzüglichen Benachrichtigung aus § 114 I und II StPO bezieht sich nur auf den Umstand der Verhaftung und den Erlass des Haftbefehls, nicht aber die Benennung der Anstalt, in die der Untersuchungsgefangene aufgenommen wurde. Aus diesem Grund muss man auch für Nordrhein-Westfalen – das UVollzG NRW enthält ein Benachrichtigungsrecht des Untersuchungsgefangenen nur für den Fall der Verlegung oder Überstellung in eine andere Anstalt[8] – von einem entsprechenden

---

[4] *Meyer-Goßner*; § 114 c Rdn. 1.
[5] *Meyer-Goßner*; § 114 c Rdn. 6.
[6] Vgl. § 7 IV UVollzG der Länder Berlin, Brandenburg, Bremen, Mecklenburg-Vorpommern, Hessen, Rheinland-Pfalz, Saarland, Thüringen und Schleswig-Holstein; § 7 III HmbUVollzG, § 7 V SächsUVollzG; § 7 V UVollzG Sachsen-Anhalt.
[7] Vgl. § 7 IV UVollzG Bremen.
[8] § 7 II UVollzG NRW.

25.2 Rechte und Pflichten zur Benachrichtigung Angehöriger

> *Nr. 135 Geschäftsverkehr mit ausländischen Vertretungen in Haftsachen*
> *(1) Auf Verlangen des Betroffenen ist unverzüglich die konsularische Vertretung zu unterrichten, wenn in deren Amtsbezirk ein Angehöriger ihres Staates festgenommen, in Straf- oder Untersuchungshaft genommen oder ihm anderweitig die Freiheit entzogen wird. Jede von dem Betroffenen an die konsularische Vertretung gerichtete Mitteilung über seine Inhaftierung und seinen Aufenthaltsort ist unverzüglich weiterzuleiten. Der Betroffene ist über seine entsprechenden Rechte zu belehren.*
> *(2) Eine völkerrechtliche Verpflichtung zur Unterrichtung ohne oder gegen den Willen des Betroffenen (vgl. Länderteil) ist zu beachten.*
> *(3) Der Schriftverkehr zwischen dem inhaftierten Ausländer und der für ihn zuständigen diplomatischen oder konsularischen Vertretung unterliegt der Überwachung und Beschränkung nach den allgemeinen Vorschriften.*
>
> *Nr. 136 Besuchserlaubnis*
> *(1) Ob ein Gefangener durch einen Angehörigen einer diplomatischen oder konsularischen Vertretung besucht werden darf und ob und auf welche Weise der Besuch zu überwachen ist (unter Mithilfe eines Dolmetschers, optisch und akustisch), entscheidet die für die Erteilung der Besuchserlaubnis zuständige Behörde.*
> *(2) An diese Behörde können sich konsularische Vertretungen unmittelbar wenden, wenn der Gefangene ein Staatsangehöriger oder Schutzbefohlener ihres Staates ist und die Behörde ihren Sitz im Amtsbezirk der konsularischen Vertretung hat.*
> *(3) Über das Gesuch ist beschleunigt zu entscheiden. Dabei ist zu beachten, dass das Ausland in umgekehrten Fällen die deutsche Übung berücksichtigt. Nur aus zwingenden Gründen wird die Erlaubnis zu versagen oder die Zulassung des Gesuchs erst für eine spätere Zeit in Aussicht zu stellen sein.*
> *Dabei sind Versagungsgründe gegenüber einer Verpflichtung nach Art. 36 Abs. 1 Buchst. c) des Wiener Übereinkommens vom 24. April 1963 über konsularische Beziehungen (WÜK) sorgfältig abzuwägen. Ist der Gefangene mit dem Besuch nicht einverstanden, wird die Besuchserlaubnis versagt.*

Abb. 25.1 Auszug aus den RiVASt

Rechtsanspruch des Untersuchungsgefangenen bei erstmaliger Aufnahme in eine Untersuchungshaftanstalt ausgehen.[9]

Aus dem Fehlen des Wortes „unverzüglich" und der Einschränkungsmöglichkeit „soweit eine verfahrenssichernde Anordnung nicht entgegensteht" ist zu schließen, dass dem Gefangenen im Rahmen des Benachrichtigungsanspruchs nur der sog. Zugangsbrief gestattet ist, der gleichwohl einer ggf. angeordneten richterlichen Briefkontrolle unterliegt. Praktische Bedeutung hat die Bestimmung insofern, als dem neu aufgenommenen Gefangenen von der Anstalt ggf. Briefpapier, Umschlag und Porto zur Verfügung gestellt werden muss und er diesbezüglich nicht auf den nächsten Einkauf verwiesen werden darf.

Die Anstalt treffen bei der Aufnahme zum Vollzug der Untersuchungshaft weitere Pflichten: Gemäß den Nrn. 26,27 VGO ist bei der Aufnahme eines Ausländers zum Vollzug der Untersuchungshaft die Ausländerbehörde und bei der Aufnahme eines Gefangenen unter 21 Jahren das zuständige Jugendamt zu verständigen. Letzteres geschieht, damit die Jugendgerichtshilfe den Gefangenen möglichst frühzeitig beurteilen kann. Bei Ausländern ist außerdem Art. 36 I b des Wiener Übereinkommens sowie Nr. 135 RiVASt (Richtlinien für den Verkehr mit dem Ausland in strafrechtlichen Angelegenheiten) zu beachten. Danach ist auf Verlangen des Betroffenen unverzüglich die konsularische Vertretung zu unterrichten. In bestimmten Fällen besteht eine völkerrechtliche Verpflichtung zur Unterrichtung sogar ohne oder gegen den Willen des Betroffenen (Nr. 135 II RiVASt) (Abb. 25.1).

---

[9] So auch AnwK U-Haft/*Rubbert* § 7 Rdn. 15,37.

25.3 Entlassung aus der Untersuchungshaft

Nur der Richter und der Staatsanwalt, nicht jedoch der Anstaltsleiter dürfen den Untersuchungsgefangenen aus der Haft entlassen (§ 120 I bzw. III 2 StPO). Bei entsprechender Anordnung hat die Anstalt den Untersuchungsgefangen unverzüglich zu entlassen.[10] Aus fürsorglichen Gründen, dies wird insbesondere dann der Fall sein, wenn keine Wohnung zur Verfügung steht, kann dem Untersuchungsgefangenen auf seinen ausdrücklichen Wunsch hin der vorübergehende Verbleib in der Anstalt gestattet werden.[11] Förmliche Voraussetzung für die Entlassung ist eine richterliche oder staatsanwaltliche Entlassungsordnung, die mit einem Dienstsiegel versehen ist. Bei Entlassungsanordnungen, die per Telefax oder elektronisch übermittelt werden, ist deren Echtheit wegen der Missbrauchsmöglichkeiten durch Unbefugte durch einen Rückruf in jedem Fall zu überprüfen.

25.4 Durchsuchung bei der Aufnahme und Entzug von eingebrachten Gegenständen

Fall 25.1

Der Untersuchungsgefangene Tulles beschwert sich beim Anstaltsleiter, dass er sich bei der Aufnahme vollständig entkleiden musste und ihm eine wertvolle Uhr weggenommen wurde.

Lösungsskizze
§ 32 II, 1 UVollzG NRW bestimmt, dass der Anstaltsleiter allgemein anordnen kann, dass der Untersuchungsgefangene und seine Sachen bei der Aufnahme durchsucht wird. Die Regelung ist an § 84 III StVollzG angelehnt. Sie soll der verstärkten Betäubungsmittelproblematik im Vollzug Rechnung tragen und stellt klar, dass Durchsuchungen auch in bestimmten Situationen (z. B. der Aufnahme) allgemein und ohne Bezugnahme auf konkrete Untersuchungsgefangene angeordnet werden können. Es gilt allerdings auch hier der Verhältnismäßigkeitsgrundsatz, so dass im Einzelfall – wenn eine Absuchung oder oberflächliche Körperdurchsuchung ausreicht – eine mit Entkleidung verbundene Durchsuchung nicht erforderlich ist.[12] Eine sorgfältige Durchsuchung, die ein Einbringen von Drogen und/oder verbotenen bzw. gefährlichen Gegenständen bei der erstmaligen Aufnahme zuverlässig verhindert, kann in Anbetracht der Sicherheits-

---

[10] § 10 I UVollzG der Länder Berlin, Brandenburg, Bremen, Hamburg, Mecklenburg-Vorpommern, Rheinland-Pfalz, Saarland, Thüringen, Sachsen-Anhalt, Sachsen und Schleswig-Holstein; § 9 I HessUVollzG; § 7 I des 2. Buches JVollzG BW, § 139 NJVollzG; Art. 10 I Bay UVollzG; § 9 I UVollzG NRW.

[11] Vgl. nur § 9 II UVollzG NRW.

[12] BVerfG StV 2009, 253.

bedürfnisse einer Untersuchungshaftanstalt nur sinnvoll durchgeführt werden, wenn der Untersuchungsgefangene sich vollständig entkleidet. Die mit einer Entkleidung verbundene Durchsuchung des Untersuchungsgefangenen bei der Aufnahme war daher rechtmäßig.

Hinsichtlich der Uhr gilt § 13 II UVollzG NRW, wonach auch der Besitz von Uhren grundsätzlich gestattet ist. Allerdings schließt § 13 III UVollzG NRW den Gewahrsam an Geld und Wertsachen aus. Hierdurch soll einerseits der Untersuchungsgefangene vor Diebstahl geschützt werden, andererseits soll die Regelung einem uferlosen Tauschhandel in der Haftanstalt sowie subkulturellen Abhängigkeiten unter den Inhaftierten vorbeugen.[13] Eine besonders wertvolle Uhr darf der Gefangene also nicht behalten. In Anlehnung an die Wertgrenze der früher gültigen Nr. 30 II VGO müsste eine Uhr, die mehr als 200,- Euro wert ist, zur Habe des Untersuchungsgefangenen genommen werden. Einen entsprechenden Wert der Uhr unterstellt, ist auch diese Entscheidung des aufnehmenden Beamten rechtmäßig.

Die Beschwerde des Untersuchungsgefangenen Tulles ist vom Anstaltsleiter als unbegründet abzuweisen. Dem Untersuchungsgefangenen steht aber die Möglichkeit offen, den Haftrichter im Rahmen des § 119a StPO anzurufen.

---

[13] Ostendorf/*Ostendorf* Teil 1 § 3 Rdn. 22.

Unterbringung der Untersuchungsgefangenen 26

Bei der Unterbringung des Mandanten in der Untersuchungshaft hat die Vollzugsbehörde einige wesentliche Trennungsgrundsätze zu beachten. Neben der Trennung von Frauen und Männern ist die getrennte Unterbringung von Untersuchungsgefangenen von Strafgefangenen in besonderen Abteilungen bzw. in reinen Untersuchungshaftanstalten vorgesehen.[1] Vor dem Hintergrund der Unschuldsvermutung soll dabei die Unterbringung des Untersuchungsgefangenen mit verurteilten Straftätern unterbleiben. Jugendliche Untersuchungsgefangene sind dabei nochmals besonders von Erwachsenen zu trennen.[2]

Darüber hinaus sehen alle Untersuchungshaftvollzugsgesetze der Länder die Einzelunterbringung des Untersuchungsgefangenen während der Ruhezeit vor.[3] Angesichts des derzeitigen Mangels an ausreichenden Haftplätzen ist aber mitunter – vgl. § 78 UVollzG NRW – eine großzügige Übergangsfrist bis zum 1.1.2015 bestimmt worden.

Die Regelungen zur Unterbringung des Untersuchungsgefangenen sind allesamt mit großzügigen Ausnahmeregelungen versehen, die es der Vollzugsbehörde hinsichtlich der Trennung von Untersuchungs- und Strafgefangenen erlauben, Ausnahmen vom Trennungsgrundsatz zuzulassen.[4] So gestattet § 3 II UVollzG NRW „mit Zustimmung des Untersuchungsgefangenen oder zur Erreichung des Zwecks

---

[1] Vgl. § 11 der UVollzG für die Länder Berlin, Bremen, Brandenburg, Mecklenburg-Vorpommern, Saarland, Schleswig-Holstein, Thüringen, Hamburg, Rheinland-Pfalz, Sachsen und Sachsen-Anhalt; § 62 II HessUVollzG; § 4 II des 1. Buches des JVollzGB BW; § 3 UVollzG NRW, Art. 5 I Bay UVollzG.

[2] Vgl. § 11 II der UVollzG für die Länder Berlin, Bremen, Brandenburg, Mecklenburg-Vorpommern, Saarland, Schleswig-Holstein, Thüringen, Hamburg, Rheinland-Pfalz, Sachsen und Sachsen-Anhalt; § 62 III HessUVollzG § 70 III des 2. Buches des JVollzGB BW; § 50 UVollzG NRW.

[3] Vgl. § 13 der UVollzG für die Länder Berlin, Bremen, Brandenburg, Mecklenburg-Vorpommern, Saarland, Thüringen, Hamburg, Rheinland-Pfalz, Schleswig-Holstein, Sachsen und Sachsen-Anhalt; § 10 I Hess.UVollzG; § 8 des 2. Buches des JVollzGB BW; § 141 NJVollzG; § 10 UVollzG NRW; Art. 11 BayUVollzG.

[4] Vgl. § 11 I 2 der UVollzG für die Länder Berlin, Bremen, Brandenburg, Mecklenburg-Vorpommern, Saarland, Thüringen, Hamburg, Rheinland-Pfalz, Schleswig-Holstein, Sachsen und Sachsen-

der Untersuchungshaft, aus Gründen der Sicherheit und Ordnung, aus Gründen der Vollzugsorganisation oder anderen wichtigen Gründen" eine gemeinschaftliche Unterbringung von Straf- und Untersuchungsgefangenen.

Darüber hinaus kann eine gemeinschaftliche Unterbringung namentlich bei Einverständnis der Beteiligten, bei Bestehen einer Gefahr für Leib oder Gesundheit, bei Hilfsbedürftigkeit des Untersuchungsgefangenen oder um schädlichen Folgen der Inhaftierung entgegenzuwirken erfolgen (vgl. z. B. die entsprechende Regelung in § 10 II UVollzG NRW). Schließlich ist in Nordrhein-Westfalen sogar bis zum Ablauf der Übergangsfrist Ende 2014 eine gemeinschaftliche Unterbringung erlaubt, solange nicht genügend Haftäume zur Verfügung stehen und die „räumlichen Verhältnisse der Anstalt dies erfordern" (vgl. § 78 UVollzG NRW).

In der Praxis macht den Untersuchungshaftanstalten immer noch der starke Belegungsdruck zu schaffen. In diesem Zusammenhang macht schon die Vielzahl der gesetzlichen Ausnahmetatbestände deutlich, dass das gesetzliche Modell der Einzelunterbringung in der Praxis oftmals eher theoretischer Natur ist. Angesichts der besonders im Erwachsenenvollzug herrschenden Enge in den Vollzugsanstalten ist – zumindest zu Beginn der Inhaftierung – eine längere Phase der gemeinschaftlichen Unterbringung eher die Regel denn die Ausnahme. Einzelhafträume sind ein knappes und begehrtes Gut. Die Unterbringung dort wird von den Betroffenen nur allzu oft als Privileg empfunden. Die Vollzugsanstalten sind allerdings gezwungen aufgrund fehlender Haftplatzkapazitäten sehenden Auges und im Wissen um die Risiken – subkulturelle Gefahren, das Risiko tätlicher Auseinandersetzungen und schließlich evtl. Schadenersatzansprüche wegen menschenunwürdiger Unterbringung – gemeinschaftliche Unterbringungen von Untersuchungsgefangenen vornehmen. Um den Anspruch auf Einzelunterbringung zu gewährleisten, muss die Vollzugsbehörde daher alle ihr zur Verfügung stehenden Mittel ausschöpfen, um das Recht des Untersuchungsgefangenen zu gewährleisten. Hier kommt zunächst die Zusammenlegung derjenigen Untersuchungsgefangenen in Betracht, die einer gemeinsamen Unterbringung zugestimmt haben. In der Regel ziehen viele Untersuchungsgefangene eine gemeinsame Unterbringung vor, so dass es keine Schwierigkeiten macht, genügend Freiwillige zu finden. Darüber hinaus sind die Untersuchungshaftanstalten – ggf. unter Vermittlung durch die Aufsichtsbehörde – verpflichtet, einen Belegungsausgleich mit anderen Haftanstalten anzustreben, um das Recht auf Einzelunterbringung zu gewährleisten.

Gesetzlich weiterhin zulässig und in der Praxis – gerade zu Beginn der Inhaftierung – häufig anzutreffen ist die gemeinsame Unterbringung von Untersuchungsgefangenen im Rahmen der Suizidprophylaxe.[5] In besonders hohem Maße gilt dies für suchtmittelabhängige Untersuchungsgefangene sowie erstmals Inhaftierte. Dem-

---

Anhalt; § 62 Hess.UVollzG; § 4 II 2, VI und VII des 1. Buches des JVollzGB BW; § 172 II NJVollzG; § 3 II UVollzG NRW; Art. 11 I 2 Bay UVollzG.

[5] Vgl. § 13 I 3 der UVollzG für die Länder Berlin, Bremen, Brandenburg, Mecklenburg-Vorpommern, Saarland, Thüringen, Hamburg, Rheinland-Pfalz, Schleswig-Holstein, Sachsen und Sachsen-Anhalt; § 10 I 3 Hess.UVollzG; § 8 I 3 des 2. Buches des JVollzGB BW; Art. 11 I Nr. 1 BayUVollzG; § 141 I 3 NJVollzG; § 10 II, 2, b) UVollzG NRW.

entsprechend war in Nr. 63 I Nr. 8 UVollzO die gemeinschaftliche Unterbringung mit einem zuverlässigen Gefangenen noch explizit als besondere Sicherungsmaßnahme benannt. In der Praxis wurde und wird ein als „zuverlässig" und nicht suizidgefährdet geltender Gefangener mit einem „gefährdeten" Gefangenen gemeinsam untergebracht. Aus Sicht der Vollzugspraxis handelt es sich dabei – in Abgrenzung zur regelmäßigen Überwachung eines vermeintlich suizidgefährdeten Gefangenen durch Anstaltsbedienstete – um die „sicherste" Form der Suizidprophylaxe. Hierbei wird jedoch außer Acht gelassen, dass eine faktische Verantwortungsverschiebung hinsichtlich der Suizidprophylaxe von der Vollzugsbehörde auf als „zuverlässig" geltende Untersuchungsgefangene stattfindet und gleichzeitig der Anspruch auf Einzelunterbringung des Einzelnen ausgehöhlt wird. Dementsprechend sollten entsprechende gemeinschaftliche Unterbringungsanordnungen auf ein Mindestmaß beschränkt werden.

▶ Sonderfälle
- Das Zusammenbringen von Untersuchungsgefangenen im Rahmen von Arbeit und Gemeinschafts- oder Freizeitveranstaltungen (Gottesdienst, Aufenthalt im Freien, Arztvorführungen, Sport, gemeinsame Freizeit) ist zulässig und stellt keine Abweichung vom Grundsatz der Einzelunterbringung dar.[6] Zum einen handelt es sich nicht um ein Zusammenbringen von Untersuchungsgefangenen während der Nacht- bzw. Ruhezeit. Zum anderen ist die Maßnahme nicht auf Dauer angelegt und die teilnehmenden Untersuchungsgefangenen wissen, dass sie mit anderen Mitgefangenen zusammentreffen. Zu beachten ist allerdings, dass die Teilnahme an derartigen Veranstaltungen freiwillig ist. Eine selbst gewählte Isolation des Untersuchungsgefangenen ist zunächst zu beachten, sollte aber in Gesprächen durch alle Dienste versucht werden aufzubrechen. Gleichzeitig ist durch die Vollzugsbehörde der Schutz vor Übergriffen während Gemeinschaftsveranstaltungen zu gewährleisten.[7]
- Von der Einzelunterbringung ist die Einzelhaft zu unterscheiden. Hierbei handelt es sich um eine besondere Sicherungsmaßnahme darstellt. Diese kann angeordnet werden, wenn „Gründe, die in der Person des Untersuchungsgefangenen liegen, dies unerlässlich machen".[8] Hier kommen insbesondere wiederholte Gewalttätigkeiten gegen Mitgefangene oder Bedienstete als Gründe in Betracht. Folge ist eine vollständige Isolierung des Untersuchungsgefangenen von allen Mitgefangenen und Bewachung während des gesamten Tagesablaufs.

---

[6] Vgl. § 12 I, II der UVollzG für die Länder Berlin, Bremen, Brandenburg, Mecklenburg-Vorpommern, Saarland, Thüringen, Hamburg, Rheinland-Pfalz, Sachsen, Sachsen-Anhalt und Schleswig-Holstein; § 10 II Hess.UVollzG; § 4 VII des 1. Buches des JVollzGB BW; Art. 11 II BayUVollzG; § 141 II NJVollzG; § 10 III UVollzG NRW.

[7] Vgl. auch Ostendorf/*Ostendorf* Teil I § 3 Rdn. 8.

[8] Vgl. § 50 der UVollzG für die Länder Berlin, Bremen, Brandenburg, Mecklenburg-Vorpommern, Saarland, Thüringen, Rheinland-Pfalz, Sachsen, Sachsen-Anhalt und Schleswig-Holstein; § 54 III HmbUVollzG; § 35 VII Hess.UVollzG; § 48 2. Buches des JVollzGB BW; Art. 27 BayUVollzG i. V. m. Art. 97 BayStVollzG; § 82 i. V. m. § 156 I NJVollzG; § 42 III UVollzG NRW.

Gewahrsam an ausgewählten privaten Gegenständen während der Untersuchungshaft

27

Fall 27.1

Karl Schwenk befindet sich zum ersten Mal in Untersuchungshaft. Während des Aufnahmegesprächs fragt er den zuständigen Beamten, ob er weiterhin während der Haft seine gewohnte Tageszeitung beziehen kann und ob seine Ehefrau beim ersten Besuch folgende Gegenstände mitbringen kann:
- Private Bettwäsche und Kleidung,
- Fernseher und einen CD-Spieler mit Radio, und
- sein Smartphone.

Der Angleichungsgrundsatz verlangt, dass das Leben im Untersuchungshaftvollzug den allgemeinen Lebensverhältnissen entsprechen soll. Hierzu gehört auch, dass der Untersuchungsgefangene während der Haft über private Gegenstände verfügen kann. Beschränkungen dieses Rechts können sich nur aus dem Haftzweck ergeben bzw. zur Abwehr einer schwerwiegenden Störung der Sicherheit und/oder Ordnung der Anstalt erfolgen. Bereits zum alten Untersuchungshaftrecht gem. § 119 III StPO a. F. und zum Strafvollzugsrecht (§ 70 StVollzG) besteht eine umfangreiche Einzelfallkasuistik zum Besitz privater Freizeitgegenstände während der Haft. Für das neue Untersuchungshaftvollzugsrecht lassen sich folgende Kernaussagen treffen.

27.1 Privatkleidung

Anders als Strafgefangene sind Untersuchungsgefangene nicht verpflichtet, Anstaltskleidung zu tragen. Der Untersuchungsgefangene ist vielmehr berechtigt, private Kleidung zu tragen.[1] Voraussetzung ist aber, dass er für die Reinigung der Kleidung sorgen kann. Dies kann im Wege des regelmäßigen Wäschetauschs beim

---

[1] Vgl. § 17 UVollzG der Länder Berlin, Brandenburg, Bremen, Mecklenburg-Vorpommern, Rheinland-Pfalz, Saarland, Thüringen, Schleswig-Holstein, Sachsen und Sachsen-Anhalt; § 16 UVollzG Hamburg; § 13 Hess. UVollzG; § 10 des 2. Buchs JVollzGB BW; § 142 Abs. 2 Abs. 4 NJVollzG; § 13 Abs. 1 und Abs. 4 Nr. 1 UVollzG NRW; Art. 14 I BayUVollzG.

Besuch durch Angehörige oder Freunde erfolgen. Insofern zahlreiche Inhaftierte keine regelmäßigen Besuche erhalten und der Kontrollaufwand der neu eingebrachten Wäsche für die Haftanstalten sehr hoch ist, besteht in vielen Untersuchungshaftanstalten mittlerweile die Möglichkeit, dass die Inhaftierten ihre Kleidung gegen eine entsprechende Kostenbeteiligung selbst waschen.

27.2 Zeitschriften und Zeitungen

Untersuchungsgefangene dürfen während der Untersuchungshaft weiter auf eigene Kosten Zeitschriften und Zeitungen beziehen.[2] Wegen des Grundrechts auf Informationsfreiheit und der für den Untersuchungsgefangenen geltenden Unschuldsvermutung, ist dieses Recht nur ausnahmsweise beschränkbar. Ausgeschlossen vom Bezug sind aber z. B. Periodika, deren Verbreitung gem. §§ 86, 86a, 130, 131, 184a, 184b StGB mit Strafe bedroht ist. Ebenfalls denkbar sind wegen des bestehenden Kontrollaufwands zahlenmäßige Beschränkungen des Bezugs. Bekannt geworden sind – dies allerdings für den Bereich der Strafhaft – Beschränkungen auf je vier Wochen- und Monatsschriften.[3]

27.3 Radio, Fernsehen, CD-Spieler

Der Besitz von privaten Radios, Fernsehern und CD-Spielern ist mittlerweile flächendeckend im Untersuchungshaftvollzug erlaubt.[4] Die Zulassung dieser Gegenstände ist regelmäßig davon abhängig, dass die Geräte, insbesondere die Fernseher, gewisse Größenvorgaben nicht überschreiten. Darüber hinaus muss sich der Untersuchungsgefangene mit einer kostenpflichtigen Überprüfung und Versiegelung der Geräte durch einen von der Anstalt vermittelten Fachhändler einverstanden erklären. Die Elektrogeräte können entweder von Angehörigen eingebracht werden oder – den Anstaltsvorgaben entsprechend – bei dem Vertragshändler der Anstalt erworben werden. Für die Vielzahl der mittellosen Untersuchungsgefangenen besteht die Möglichkeit, von der Untersuchungshaftanstalt zu Haftbeginn ein Leihradio oder einen Leihfernseher zu erhalten.

Die Nutzung moderner Flachbildfernseher, die über Multimediafunktionen verfügen und Datenverarbeitungs-, Datenübermittlungs- und Datenspeicherfähigkeiten aufweisen, ist regelmäßig nicht mit Sicherheit und Ordnung einer Untersuchungshaftanstalt zu vereinbaren. Eine zumutbare Kontrolle der Missbrauchsmöglichkeiten bzw. der

---

[2] Vgl. § 27 UVollzG der Länder Berlin, Brandenburg, Bremen, Mecklenburg-Vorpommern, Rheinland-Pfalz, Saarland, Thüringen, Schleswig-Hostein, Sachsen und Sachsen-Anhalt; § 37 UVollzG Hamburg; § 22 Abs. 2 Hess. UVollzG; § 42 des 2. Buchs JVollzGB BW; § 153 i.V.m. § 65 NJVollzG; § 12 Abs. 2 Nr. 1 UVollzG NRW.

[3] BVerfG v. 17.12.1981 – 2 BvR 1366/81, NStZ 1982, 132; aktuell zum Recht auf Zeitschriftenbezug OLG Celle v. 31.8.2010 – 1 Ws 387/10, NStZ-RR 2011, 31.

[4] Vgl. nur § 12 Abs. 2 Nr. 3 UVollzG NRW.

gespeicherten oder übertragenen Daten übersteigt die Kapazitäten der Anstalt. Eine Zulassung kann aber dann in Betracht kommen, wenn im Rahmen von technischen Maßnahmen bzw. Versiegelungen von Schnittstellen ein Missbrauch ausgeschlossen werden kann.[5]

Lösungsskizze zu Fall 27.1

Der Untersuchungsgefangene Schwenk kann gem. § 12 II Nr. 1 UVollzG NRW weiterhin während der Haft eine Tageszeitung beziehen.

Er hat auch die Möglichkeit, private Kleidung zu tragen und eigene Bettwäsche zu nutzen, § 13 I 1 UVollzG NRW. Er muss diese aber pflegen und – je nach Vorgabe der Anstalt – entweder über den Besuch regelmäßig wechseln und waschen lassen oder in der Anstalt kostenpflichtig selbst waschen.

Er kann darüber hinaus auch einen Fernseher und einen CD-Spieler mit Radio während der Haft nutzen, §§ 12 III, 13 II UVollzG NRW. Dabei müssen die Geräte aber den Sicherheitsvorgaben (Kontrollierbarkeit, keine Datenaustauschmöglichkeiten usw.) der Anstalt entsprechen. Schwenk wird das Gerät in aller Regel kostenpflichtig kontrollieren und versiegeln lassen müssen.

Besitz und Nutzung eines sog. „Smartphones", das über verschiedenste Kommunikations-, Datenaufnahme-, Datenspeicherungs- und Datenaustauschfunktionen verfügt, ist in einer Justizvollzugsanstalt nicht zulässig. Hiergegen sprechen vitale Sicherheitsinteressen der Justizvollzugsanstalt.[6] Für den Bereich des Untersuchungshaftvollzuges kann durch unerlaubte Mobilfunkgespräche z. B. der Haftgrund der Verdunklungsgefahr wirksam unterlaufen werden. Nach dem Gesetz zur Verbesserung der Sicherheit in Justizvollzugsanstalten des Landes Nordrhein-Westfalen (JVollSVG NRW) können unerlaubte Telekommunikationsverbindungen technisch unterbunden werden, in Hessen ist der Besitz von Mobilfunkendgeräten explizit untersagt.[7]

27.4 DVD-Spieler, Spielekonsolen, Computer, Laptop

Die Einzelfallkasuistik hinsichtlich der Zulassung von DVD-Spielern, Spielekonsolen, Computern und Laptops in Untersuchungs-[8] und Strafhaft[9] ist vielfältig. Die Zulassung dieser Gegenstände hängt im Wesentlichen davon ab, ob die Geräte über Versteckmöglichkeiten, Speicherfunktionen, Kommunikationsmöglichkeiten und

---

[5] Vgl. hierzu OLG Hamm v. 3.2.2009 – 2 Ws 360/08, NStZ 2009, 578.
[6] Vgl. dazu ausführlich die Gesetzesbegründung zum JVollzSVG NRW, LT-Drucks 14/8631, 40.
[7] § 28 III Hess. UVollzG.
[8] Vgl. hierzu AK-U-Haft/*Harrendorf*, § 16 Rn. 11 m. w. N.
[9] Vgl. *Arloth*, § 70 Rn. 6.

Schnittstellen sowie Internetzugang verfügen. Die Zulassung reiner Spielekonsolen oder DVD-Abspielgeräten begegnet daher keinen Bedenken.[10]

Hinsichtlich der Möglichkeit der Nutzung moderner Spielekonsolen, Computer und Laptops in Haft ist die Rechtsprechung deutlich restriktiver.[11]

Fall 27.2

Den zuständigen Inspektor für Sicherheit und Ordnung der Untersuchungshaftanstalt Münster erreicht ein Schreiben des eingetragenen Verteidigers des Untersuchungsgefangenen Schulte. Darin führt der Verteidiger u. a. aus:

> Herr Schulte befindet sich seit 1.4.2012 in Untersuchungshaft. Gegenstand des Strafverfahrens sind umfangreiche Betrugsvorwürfe. Die Ermittlungsakten der Staatsanwaltschaft füllen mehrere Dutzend Ordner und sind inzwischen elektronisch aufbereitet worden und der Verteidigung im Rahmen der Akteneinsicht in elektronischer Form zur Verfügung gestellt worden.
>
> Zur Vorbereitung der Hauptverhandlung ist Herr Schulte darauf angewiesen, die gegen ihn erhobenen Vorwürfe und den Akteninhalt zu kennen. Anders ist eine effektive Verteidigung nicht möglich. Zu diesem Zwecke beantrage ich für meinen Mandanten, dass er auf seinem Haftraum einen Laptop zum Zwecke des Studiums der Ermittlungsakte nutzen darf. Bei dem Gerät soll es sich um einen nicht internetfähigen Laptop ohne externe Anschlüsse, Kommunikations- und Speichermöglichkeiten handeln, der zudem durch einen Fachhändler der Anstalt überprüft und ggf. entsprechend hergerichtet und versiegelt werden kann. Das Gerät wird von mir zu Verfügung gestellt und soll über den Besuch in die Anstalt eingebracht werden.
>
> Zur Herstellung der Verteidigungsfähigkeit meines Mandanten ist es dringend angezeigt, dass eine zügige Entscheidung getroffen wird und ihm das Gerät zur Verfügung gestellt werden kann.

Wie wird der Inspektor für Sicherheit und Ordnung über den Antrag entscheiden?

Lösungsskizze

Klärungsbedürftig ist zunächst, welche Vorschrift als Beurteilungsgrundlage heranzuziehen ist. § 12 III UVollzG NRW könnte herangezogen werden, wenn es sich bei dem Laptop um einen Gegenstand der Fortbildung und Freizeitbeschäftigung handelt. Die Vorschrift des § 13 IV UVollzG NRW kommt in Betracht, wenn man den Laptop als Gegenstand zu Zwecken allgemeiner Lebensführung einstuft. Unabhängig von der Beantwortung dieser Frage, ist nach beiden Vorschriften eine Beschränkung hinsichtlich des Laptops nur möglich, wenn es Sicherheit und Ordnung der Anstalt erfordern.

---

[10] OLG Düsseldorf v. 15.06.1992 – 1 Ws 484/92, StV 1992, 477 (Gameboy); OLG Nürnberg v. 12.2.2002 – Ws 62/02, NStZ-RR 2002, 191 (Playstation I).

[11] Vgl. die Übersicht bei *Lindhorst* StV 2006, 274 (Playstation 2); OLG Brandenburg v. 26.12007 – 2 VaS 7/06, NStZ-RR 2007, 188 (Nintendo Game Cube); LG Hildesheim v. 4.5.2006 – 23 StVK 45/06, NStZ-RR 2006, 389 (X-Box). Ablehnend für PC-Nutzung: OLG Hamm v. 10.06.1997– 1 Ws 173/97, NStZ 1997, 566; OLG Hamm v. 21.11.1995 – 3 Ws 451/95, StV 1997, 1999 m. Anm. *Nibbeling;* OLG Düsseldorf StV 1999, 610; OLG Celle v. 13.10.2010 – 1 Ws 488/10; NStZ-RR 2011, 31 (Nintendo Ds Lite).

27.4 DVD-Spieler, Spielekonsolen, Computer, Laptop

Grundsätzlich ist zwar zur Aufrechterhaltung der Sicherheit und Ordnung in der Vollzugsanstalt die Versagung eines Laptops gerechtfertigt, weil z. B. ein unerlaubter Datenträgertausch nicht auszuschließen ist; auch läuft die Benutzung derartiger Datenverarbeitungsanlagen dem Zweck der Untersuchungshaft, die Flucht des Untersuchungsgefangenen zu verhindern, zuwider, weil weder die gespeicherten Daten noch die Speicherungsmedien (CD-Rom, UBS-Sticks, externe Festplatten) noch deren Verbleib in der Anstalt hinreichend kontrolliert werden können. Die Anstaltsbediensteten sind hierzu mangels entsprechender Spezialkenntnisse regelmäßig nicht in der Lage; der Einsatz von EDV-Fachleuten zur regelmäßigen oder wenigstens stichprobenweisen Kontrolle der EDV-Geräte ist der Anstalt weder möglich noch zumutbar.[12]

Vorliegend liegt jedoch ein Ausnahmefall vor, der die Benutzung eines Laptops im Haftraum rechtfertigt. Dies allerdings nur unter der Bedingung, dass es sich – wie beantragt – um einen nicht internetfähigen Laptop ohne externe Anschlüsse, Kommunikations- und Speichermöglichkeiten handelt, der zudem durch einen Fachhändler der Anstalt überprüft und ggf. entsprechend hergerichtet und versiegelt werden kann.

Die zu verhandelnde Strafsache ist besonders umfänglich. Der Aktenbestand beläuft sich auf mehrere Dutzend Aktenordner. Der Verteidiger hat darauf hingewiesen, dass die amtlichen Ermittlungsakten – wie in umfänglichen Strafsachen mittlerweile üblich – (anstatt kopiert) eingescannt wurden. Bei Versagung der Genehmigung müsste daher ein unüberschaubarer Teil des so archivierten Aktenbestandes ausgedruckt werden, was zu einer Erschwerung der Verteidigungsmöglichkeiten führen würde.

Andererseits erscheint durch die Benutzung des Laptops unter diesen Bedingungen die Ordnung und Sicherheit der Anstalt nicht real gefährdet. Insbesondere kann ein unkontrollierter Datenaustausch mittels Disketten, CDs oder USB-Sticks nicht erfolgen. Zwar besteht die theoretische Möglichkeit, dass der Untersuchungsgefangene Schulte zusätzlich in den Besitz eines Mobiltelefons und Modems gelangen kann. Dieser – von Dritten ausgehenden Gefahr – kann aber durch entsprechende Kontrollen der Anstalt hinreichend begegnet werden.[13] Letztlich verschafft die EDV-mäßige Vorbereitung auf die Hauptverhandlung dem „Grundsatz der Waffengleichheit im Strafverfahren" Geltung. Das vorrangige Eigeninteresse des Untersuchungsgefangenen Schulte, sich mit Hilfe des Laptops bestmöglich auf die Hauptverhandlung vorzubereiten, lässt einen konkreten Missbrauch als äußerst unwahrscheinlich erscheinen. Die sporadische Durchführung von Überwachungsmaßnahmen hinsichtlich der Festplatte durch geschultes Personal erscheint möglich und ausreichend.

---

[12] OLG Stuttgart NStZ-RR 2003, 347 ff. m. w. N.
[13] So auch LG Mannheim v. 24.09.2008 – 22 KLs 628Js 34798/02, StraFo 2008, 469.

Im Ergebnis ist die Nutzung des – allerdings nicht kommunikationsfähigen – Laptops daher zuzulassen.[14] Der Inspektor für Sicherheit und Ordnung wird dem Antrag des Verteidigers daher stattgeben.

27.5 Prüfungsmaßstab beim Ausschluss privater Gegenstände im Untersuchungshaftvollzug

Ungeklärt ist noch, welcher Prüfungsmaßstab nach neuem Recht für den Ausschluss privater Gegenstände maßgeblich sein wird. Nach der Formulierung der meisten Landesgesetze soll bereits die abstrakte Eignung des Gegenstands zur Gefährdung von Anstaltssicherheit oder –ordnung ausreichen.[15]

Dies führt deutlich zu weit und steht im klaren Gegensatz zur bisherigen Rechtsprechung des BVerfG zu § 119 Abs. 3 StPO a. F. Danach kommt ein Ausschluss eines möglicherweise gefährlichen Gegenstands nur dann in Betracht, wenn konkrete Anhaltspunkte dafür vorliegen, dass ein Untersuchungsgefangener einen ihm überlassenen Gegenstand missbrauchen und dadurch den Haftzwecks oder die Anstaltsordnung gefährden könnte. Dabei sind unter Verhältnismäßigkeitsgesichtspunkten insbesondere mildere Mittel als der Ausschluss, z. B. Verplombung des Geräts oder das Entfernen von Kommunikationselementen, und die Notwendigkeit des Geräts für die Belange des einzelnen Inhaftierten als Entscheidungskriterien heranzuziehen.[16]

---

[14] Vgl. zu der Thematik auch OLG Koblenz v. 15.11.1994 – 1 Ws 752/94, StV 1995, 86; zum Ganzen *Schlothauer/Weider,* Rn. 1096.

[15] Vgl. § 16 S. 2 UVollzG der Länder Berlin, Brandenburg, Bremen, Mecklenburg-Vorpommern, Rheinland-Pfalz, Saarland, Thüringen.

[16] BVerfG v. 25.07.1994 – 2 BvR 806/94, NStZ 1994, 604; BVerfG v. 9.11.2001 – 2 BvR 609/01, NStZ-RR 2002, 128.

Arbeit der Untersuchungsgefangenen 28

Fall 28.1

Der Untersuchungsgefangene Gärtner ist zum wiederholten Mal in Untersuchungshaft in der JVA Münster. In den Vorinhaftierungen hat Gärtner immer zuverlässig gearbeitet, so dass er schnell zu Arbeit eingesetzt wird. Nach einiger Zeit hat Gärtner keine Lust mehr zu arbeiten und weigert sich morgens gegenüber dem Abteilungsbeamten, die Arbeit aufzunehmen. Welche Folgen hat die Arbeitsverweigerung des Untersuchungsgefangenen Gärtner?

Lösungsskizze

Aus der Stellung des Untersuchungsgefangenen ergibt sich zunächst, dass für ihn keine Arbeitsverpflichtung besteht.[1] Einzige Ausnahme ist die Verpflichtung zur Reinigung des eigenen Haftraums im Rahmen der allgemeinen Verhaltenspflichten und der Hausordnung der Anstalt.[2] Die Weigerung, eine Arbeit anzunehmen, oder die Niederlegung der Arbeit kann somit nicht Gegenstand eines Disziplinarverfahrens sein. Insoweit fehlt es an einem entsprechenden Pflichtverstoß. Darüber hinaus darf ein Untersuchungsgefangener die Arbeit aber nicht zur Unzeit niederlegen.[3] Hierdurch soll sichergestellt werden, dass beliebige Arbeitsabbrüche, die die Anstalt vor erhebliche Planungs- und Organisationsprobleme stellen, unterbleiben. Fraglich ist welche Konsequenz die entsprechenden landesgesetzlichen Regelungen haben. Da der Untersuchungsgefangene nicht zur Arbeit verpflichtet ist, rechtfertigt auch die Arbeitsniederlegung zur

---

[1] § 24 I UVollzG der Länder Berlin, Brandenburg, Bremen, Mecklenburg-Vorpommern, Hessen, Rheinland-Pfalz, Saarland, Thüringen, Sachsen-Anhalt und Schleswig-Holstein; § 29 I Hmbg. UVollzG; § 34 I des 2. Buches JVollzG BW, § 152 I NJVollzG; Art. 12 I Bay UVollzG; § 11 I UVollzG NRW.

[2] Vgl. § 31 III UVollzG NRW.

[3] § 24 II, 3 UVollzG der Länder Berlin, Brandenburg, BremenMecklenburg-Vorpommern, Rheinland-Pfalz, Saarland, Thüringen, Sachsen-Anhalt und Schleswig-Holstein; § 29 II, 3 Hmbg. UVollzG; § 34 III des 2. Buches JVollzG BW.

Unzeit keine Disziplinarmaßnahmen. Schadensersatzansprüche bei unzeitiger Arbeitsniederlegung kann die Anstalt nur dann geltend machen, wenn der Untersuchungsgefangene durch seine Arbeitsniederlegung Arbeitsprozesse empfindlich stört und er zuvor über mögliche Schadenersatzverpflichtungen aufgeklärt worden ist.[4] Konsequenz einer bloßen Arbeitsverweigerung ist daher, dass der Untersuchungsgefangene von der Arbeit „abgelöst" wird und der Anspruch auf das Arbeitsentgelt entfällt. Bei der „Ablösung" von der Arbeit handelt es sich der Sache nach um einen Ausschluss von einem zugewiesenen Arbeitsplatz in der Form des Widerrufs eines begünstigenden Verwaltungsakts (§ 49 II Nr. 3 VwVfG).[5] Gleichzeitig entfällt bei mutwilligem Abbruch oder Ablehnung einer angebotenen zumutbaren Beschäftigung ein Taschengeldanspruch des Untersuchungsgefangenen, da er dann nicht unverschuldet bedürftig ist.

Umgekehrt hat der Untersuchungsgefangene keinerlei Anspruch auf einen Arbeitsplatz oder eine Beschäftigungsmöglichkeit. Nach den unterschiedlichen Formulierungen der Landesgesetze „sollen"[6] dem Untersuchungsgefangenen „nach Möglichkeit"[7] bzw. „auf Antrag"[8] oder „auf Nachfrage"[9] Arbeit oder sonstige Beschäftigung angeboten werden. Dabei sind die Fähigkeiten, Fertigkeiten und Neigungen des Einzelnen zu berücksichtigen. Die Untersuchungshaftvollzugsgesetze unterscheiden im Bereich von Arbeit und Bildung zwischen Arbeit, sonstiger geeigneter Beschäftigung, Hilfstätigkeiten und schulischen und beruflichen Bildungsmaßnahmen.

Während der Begriff der „Arbeit" wirtschaftlich ergiebige Tätigkeiten erfasst, z. B. Arbeitstätigkeiten für Unternehmer, die in einer Vollzugsanstalt produzieren lassen, fallen unter den Begriff der „sonstigen Beschäftigung" vor allem arbeits- und beschäftigungstherapeutische Maßnahmen. Mit „Hilfstätigkeiten" sind die üblichen Aufgaben eines „Hausarbeiters" in einer Untersuchungshaftanstalt gemeint, d. h. Reinigung der Hafthäuser und Anstaltshöfe sowie die Essensausgabe.

Fall 28.2

Schmitz sitzt zum wiederholten Mal in Untersuchungshaft in der JVA Dortmund. Der Haftrichter hat wegen Verdunkelungsgefahr unter anderem angeordnet, dass dem Schmitz eine Arbeit in Gemeinschaft nicht gestattet ist. Die Anstalt hat aktuell einen Großauftrag eines Verpackungsunternehmens erhalten, den es schnell zu erledigen gilt. Auf der Suche nach zuverlässigen Untersuchungsgefangenen stößt der zuständige Arbeitsinspektor auf den ihm aus Vorinhaftierungen als schneller Arbeiter bekannten Schmitz. Diesen setzt er umgehend zur Arbeit,

---

[4] AnwK U-Haft/*Harrendorf* § 25 Rdn. 7.

[5] OLG Brandenburg Beschl. vom 21. 7. 2011 – 2 Ws (Vollz) 49/11, bei *ROTH* NStZ 2011, 434 OLG Celle NStZ-RR 2008, 125; OLG Karlsruhe NStZ-RR 2005, 389 (für den Strafvollzug).

[6] Vgl. beispielhaft § 24 II UVollzG Rheinland-Pfalz.

[7] Vgl. z. B. § 24 II UVollzG Rheinland-Pfalz;§ 34 II des 2. Buches JVollzG BW; § 152 II NJVollzG.

[8] Vgl. § 152 II NJVollzG.

[9] § 11 II UVollzG NRW.

28 Arbeit der Untersuchungsgefangenen

übersieht jedoch die Anordnung des Haftrichters auf dem Aufnahmeersuchen. Nachdem Schmitz zwei Wochen – gemeinsam mit einigen anderen Untersuchungsgefangenen – im Arbeitssaal die Verpackungsarbeiten durchgeführt hat, fällt dem zuständigen Inspektor für Sicherheit und Ordnung der Fehler auf. Er löst den Schmitz umgehend von der Arbeit ab. Ist die Ablösung von der Arbeit rechtmäßig?

Lösungsskizze
Beurteilungsgrundlage ist § 119 I StPO und § 11 UVollzG NRW. Die Ablösung von der Arbeit ist dann rechtmäßig, wenn der Untersuchungsgefangene keinen Anspruch auf Weiterbeschäftigung hat. Vorliegend lag ein Beschränkungsbeschluss des Haftrichters gem. § 119 I, 2 Nr. 3 StPO vor, der eine Arbeit in Gemeinschaft mit anderen Inhaftierten ausgeschlossen hat. Die ursprüngliche Arbeitszuweisung einer Arbeit in Gemeinschaft war daher rechtswidrig. Durch die tatsächlich erfolgte Arbeitszuweisung hat der Untersuchungsgefangene aber eine Rechtsposition erlangt, die ihm nicht ohne weiteres genommen werden kann. Es bedarf einer Rechtsgrundlage für die Rücknahme dieses begünstigenden, aber rechtswidrigen Verwaltungsakts. Aus den Untersuchungshaftvollzugsgesetzen der Länder ergeben sich für diese Konstellation keine Anhaltspunkte. Vorschriften zu Rücknahme und Widerruf von vollzuglichen Maßnahmen haben keinen Eingang in die Untersuchungshaftvollzugsgesetze gefunden. Ausnahme ist Hessen, dort findet sich in § 20 IV Hess. UVollzG eine eigenständige Ablösungsvorschrift für Arbeit und sonstige Beschäftigung. In Nordrhein-Westfalen fehlt eine entsprechende Vorschrift im UVollzG NRW.

Eine Rücknahme einer rechtswidrigen Vollzugsmaßnahme im Bereich des Untersuchungshaftvollzugs könnte aber – bei einer entsprechenden Anwendung – auf § 14 II StVollzG gestützt werden Für den Bereich des Strafvollzugs ist anerkannt, dass bei der Rücknahme oder beim Widerruf einer Vollzugsmaßnahme § 14 II StVollzG analog angewandt wird.[10] Hiernach kann ein Verwaltungsakt mit Wirkung für die Zukunft zurückgenommen werden, wenn – wie vorliegend – die Voraussetzungen nicht vorgelegen haben. Allerdings enthält das UVollzG NRW – anders als noch die UVollzO (Nr. 76) – keine Verweisungsnorm auf das StVollzG, so dass dessen Anwendung für den Bereich des Untersuchungshaftvollzugs außer Betracht bleiben muss.

Eine Rücknahme kann sich letztlich nur auf eine entsprechende Anwendung des § 48 VwVfG NRW stützen, der allgemein die Voraussetzungen für die Rücknahme eines rechtswidrigen, begünstigenden Verwaltungsakts normiert. Konkrete Voraussetzung für die Rücknahme der Arbeitszuweisung ist in jedem Fall, dass anderenfalls der Zweck der U-Haft, respektive des richterlichen Beschränkungsbeschlusses, beeinträchtigt wäre. Dies bedeutet, dass die Gründe, die den Richter seinerzeit zur Anordnung des Verbots gemeinschaftlicher Arbeit bewogen haben, immer noch bestehen müssen. Ansonsten wäre die Berufung auf die ursprünglich rechtswidrige Arbeitszuweisung rechtsmissbräuchlich. Liegen die

---
[10] Vgl. *Arloth*, § 14 Rdn. 5, 6 m. w. N.

Voraussetzungen der Anordnung gem. § 119 I 2 Nr. 3 StPO weiterhin vor und ist es nicht möglich, dass der Untersuchungsgefangene die Arbeit alleine und getrennt von anderen Inhaftierten durchführen kann, so ist die Rücknahme rechtmäßig und er hat keinen Anspruch, weiter wie bisher beschäftigt zu werden. Die Zuständigkeit der Anstalt für die Rücknahme der Arbeitszuweisung ergibt sich aus § 4 UVollzG NRW. Daraus ergibt sich insbesondere, dass der Anstaltsleiter den Zweck der Untersuchungshaft zu berücksichtigen hat. Soweit dem Inspektor für Sicherheit und Ordnung durch Geschäftsverteilungsplan oder im Einzelfall die Kompetenz zur Ablösung von der Arbeit im Rahmen der Delegation übertragen worden ist, ist er für die Rücknahme der Arbeitszuweisung zuständig.

Weiterhin soll geeigneten Untersuchungsgefangenen die Teilnahme an schulischen und beruflichen Bildungsmaßnahmen ermöglicht werden. Die Teilnahme hieran steht unter dem gesetzlichen Vorbehalt der Realisierbarkeit in der jeweiligen Untersuchungshaftanstalt. Ein gesetzlicher Bildungsauftrag in der Untersuchungshaft besteht gerade nicht.

Arbeit, sonstige Beschäftigung und Hilfstätigkeiten werden durch die Vollzugsbehörde entlohnt. Das jeweilige Arbeitsentgelt wird dabei auf der Grundlage des folgenden Berechnungsmodells ermittelt: Basis ist zunächst die Bezugsgröße nach § 18 SGB IV. Diese errechnet sich aus dem Durchschnittseinkommen aller Rentenversicherten im jeweils vorangegangenen Jahr, wird jährlich neu bestimmt und vom Bundesarbeitsministerium bekannt gegeben. Für das Jahr 2011 beläuft sich die Bezugsgröße auf 30.660 €. Ausgehend hiervon bestimmen die Landesuntersuchungshaftvollzugsgesetze mittels eines Prozentsatzes die Eckvergütung, d. h. das erzielbare Jahresentgelt eines Untersuchungsgefangenen. Die Mehrzahl der Länder legt hierbei eine Eckvergütung von 9 % zu Grunde, die Länder Baden-Württemberg, Bayern, Niedersachsen und Nordrhein-Westfalen sogar nur eine Eckvergütung von 5 % der Bezugsgröße nach § 18 SGB IV. Mit Ausnahme von Nordrhein-Westfalen wird das konkrete Arbeitsentgelt dann noch nach Vergütungsstufen von I–V, d. h. 75 %–125 % der Eckvergütung, bemessen. Diese Vergütungsstufen orientieren sich an der Art der Arbeit und der konkreten Arbeitsleistung.[11]

Legt man eine durchschnittliche Arbeitstätigkeit der Vergütungsstufe III zu Grunde, z. B. eine typische Verpackungstätigkeit in einem Unternehmerbetrieb oder die Tätigkeit eines Hauarbeiters, so ergibt sich für die Untersuchungshaftanstalten der Bundesrepublik ein erhebliches Einkommensgefälle.

Während im Jahr 2011 ein Untersuchungsgefangener bei diesem Tätigkeitsprofil in den Ländern Berlin, Brandenburg, Bremen, Hamburg, Hessen, Mecklenburg-Vorpommern, Rheinland-Pfalz, Saarland, Sachsen-Anhalt, Schleswig-Holstein und Thüringen (Entlohnung mit 9 % der Bezugsgröße mit Vergütungsstufen) einen Stundenlohn von 1,38 € erarbeiten konnte, erhielt er in Baden-Württemberg, Bayern und Niedersachsen (Entlohnung mit 5 % der Bezugsgröße mit Vergütungsstufen) und Nordrhein-Westfalen (Entlohnung mit 5 % der Bezugsgröße ohne Vergütungsstufen) für die gleiche Tätigkeit gerade mal einen Stundenlohn von 0,77 €.[12]

---

[11] Ausführlich zur Berechnung des Arbeitsentgelt: AnwK U-Haft/*Harrendorf* § 25 Rn. 3, 4.
[12] Weitere Berechnungsbeispiele bei AnwK U-Haft/*Harrendorf* § 25 Rn. 30.

Fall 28.3

Der Untersuchungsgefangene Fleißig hat sich lange um Arbeit in der Justizvollzugsanstalt Köln bemüht. Schließlich erhält er einen Job als Hausarbeiter in der U-Haftabteilung. Sein Stundenlohn dort liegt bei 0,77 €. Nachdem Fleißig von der Gefangenenmitverantwortung erfährt, dass ein Hausarbeiter in der Strafhaftabteilung der JVA Köln einen Stundenlohn von 1,38 € erhält, ist er stinksauer. Er meint, dass „gleiche Arbeit auch gleich entlohnt werden müsse".

Lösungsskizze
Die Länder Baden-Württemberg, Niedersachsen, Bayern und auch Nordrhein-Westfalen entlohnen die Arbeit eines Untersuchungsgefangenen lediglich mit 5% der Eckvergütung. Dies stellt eine Ungleichbehandlung gegenüber den Strafgefangenen in diesen Ländern dar. Diese werden mit 9% der Eckvergütung entlohnt.[13] Das BVerfG hat diese Ungleichbehandlung von Untersuchungs- und Strafgefangenen verfassungsrechtlich nicht beanstandet.[14] Ein Verstoß gegen den Gleichbehandlungsgrundsatz aus Art. 3 I GG ergibt sich aus der unterschiedlichen Bewertung von Unschuldsvermutung und Resozialisierungsgebot nicht. Die unterschiedliche Entlohnung der Arbeit von Untersuchungs- und Strafgefangenen ist sachlich durch die unterschiedlichen Zwecke von Untersuchungshaft und Strafhaft gerechtfertigt. Bei der Untersuchungshaft steht die Sicherung des Strafverfahrens im Vordergrund. Um diesen Sicherungszweck zu erfüllen, bedarf es keiner Arbeit der Untersuchungsgefangenen. Anders liegt es bei der Strafhaft. Hier steht der Resozialisierungszweck im Vordergrund. Die Arbeit der Strafgefangenen bildet insoweit einen zentralen Baustein der Resozialisierung, so dass es im Ergebnis sachlich gerechtfertigt ist, diese Arbeit besser zu entlohnen. Die unterschiedliche Entlohnung von Untersuchungs- und Strafgefangenen wird auch durch ein vollzugspraktisches Argument gedeckt.[15] Für die Inhaftierten ist es im Vollzugsalltag ganz wesentlich, welchen Betrag sie für den monatlichen Anstaltseinkauf zur Verfügung haben. Während Strafgefangene Überbrückungsgeld bilden müssen und nur das Hausgeld (3/7 der Bezüge) für den Einkauf zur Verfügung haben, steht den Untersuchungsgefangenen das Arbeitsentgelt in vollem Umfang für den Einkauf zur Verfügung. Gerade in Anstalten mit einer gemischten Vollstreckungszuständigkeit ist es – bei gleicher Entlohnung der Arbeit von zur Arbeit verpflichteten Strafgefangenen und freiwillig arbeitenden Untersuchungsgefangenen – schwer vermittelbar und führt ggf. zu subkulturellen Abhängigkeiten, wenn Untersuchungsgefangene bei gleicher Arbeit einen erheblich höheren Betrag für den Einkauf zur Verfügung haben.

Demgegenüber ist es aber nicht von der Hand zu weisen, dass die geringere Entlohnung der Untersuchungsgefangenen in Baden-Württemberg, Niedersachsen, Bayern und Nordrhein-Westfalen vorrangig haushaltpolitisch motiviert ist. Die übrigen Bundesländer entlohnen Untersuchungs- und Strafgefangene in gleicher

---
[13] Vgl. § 200 StVollzG.
[14] BVerfG v. 15.3.2004 – 2 BvR 406/03, NStZ 2004, 514.
[15] Begründung des Entwurfs des Bayrischen Untersuchungshaftvollzugsgesetzes, S. 58.

Höhe und stehen damit im Einklang mit den Europäischen Strafvollzugsgrundsätzen, die eine Gleichbehandlung von Untersuchungsgefangenen hinsichtlich der Höhe des Arbeitsentgelts verlangen.[16] Diese haben zwar (noch) keine Bindungswirkung, sind in ihrer Bedeutung als internationale Grundsätze aber durch das Grundsatzurteil des BVerfG zur verfassungsgemäßen Ausgestaltung des Jugendvollzuges wesentlich gestärkt worden.[17] Letztlich ist rechtspolitisch eine bundesweite gleichmäßige Entlohnung von Straf- und Untersuchungsgefangenen wünschenswert.[18] Daraus resultierende vollzugspraktische Probleme lassen sich durch die Schaffung separater Untersuchungshaftanstalten auf ein Mindestmaß reduzieren. Rechtlich geboten ist die gleiche Entlohnung, dies hat das BVerfG überzeugend dargelegt, jedoch nicht.

Die im Wesentlichen gleichen Berechnungsmodelle gelten für die Bemessung der Ausbildungsbeihilfen. Während die Mehrzahl der Länder vernünftigerweise eine Ausbildungsbeihilfe zahlt, was die Motivation zur Teilnahme an einer oft dringend notwendigen Maßnahme deutlich steigert, verzichten Nordrhein-Westfalen, Bayern und Baden-Württemberg wohl aus generellen finanziellen Erwägungen auf eine Ausbildungsbeihilfe.[19] Negative Folge dürfte, neben einer deutlich sinkenden Motivation zur Teilnahme, die Schaffung von subkulturellen Abhängigkeitsverhältnissen sein. In Niedersachsen sind Bildungsmaßnahmen für die Untersuchungsgefangenen sogar kostenpflichtig.[20]

Über das Arbeits-/Ausbildungsentgelt kann der Untersuchungsgefangene frei verfügen. Ein teilweiser, vorläufiger Entzug bzw. eine Sperrung der Gelder wie in der Strafhaft erfolgt nicht. Haftkostenbeiträge werden während der Untersuchungshaft ebenfalls nicht erhoben. Da die Pfändungsfreigrenzen des § 850c I 1 ZPO in aller Regel nicht erreicht werden, ist das Arbeitsentgelt des Untersuchungsgefangenen regelmäßig unpfändbar.[21]

Grundsätzlich möglich ist auch eine Selbstbeschäftigung zu Arbeits- oder Ausbildungszwecken.[22] So ist die Fortführung einer selbständigen Tätigkeit oder die Fortführung eines (Fern-)Studiums durchaus denkbar, in der Praxis aber die absolute Ausnahme. Insofern die Arbeits- und Ausbildungswelt mittlerweile standardmäßig die Nutzung von Telefon, Email und Internet erfordert, kollidiert dies in der Regel mit den Sicherheitsinteressen der Anstalt.

---

[16] Europäische Strafvollzugsgrundsätze – die Empfehlung des Europarates vom 1.1.2006, Rec (2006) 2, Nr. 26.10 und 100.2.

[17] BVerfG v. 31.5.2006 – 2 BvR 1673/04, NJW 2006, 2097.

[18] Vgl. auch Ostendorf/*Willsch* Teil 1 § 4 Rdn. 68.

[19] Eine Ausbildungsbeihilfe ist weder in § 35 des 2. Buches JVollzGB BW noch in § 11 UVollzG NRW vorgesehen.

[20] § 152 IV NJVollzG.

[21] Vgl. *Schlothauer/Weider* Rn. 1073.

[22] Einschlägig ist hier § 19 der UVollzG Berlin, Brandenburg, Bremen, Hamburg, Mecklenburg, Vorpommern, Rheinland-Pfalz, Saarland, Sachsen-Anhalt, Thüringen; § 15 1 Hess. UVollzG; § 1 II UVollzG NRW.

Taschengeld 29

Häufig wird dem Untersuchungsgefangenen weder Arbeit noch die Teilnahme an einer Bildungsmaßnahme angeboten werden können. Sofern er über keine eigenen Geldmittel verfügt oder Zuwendungen von außen durch Angehörige oder Freunde erhält, wird dem einzelnen Untersuchungsgefangenen in den meisten Bundesländern auf der Grundlage der Untersuchungshaftvollzugsgesetze bei Bedürftigkeit ein Taschengeld gewährt.

29.1 Rechtslage in den Bundesländern

Nach aktueller Rechtslage sind in der Bundesrepublik derzeit verschiedene Verfahrensweisen zur Taschengeldgewährung erkennbar.

29.1.1 Rechtslage in Hessen, Baden-Württemberg, Bayern und Niedersachsen

Hessen, Baden-Württemberg, Bayern und Niedersachsen sehen für den Bereich der Untersuchungshaft keine Gewährung von Taschengeld vor. Über generelle Sparziele hinaus sind keine sachlichen Gründe hierfür ersichtlich, subkulturelle Abhängigkeitsverhältnisse in den Untersuchungshaftanstalten werden dabei offenbar in Kauf genommen. Für bedürftige Untersuchungsgefangene bedeutet dies, dass sie einen Leistungsanspruch zur Deckung des nicht durch Sachleistungen der Anstalt gedeckten Bedarfs aus dem allgemeinen Sozialhilferecht (SGB XII) bei dem entsprechenden Sozialhilfeträger geltend machen müssen.[1] Dieser Anspruch lässt sich jedoch erfahrungsgemäß eher selten und wenn, dann verspätet realisieren.[2] Die Gründe lie-

---

[1] Vgl. zuletzt SozG Düsseldorf, Urtl. V. 23.06.2008– S 22SO13/08 ER, StV 2009, 142 f.; zur alten Rechtlage m.w. Rspr.-Nachweisen: *Schlothauer/Weider* Rn.1090.
[2] AnwK U-Haft/*Harrendorf* § 25 Rn 7.

gen in der kurzen Dauer der Untersuchungshaft, den langen Bearbeitungszeiten der Sozialhilfeträger und nicht zu unterschätzenden Schwierigkeiten bei der Ermittlung des überhaupt zuständigen Sozialhilfeträgers, z. B. bei fehlendem festem Wohnsitz. Dies führt regelmäßig dazu, dass der Untersuchungsgefangene insbesondere zu Beginn der Inhaftierung vollständig mittellos ist und in diesen Bundesländern während der Inhaftierung häufig auch bleibt.

29.1.2 Rechtslage in Nordrhein-Westfalen und Schleswig-Holstein

Fall 29.1

Der U-Gefangene Einsam beantragt bei der JVA Münster Taschengeld, weil er mittellos sei und auch trotz seines Antrages keine Arbeit zugewiesen bekomme.

Lösungsskizze
Zum Teil erfolgt die Gewährung eines Taschengelds – z. B. in Nordrhein-Westfalen[3] und auch in Schleswig-Holstein[4] – im Wege eines Darlehens. Rechtsgrundlage in Nordrhein-Westfalen ist § 11 V UVollzG NRW.
Hierdurch soll für einen überschaubaren Zeitraum – zur Überbrückung bis zum Zeitpunkt des Eintritts eines Sozialhilfeträgers – dem bedürftigen Untersuchungsgefangenen finanzielle Hilfestellung gewährt werden. Bei diesem Darlehensmodell bleibt der allgemeine Sozialhilfeanspruch nach SGB XII vorrangig, d. h. der Untersuchungsgefangene muss gleichzeitig mit dem Taschengeldantrag bei der Anstaltsleitung einen Antrag auf Taschengeld bei dem zuständigen Sozialhilfeträger stellen.
Das Taschengeld beträgt in NRW 7 % des Tagessatzes der Eckvergütung. Da dieser anders als bei Strafgefangenen in NRW lediglich 5 % des Durchschnittsverdienstes aller abhängig Beschäftigten zugrunde legt, bekommt der Untersuchungsgefangene 2012 nur ca. 9 € im Monat, und zwar darlehensweise. Eine Ausstattung, die absolut unzureichend erscheint und zwangsläufig zu subkulturellen Abhängigkeitsverhältnisse führen muss.[5] Jedoch ist selbst dieser Anspruch in der Praxis nur schwer zu verwirklichen. Dieses Geld ist nämlich nur „zur Überbrückung", nicht aber auf Dauer zu gewähren. Lehnt das zuständige Sozialamt die Gewährung von Taschengeld ab, so wird auch durch die Anstalt nicht weiter gezahlt. Zwar hat der Gesetzgeber durch diese Konstruktion versucht sicherzustellen, dass Leistungen des Trägers der Sozialhilfe gem. § 35 II SGB XII nicht durch das Taschengeld der Anstalt gemindert werden. Nach den bisherigen Erfahrungen scheint dies aber nicht zu gelingen, d. h. die Sozialämter verweigern in vielen Fällen das Taschengeld unter Hinweis auf die Leistungspflicht der Anstalt. Werden die Ablehnungsbescheide bestandskräftig, stellt auch die Anstalt die Zahlung ein. Bis zu einer höchstrichterlichen Klärung ist die finanzielle

---
[3] § 11 V UVollzG NRW.
[4] Vgl. § 25 VII UVollzG.
[5] Vgl. AnwK U-Haft/*Harrendorf* § 25 Rdnr 29.

Lage der Gefangenen bei diesem Darlehensmodell also schlechter als vor Inkrafttreten des UVollzG NRW.

29.1.3 Rechtslage in den übrigen Bundesländern

Die übrigen Länder hingegen sehen die Gewährung eines Taschengelds für bedürftige Untersuchungsgefangene vor. Dieser Taschengeldanspruch gegenüber der Vollzugsbehörde ist grundsätzlich vorrangig gegenüber Leistungen der Sozialhilfe nach SGB II und SGB XII. Bedürftigkeit liegt vor, wenn dem Untersuchungsgefangenen nicht ein monatlicher Betrag in Höhe des zu gewährenden Taschengeldes aus eigenen Mitteln zur Verfügung steht.[6]

Dabei wird die Höhe des Taschengelds mit in der Regel 14 % der Eckvergütung (9 % der Bezugsgröße nach § 18 SGB IV) festgesetzt, d. h. rund 32 € im Monat.

29.2 Ausschluss des Taschengeldanspruchs

Ein Taschengeldanspruch ist immer dann ausgeschlossen, wenn ein Träger der Sozialhilfe Leistungen erbringt oder der Untersuchungsgefangene Arbeitsentgelt oder sonstige finanzielle Zuwendungen erhält.

Lehnt ein Untersuchungsgefangener eine von der Anstalt angebotene zumutbare Beschäftigung ab oder bricht er eine solche Beschäftigung mutwillig ab, so ist er nicht unverschuldet bedürftig und erhält kein Taschengeld.

---

[6] Vgl. jeweils § 25 VII UVollzG der Länder Berlin, Bremen, Brandenburg, Hamburg, Mecklenburg-Vorpommern, Rheinland-Pfalz, Hessen, Saarland, Thüringen und Sachsen-Anhalt.

Medizinische Versorgung der Untersuchungsgefangenen

30

30.1 Standard der medizinischen Versorgung in der Untersuchungshaft

Die neuen Landesgesetze enthalten ausführliche Regelungen zur medizinischen Versorgung und Betreuung der Untersuchungsgefangenen[1] Hinsichtlich des Leistungsstandards haben die Landesgesetzgeber zumeist dynamische Verweisungen ins Sozialrecht – insbesondere SGB V und RVO – vorgenommen und somit auf den allgemeinen Standard der gesetzlichen Krankenkassen verwiesen. Der Leistungsanspruch des einzelnen Untersuchungsgefangenen umfasst somit alle notwendigen, ausreichenden und zweckmäßigen Leistungen gem. § 11 SGB V, soweit diese nicht aufgrund der Besonderheiten des Vollzugs ausgeschlossen sind (wie z. B. häusliche Krankenpflege o.ä.). Konkret sind z. B. Maßnahmen und Vorsorgeuntersuchungen zur Verhütung bzw. Früherkennung von Krankheiten, die Versorgung mit Arznei-, Verband-, Heil- und Hilfsmitteln bis hin zur Krankenhausbehandlung abgedeckt. Die Gewährung der Leistungen steht unter dem Gebot der Wirtschaftlichkeit. Zudem besteht die Möglichkeit, den einzelnen Untersuchungsgefangenen an den Kosten zu beteiligen.[2] Darüber hinaus enthalten die einzelnen Ländergesetze zum Teil besondere Regelungen zur medizinischen Betreuung und Versorgung von inhaftierten Schwangeren und stillenden Müttern.[3]

---

[1] Vgl. jeweils §§ 22, 23 der UVollzG für die Länder Brandenburg, Rheinland-Pfalz, Berlin, Bremen, Mecklenburg-Vorpommern, Saarland, Sachsen-Anhalt Thüringen; §§ 42, 43, 46 UVollzG Hamburg; § 17 Hess. UvollzG; §§ 25, 26 UVollzG NRW; §§ 26, 28–30 des 2. Buches des JVollzGB BW; § 154 i.V.m. §§ 57 ff. NJVollzG.

[2] Vgl. z. B. jeweils § 22 IV UVollzG für die Länder Brandenburg, Rheinland-Pfalz, Berlin, Bremen, Mecklenburg-Vorpommern, Saarland, Sachsen-Anhalt, Thüringen; § 42 IV UVollzG Hamburg; § 17 III Hess. UVollzG; § 26 II des 2. Buches des VVollzGB BW; § 154 I NJVollzG; Abweichend sieht § 25 III UVollzG NRW eine Kostenbeteiligung nur für erwachsene Untersuchungsgefangene vor.

[3] § 46 UVollzG Hamburg; § 28 des 2. Buches JVollzGB BW; § 71 NJVollzG; § 26 UVollzG NRW.

Fall 30.1

Dem 54-jährigen Gefangenen Castor, der kürzlich in Untersuchungshaft in der JVA Aachen gekommen ist, fällt auf, dass er den Haftbefehl nicht lesen kann, weil er eine Altersweitsichtigkeit entwickelt hat. Er ist völlig mittellos und fragt nach, ob er eine Brille durch die Anstalt bekommen kann. Diese verweigert dies im Hinblick auf § 25 UVollzG NRW.

Lösungsskizze
§ 25 I UVollzG NRW gewährleistet eine angemessene Krankenbehandlung des Untersuchungsgefangenen. Hiernach umfasst diese insbesondere auch die Versorgung mit Arznei- Verband- und Heilmitteln. Hilfsmittel sind nicht ausdrücklich erwähnt, werden durch die Regelung („insbesondere") aber auch nicht ausgeschlossen. Gemäß § 25 II UVollzG NRW gelten für die Krankenbehandlung wie in § 61 StVollzG die Grundsätze und Maßstäbe der gesetzlichen Krankenversicherung. Danach müssen Patienten ab 18 Jahren sämtliche Kosten ihrer Sehhilfe selbst tragen. Ausnahmen gelten nur, wenn die Sehhilfe zur Behandlung bestimmter Erkrankungen erforderlich ist. Letzteres ist hier nicht der Fall. Fraglich ist aber, ob sich eine entsprechende Kostentragung im Justizvollzug generell verbietet, und zwar im Hinblick auf die grundsätzlich prekäre finanzielle Lage der Gefangenen. Dies dürfte im Hinblick auf die uneinheitlichen wirtschaftlichen Verhältnisse der Gefangenen nicht zutreffen. Das aus Art. 20 I, 28 I GG folgende Sozialstaatsprinzip lässt es nämlich zu, die wirtschaftliche Leistungsfähigkeit des Patienten, und damit auch des Gefangenen, zu berücksichtigen.[4] Andererseits erscheint es im Hinblick auf dieses Prinzip problematisch, dem Gefangenen immer, also auch dann, wenn er wirtschaftlich nicht dazu in der Lage ist, die Übernahme der Kosten für Hilfsmittel zu versagen. Dagegen spricht, dass der Gesetzgeber keine gegenüber dem Strafvollzug grundsätzlich andere Regelung schaffen wollte.[5] Zudem wird in der Begründung zum UVollzG NRW ausdrücklich betont, dass der leistungsfähige Untersuchungsgefangene an den Kosten unter anderem für Heil- und Hilfsmittel beteiligt werden kann.[6] Dies ergäbe keinen Sinn, wenn die Versorgung mit Hilfsmitteln von vornherein nicht in Betracht käme. Schließlich ergibt sich im vorliegenden Fall auch aus dem Recht des Untersuchungsgefangenen auf eine angemessene Verteidigung, dass er gegebenenfalls mit einer Sehhilfe versorgt wird, um seine Rechte (hier konnte der Gefangene nicht einmal den Haftbefehl lesen) ausüben zu können.
Der mittellose Castor hat somit einen Anspruch auf Versorgung mit einer Brille.

30.2 Medizinische Versorgung durch den Anstaltsarzt

Der Untersuchungsgefangene wird durch den Anstaltsarzt ärztlich behandelt. Eine freie Arztwahl besteht in der Haft grundsätzlich nicht. Der Anstaltsarzt wird durch die Bediensteten des Sanitätsdienstes unterstützt. Bei gesundheitlichen Beschwer-

---

[4] Vgl. OLG Jena NStZ 2011, 220.
[5] Vgl. die Gesetzesbegründung zum UVollzG NRW, LT-Drucks. 14/8631, 62.
[6] a.a.O.

30.2 Medizinische Versorgung durch den Anstaltsarzt

den melden sich die Untersuchungsgefangenen per Antrag oder unmittelbar über die Vollzugsbeamten der Haftabteilung zur Arztsprechstunde vor.

Fall 30.2

Der 68-jährige Untersuchungsgefangene Schneider ist seit längerem gesundheitlich angeschlagen. Er leidet insbesondere an einer Erkrankung der Prostata. Schneider ist in der U-Haftabteilung der JVA Köln untergebracht. Am Vormittag des 15. September fühlt er sich plötzlich unwohl und betätigt den Notruf. Die auf der Abteilung tätige Mitarbeiterin des allgemeinen Vollzugsdienstes sucht Schneider umgehend auf seinem Haftraum auf. Schneider erklärt ihr, er fühle sich unwohl und bittet, umgehend dem Anstaltsarzt vorgestellt zu werden. Die AVD-Mitarbeiterin benachrichtigt daraufhin telefonisch das Krankenrevier. Die dort diensthabende Mitarbeiterin des Sanitätsdienstes bittet um nähere Angaben zum Krankheitszustand des Untersuchungsgefangenen Schneider, um beurteilen zu können, ob es sich um einen Notfall handelt, da die Arztsprechstunde bereits voll belegt ist. Die Abteilungsbeamtin sucht den Schneider daraufhin erneut auf und fordert ihn auf, Angaben zu seinen konkreten Beschwerden zu machen. Anderenfalls könne eine Arztvorstellung nicht erfolgen. Schneider erklärt ihr zunächst „das gehe sie gar nichts an, sie sei schließlich nicht der Arzt". Um aber dem Anstaltsarzt vorgeführt zu werden, macht er ihr gegenüber schließlich doch konkrete Angaben zu seinen Beschwerden. Die AVD-Mitarbeiterin gibt diese telefonisch an das Krankenrevier weiter. Schneider wird daraufhin im Rahmen der Sprechstunde ärztlich behandelt.

Im Nachhinein fühlt sich der Untersuchungsgefangene Schneider durch die Vorgehensweise, insbesondere die Befragung nach seinen Beschwerden durch die Abteilungsbeamtin, in seinen Rechten verletzt. Er befürchtet, sein Krankheitsbild nun vor jeder Arztvorstellung offen legen zu müssen. Er beantragt beim Haftgericht, die Rechtswidrigkeit der Maßnahme festzustellen. Hat sein Antrag Erfolg?

Lösungsskizze

Die Aufforderung an den Untersuchungsgefangenen Schneider, die Art und den Grad seiner gesundheitlichen Beschwerden gegenüber der Vollzugsbeamtin näher zu definieren, stellt eine Anordnung (§ 31 II UVollzG NRW) und damit eine Maßnahme dar, deren Rechtswidrigkeit im Rahmen des Antrag auf gerichtliche Entscheidung gem. § 119 a StPO festgestellt werden kann. Insofern der Antrag gemäß § 119 a StPO der Sache nach dem Antrag nach § 109 StVollzG entpricht, kann ein Antrag auch auf Feststellung der Rechtswidrigkeit einer Maßnahme und deren Unterlassung zielen. Voraussetzung ist, dass an der Feststellung ein berechtigtes Interesse deshalb besteht, weil die Anstalt diese Maßnahme nach wie vor für rechtmäßig erachtet und deshalb Wiederholungsgefahr besteht.[7] Vorliegend ergibt sich die Wiederholungsgefahr aus dem Umstand, dass der

---

[7] *Wiesneth* Rdn. 393.

Untersuchungsgefangen jederzeit wieder als Voraussetzung einer Arztvorstellung durch Mitarbeiter des Allgemeinen Vollzugsdienstes nach seinem Gesundheitszustand befragt werden könnte.

Eine Verpflichtung des Untersuchungsgefangenen, Angaben zu seinem Gesundheitszustand gegenüber allgemeinen Vollzugsbeamten zu machen, um einem Arzt – auch notfallmäßig – vorgestellt zu werden, besteht nicht.[8] Angaben/Daten des Gefangenen über seinen Gesundheitszustand unterliegen der ärztlichen Schweigepflicht und dessen informationeller Selbstbestimmung. Auch im Rahmen einer ärztlichen Untersuchung/Anamnese erhobene Daten dürfen folglich in der Regel nicht gegenüber der Anstaltsleitung offenbart oder allgemein zugänglich gemacht werden.[9] Erst recht kann nicht verlangt werden, dass solche Angaben gegenüber nicht zur Verschwiegenheit verpflichteten Vollzugsbeamten des Allgemeinen Vollzugsdienstes gemacht werden. Eine Befragung zur Erfüllung der Vollzugsaufgaben ist vorliegend auch nicht unerlässlich. Weder die Anstaltsorganisation noch Belange der Anstaltssicherheit gebieten dies. Die bloße Befragung durch medizinisch nicht ausgebildete Vollzugskräfte stellt erfahrungsgemäß kein ausreichendes Beurteilungskriterium dar, ob tatsächlich ein medizinischer Notfall vorliegt oder der Gefangene auf die allgemeinen Sprechstunden verwiesen werden kann. Allgemeine Vollzugsbeamte können auch trotz Angaben des Gefangenen nicht feststellen, ob ein Krankheitsbild vorhanden ist oder lediglich simuliert wird. Eine unmittelbare (ggfls. telefonische) Kommunikation zwischen Gefangenem und medizinisch gebildetem Personal ist während der normalen Dienstzeiten/Sprechzeiten organisatorisch darstellbar. Außerhalb dieser Zeiten und bei Verhinderung des Anstaltsarztes ist in dringenden Fällen ohnehin ein anderer Arzt zu konsultieren oder herbeizurufen. Der Untersuchungsgefangene war folglich nicht verpflichtet gegenüber der Mitarbeiterin des Allgemeinen Vollzugsdienstes Angaben zu seinem Gesundheitszustand zu machen. Die Abteilungsbeamtin hätte dem Untersuchungsgefangenen entweder ein (von ihr nicht überwachtes) Telefonat mit den Mitarbeiterin des Sanitätsdienst ermöglichen können, damit er diesen selbst seine Beschwerden schildert, oder hätte diese bitten müssen, den Untersuchungsgefangenen Schneider zur näheren Abklärung selbst aufzusuchen.

Abschließend zu klären ist noch, ob der Untersuchungsgefangene nicht auf sein Recht auf informationelle Selbstbestimmung verzichtet hat, indem er die Fragen der Beamtin beantwortet hat. Ein solcher Verzicht muss freiwillig und eindeutig erfolgen und setzt voraus, dass der Gefangene sich bewusst war, dass er keine Angaben zu machen brauchte, namentlich durch die Anstalt entsprechend belehrt worden ist. Hier hat der Untersuchungsgefangene Angaben zu seinem Gesundheitszustand zunächst explizit verweigert und wurde erst durch die ihm aufgezeigte Notwendigkeit, dass er anderenfalls nicht zeitnah einem Arzt vorgestellt wird, hierzu motiviert. Hierin liegt kein freiwilliger Verzicht. Die Aufforderung der Abteilungsbeamtin war damit insgesamt rechtswidrig. Der Antrag auf gerichtliche Entscheidung gem. § 119a StPO ist erfolgreich.

---

[8] OLG Frankfurt v. 28. 4. 2011 – 3 Ws 24/11 (StVollz), NStZ-RR 2011, 292 (für den Strafvollzug).
[9] Vgl. § 69 I UVollzG NRW; für den Strafvollzug § 182 II StVollzG.

30.3 Medizinische Versorgung durch externe Ärzte

Alle Ländergesetze sehen die Möglichkeit der Konsultation bzw. Behandlung durch einen externen Arzt vor. Diese kann zunächst auf Veranlassung des Anstaltsarztes z. B. im Rahmen einer Vorstellung bei einem Facharzt erfolgen. Kann die Behandlung durch den externen Arzt nicht – z. B. wegen fehlender technischer Einrichtungen – in der Anstalt erfolgen, so wird der Mandant im Rahmen einer Ausführung beim entsprechenden Facharzt bzw. Krankenhaus vorgestellt. Die Kosten einer solchen anstaltsärztlich veranlassten Beteiligung eines externen Arztes trägt die Vollzugsbehörde.

Daneben kann aber auch die Beteiligung eines externen Arztes auf Wunsch und auf Kosten des Untersuchungsgefangenen erfolgen.[10] Hintergrund ist typischerweise, dass der Untersuchungsgefangene sich durch den Anstaltsarzt nicht adäquat behandelt fühlt, eine anstaltsärztliche Diagnose absichern oder eine Behandlung durch einen Vertrauensarzt durchführen lassen möchte.

Fall 30.3

Der Untersuchungsgefangene Kerner ist in der JVA Düsseldorf untergebracht. Er befindet sich wegen des Vorwurfs des versuchten Totschlags in Untersuchungshaft. Nach der Tat war er einige Wochen untergetaucht und hatte versucht sich ins Ausland abzusetzen. An der deutsch-niederländischen Grenzen konnte er schließlich festgenommen werden.

Kerner ist gesundheitlich angeschlagen und klagt seit einiger Zeit über Schmerzen im Unterbauch. Die Ursache konnte durch den behandelnden Anstaltsarzt bislang nicht abschließend geklärt werden. Eine medikamentöse Behandlung hat noch nicht gewünschten Erfolg gebracht. Angesichts des bislang nur zögerlichen Behandlungserfolges möchte Kerner sich durch seinen Hausarzt in Düsseldorf behandeln lassen und dort insbesondere eine Abklärung der Krankheitsursache mittels einer Computertomographie vornehmen lassen. Diese wird vom behandelnden Arzt für nicht erforderlich gehalten und kann zudem nicht in der Anstalt durchgeführt werden.

Kann sich der Untersuchungsgefangene Kerner innerhalb und außerhalb der Anstalt von seinem Vertrauensarzt behandeln lassen?

Lösungsskizze

Eine Konsultation eines externen Arztes auf Wunsch und Kosten des Untersuchungsgefangenen kann nach Maßgabe des § 24 III UVollzG NRW gewährt werden, steht aber unter einem zweifachen Vorbehalt. Voraussetzung ist zum einen, dass der Untersuchungsgefangene den gewählten Arzt sowie den ärztlichen Dienst der Anstalt von der Schweigepflicht entbindet. In Nordrhein-Westfalen ist dies gem. § 24 III 2 UVollzG NRW sogar zwingende Bedingung. Diese

---

[10] Vgl. jeweils §§ 22 VI der UVollzG für die Länder Brandenburg, Rheinland-Pfalz, Berlin, Bremen, Mecklenburg-Vorpommern, Saarland, Hamburg Sachsen-Anhalt, Schleswig-Holstein, Thüringen; § 17 V Hess. UVollzG; Art 25 II BayUVollzG; § 24 III UVollzG NRW; § 30 I des 2. Buches des JVollzGB BW; § 154 II NJVollzG.

Regelung ist verfassungsrechtlich zumindest zweifelhaft, da sie die Erlaubnis zur Inanspruchnahme externer Ärzte zwingend („ist zu versagen") von der Entbindung der ärztlichen Schweigepflicht abhängig macht. Dieser „informationelle Anschluss- und Benutzungszwang" lässt sich nicht rechtfertigen. Allein die Vermeidung einer Beeinträchtigung der Behandlung oder das vermeintliche Risiko eines möglichen Ausspielens des ärztlichen Dienstes der Anstalt gegen beauftragte externe Ärztinnen oder Ärzte,[11] stellen keine zulässige Begründung dar. Es mag auch für Untersuchungsgefangene gute Gründe geben, einen externen Arzt nicht von seiner Schweigepflicht zu entbinden. Dies zur grundsätzlichen Bedingung für die Möglichkeit der Beauftragung eines externen Arztes zu machen, schränkt die Rechte der Betroffenen ohne konkreten Anlass im Einzelfall und mithin verfassungswidrig ein.

Zum anderen sind Beschränkungen unter dem Aspekt der Sicherheit und Ordnung möglich. Dabei gilt ein unterschiedlicher Beurteilungsmaßstab für Behandlungen innerhalb und außerhalb der Anstalt. Eine Behandlung durch einen externen Arzt innerhalb der Anstalt begegnet keinen gravierenden Sicherheitsbedenken und kann regelmäßig im Rahmen eines (unüberwachten) Sonderbesuchs gem. §§ 18 II, 24 III UVollzG NRW erfolgen. Bei Behandlungen außerhalb der Anstalt, die in den Räumlichkeiten des Vertrauensarztes durchgeführt werden, kommt dem Aspekt von Sicherheit und Ordnung eine gewichtigere Rolle zu. Hier sind die Notwendigkeit einer solchen Ausführung unter Beteiligung des Anstaltsarztes und ggf. der medizinischen Fachaufsicht sowie die Frage einer etwaigen Fluchtgefahr im Einzelfall abzuwägen. Insbesondere kann die Ausführung zu einem externen Facharzt davon abhängig gemacht werden, dass diese bestimmten Beschränkungen unterliegt (z. B. ständige Fesselung des Untersuchungsgefangenen).

Vorliegend kann sich der Untersuchungsgefangene im Ergebnis von seinem Vertrauensarzt behandeln lassen, sofern er die behandelnden Ärzte gegenseitig von der Schweigepflicht entbindet. Eine Konsultation des Arztes in der JVA, z. B. im Rahmen eines Sonderbesuchs, begegnet zunächst keinen Bedenken. Bei einer Ausführung zum Vertrauensarzt außerhalb der Anstalt ist zu berücksichtigen, dass der Untersuchungsgefangene angesichts des Tatvorwurfs und seines bisherigen Nachtatverhaltens als fluchtgefährdet einzustufen ist. Diesem Sicherheitsrisiko muss im Einzelfall bei einer Ausführung durch entsprechende Ausführungsanordnungen wirksam begegnet werden können, damit eine Ausführung zum Vertrauensarzt in Betracht kommt. Der zuständige Inspektor für Sicherheit und Ordnung wird in jedem Fall vor einer Entscheidung noch den Anstaltsarzt zur Frage der Notwendigkeit der vom Untersuchungsgefangenen begehrten externen Behandlung und einer eventuellen intramuralen Behandlungsmöglichkeit (ggf. in einer entsprechend ausgestatteten Krankenabteilung einer anderen JVA oder einem Justizvollzugskrankenhaus) beteiligen.

---

[11] Vgl. die Gesetzesbegründung zum UVollzG NRW, LT-Drucks 14/8631, 61.

30.4 Krankenhausaufenthalte im Rahmen der medizinischen Behandlung

Im Falle einer behandlungsbedürftigen Erkrankung, die einen stationären Aufenthalt erfordert, wird der Untersuchungsgefangene auf Veranlassung des Anstaltsarztes im Regelfall in einem vollzugseigenen Krankenhaus untergebracht. Soweit aufgrund spezieller Erfordernisse die Unterbringung in einem justizexternen Krankenhaus erforderlich ist, wird der Untersuchungsgefangene für die Dauer der dortigen stationären Behandlung regelmäßig bewacht bzw. gefesselt.

30.5 Medizinische Versorgung der suchtmittelabhängigen Untersuchungsgefangenen

30.5.1 Allgemeiner Behandlungsanspruch

Die Zahl der suchtmittelabhängigen Gefangenen in den bundesdeutschen Justizvollzugsanstalten ist beträchtlich. Die statistische Erfassung ist angesichts verschiedener Suchtdefinitionen und Erhebungsmethoden von Ungenauigkeiten gekennzeichnet. Die Bandbreite einschlägiger Studien ist groß und beschreibt einen Anteil der suchtmittelabhängigen Inhaftierten von 20–50 %.[12] Eine Stichtagserhebung für Nordrhein-Westfalen identifiziert mit 31,6 % fast ein Drittel der ca. 18.000 Inhaftierten als von illegalen Drogen abhängig.[13] Spezielle Datenerhebungen für die Untersuchungshaft liegen nicht vor, die Daten lassen sich jedoch unproblematisch auf den Bereich der Untersuchungshaft übertragen.

Einer Drogenabhängigkeit liegt regelmäßig eine behandlungsbedürftige Suchterkrankung zugrunde. Jeder suchtmittelabhängige Untersuchungsgefangene hat daher Anspruch auf besondere medizinische Behandlung und Versorgung. Dies ergibt sich aus dem allgemeinen Behandlungsanspruch des Untersuchungsgefangenen.[14] Im Mittelpunkt der medizinischen Behandlung durch die Anstaltsärzte steht zu Beginn der Haft die Linderung der körperlichen und psychischen Leiden infolge des Drogenentzugs. Dies umso dringender, da sich der suchtmittelabhängige Untersuchungsgefangene in der Phase des Entzugs, der bei Heroin- bzw. illegalem Methadonmissbrauch in der Regel neun Tage dauert, in einem körperlichen und seelischen Ausnahmezustand befindet. Befindet sich der Untersuchungsgefangene bei Haftantritt bereits in einem Substitutionsprogramm – in der Regel in der Form eines

---

[12] Vgl. *Gericke*, StV 2003, 305.

[13] Vgl. *Riedel*, S. 11 unter Hinweis auf eine Stichtagserhebung in Nordrhein-Westfalen zum 31.10.2006.

[14] Vgl. jeweils §§ 22, 23 der UVollzG für die Länder Brandenburg, Rheinland-Pfalz, Berlin, Bremen, Mecklenburg-Vorpommern, Saarland, Sachsen, Schleswig-Holstein, Sachsen-Anhalt, Thüringen; §§ 42, 43, 46 UVollzG Hamburg; § 17 Hess. UVollzG; §§ 25, 26 UVollzG NRW; §§ 26, 28–30 des 2. Buchs des JVollzGB BW; § 154 i.V.m. §§ 57 ff. NJVollzG; Art. 25 I BayUVollzG i. V.m. §§ 58 ff. BayStVollzG.

Methadonprogramms – so besteht zum Beispiel in Nordrhein-Westfalen die Möglichkeit, dass er während der Haft weitersubstituiert wird.[15] Die Dauer der Substitution richtet sich maßgeblich nach der ärztlichen Indikation und der Fähigkeit des Betroffenen, auf Beikonsum anderer Substanzen zu verzichten. Hierzu kann der behandelnde Anstaltsarzt den Untersuchungsgefangenen auch Kontrollmaßnahmen z. B. durch Urinproben unterziehen.

30.5.2 Überwachung und Kontrollmöglichkeiten zur Feststellung von Suchtmittelkonsum

Neben diesem rein medizinisch motivierten Interesse der Überwachung der Drogenfreiheit eines Untersuchungsgefangenen gibt es vielfältige vollzugliche Anlässe (z. B. im Rahmen der Überprüfung von bestehenden Sicherungsmaßnahmen; bei der Zulassung zu bestimmten Arbeitsplätzen oder der Gewährung von internen vollzuglichen Freiheiten), die eine Überprüfung eines Untersuchungsgefangenen auf Drogenfreiheit erforderlich machen.

Fall 30.4

Meier sitzt zum wiederholten Male in der JVA Bielefeld in Untersuchungshaft. Er ist einschlägig vorbestraft wegen Verstößen gegen das BtmG sowie Delikten der Beschaffungskriminalität und stand auch bei der Aufnahme in Haftanstalt unter Drogeneinfluss. Auf der Haftabteilung verhält sich Meier mittlerweile weitgehend unauffällig. Kontakt hat er nur zu wenigen Mitgefangenen. Diese gelten jedoch ebenfalls als suchtmittelabhängig und fallen regelmäßig durch Drogenkonsum auf.

Auch Meier konsumiert regelmäßig in der Haftanstalt Drogen, vorwiegend Cannabis und gelegentlich Heroin. Dies ist bislang jedoch nicht aufgefallen. Beim morgendlichen Aufschluss am 1. Januar fällt dem Abteilungsbediensteten jedoch auf, dass der Untersuchungsgefangene Meier sehr apathisch wirkt. Seine Bewegungen wirken unkoordiniert, der Blick ist glasig und auf Ansprache reagiert Meier nur sehr zögerlich. Auf die Nachfrage, ob „er Drogen genommen habe", reagiert Meier nicht, so dass der Abteilungsbedienstete eine sofortige Urinkontrolle anordnet.

Meier, der in der Silvesternacht Heroin konsumiert hat, fragt sich welche vollzuglichen Konsequenzen ihn erwarten, wenn er
a) die Urinkontrolle verweigert,
b) die Urinkontrolle manipuliert oder
c) die Urinkontrolle ordnungsgemäß abgibt und ihm ein Drogenkonsum nachgewiesen wird?

---

[15] Vgl. zum Entzug und zur fortdauernden Substitution *Riedel*, S. 17.

30.5 Medizinische Versorgung der suchtmittelabhängigen Untersuchungsgefangenen

Die Landesuntersuchungshaftvollzugsgesetze sehen sämtlich Überwachungs- und Kontrollmöglichkeiten zur Feststellung von Suchtmittelkonsum vor. Alle Landesgesetze enthalten die Regelung, dass zur Aufrechterhaltung der Sicherheit oder Ordnung der Anstaltsleiter allgemein oder im Einzelfall Maßnahmen anordnen kann, die geeignet sind den Missbrauch von Suchtmitteln festzustellen.[16] Insoweit die jeweiligen Maßnahmen nicht mit einem körperlichen Eingriff verbunden sein dürfen, bezieht sich dies primär auf die Verpflichtung zur Abgabe eine Urinprobe bzw. eines sog „drug-wipe-tests". Mit der Schaffung der entsprechenden Ermächtigungsgrundlagen haben die Landesgesetzgeber die lange kontrovers beurteilte Frage, ob und auf welcher Grundlage der einzelne Untersuchungsgefangene zur Abgabe einer Urinkontrolle herangezogen werden kann, beendet und eine gesetzliche Basis geschaffen.[17] Angesichts der bereits langjährigen Anordnungspraxis ohne klare gesetzliche Ermächtigungsgrundlage war dies lange überfällig und von der Vollzugspraxis gefordert worden.

Die mit der Verpflichtung des Untersuchungsgefangenen zur Abgabe einer Urinprobe verbundenen verfassungsrechtlichen Bedenken sind damit jedoch nicht ausgeräumt. Kontrovers diskutiert wird in diesem Zusammenhang insbesondere die Frage, ob für den Fall der Weigerung oder für den Fall eines positiven bzw. manipulierten Drogentest die Anordnung von Disziplinarmaßnahmen zulässig ist. Im Vollzugsalltag bundesdeutscher Untersuchungshaftanstalten werden positive, verweigerte oder manipulierte (diese werden als positiv gewertet) Drogentests regelmäßig mit Disziplinarmaßnahmen geahndet und die Betroffenen darüber hinaus mit Sicherungsmaßnahmen – z. B. Trennung von anderen Gefangenen, Ausschluss von gemeinschaftlichen Veranstaltungen sowie der Besuchsüberwachung mittels Trennscheibe – sanktioniert.

Inwieweit diese Praxis, die bislang von der Rechtsprechung überwiegend für zulässig erachtet worden ist und auch in den neuen Landesuntersuchungsvollzugsgesetzen entsprechende Anknüpfungspunkte findet, einen Verstoß gegen den „nemo-tenetur"-Grundsatz darstellt, muss differenziert betrachtet werden.

Die Vollzugspraxis und der überwiegende Teil der Rechtsprechung gehen zunächst davon aus, dass sowohl die Verweigerung zur Abgabe eines Drogentests als auch ein nachgewiesener Konsum das Zusammenleben in der Anstalt stören bzw. eine schwerwiegende Verletzung der Hausordnung darstellen und somit die Anordnung einer Disziplinarmaßnahme nach sich ziehen können.[18] Die gleichen Maßstäbe gelten, sofern ein Untersuchungsgefangener eine Urinkontrolle manipuliert (z. B. durch Verwässern, Vertauschen, Abgabe von Fremdurin usw.). Damit

---

[16] Vgl. jeweils § 47 der UVollzG für die Länder Brandenburg, Rheinland-Pfalz, Berlin, Bremen, Mecklenburg-Vorpommern, Saarland, Sachsen, Sachsen-Anhalt, Schleswig-Holstein, Thüringen; § 52 UVollzG Hamburg; § 32 Hess. UVollzG; §§ 33 UVollzG NRW; § 46 IV des 2. Buchs des JVollzGB BW; § 156 I i.V.m. § 77 NJVollzG; Art 42 UVollzG Bayern.

[17] Vgl. zum Diskussionsstand ausführlich AnwK U-Haft/*Rubbert/Scharmer*, § 47 Rn 2.

[18] So schon das OLG Hamm v. 15.9.1994 – 1 Vollz Ws 135/94, NStZ 1995, 55; OLG Rostock Beschl. v. 2.5.2004 – Vas 1/04, ZfStrVo 2005, 115; OLG Jena v. 10.5.2007 – 1Ws 68/07, NStZ 2008, 59; OLG Hamm v. 3.4.2007 – 1 Vollz Ws 113/07, n. v. Vgl. zum Diskussionsstand: AK-U-Haft/*Rubbert/Scharmer*, Rn 1 f., 8 f.

steht der drogenabhängige Untersuchungsgefangene, der im Vollzug Betäubungsmittel konsumiert und in Besitz hatte, bei der möglichen positiven Abgabe einer Urinkontrolle vor dem Dilemma, dass er bei der Abgabe der Urinprobe sich selbst belasten, im Falle der Nichtabgabe oder Manipulation aber ebenso eine Disziplinarstrafe riskieren würde. Unabhängig von seiner Reaktion ist der Untersuchungsgefangene mithin dem Risiko einer Disziplinarmaßnahme ausgesetzt. Eine solche zwangsweise Selbstbelastung wird zum überwiegenden Teil als noch verfassungsgemäß eingestuft.[19] Als Hauptargument für die Verwertbarkeit der Urinprobe im Disziplinarverfahren wird das überragende öffentliche Interesse an der Feststellung von Betäubungsmittelkonsum im Vollzug angeführt. Diese – eng an den Erfordernissen der Vollzugspraxis ausgerichtete – Sichtweise ist berechtigter Kritik ausgesetzt. Weite Teile der Literatur und Teile der Rechtsprechung sehen zumindest in der disziplinarischen Ahndung eines positiven Drogenscreenings einen Verstoß gegen den „nemo-tenetur"-Grundsatz.[20] Hierfür spricht ganz wesentlich, dass ein aus einer Suchterkrankung resultierender Drogenkonsum im Vollzug Hilfsangebote und nicht Disziplinarmaßnahmen erfordert.

Anders zu beurteilen ist – auch angesichts des Wortlauts der entsprechenden landesgesetzlichen Ermächtigungsgrundlagen – die Situation der Verweigerung einer Urinkontrolle. Angesichts der auf Gefahrenabwehr ausgerichteten Zielrichtung der angeordneten Urinkontrolle – Aufrechterhaltung der Sicherheit und Ordnung in der Anstalt – ist die disziplinarische Ahndung einer Verweigerung insgesamt zulässig.[21]

Lösungsskizze zu Fall 30.4

Sowohl die Verweigerung einer Urinprobe als auch deren Manipulation stellen im Ergebnis einen Pflichtverstoß dar. Der Untersuchungsgefangene kommt seiner Mitwirkungspflicht aus § 33 UVollzG NRW nicht nach. Der Pflichtverstoß kann disziplinarisch geahndet werden. Darüber hinaus können im Einzelfall noch Sicherungsmaßnahmen angeordnet werden.

Auch der Nachweis eines Drogenkonsums ist nach wohl überwiegender Auffassung der Rspr. und weitverbreiteter Praxis als Pflichtverstoß zu bewerten, der ein Disziplinarverfahren nach sich zieht. Diese Vorgehensweise unterliegt aber mit Blick auf das verfassungsrechtlich in Art. 2 I i. V. m. Art. 1 I GG abgesicherte Selbstbelastungsverbot erheblichen Bedenken.

Der Untersuchungsgefangene muss sich in jedem Falle auf eine Sanktionierung im Rahmen eines Disziplinarverfahrens einstellen. Darüber hinaus kommt im Einzelfall auch die Anordnung von Sicherungsmaßnahmen in Betracht.

---

[19] OLG Hamburg v. 2.3.2004 – 3 Vollz Ws 128/03, n.v.; OLG Hamburg v. 19.9.2007 – 3 Vollz Ws 47/07, n.v.

[20] OLG Dresden, v. 12.5.2004 – 2 Ws 660/03, NStZ 2005, 588 m.w.N.; *Gericke*, StV 2003, 305, 307; *Schlothauer/Weider* Rn 1138.

[21] So auch AK-U-Haft/*Rubbert/Scharmer*, § 47 Rn 9, unter Hinweis auf OLG Dresden v. 12.5.2004 – 2 Ws 660/03, NStZ 2005, 588.

30.5 Medizinische Versorgung der suchtmittelabhängigen Untersuchungsgefangenen

Voraussetzung für einen „allgemein oder im Einzelfall" angeordneten Drogentest ist immer, dass konkrete Anhaltspunkte für einen Suchtmittelmissbrauch vorliegen.[22] Die Länder Sachsen-Anhalt, Hamburg und Baden-Württemberg haben das Erfordernis konkreter Verdachtsmomente in die jeweiligen Ermächtigungsgrundlagen aufgenommen.[23] Die Anordnung muss im konkreten Einzelfall nachvollziehbar sein. Zufallsstichproben ohne jegliche konkrete Anhaltspunkte sind angesichts des weitreichenden Eingriffs in das Recht auf informationelle Selbstbestimmung nicht zulässig. In der Praxis wird ein konkretes Verdachtsmoment trotz dieser Vorgaben leicht zu begründen sein. Ausreichenden Anlass bieten bereits ein Betäubungsmittelmissbrauch in der Vergangenheit, entsprechende Vorstrafen, entsprechende Verhaltensauffälligkeiten sowie Hinweise von Anstaltsbediensteten oder anderen Gefangenen.

Hinsichtlich der Durchführung der Urinkontrolle bestehen keine unmittelbaren gesetzlichen Vorgaben. Je nach Testverfahren können die Durchführung und damit auch die Intensität des Eingriffs in die Intimsphäre des Untersuchungsgefangenen variieren.

Haupttestverfahren in der Vergangenheit und zum Teil auch noch heute waren sogenannte „Schnelltests" mittels eines Streifentest. Diese zeigen zwar eingeschränkt zuverlässig, aber unmittelbar ein Ergebnis an und wurden und werden daher verwandt, wenn eine unmittelbare Entscheidung zu treffen war oder ist. Um Manipulationsmöglichkeiten zu vermeiden, muss der Testvorgang unmittelbar mit Blickkontrolle überwacht werden. In der Vollzugspraxis hat dies dazu geführt, dass die Urinabgabe unmittelbar von Vollzugsbediensteten überwacht wurde und der betroffene Gefangene sich unter Umständen vollständig entkleiden musste. Folge waren und sind eine für alle Beteiligten an die Grenze der Menschenwürde reichende Kontrollsituation, regelmäßige Beschimpfungen durch Inhaftierte und Erklärungen über die Unfähigkeit zur Testabgabe bei direkter Blickkontrolle mit dem Ergebnis, dass Bedienstete die tatsächlich gebotene Überwachungsintensität vernachlässigen.[24] Trotz der für alle Beteiligten äußerst schambesetzten Situation hat die Rechtsprechung bei diesen Kontrollmechanismen einen Menschenwürdeverstoß nicht erkennen können.[25]

Angesichts der aufgezeigten Schwierigkeiten bei der Durchführung der Urinkontrollen und der begrenzten Validität des Schnelltestverfahrens hat sich in jüngster Zeit ein sogenanntes „Markertestverfahren" durchgesetzt.[26] Hierbei nimmt der Proband einige Zeit vor der Abgabe der Urinprobe eine gesundheitlich unbedenkliche Markerflüssigkeit zu sich. Mittels dieser kann später eine genaue Zuordnung der

---

[22] Vgl. BVerfG v. 4.2.2009 – 2 BvR 455/08, StV 2009, 253; OLG Frankfurt v. 10.03.2009 – 3 Ws 1111/08, NStZ-RR 2009, 295; OLG Dresden v. 12.5.2004 – 2 Ws 660/03, NStZ 2005, 588; OLG Rostock v. 2.5.2004 – Vas 1/04, ZfStrVo 2005, 115 jeweils m.w.N.; zum Ganzen auch *Schlothauer/Weider* Rn 1139.
[23] Vgl. § 47 UVollzG LSA; § 52 Hmbg. UVollzG; § 46 IV des 2. Buchs JVollzGB BW.
[24] Vgl. *Riedel*, S. 28 f.
[25] BVerfG StV 2009, 253; OLG Hamm v. 3.4.2007 – 1 Vollz (Ws) 113/07; anderer Auffassung noch das LG Hamburg v. 8.12.1995 – 613 Vollz 87/95, ZfStrVo 1997, 108 m. Anm. *Ritter*
[26] Vgl. *Riedel*, S. 29.

Urinprobe vorgenommen werden. Evtl. Manipulationen werden unmittelbar augenfällig. Die Abgabe der Urinprobe erfolgt anschließend in einem Zeitfenster von 30 bis 60 min selbstständig und ohne Überwachung durch den Probanden selbst. Die Urinprobe muss labortechnisch untersucht werden, so dass bereits ca. 2 Tage nach Abgabe das Ergebnis vorliegt. Die Testergebnisse dieses Verfahrens sind wesentlich zuverlässiger als beim Schnelltestverfahren. Wesentlicher Vorteil ist, dass die Urinprobe ohne Überwachung bei weitestgehender Schonung der Intimsphäre des Untersuchungsgefangenen erfolgen kann.

Unabhängig von der verwendeten Testmethode sehen die Landesgesetze – mit Ausnahme von Baden-Württemberg und Hessen – für den Fall des nachgewiesenen Suchtmittelkonsums eine Kostentragungspflicht für den betroffenen Untersuchungsgefangenen vor.[27] Ob sie diesen öffentlich-rechtlichen Erstattungsanspruch geltend macht, ist in das Ermessen der Vollzugsbehörde gestellt. Vor dem Hintergrund, dass ein Drogenmissbrauch regelmäßig auf einer Suchterkrankung beruht und eine Kostentragungspflicht einer weiteren disziplinarischen Ahndung gleichkommt, sollte die Anordnung auf Ausnahmefälle beschränkt bleiben.[28]

---

[27] Jeweils § 47 II der UVollzG für die Länder Brandenburg, Rheinland-Pfalz, Berlin, Bremen, Mecklenburg-Vorpommern, Saarland, Sachsen-Anhalt, Sachsen, Thüringen, Schleswig-Holstein und Hamburg; §§ 33 II UVollzG NRW; Art. 42 II BayUVollzG.

[28] Zuletzt gegen die Anerkennung einer Kostentragungspflicht für den Bereich des Strafvollzugs OLG Celle, v. 13.11.2009 – 1 Ws 307/09, NStZ 2011, 224.

31 Seelsorge der Untersuchungsgefangenen

Die Untersuchungshaftvollzugsgesetze der Länder treffen im Wesentlichen inhaltsgleiche Aussagen zur Religionsfreiheit der Untersuchungsgefangenen.[1] Konkret kann der Untersuchungsgefangene im Bereich der Religionsausübung folgende Ansprüche geltend machen.

Der Untersuchungsgefangene hat Anspruch auf Betreuung durch einen Seelsorger und auf Kontakt mit diesem.[2] Dabei muss es sich um einen Seelsorger einer Religionsgemeinschaft handeln, d. h. einer Gemeinschaft, die nach geistigem Inhalt und äußerem Erscheinungsbild auch tatsächlich als Religion einzustufen ist.[3] Hierzu zählen zum Beispiel die christlichen katholischen und evangelischen Kirchen, die orthodoxe Kirche, freikirchliche Vereinigungen, das Judentum, die Zeugen Jehovas, Buddhismus, Hinduismus, Islam sowie die Gemeinschaft der Bahai. Organisationen wie die „Scientology Church", die letztlich wirtschaftliche Ziele verfolgen, fallen nicht unter die Religionsgemeinschaften.

Die Untersuchungsanstalt hat eine Vermittlungspflicht, d. h. dem Untersuchungsgefangenen ist konkret Hilfe zu leisten, mit einem Seelsorger in Kontakt zu treten.[4] Wie umfangreich die Hilfsbemühungen sein müssen, ist vom Einzelfall abhängig. Bei erwachsenen Untersuchungsgefangenen kann schon die Überlassung von Anschriften ausreichend sein. Bei jugendlichen oder besonders hilfsbedürftigen Personen muss ein unmittelbarer Kontakt hergestellt werden.

Untersuchungsgefangene haben das Recht, religiöse Schriften und Gebrauchsgegenstände zu besitzen und im Haftraum aufzubewahren.[5] Hierzu gehören im

---

[1] Vgl. jeweils §§ 29–31 der UVollzG für die Länder Brandenburg, Rheinland-Pfalz, Berlin, Bremen, Mecklenburg-Vorpommern, Saarland, Sachsen, Sachsen-Anhalt (§§ 30, 31), Hamburg, Schleswig-Holstein, Thüringen; § 24 Hess. UVollzG; §§ 15–17 UVollzG NRW; §§ 22–24 des 2. Buchs des JVollzGB BW; § 169 i.V.m. § 53–55 NJVollzG; Art. 42 UVollzG Bayern i.V.m. Art. 55–57 StVollzG Bayern.
[2] § 15 I 1 UVollzG NRW.
[3] Vgl. BVerfGE 83, 341 (353).
[4] § 15 I 2 UVollzG NRW.
[5] § 15 II, III UVollzG NRW.

Einzelfall z. B. ein Kreuz, Heiligenfiguren, eine Kette mit Kreuz, Rosenkränze, Gebetsriemen, Heiligenbilder, Ikonen, Gebetsteppiche und Buddhafiguren. Auch eine Kerze in der Weihnachtszeit ist – trotz der Brandgefahr – als zulässiger Gegenstand der Religionsausübung einzustufen.[6] Einziges Begrenzungskriterium ist die Ausstattung in „angemessenem Umfang". Da Art. 4 GG tangiert ist, kann allein die schwere Kontrollierbarkeit eines Gegenstandes oder die Unübersichtlichkeit des Haftraums nicht als Begründung für die Versagung herangezogen werden.[7] Religiöse Schriften dürfen dem Untersuchungsgefangenen nur dann entzogen werden, wenn damit ein „grober Missbrauch" einhergeht. Konkrete Beispielsfälle aus der Rechtsprechung sind noch nicht bekannt geworden. Ein Entzug ist aber denkbar, wenn die Schriften als Versteckmöglichkeiten für verbotene Gegenstände genutzt werden oder die Schriften genutzt werden, um im Rahmen von „Hasspredigten" zu religiös motivierter Gewalt an „Ungläubigen" aufzurufen.[8]

Weiterhin haben Untersuchungsgefangene einen Anspruch auf Teilnahme an religiösen Veranstaltungen, z. B. dem Gottesdienst.[9] Dabei ist das Teilnahmerecht primär auf Gottesdienste oder religiöse Veranstaltungen der eigenen Religionsgemeinschaft beschränkt, kann aber – bei Zustimmung der jeweiligen Seelsorger – auch auf andere Religionsgemeinschaften erweitert werden.[10] Ein Ausschluss vom Gottesdienst ist nur unter engen Voraussetzungen möglich. Mit Blick auf Art. 4 GG müssen schwerwiegende Gründe der Sicherheit und Ordnung, die sich aus der Person des jeweiligen Untersuchungsgefangenen ergeben, dies gebieten. Denkbare Gründe sind aggressives Verhalten gegenüber dem Seelsorger, eine beabsichtigte Geiselnahme während des Gottesdienstes, Fluchtversuche während des Gottesdienstes und wohl auch aggressives Verhalten gegenüber Mitgefangenen und Bediensteten.[11] Möglich ist schließlich auch ein Ausschluss im Rahmen eines Beschränkungsbeschlusses gemäß § 119 I StPO, wenn dies zur Verfahrenssicherung – namentlich zur Abwehr einer Fluchtgefahr – erforderlich ist.

Ein Ausschluss von der Teilnahme am Gottesdienst darf sich auch nicht als faktische Folge von Disziplinarmaßnahmen ergeben. Sowohl der Untersuchungsgefangene, der sich im Arrest befindet, als auch derjenige, dem im Rahmen einer Disziplinarmaßnahme die Teilnahme an gemeinschaftlichen Veranstaltungen untersagt ist, muss die Teilnahme am Gottesdienst weiterhin ermöglicht werden.

Schließlich darf auch kein faktischer Ausschluss vom Gottesdienst aufgrund vollzuglicher Abläufe erfolgen.

---

[6] Vgl. hierzu umfassend Ostendorf/*Bochmann* Teil 1 § 5 Rdn. 35.
[7] OLG Frankfurt v. 16.10.1985 – 3 Ws1078/85, n.v.; LG Zweibrücken ZfStrVo 1985, 186.
[8] Beispiele nach Ostendorf/*Bochmann* Teil 1 § 5 Rdn. 30.
[9] § 16 I UVollzG NRW.
[10] § 16 II UVollzG NRW.
[11] Vgl. Ostendorf/*Bochmann* Teil 1 § 5 Rdn. 43 ff. m. w. N.

31 Seelsorge der Untersuchungsgefangenen

Fall 31.1

Die Untersuchungshaftanstalt X ist am Sonntagmorgen infolge von krankheitsbedingten Personalausfällen stark unterbesetzt. Für den verantwortlichen Diensthabenden ergibt sich das Problem, dass zwei Gottesdienste und insgesamt elf Freistunden durchzuführen und zu überwachen sind. Hierfür reicht das vorhandene Personal aus seiner Sicht nicht aus. Er informiert die Untersuchungsgefangenen daher über eine Durchsage mittels der Kommunikationsanlage darüber, dass sie sich an diesem Tag entweder für die Freistunde oder den Gottesdienst entscheiden müssen, da die Teilnahme an beidem leider nicht zu organisieren sei. Ist das Vorgehen des Diensthabenden rechtmäßig?

Lösungsskizze
Der Untersuchungsgefangene hat einerseits das Recht zur Teilnahme am Gottesdienst gemäß § 16 I UVollzG NRW. Hierdurch wird das Grundrecht auf freie Glaubensausübung aus Art. 4 GG gewährleistet. Andererseits steht dem Untersuchungsgefangenen gemäß § 24 I UVollzG NRW der Anspruch auf einen mindestens einstündigen Aufenthalt im Freien zu. Hintergrund ist die allgemeine Gesundheitsfürsorge, letztlich das Grundrecht auf körperliche Unversehrtheit Art. 2 II GG. Durch die Anordnung des diensthabenden Beamten gemäß § 32 II UVollzG NRW werden die Untersuchungsgefangenen letztlich vor die unzulässige Wahl zwischen Gottesdienst und Freistunde gestellt. In jedem Fall wird durch die Anordnung eine grundrechtlich geschützte Rechtsposition des Untersuchungsgefangenen verletzt. Die getroffene Anordnung ist daher rechtswidrig. Der diensthabende Beamte ist verpflichtet, organisatorisch die Teilnahme an Gottesdienst und Freistunde zu ermöglichen. Hierzu muss er die ggf. notwendigen Maßnahmen treffen (z. B. spätere Erledigung nachrangiger Aufgaben, organisatorische Veränderungen, Anordnung von Mehrarbeit oder das Bemühen um kurzfristige Personalverstärkung).

Ernährung und Einkauf der Untersuchungsgefangenen

32

32.1 Verpflegung der Untersuchungsgefangenen

Der Untersuchungsgefangene wird in der Haftanstalt voll verpflegt. Der Ruf des Essens in den Justizvollzugsanstalten ist wohl schlechter als die tatsächliche Qualität.[1] Gerichtliche Klagen zu diesem Thema sind jedenfalls kaum bekannt.[2] Darüber hinaus haben gut geführte Untersuchungshaftanstalten in aller Regel – dies gilt im Übrigen auch für einen reibungslosen Anstaltseinkauf – schon aus klimatischen Gründen ein vitales Interesse an einer akzeptablen Anstaltsverpflegung. Abgesehen von den typischen Einschränkungen, die bei einer Verpflegung einer Vielzahl von Menschen im stationären Bereich z. B. auch in Krankenhäusern zu beobachten sind, ist die Leistungsfähigkeit vieler Anstaltsküchen respektabel.

Die im Wesentlichen identischen Länderregelungen sehen vor, dass die Verpflegung ärztlich überwacht wird und den Anforderungen an eine gesunde Ernährung, hier gelten die Empfehlungen der Deutschen Gesellschaft für Ernährung e. V., entsprechen muss.[3] Auf ärztliche Anordnung kann eine besondere Verpflegung erfolgen, z. B. bei Diabetikern oder Allergikern. Darüber hinaus muss es den einzelnen Inhaftierten ermöglicht werden, die Speisevorschriften ihrer Religionsgemeinschaft zu befolgen. In der Praxis haben sich die Anstalten insbesondere auf die Verpflegung der größeren Zahl der muslimischen Gefangenen durch eine entsprechende Sonderkost ohne Schweinefleisch u. ä. eingestellt. Darüber hinaus sehen die

---

[1] So auch *Kaiser/Schöch*, Rn. 78.

[2] Zur Zulässigkeit der Verpflegung mit Rindfleisch in der BSE-Krise: OLG Hamm v. 20.7.1995 – 1 Vollz (Ws) 164/95, NStZ 1995, 616.

[3] Jeweils § 18 I UVollzG der Länder Berlin, Bremen, Mecklenburg-Vorpommern, Saarland, Rheinland-Pfalz, Thüringen, Sachsen und Sachsen-Anhalt; jeweils § 17 UVollzG der Länder Hamburg und Brandenburg; § 14 Hess. UVollzG; § 11 des 2. Buchs JVollzGB BW; § 23 NJVollzG; § 14 UVollzG NRW.

Speisepläne – der Anstalten in der Regel auch weitere spezielle Kostformen (z. B. vegetarisch, ovo-lacto-vegetarisch usw.) vor.[4]

Ein Anspruch auf Selbstverpflegung ist in den Untersuchungshaftvollzugsgesetzen der Länder – Ausnahme ist Art. 18 IV BayUVollzG – nicht mehr vorgesehen. Die Vorgängerregelung Nr. 50 II UVollzO regelte dies noch explizit und erlaubte vor allen Dingen, dass sich der Untersuchungsgefangene auf seine Kosten durch eine externe Gastwirtschaft verpflegen lassen konnte. Bemerkenswerte Praxisrelevanz hat die Selbstverpflegung nie erlangt, so dass man auf eine entsprechende Nachfolgeregelung verzichtet hat. Bei richtiger Lesart muss eine Selbstverpflegung im Einzelfall aber auch weiterhin erlaubt sein. Dies schon deshalb, um z. B. eine den jüdischen Glaubensvorschriften entsprechende Ernährung des einzelnen Untersuchungsgefangenen zu ermöglichen. Eine koschere Zubereitung wird den Anstaltsküchen rein praktisch-organisatorisch nicht möglich sein.[5] Ein gleichgelagerter Anspruch auf Selbstverpflegung nach religiösen, konkret muslimischen Vorschriften besteht bei sog. Halal-Produkten, wenn diese im Rahmen der Anstaltsverpflegung nicht berücksichtigt werden.[6]

Ganz allgemein wird sich die Zustimmung des Anstaltsleiters zur Selbstverpflegung eines Untersuchungsgefangenen an den folgenden Kriterien orientieren:
- Zuverlässigkeit des Untersuchungsgefangenen; insb. dann, wenn Verdunkelungsgefahr besteht und der Transport der Selbstverpflegung für das Schmuggeln von Kassibern genutzt werden könnte,
- Zuverlässigkeit der Gaststätte; hier ist die Pünktlichkeit der Lieferung sowie die Gewähr, dass von der Gaststätte keine Initiativen hinsichtlich etwaiger Verdunkelungs- oder Fluchtgefahren ausgehen, zu beachten und die
- Gewährleistung der Bezahlung, d. h. zahlt der Untersuchungsgefangene unpünktlich oder erst nach mehrmaliger Mahnung, so rechtfertigt der erhöhte Verwaltungsaufwand die Einstellung der Selbstverpflegung.

32.2 Einkauf der Untersuchungsgefangenen

Fall 32.1

Der Untersuchungsgefangene Becker ist seit zwei Monaten in der JVA Aachen untergebracht. Er ernährt sich mehreren Jahren fast ausschließlich von biologisch hergestellten Produkten, die er aus dem Reformhaus bezieht. Die vegetarische Verpflegung in der Anstalt nimmt Becker zwar zu sich, ist damit aber nicht zufrieden. Er beantragt schließlich bei der Anstaltsleitung, ihm den Bezug von Bio- und Reformprodukten zu gestatten. Zur Begründung gibt er an, seine Ernährung sinnvoll ergänzen zu wollen. Zu diesem Zweck wolle er weitestgehend

---

[4] Ausführlich zur Anstaltsverpflegung: AK-U-Haft/*Harrendorf,* § 18 Rn. 3–7.
[5] So auch AK-U-Haft/*Harrendorf,* § 18 Rn. 7.
[6] KG v. 29.8.2011 – 2 Ws 326/11Vollz, NStZ-RR 2012, 159.

32.2 Einkauf der Untersuchungsgefangenen

auf Nahrungsmitteln mit künstlichen Zusätzen verzichten, dies sei ihm ansonsten in der Haft nicht möglich. Darüber hinaus werde eine Ernährung mit „Bio"-Produkten auch ganz allgemein im Fernsehen und Radio empfohlen.

Das Einkaufsangebot der JVA Aachen sieht bislang den Bezug von „Bio"-Produkten nicht vor. Hat Becker dennoch Anspruch auf einen Einkauf dieser Produkte?

Lösungsskizze
Der Untersuchungsgefangene hat Anspruch auf den Einkauf von Nahrungs- und Genussmitteln sowie anderen Gegenständen des persönlichen Bedarfs in der Untersuchungshaftanstalt.[7] Er hat jedoch keinen Anspruch darauf, beliebige Gegenstände kaufen zu können. Die Anstalt selbst ist aber verpflichtet, für entsprechende Einkaufsmöglichkeiten zu sorgen. Insbesondere soll die Anstalt für ein Einkaufsangebot sorgen, dass auf Wünsche und Bedürfnisse der Untersuchungsgefangenen Rücksicht nimmt. In welcher Weise die Einkaufsmöglichkeiten in einer Untersuchungsanstalt ausgestaltet werden, steht zunächst im Ermessen des Anstaltsleiters.[8] Ein konkreter Anspruch auf Beschaffung bestimmter Produkte kann daher nur dann bestehen, wenn eine Ermessensreduzierung auf „Null" vorliegt, d. h. keine andere Entscheidung richtig wäre. Ein solcher Anspruch des Untersuchungsgefangenen auf den Bezug von bestimmten Produkten ist insbesondere dann gegeben, wenn der Bezug ohne größeren organisatorischen Mehraufwand möglich ist und auch keine Sicherheitsbedenken, z. B. durch eine aufwendige Kontrolle der Produkte, bestehen. Für den Bereich der Untersuchungshaft ist darüber hinaus die bestehende Unschuldsvermutung zu beachten, die eine Begrenzung des Einkaufsangebots mit Verweis auf bestehende Regelungen des Strafvollzuges nicht zulässt.[9]

In der Praxis wird der Anstaltseinkauf meist durch externe Firmen, den so genannten Anstaltskaufmann durchgeführt und findet in der Regel wöchentlich, maximal vierzehntägig statt. Bundesweit haben sich einige Firmen auf die Bestückung von Justizvollzugsanstalten spezialisiert. Die Preise in den Anstalten liegen angesichts des höheren logistischen Aufwands regelmäßig deutlich über dem Marktniveau außerhalb der Anstalt. Dementsprechend häufig gibt die Preisgestaltung des Anstaltskaufmanns oder dessen beschränktes Warenangebot Anlass zu Gefangenenbeschwerden.

Der Einkauf vollzieht sich entweder in der Form des Sicht- oder des Listeneinkaufs. Beim Sichteinkauf kann der Untersuchungsgefangene die Waren unmittelbar in einer Art Anstaltssupermarkt auswählen und mitnehmen. Beim Listeneinkauf

---

[7] Jeweils § 18 II UVollzG der Länder Berlin, Bremen, Mecklenburg-Vorpommern, Saarland, Rheinland-Pfalz, Thüringen, Schleswig-Holstein, Sachsen und Sachsen-Anhalt; jeweils § 18 I UVollzG der Länder Hamburg und Brandenburg; § 14 Hess. UVollzG; § 11 II des 2. Buchs JVollzGB BW; § 142 II, III NJVollzG; Art. 14 III BayUVollzG; § 13 III UVollzG NRW.
[8] vgl. OLG Koblenz NStZ 1991, 151; *Calliess/Müller-Dietz* § 22 Rdn. 2.
[9] OLG Celle v. 9. 5. 2011 – 1 Ws 186 und 187/11 (UVollz), NStZ 2011, 710.

wählt der Gefangene vorab aus einer Sortimentsliste aus und erhält seine Waren einige Tage später fertig abgepackt in der Haftabteilung ausgehändigt.

Da Bargeld in den Untersuchungshaftanstalten nicht erlaubt ist – einzige bekannte Ausnahme ist die JVA Oldenburg[10] -, erfolgt die Abwicklung des Einkaufs bargeldlos. Der Untersuchungsgefangene erhält vorab einen Kontoauszug und kann dem bestehenden Guthaben entsprechend einkaufen.

Zum Großteil sehen die Landesgesetze keinen Höchstbetrag für den Anstaltseinkauf vor.[11] Die Anstalten selbst oder die Landesjustizverwaltungen legen jedoch häufig wöchentliche oder monatliche Höchstbeträge fest. Die Anstalt hat ein Interesse daran, dass die Einkaufsmöglichkeiten der Untersuchungsgefangenen nicht zu sehr differieren, damit nicht unerwünschte Abhängigkeiten unter den Gefangenen entstehen. In Nordrhein-Westfalen beträgt die Höchstgrenze für den Einkauf von erwachsenen Untersuchungsgefangenen derzeit 210 € im Monat. Die Begrenzung des Einkaufs auf monatliche Höchstsätze erscheint vor diesem Hintergrund zwar praktikabel, ist aber kaum mit der Unschuldsvermutung in Einklang zu bringen. Eine zwangsweise Gleichsetzung aller Untersuchungsgefangenen ist kein Anliegen der Untersuchungshaft, zumal auch in Freiheit unterschiedliche ökonomische Möglichkeiten bestehen. Letztlich muss dem einzelnen Untersuchungsgefangenen ein unbegrenzter Einkauf möglich sein. Dies umso mehr, als die zusätzliche Versorgungsmöglichkeit mit Nahrungs- und Genussmitteln durch Weihnachts-, Oster- und Wahlpakete den Untersuchungsgefangenen durch das neue Landesrecht genommen worden ist.[12]

Fall 32.2

Der Unternehmer Schmitz sitzt wegen des Vorwurfs der Untreue in Untersuchungshaft in der JVA Hagen. Beim ersten Anstaltseinkauf beantragt er den Einkauf einer Flasche Rotwein, um bei seiner abendlichen Lektüre wie gewohnt gelegentlich ein Glas Wein trinken zu können. Der Antrag wird von der Anstalt abgelehnt. Zu Recht?

Lösungsskizze
Es ist grundsätzlich zulässig, einzelne Gegenstände aus Gründen der Sicherheit und Ordnung vom Anstaltseinkauf auszunehmen.[13] Üblicherweise sind z. B. alkoholische Getränke vom Anstaltseinkauf ausgeschlossen. Für das Glas Bier oder Wein lässt sich dies bei näherer Betrachtung nur schwerlich mit dem Angleichungsgrundsatz in Einklang bringen, zumal darin auch nicht in jedem Einzelfall eine Gefährdung der in § 119 StPO genannte Zwecke oder der Anstaltsordnung

---

[10] *Koop,* S. 85.
[11] Einkaufshöchstbeträge sind vorgesehen in Sachsen-Anhalt (§ 15 II 5 UVollzG Sachsen-Anhalt), Baden-Württemberg (§ 11 II des 2. Buchs JVollzGB BW) und Niedersachsen (§ 142 III NJVollzG).
[12] Vgl. nur § 23 I 2 UVollzG NRW.
[13] § 13 IV UVollzG NRW.

32.2 Einkauf der Untersuchungsgefangenen

gesehen werden kann.[14] In der Praxis ist das anstaltsweite Einkaufsverbot von Alkohol – losgelöst von einer Einzelfallbetrachtung – jedoch regelmäßig sinnvoll.[15] In diesem Zusammenhang ist regelmäßig auch Hefe vom Anstaltseinkauf ausgeschlossen, da diese sehr gut zur Herstellung von selbstaufgesetzten Alkohol genutzt werden kann. Hierbei werden von den Gefangenen Brot und Obstreste, dies gelingt auch ohne Hefe, in Eimern oder Kanistern versteckt und über mehrere Tage vergoren. Das Ergebnis ist eine meist übel riechende und wohl auch so schmeckende, mitunter aber hochalkoholische Substanz. Darüber hinaus sind typischerweise folgende Produkte vom Anstaltseinkauf ausgeschlossen: Rasierklingen, Mohnprodukte wegen des Verfälschungspotentials bei Drogentests und scharfe Gewürze in Pulverform, wegen der Möglichkeit diese als Angriffsmittel einzusetzen.[16]

---

[14] Vgl. *Seebode,* S. 159. Ähnlicher Auffassung auch Ostendorf/*Ostendorf* Teil 1 § 24 Rdn. 24.
[15] AK-U-Haft/*Harrendorf*, § 18 Rn. 12; LR/*Hilger,* § 119 Rn. 130 m. w. N.
[16] OLG Koblenz v. 31.12.1991, 2 VaS 8/91, ZfStrVo 1992, 323 (Gewürze); OLG Karlsruhe v. 18.8.2003 – 1 Ws 217/03, Justiz 2004, 131 (Mohnprodukte).

Kommunikation des Untersuchungsgefangenen mit der Außenwelt

33

Der Kontakt mit Familienangehörigen und Freunden außerhalb der Haftanstalt ist für Gefangene von zentraler Bedeutung. Dies gilt umso mehr für Untersuchungsgefangene, die in aller Regel überraschend aus ihren sozialen Bezügen gerissen werden und sich in der Isolation einer Untersuchungshaftanstalt wiederfinden.

Mit Blick auf die Haftzwecke der §§ 112, 112a StPO bergen Außenkontakte in der Form des Besuch-, Telefon-, Schrift- und Paketverkehrs aus der Sicht des Haftrichters besondere Risiken. Fluchtpläne können getroffen, weitere kriminelle Aktivitäten geplant und Verdunkelungshandlungen vorgenommen oder vorbereitet werden.

Dementsprechend haben haftrichterliche Anordnungen gem. § 119 I StPO für die Gewährung und Kontrolle von Außenkontakten rechtlich und praktisch Vorrang gegenüber den Neuregelungen der Landesuntersuchungshaftvollzugsgesetze. Aber auch das Landesrecht trifft insoweit Regelungen, die vorrangig das „Wie" der Abwicklung des richterlich genehmigten Besuchs-, Telefon-, Schrift- und Paketverkehrs betreffen.[1] Darüber hinaus ist es den Untersuchungshaftvollzugsanstalten aber auch in eigener Kompetenz erlaubt, vollzugssichernde Anordnungen zu treffen, die die Außenkontakte des Untersuchungsgefangenen beschränken.

Hieraus ergeben sich für den Untersuchungsgefangenen beim Besuch-, Telefon-, Schrift- und Paketverkehr mit Dritten einige Besonderheiten.

33.1 Besuch durch Dritte

33.1.1 Besuchserlaubnis

Fall 33.1

Irene Pütz möchte ihren Ehemann Franz Pütz in der JVA Köln besuchen. Franz Pütz sitzt dort wegen Steuerhinterziehung in Untersuchungshaft. Frau Pütz stellt sich folgende Fragen:

---

[1] Vgl. die Gesetzesbegründung zum UVollzG NRW, Lt.-Drucks. 14/8631, 38.

1. Wo bekomme ich eine Besuchserlaubnis? Könnte ich vom Besuch ausgeschlossen werden, weil ich in dem Strafverfahren von der StA Köln zu Beginn als Tatbeteiligte (Gehilfin gem. § 27 StGB) eingestuft worden bin?
2. Brauche ich auch eine Besuchserlaubnis des Leiters der JVA Köln?

Lösungsskizze
Voraussetzung für Besuche von Familienangehörigen, Freunden und Bekannten ist eine Besuchserlaubnis. Regelmäßig ist für deren Erteilung der Richter zuständig, sofern die Anordnungskompetenz nicht der Staatsanwaltschaft übertragen wurde. Dann ist der Staatsanwalt zuständig. Für diesen Fall müsste Frau Pütz die Besuchserlaubnis bei der zuständigen Staatsanwaltschaft Köln beantragen.
Eine Besuchserlaubnis kann nur dann versagt werden, wenn durch den Besuch eine konkrete Gefährdung des Zwecks der Untersuchungshaft droht.[2] Angesichts des Schutzes von Art. 6 I GG wird die Ablehnung eines Besuches von Familienangehörigen nur in absoluten Ausnahmefällen in Betracht kommen.[3] Ein Besuchsverbot dürfte also nur das allerletzte Mittel sein, das nur in Frage käme, wenn alle anderen Mittel, die Verdunkelungsgefahr zu verhindern, versagen würden bzw. müssten. Es müsste also zunächst die Möglichkeit einer intensiven Überwachung des Besuchs genutzt werden.[4] Die Tatsache, dass eine Tatbeteiligung von Frau Pütz in der Vergangenheit im Raum stand, rechtfertigt nicht die Annahme einer konkreten Gefährdung des Zwecks der Untersuchungshaft durch den Besuch. Weder ein Besuchsverbot noch eine akustische Überwachung des Besuchs wären daher zulässig.
Neben der richterlichen bzw. staatsanwaltlichen Besuchserlaubnis ist grundsätzlich keine weitere Besuchserlaubnis der Untersuchungshaftanstalt erforderlich. Eine Ausnahme bildet Nordrhein-Westfalen: Dort ist auch in den Fällen, in denen der Haftrichter von einer gem. § 119 I 2 Nr. 2 StPO möglichen Anordnung, dass der Empfang von Besuchen der Erlaubnis bedarf, abgesehen hat, gemäß § 18 III 1 UVollzG NRW ausnahmslos die Notwendigkeit einer Besuchserlaubnis vorgesehen. Diese neue Rechtslage hat in der Praxis anfangs für große Verwirrung gesorgt. Angehörige von Untersuchungsgefangenen wurde seitens Staatsanwaltschaft und Gericht beschieden, dass diese für die Erteilung einer Besuchserlaubnis nicht mehr zuständig seien, respektive es keiner Besuchserlaubnis bedürfte. In die JVA wurden die Besucher dann unter Hinweis auf die nach § 18 III UVollzG NRW unerlässliche schriftliche Besuchserlaubnis dann gleichwohl nicht eingelassen. Diese überaus lästigen Schwierigkeiten waren wohl der Neuheit des Gesetzes und den mangelnden Erfahrungen damit geschuldet. Zwischenzeitlich hat sich richtigerweise die Auffassung durchgesetzt, dass die in § 18 III UVollzG NRW geforderte <u>schriftliche</u> Besuchserlaubnis nur für

---

[2] *Münchhalffen/Gatzweiler* Rdn. 573 m. w. N, *Schlothauer/Weider* Rdn. 1553 m. w. N.

[3] OLG Hamm v. 9.2.2010 – 3 WS 45/10, StV 2010, 368; KG v. 29.3.2010 – 4 WS 14/10, StV 2010, 370, *Herrmann* Rn 309; SK-*Paeffgen* § 119 Rn. 15.

[4] Vgl. OLG Düsseldorf StV 1989, 538; KG NStZ 1992, 558; Zum Besuch vom in Haft sitzenden Verwandten: OLG Bremen StV 1995, 645.

33.1 Besuch durch Dritte

die richterliche Besuchserlaubnis notwendig ist, wenn der Richter sich diese ausdrücklich vorbehalten hat, nicht aber für die normale Zulassung zum Besuch. Hiermit ist auch für Nordrhein-Westfalen geklärt, dass keine Besuchserlaubnis durch die Vollzugsanstalt erforderlich ist. Frau Pütz braucht daher in keinem Fall eine Besuchserlaubnis der Justizvollzugsanstalt um ihren Mann zu besuchen.

Als Besucherin muss sie neben einer Besuchserlaubnis des Gerichts oder der Staatsanwaltschaft aber einen gültigen amtlichen Ausweis bei sich führen. Zur Vermeidung von Wartezeiten empfiehlt es sich einen Besuchstermin bei der Besuchsabteilung der Anstalt zu reservieren. Üblicherweise ist die Zulassung zum Besuch in den Untersuchungshaftanstalten davon abhängig, dass sich die Besucher durchsuchen lassen.[5]

33.1.2 Besuchskontingent und Sonderbesuche

Je nach landesrechtlicher Regelung beträgt die Höchstdauer der monatlichen Besuche in einigen Ländern mindestens eine Stunde, in den meisten Ländern aber zwei Stunden im Monat.[6] Dies bedeutet eine Verbesserung gegenüber der Regelung in Nr. 24, 25 UVollzO, nach der „mindestens alle zwei Wochen ein Besuch", und zwar ein solcher „von dreißig Minuten Dauer" zugelassen wurde.

Das derzeit vorgesehene Besuchskontingent wird den Bedürfnissen des Untersuchungsgefangenen selten gerecht, so dass regelmäßig und zahlreich Anträge auf Gewährung von Sonderbesuchen aus verschiedenen Anlässen gestellt werden. Bei der Entscheidung hierüber muss die Vollzugsbehörde insbesondere das Gebot der Kontaktförderung zu Familienangehörigen beachten. Denn nach der Rechtsprechung des Bundesverfassungsgerichts ist jedenfalls bei der Regelung der Besuchszeiten zu beachten, dass Ehe und Familie unter dem besonderen Schutz der staatlichen Ordnung stehen und der in Art. 6 I GG enthaltenden wertentscheidenden Norm im Haftvollzug besondere Bedeutung zukommt.[7] Angehörigenbesuche sind daher zu privilegieren: „Jede Untersuchungshaft von längerer Dauer stellt für die Beziehungen des Betroffenen zu seiner Familie regelmäßig eine empfindliche Belastung dar. Ihr Vollzug beeinträchtigt die notwendige Kommunikation zwischen dem Inhaftierten und seinen in Freiheit lebenden Angehörigen und kann dazu beitragen, dass sie einander tief greifend entfremdet werden. Aufgabe des Staates ist es, in Erfüllung seiner verfassungsrechtlichen Pflicht, für die Erhaltung von Ehe und Familie zu sorgen, solche nachteiligen Auswirkungen des Freiheitsentzugs im Rahmen des Möglichen und Zumutbaren, aber auch unter angemessener Beachtung

---

[5] Vgl. § 18 III UVollzG NRW; § 143 II NJVollzG, § 25 III Hess. UVollzG; § 21 III UVollzG Hamburg; § 12 III d. 2. Buches des JVollzGB BW; Art. 15 I BayUVollzG; jeweils § 33 IV der VollzG für die Länder Berlin, Brandenburg, Bremen, Thüringen, Sachsen, Saarland, Schleswig-Holstein, Mecklenburg-Vorpommern, Bremen, Brandenburg, Rheinland-Pfalz und Berlin.

[6] Nur eine Stunde Besuch im Monat sehen Baden-Württemberg (§ 12 des 2. Buches JVollzGB BW) und Niedersachsen (§ 25 I 1 i. V. m. § 143 I NJVollzGB).

[7] BVerfG v. 25.7.1994 – 2 BvR 806/94, NJW 1995, 1478 f.

der Belange der Allgemeinheit, zu begrenzen. Daraus folgt, dass die zuständigen Behörden die erforderlichen und zumutbaren Anstrengungen unternehmen müssen, um im angemessenen Umfang Besuche von Ehegatten von Untersuchungsgefangenen zu ermöglichen".[8]

Vor diesem Hintergrund sehen die Landesuntersuchungshaftvollzugsgesetze vereinzelt sogar die Möglichkeit vor, dass Angehörigenbesuche nicht auf die Mindestbesuchszeit angerechnet werden[9] bzw. dass die Mindestbesuchszeiten für Kinder erweitert sind.[10] Darüber hinaus haben die meisten Länder Regelungen gefunden, die eine Pflicht der Anstalt zur besonderen Förderung der Kontakte der Untersuchungsgefangenen zu ihren Angehörigen beinhalten.[11] In Nordrhein-Westfalen fehlt eine entsprechende gesetzliche Privilegierung. Gleichwohl ist die Praxis gehalten, Angehörigenbesuche zu bevorzugen, etwa durch die Gewährung zusätzlicher Besuchstermine oder die Gestattung längerer Besuchszeiten.

33.1.3 Besuchsüberwachung

Fall 33.2

Der nigerianische Staatsangehörige Obasi sitzt wegen Verstoßes gegen das BtmG in Untersuchungshaft. Der Haftrichter hat die optische Besuchsüberwachung angeordnet. An seinem Geburtstag erhält Obasi Besuch von einem Freund. Zum Ende des Besuchs versucht der Freund dem Obasi ein kleines Tütchen mit Heroin zu übergeben. Dies wird von dem Besuchsbeamten der JVA bemerkt. Er bricht den Besuch ab. Neben weiteren Maßnahmen ordnet der Anstaltsleiter an, dass bei künftigen Besuchen des Obasi eine Überwachung mittels Trennscheibe erfolgt. Obasi empfindet sowohl den Besuchsabbruch, als auch die Trennscheibenanordnung als ungerecht.

Die Besuchsüberwachung – optisch, optisch und akustisch oder die Trennscheibenüberwachung – wird vorrangig gem. § 119 I 2 StPO vom Haftgericht angeordnet. Hier gilt, dass insbesondere bei einer akustischen Überwachung – diese wird durch das unmittelbare, ggf. gedolmetschte Mithören eines Justiz- oder Polizeibediensteten sichergestellt – oder einer Überwachung mittels Trennscheibe konkrete Anhaltspunkte für eine Gefährdung des Haftzwecks bei einer bloß optischen Besuchsüberwachung vorliegen müssen und der Verhältnismäßigkeitsgrundsatz gewahrt bleibt.[12]

---

[8] BVerfG a. a. O.
[9] Vgl. § 33 II 2 UVollzG Sachsen-Anhalt.
[10] § 33 I 2, 2 Hs. 2 UVollzG Bremen und § 33 I 3 UVollzG Mecklenburg-Vorpommern.
[11] § 25 III Hess. UVollzG; § 26 II UVollzG Hamburg; jeweils § 33 II der VollzG für die Länder Berlin, Brandenburg, Bremen, Thüringen, Sachsen, Saarland, Mecklenburg-Vorpommern, Bremen, Brandenburg, Rheinland-Pfalz und Berlin.
[12] Vgl. OLG Hamm v. 9.2.2010 – 3 Ws 45/10, StV 2010, 368, KG v. 29.03.2010 – 4 Ws 14/10, StV 2010, 370; KG v. 26.08.2005 – 1 AR1147/05 StV 2008, 32.

Daneben kann aber auch die Untersuchungshaftanstalt unter vollzugssichernden Gesichtspunkten eine Besuchsüberwachung anordnen.[13] So wird z. B. häufig bei Inhaftierten, die im Untersuchungshaftvollzug mit Drogenkonsum oder Drogenbesitz aufgefallen sind, eine Besuchsüberwachung mittels Trennscheibe angeordnet.

Bislang üblich und in Nr. 27 II UVollzO vorgesehen war, dass dem Untersuchungsgefangenen beim Besuch Gegenstände übergeben werden können. Die neuen Landesgesetze haben dies nun unterschiedlich geregelt. Zum Teil wird eine Übergabe von Gegenständen generell verboten, zum Teil unter einen Zustimmungsvorbehalt gestellt.[14] Ein generelles Übergabeverbot aufgrund von Kontrollerfordernissen ist weder verhältnismäßig, noch erkennt es die Bedürfnisse bzw. die besondere Situation des Untersuchungsgefangenen an. Für viele mittellose Untersuchungsgefangene ist die Tatsache, dass Besucher ihnen für ca. 10,- Euro – zumeist aus entsprechenden Automaten im Besuchsbereich der Anstalt – Süßigkeiten und Tabak übergeben können, gerade zu Beginn der Haft die einzige Möglichkeit sich Annehmlichkeiten zu verschaffen.[15]

Lösungsskizze zu Fall 33.2

Der Leiter Justizvollzugsanstalt war gemäß § 19 III UVollzG NRW berechtigt, den Besuch abzubrechen. Sowohl aufgrund des Verhaltens des Besuchers als auch des Obasi war die Sicherheit und Ordnung in der Anstalt gefährdet. Die versuchte Drogenübergabe verstößt zunächst gegen § 19 II UVollzG NRW, wonach Gegenstände nur mit Erlaubnis der Anstalt übergeben werden dürfen. Weitaus schwerwiegender ist aber die Gefährdung der Anstaltssicherheit und -ordnung durch das versuchte Einbringen der Drogen. Das Einbringen von Drogen in eine Justizvollzugsanstalt führt einerseits – mittelbar – zu gesundheitsschädlichen Folgen und hat andererseits Straftaten sowie subkulturelle Abhängigkeiten zur Folge. Zur Aufrechterhaltung der Anstaltsordnung muss die Vollzugsbehörde daher alles unternehmen, was das illegale Einbringen von Drogen unterbindet. Vor diesem Hintergrund ist auch die Anordnung der optischen Besuchsüberwachung mittels Trennscheibe gemäß § 19 I, 1 UVollzG NRW zu Recht erfolgt. Es bestehen konkrete Anhaltspunkte (u. a. die Übergabe an seinem Geburtstag, das gemeinsam planmäßige Vorgehen, Tatvorwurf hins. Obasi), dass der Untersuchungsgefangene Obasi seine Besuche nutzt, um sich Drogen in die JVA bringen zu lassen. Dies gefährdet wie dargelegt die Sicherheit und Ordnung der Anstalt. Insofern die vom Haftrichter gem. § 119 I, 2 Nr. 2 StPO angeordnete optische

---

[13] Jeweils § 35 UVollzG der Länder Brandenburg, Bremen, Berlin, Rheinland-Pfalz, Saarland, Mecklenburg.-Vorpommern, Sachsen-Anhalt und Thüringen; § 14 des 2. Buches JVollzGB BW; § 22 UVollzG Hamburg; § 26 Hess. UVollzG; § 144 NJVollzGB; § 19 UVollzG NRW.

[14] Generelles Übergabeverbot jeweils gem. § 35 V UVollzG der Länder Berlin, Brandenburg, Bremen, Mecklenburg-Vorpommern, Rheinland-Pfalz, Saarland, Schleswig-Holstein, Thüringen; § 22 IV UVollzG Hamburg; § 114 IV NJVollzG. Übergabe mit Erlaubnisvorbehalt gem. § 14 III des 2. Buches JVollzGB BW; § 26 I 6 Hess. UvollzG; § 19 II UVollzG NRW; Art. 17 IV BayUVollzG.

[15] Vgl. *Schlothauer/Weider* Rdn. 1176.

Besuchsüberwachung, dieses Risiko nicht wirksam ausschließen kann, hat der Anstaltsleiter zu Recht die Trennscheibenanordnung getroffen.

33.2 Telefonate mit Dritten

Die landesrechtlichen Regelungen gestatten dem Untersuchungsgefangenen, Telefongespräche zu führen[16], stellen diese grundsätzliche Erlaubnis zum Teil – vgl. § 21 I UVollzG NRW – aber unter einen Vorbehalt („soweit die räumlichen, organisatorischen und personellen Verhältnisse dies zulassen"). Diese Beschränkung hält verfassungsrechtlichen Vorgaben nicht stand, da es Aufgabe des Staates ist, die erforderlichen technischen Voraussetzungen und Kapazitäten in den Anstalten zu schaffen.[17]

Hinsichtlich der Gewährung von Telefonaten und deren Überwachung gelten die landesrechtlichen Bestimmungen über den Besuchsverkehr entsprechend. In diesem Zusammenhang ist daran zu erinnern, dass auch hier wieder eine Doppelzuständigkeit von Haftrichter/Staatsanwaltschaft einerseits und Justizvollzugsanstalt andererseits besteht. Praktische Auswirkungen hat dies – ähnlich wie bei der Genehmigung von Sonderbesuchen – für das Genehmigungsverfahren.

Die Telefonate sind zunächst vom Haftrichter bzw. der Staatsanwaltschaft zu genehmigen. Die Genehmigung wird, soweit der Haftzweck dem nicht entgegensteht, regelmäßig erteilt werden. Auf Grundlage dieser Telefonerlaubnis wird sodann die Durchführung der Telefonate bei der Untersuchungshaftanstalt beantragt. Diese entscheidet über die Anzahl der Telefonate. In Absprache mit dem Untersuchungsgefangenen ist das Telefonat dann durchzuführen. Ist darüber hinaus im Einzelfall eine akustische Überwachung zur Verfahrenssicherung oder aus Gründen der Sicherheit und Ordnung der Anstalt angeordnet, wird das komplette Telefonat ggf. mittels Unterstützung eines Dolmetschers auch inhaltlich verfolgt. Über die Tatsache der Gesprächsüberwachung – gleich in welcher Form – ist der Gesprächspartner zu Beginn des Telefonats zu informieren.

33.3 Schriftverkehr mit Dritten

Eine weitere Doppelzuständigkeit ergibt sich bei der Überwachung des Schriftverkehrs des Untersuchungsgefangenen mit Privatpersonen. Hier kann sowohl der Haftrichter gem. § 119 I, 2 Nr. 2 StPO die Überwachung des Schriftwechsels anordnen, als auch die Vollzugsbehörde, sofern es Sicherheit und Ordnung der Anstalt

---

[16] § 40 UVollzG der Länder Berlin, Bremen, Brandenburg, Mecklenburg-Vorpommern, Rheinland-Pfalz, Saarland, Thüringen, Schleswig-Holstein, Sachsen, Sachsen-Anhalt; § 21 UVollzG NRW; § 20 des 2. Buches JVollzGB BW; § 27 UVollzG Hamburg; § 28 Hess. UvollzG; § 148 NJVollzG; Art. 21 BayUVollzG.

[17] Ständige Rspr. des BVerfG: zuletzt BVerfG v. 10.1.2008 – 2 BvR 2111/06, StV 2008, 424; BVerfG v. 10.1.2008 – 2 BvR 1229/07, StV 2009, 255.

33.3 Schriftverkehr mit Dritten

erfordern.[18] Das Untersuchungshaftvollzugsgesetz Nordrhein-Westfalen enthält keine Ermächtigungsgrundlage für eine Überwachung des Schriftverkehrs durch die Anstalt.[19] Folge ist, dass dort nach derzeitiger Rechtslage eine generelle Überwachung des Schriftverkehrs gemäß §§ 1 III, 4 UVollzG NRW nicht zulässig sein dürfte (vgl. dazu Kap. 4.3, Fall 2).[20]

Soweit die Länder die Überwachung des Schriftverkehrs geregelt haben, finden sich auch Vorschriften, die einen abschließenden Katalog von Anhaltegründen enthalten. So kann der Anstaltsleiter ein Schreiben anhalten, wenn
- eine Gefährdung der Aufgabe des Untersuchungshaftvollzuges oder der Sicherheit oder Ordnung der Anstalt es erfordert,
- die Weiterleitung des Schreibens in Kenntnis des Inhalts einen Straf- oder Bußgeldtatbestand verwirklichen würde,
- das Schreiben grob unrichtige oder erheblich entstellende Darstellungen von Anstaltsverhältnissen oder grobe Beleidigungen enthält oder
- das Schreiben in Kurz- oder Geheimschrift, unleserlich oder unverständlich oder ohne zwingenden Grund in einer fremden Sprache abgefasst ist.[21]

Zu den einzelnen Voraussetzungen der Anhaltegründen kann auf die umfangreiche Darstellung von *Linkhorst*[22] verwiesen werden. Ganz grundsätzlich muss das Haftgericht bzw. die Anstalt bei der Kontrolle des Schriftverkehrs folgende Grundsätze wahren:

Der Briefverkehr kann nur unter strengen Voraussetzungen und nur bezogen auf den Einzelfall beschränkt werden. Nur unvermeidliche Maßnahmen, die zum Schutz der Sicherheit oder Ordnung der Anstalt oder des Haftzwecks erforderlich sind, dürfen getroffen werden. Dabei ist zu beachten, dass der grundrechtlich geschützte Briefverkehr dem Gefangenen einen Raum vertraulicher Kommunikation im Rahmen von familiären und freundschaftlichen Beziehungen bietet.[23] Dieser vertrauliche Schutzraum muss auch bei einer angeordneten Überwachung bestehen bleiben, so dass ein Schreiben nicht wegen darin enthaltener Beleidigungen angehalten werden kann.[24] Schließlich ist zu beachten, dass sich die Beschränkungen immer auf einzelne konkrete Schreiben richten müssen. Eine generelle personengebundene Beschränkung des Briefverkehrs ist nicht möglich.[25]

---

[18] § 36 II UVollzG der Länder Berlin, Bremen, Brandenburg, Mecklenburg-Vorpommern, Rheinland-Pfalz, Saarland, Thüringen, Sachsen-Anhalt; § 16 II des 2. Buches JVollzGB BW; § 24 II UVollzG Hamburg; § 25 I Hess. UVollzG; Art. 19 I Bay UVollzG.

[19] § 20 UVollzG NRW.

[20] Vgl. *Schlothauer/Weider* Rdn. 1193.

[21] § 39 I UVollzG der Länder Berlin, Bremen, Brandenburg, Mecklenburg-Vorpommern, Rheinland-Pfalz, Saarland, Thüringen, Schleswig-Holstein, Sachsen-Anhalt; § 19 I des 2. Buches JVollzGB BW; § 25 UVollzG Hamburg; § 27 III Hess. UVollzG.

[22] AnwK U-Haft/*Linkhorst* § 39 Rdn. 1 ff.

[23] BVerfG v. 27.7.2009 – 2 BvR 2186/07, StV 2010, 142.

[24] BVerfG v. 24.6.1996 – 2 BvR 2137/95, NJW 1997, 185, 186.

[25] OLG Zweibrücken v. 2.10.1986 – 1 Vollz (Ws) 74/86; NStZ 1987, 85, 86.

33.4 Paketempfang

Fall 33.3

Nach einigen Jahren in Freiheit wird der hafterfahrene Fritz Kaiser wegen Einbruchdiebstahls im November 2012 wieder einmal in Untersuchungshaft genommen. Kaiser beantragt sogleich eine Weihnachtspaketmarke, um sich von seiner Tante einige Lebensmittel schicken zu lassen. Als er den Antrag beim Abteilungsbeamten abgibt, antwortet dieser ihm gleich „Das gibt's schon lange nicht mehr!".

Lösungsskizze
Im Rahmen der neuen Landesuntersuchungshaftvollzugsgesetze haben fast alle Länder– lobenswerte Ausnahme ist Brandenburg – das Recht auf Paketempfang deutlich begrenzt. Zur Vermeidung vermeintlicher Abhängigkeitsverhältnisse unter Gefangenen und eines erhöhten Personal-. und Kontrollaufwands wurde der Empfang von Paketen mit Nahrungs- und Genussmitteln ausgeschlossen. Ein exemplarischer Blick auf die nordrhein-westfälischen Regelungen erhellt die Hintergründe und den wesentlichen Regelungsinhalt der insgesamt reformbedürftigen Regelungen:
Die Regelung des § 23 I 1 UVollzG NRW statuiert das Recht des Untersuchungsgefangenen, nach näherer Maßgabe der Anstalt Pakete zu empfangen. § 23 II 1 UVollzG NRW sieht eine dem StVollzG angeglichene Regelung des Empfangs und der Kontrolle von Paketsendungen vor, die einen Missbrauch verhindern soll: Die Pakete sind in Gegenwart des Untersuchungsgefangenen, an den sie adressiert sind, zu öffnen. Gegenstände, die geeignet sind, die Sicherheit und Ordnung der Anstalt zu gefährden, werden nach § 23 II 2 UVollzG NRW ausgeschlossen und entweder zur Habe des Gefangenen genommen oder zurückgeschickt oder – als ultima ratio – vernichtet.
In § 23 I 2 UVollzG NRW findet sich der ausnahmslose Ausschluss des Empfangs von Paketen mit Nahrungs- und Genussmitteln. Bis zum Inkrafttreten des UVollzG NRW waren solche Sendungen nach § 39 I 1 UVollzO statthaft. Das jetzige Totalverbot widerspricht dem Verfassungsprinzip, dass Untersuchungsgefangene als unschuldig gelten und nur unvermeidlichen Beschränkungen unterworfen werden dürfen. Der Verweis in der Gesetzesbegründung[26] auf bestehende differenzierte und umfangreiche Einkaufsmöglichkeiten in der Anstalt verkennt, dass der Paketverkehr nicht nur einen materiellen, sondern auch einen ideellen Zweck verfolgt.[27] Fast grotesk erscheint das Verbot, wenn man sich die entsprechende Regelung im Strafvollzug vor Augen führt: § 33 I 1 StVollzG gewährleistet (noch) das Recht des Gefangenen, dreimal jährlich in angemessenen

---

[26] Vgl. die Begründung zum UVollzG NRW LT-Drucks. 14/8631, 59.
[27] LR/Hilger § 119 Rdn. 46.

Abständen ein Paket mit Nahrungs- und Genussmitteln zu empfangen.[28] Untersuchungsgefangene ohne sachlichen Grund schlechter zu stellen als Strafgefangene, verstößt eklatant gegen Art. 3 I GG. Stehen schließlich Paketsendungen von Angehörigen in Rede, verletzt der ausnahmslose Ausschluss auch Art. 6 I GG, so dass die Regelung insgesamt verfassungswidrig ist.[29]

---

[28] Einen dem UVollzG entsprechenden Ausschluss des Empfangs von Paketen mit Nahrungs- und Genussmitteln sieht allerdings § 39 Abs. 1 S. 2 JStVollzG NRW vor.

[29] Vgl. *Piel/Püschel/Tsambikakis/Wallau*, ZRP 2009, 33, 36; *Püschel/Bartmeier/Mertens* § 10 Rdn. 77.

Kommunikation mit dem Verteidiger 34

Fall 34.1

Der Untersuchungsgefangene Alfred Andosch hat den Rechtsanwalt Borsche an geschrieben, ob dieser evtl. seine Verteidigung übernehmen wolle. Rechtsanwalt Borsche erscheint in der Anstalt und will nunmehr den Gefangenen sprechen.

Lösungsskizze
Gemäß § 148 I StPO darf ein Gefangener mit seinem Verteidiger ohne besondere Erlaubnis sowie ohne Beschränkung und Überwachung mündlich verkehren.[1] Die Verteidigereigenschaft erlangt er durch die Vollmacht des Gefangenen oder die Bestellungsanordnung des Gerichts. Solange aber noch nicht klar ist, ob ein Rechtsanwalt die Verteidigung übernimmt, braucht auch dieser einen Anbahnungssprechschein des Haftrichters oder im Falle der Übertragung nach § 119 II 2 StPO auf die Staatsanwaltschaft durch den Staatsanwalt.[2] Zwar besteht kein Anspruch auf ein unbewachtes Anbahnungsgespräch[3]; allerdings lässt sich dem Anliegen, das Anbahnungsgespräch unter dem Schutz der Vertraulichkeit zu führen, Rechnung tragen. Wenn nicht ganz besondere Umstände vorliegen, ist deshalb von einer Überwachung auch des Anbahnungsgespräches abzusehen.

Der Untersuchungsgefangene Andosch hat eine Vollmacht unterschrieben, in der sich der Stempel der Anwaltskanzlei Borsche befindet mit den Namen von insgesamt 4 Rechtsanwälten (Borsche, Christians, Dorsch, Eich). Rechtsanwalt Dorsch erscheint an einem Samstag (an diesem Tag soll nach den Bestimmungen der Anstalt nur der Angehörigenbesuch stattfinden) und will den Gefangenen sprechen.

---

[1] Zur Dauer des Besuchs vgl. OLG Karlsruhe NStZ 1997, 407; OLG Zweibrücken ZfStrVo 1997, 303; OLG Stuttgart NStZ 1998, 212.

[2] Vgl. *Schlothauer/Weider* Rdn. 66.

[3] KG Berlin ZfStrVo 1992, 393.

Lösungsskizze

Gemäß § 137 I 2 StPO darf die Zahl der von dem Beschuldigten gewählten Verteidiger 3 nicht übersteigen. Da im vorliegenden Fall die Rechtsanwaltssozietät 4 Mitglieder hat, müsste die Anstalt auf eine Präzisierung der Vollmacht hinwirken, so dass maximal 3 Rechtsanwälte mit Namen benannt sind. Allerdings wäre es unverhältnismäßig, den Rechtsanwalt Dorsch wegen dieser Formalität zunächst einmal zurückzuweisen. Stattdessen könnte einfach der Untersuchungsgefangene gefragt werden, inwieweit er seine zu weit gehende Vollmacht beschränken will. Gehört Verteidiger Dorsch dann zu den Bevollmächtigten, so erhebt sich die Frage, ob er an diesem Tag ohne weiteres zu seinem Mandanten vorgelassen werden kann. Zwar ist gemäß § 148 I StPO dem Beschuldigten ohne Beschränkung der mündliche Verkehr mit seinem Verteidiger zu ermöglichen. § 22 UVollzG NRW erlaubt ebenfalls den unbeschränkten und unüberwachten Kontakt zwischen Verteidiger und Untersuchungsgefangenem. Dennoch bedingt es die Funktionsfähigkeit der Anstalt, dass der Verteidiger seinen Mandanten natürlich nicht zu jeder Tages- oder Nachtzeit besuchen kann. Dementsprechend setzt der Anstaltsleiter im Benehmen mit dem Präsidenten der Rechtsanwaltskammer oder dessen Beauftragten allgemein die Zeiten fest, zu denen in der Vollzugsanstalt die Besuche von Verteidigern regelmäßig stattfinden sollen. Im Regelfall könnte der Verteidiger Dorsch also zurückgewiesen werden. Bringt dieser jedoch besondere Gründe vor, warum er ausnahmsweise am Samstag seinen Mandanten sprechen muss (zu denken ist an einen kurzfristig anberaumten Gerichtstermin oder sonstige außergewöhnliche Ereignisse, die eine sofortige Konsultation des Mandanten erfordern), so müsste er vorgelassen werden.[4]

Bevor ein Rechtsanwalt seinen Mandanten besuchen kann, kann auch dieser durchsucht werden. Schon vor einer entsprechenden gesetzlichen Regelung hielt die Rechtsprechung die Durchsuchung des Verteidigers und der von ihm mitgeführten Gegenstände für zulässig.[5] § 22 II UVollzG NRW bestimmt nunmehr, dass die Zulassung von Verteidigern zum Besuch von ihrer Durchsuchung abhängig gemacht werden kann, wenn dies aus Gründen der Sicherheit oder Ordnung der Anstalt erforderlich ist, wobei die Gründe hierfür darzulegen sind. Mit dieser Regelung ist der Landesgesetzgeber der Kritik im Schrifttum nachgekommen, die im Hinblick auf die verfassungsrechtliche Rechtsprechung eine Durchsuchung des Verteidigers nur dann für zulässig hielt, wenn diese auf ein durch konkrete Anhaltspunkte gegründetes Misstrauen gestützt werden kann.[6] Der Schutz der Freiheit der Berufsausübung nach Art. 12 Abs. 1 GG beinhaltet auch die Abwehr übermäßiger und unzumutbarer Belastungen (vgl. BVerfG[7]).

---

[4] Vgl. *Püschel/Bartmeier/Mertens* § 4 Rdn. 35 mit Hinweis auf OLG Zweibrücken v. 12.3.1997 – 1 VAs 2/97, StV 1997, 313.

[5] Siehe z. B. OLG Nürnberg v. 7.6.2001 – Vas 567/01, StV 2002, 669.

[6] *Piel/Püschel/Tsambikakis/Wallau*, ZRP 2009, 33, 35.

[7] BVerfG v. 29.9.1997 – 2 BvR 1676/97, StV 1998, 241 ff.

Denn der Verteidiger genießt kraft seiner Stellung als Organ der Rechtspflege bis zum Beweis des Gegenteils einen staatlichen Vertrauensvorschuss.[8]
Daher müssen – auch im Hinblick auf Art. 12 Abs. 1 GG – konkrete Tatsachen dargelegt werden, die ein Misstrauen gegen den Verteidiger begründen.[9] Ein genereller Verdacht gegenüber Verteidigern ist unbegründet und unzulässig.
Die Kontrolle wird sich daher in der Regel auf eine Absondung mit einem Metallsuchgerät beschränken.
Dem Verteidiger ist es aufgrund von § 148 I StPO, § 22 I und II UVollzG NRW erlaubt, alle Schriftstücke und Gegenstände, die er zur der Besprechung mit dem Mandanten benötigt, mit in die JVA zu nehmen.[10] Eine inhaltliche Kontrolle der Verteidigerunterlagen ist unzulässig. Zu den privilegierten Gegenständen gehören insbesondere die Handakten und Kopien der Strafakten, aber auch ein Diktiergerät[11] oder ein Notebook, sofern sich auf diesem für die Verteidigung notwendige Unterlagen befinden.
Einer inhaltlichen Kontrolle sind die Verteidigerunterlagen stets entzogen, gleichgültig, ob sie in Schrift- oder in elektronisch gespeicherter Form in einem Notebook mitgeführt werden. Eine Überprüfung auf Fremdkörper durch die Justizvollzugsanstalt ist in beiden Fällen möglich.[12]
In Nordrhein-Westfalen hat das Justizministerium am 24.2.2011 per Erlass unter bestimmten Voraussetzungen die Mitnahme eines Laptops durch den Verteidiger zugelassen.[13] Folgende Nutzungsvoraussetzungen sind geregelt:
- Der Rechtsanwalt/Verteidiger trägt vor, dass die für das Mandantengespräch erforderlichen Unterlagen auf dem Laptop eingespeichert sind.
- Der Rechtsanwalt/Verteidiger bestätigt schriftlich, davon Kenntnis genommen zu haben, dass innerhalb der Anstalt keine Internetverbindung (über die Nutzung von Netzwerkkarten, Wireless LAN- und UMTS-Modulen etc.) hergestellt werden darf.
- Der Rechtsanwalt/Verteidiger erklärt sich mit der Zuhilfenahme einer Röntgengepäckprüfanlage zur Überprüfung der Laptops auf Fremdkörper einverstanden.

Das Mitführen von Mobiltelefonen wird hingegen in aller Regel untersagt.
Andosch erhält von seinem Verteidiger Dorsch einen dicken Briefumschlag zugesandt, der sich an einer Stelle anfühlt, als sei darin ein metallener Gegenstand enthalten.
Was ist zu veranlassen?

---

[8] BVerfG v. 5.1.2006 – 2 BvR 2/06, NJW 2006, 1500.
[9] BVerfG v. 5.1.2006 – 2 BvR 2/06, NJW 2006, 1500; BVerfG v. 29.9.1997 – 2 BvR 1667/97, StV 1998, 241.
[10] AK-StPO/*Krekeler/Werner*, § 148 Rdn 12.
[11] OLG Frankfurt v. 17.3.1980 – 3 Ws 170/80, AnwBl 1980, 307; AK-StPO/*Krekeler/Werner*, § 148 Rdn 12.
[12] BGH v. 15.12.2003 – 2 BGs 315/2003, StraFo 2004, 16.
[13] Aktenzeichen: 4434 IV. 172.

Lösungsskizze

Der Briefverkehr des Untersuchungsgefangenen mit seinem Verteidiger wird – abgesehen von Verfahren, denen der Vorwurf des § 129a StGB zugrunde liegt (Vgl. §§ 148 II, 148a StPO) – nicht überwacht. Allerdings darf die Anstalt eine äußere Kontrolle durchführen, d. h. überprüfen, ob der Brief nach seinen äußerlichen Merkmalen überhaupt von dem Verteidiger des Untersuchungsgefangenen stammt. Die Öffnung der Verteidigerpost zum Zwecke der Feststellung der Absenderidentität ist jedoch unzulässig.[14] Dies auch dann, wenn der Untersuchungsgefangene sich damit einverstanden erklärt.[15] Möglich wäre auch eine innere Kontrolle des Briefes mittels eines Röntgengeräts oder eines Metallsuchgeräts. Eine inhaltliche Kenntnisnahme von dem Brief wäre in jedem Fall unzulässig. Ergeben sich nach der zulässigen Kontrolle noch Zweifel, so kann die Anstalt bei dem Verteidiger nachfragen, ob es sich tatsächlich um sein Schreiben handelt. Steht dies jedoch fest, so berechtigt selbst ein besonders großer Umfang der Verteidigerpost die Anstalt nicht, diese zu öffnen oder grob zu sichten. Handelt es sich nur überhaupt um Schriftstücke, so ist z. B. auch eine Zeitschrift (z. B. Der SPIEGEL) als Verteidigerpost denkbar. Es ist nämlich nicht auszuschließen, dass einzelne Artikel der Verteidigung dienen. Es obliegt dem Verteidiger und seinem Mandanten – im Rahmen der Gesetze – zu bestimmen, was der Verteidigung dient.[16] Telefongespräche zwischen Anwalt und Mandant sind ebenfalls geschützt. Können die Telefongespräche aber nur von Dienstzimmern oder Geschäftsstellen geführt werden, ist die Anwesenheit eines Bediensteten der JVA auch bei Gesprächen mit dem Verteidiger zulässig.[17]

---

[14] Vgl. nur: OLG Bremen StV 2006, 650; OLG Frankfurt StraFo 2005,73; s. auch *Meyer-Goßner* § 148 Rdn. 7 m.w.N.

[15] BVerfG v. 25.10.2011 – 2 BvR 979/10, NStZ-RR 2012, 60.

[16] Zur Problematik, welche Schriftstücke mit welchem Inhalt als „Verteidigerpost" gekennzeichnet werden dürfen BVerfG StV 2010, 144 m. abl. Anm. *Weider*. Kritisch zur restriktiven Auffassung des BVerfG auch *Püschel/Bartmeier/Mertens* Rdn. 56–58.

[17] BGH StV 1999, 39.

Sicherungsmaßnahmen 35

35.1 Unterscheidung in allgemeine und besondere Sicherungsmaßnahmen sowie weitere vollzugliche Maßnahmen

Fall 35.1

Der Abteilungsbedienstete betritt den Haftraum des Untersuchungsgefangenen Christiansen und fordert diesen auf, den Haftraum zur Durchführung der wöchentlichen Haftraumkontrolle zu verlassen. Als Christiansen bittet, seine Zigaretten aus dem Schrank holen zu dürfen, wird ihm das gestattet. Der Bedienstete merkt jedoch, dass Christiansen neben den Zigaretten, die er in die Hosentasche steckt, blitzschnell einen Gegenstand in der Handöffnung verschwinden lässt. Als Christiansen bestreitet, noch etwas anderes als Zigaretten aus dem Schrank genommen zu haben, fordert der Bedienstete ihn auf sich auszuziehen. Christiansen protestiert, zumal die Haftraumtür halb geöffnet sei, fügt sich aber letztlich. Als bei der anschließenden Durchsuchung 2 g Heroin gefunden werden und der Abteilungsbedienstete ankündigt „Das hat Folgen!", rastet Christiansen aus. Er wirft mit einem Stuhl nach dem Abteilungsbediensteten, zertrümmert seinen Schrank, wütet weiter lautstark und stürmt nochmals auf den Beamten zu. Schließlich wird er von mehreren herbeigeeilten Bediensteten zu Boden gebracht und aufgefordert, aufzuhören. Christiansen wütet jedoch weiterhin und wird angesichts seiner massiven Gegenwehr gefesselt in den besonders gesicherten Haftraum verbracht. Dort wird die Fesselung gelöst. Christiansen beruhigt sich nach einigen Stunden, so dass er am Folgetag wieder auf seinem Haftraum untergebracht wird.

Fragen:
1. Ordnen Sie getroffenen Maßnahmen im System der vollzuglichen Maßnahmen ein!
2. Ist die Durchsuchung des Untersuchungsgefangenen regelgerecht erfolgt?

3. Lagen die Voraussetzungen für eine Unterbringung im besonders gesicherten Haftraum vor?
4. War die Fesselung des Untersuchungsgefangenen zulässig?

Das Fallbeispiel belegt, dass im Untersuchungshaftvollzug tagtäglich zahlreiche Sicherungsmaßnahmen und sonstige Vollzugsmaßnahmen angeordnet werden. Diese können z. B. bei Untersuchungsgefangenen, die mit Betäubungsmitteln auffallen, ein breites Spektrum abdecken: von der Anordnung verstärkter Durchsuchungen des Haftraumes und der Sachen des Untersuchungsgefangenen über die Anordnung einer mit Entkleidung verbundenen körperlichen Dursuchung sowie der Abgabe einer Urinprobe zur Überprüfung der Drogenfreiheit bis zur Anordnung von Trennscheibenbesuch, um die Übergabe von Betäubungsmitteln zu unterbinden. Diese Maßnahmen dienen primär der Aufrechterhaltung der Anstaltsordnung und werden in der Vollzugspraxis als allgemeine Sicherungsmaßnahmen bezeichnet. Diese finden sich in den Ländergesetzen im Abschnitt „Sicherheit und Ordnung" und umfassen die Durchsuchung, die erkennungsdienstliche Behandlung, die Videoüberwachung und die Maßnahmen zur Feststellung von Suchtmittelkonsum.[1]

Daneben stehen der Vollzugsbehörde wesentlich gravierende Maßnahmen, z. B. ständige Beobachtung des Untersuchungsgefangenen, Einzelhaft, Fesselung, zur Verfügung, wenn es darum geht eine besondere, „erhöhte" Gefahr abzuwenden. So ordnen die Untersuchungshaftanstalten z. B. im Rahmen der Suizidprophylaxe zu Haftbeginn bei besonderen „Risikogefangenen" – zu nennen sind hier Erstinhaftierte, insbesondere bei gravierendem Tatvorwurf im Bereich der Kapital- oder Sexualdelikte, oder suchtmittelabhängige, im Entzug befindliche Untersuchungsgefangene – standardmäßig die Beobachtung der betroffenen Gefangenen sowie ggf. den Entzug von zur Selbstverletzung geeigneten Gegenständen an. Angesichts des besonderen Anordnungsanlasses und der ungleich höheren Eingriffsintensität werden diese Maßnahmen als besondere Sicherungsmaßnahmen bezeichnet und unterliegen in besonderem Maße dem Verhältnismäßigkeitsgrundsatz.

In den Untersuchungshaftvollzugsgesetzen der Länder sind die Eingriffsvoraussetzungen und die zulässigen besonderen Sicherungsmaßnahmen jeweils im Abschnitt „Sicherheit und Ordnung" abschließend aufgeführt.[2]

---

[1] Vgl. für die Durchsuchung: § 44 der UVollzG für die Länder Brandenburg, Rheinland-Pfalz, Berlin, Bremen, Mecklenburg-Vorpommern, Saarland, Sachsen, Schleswig-Holstein, Sachsen-Anhalt und Thüringen; § 50 HmbUVollzG; § 31 Hess. UVollzG; §§ 32 UVollzG NRW; § 46 des 2. Buchs des JVollzGB BW; § 156 I i. V. m. § 77 NJVollzG; Art. 42 BayUVollzG i. V. m. Art. 91 I BayStVollzG. Für die ED-Behandlung: § 45 der UVollzG für die Länder Brandenburg, Rheinland-Pfalz, Berlin, Bremen, Mecklenburg-Vorpommern, Saarland, Sachsen, Schleswig-Holstein, Sachsen-Anhalt und Thüringen; § 51 HmbUVollzG; § 54 Hess. UVollzG; §§ 35 UVollzG NRW; § 31 des 1. Buchs des JVollzGB BW; § 156 II i. V. m. § 77 NJVollzG; Art. 42 BayUVollzG i. V. m. Art. 93 I BayStVollzG. Für die Videoüberwachung: § 46 der UVollzG für die Länder Rheinland-Pfalz, Berlin, Bremen, Mecklenburg-Vorpommern, Sachsen, Schleswig-Holstein, Brandenburg, Saarland, Sachsen-Anhalt und Thüringen; § 102 Hmbg. UVollzG; §§ 34 UVollzG NRW; §§ 23, 32 des 1. Buchs des JVollzGB BW; in Bayern und Niedersachsen bestehen keine Regelungen zur Videoüberwachung von Haftäumen.

[2] Vgl. jeweils § 49 der UVollzG für die Länder Brandenburg, Rheinland-Pfalz, Berlin, Bremen, Mecklenburg-Vorpommern, Saarland, Sachsen-Anhalt, Schleswig-Holstein und Thüringen; § 54

35.1 Unterscheidung in allgemeine und besondere Sicherungsmaßnahmen ...

Zulässig sind im Einzelnen folgende besondere Sicherungsmaßnahmen:
- der Entzug oder die Vorenthaltung von Gegenständen,
- die Beobachtung der Untersuchungsgefangenen, auch mit technischen Hilfsmitteln,
- die Absonderung von anderen Gefangenen,
- der Entzug oder die Beschränkung des Aufenthalts im Freien,
- die Unterbringung in einem besonders gesicherten Haftraum ohne gefährdende Gegenstände und
- die Fesselung.

Als rein präventive Maßnahmen der Gefahrenabwehr sind die allgemeinen und besonderen Sicherungsmaßnahmen streng von den Disziplinarmaßnahmen abzugrenzen und dürfen nicht repressiv eingesetzt werden.

Neben diesem Instrumentarium der allgemeinen und besonderen Sicherungsmaßnahmen als Eingriffsbefugnisse sind noch die Maßnahmen des unmittelbaren Zwangs, die allgemeinen Verhaltensvorschriften inklusive der ergänzenden Vorschriften der Hausordnung sowie die Eingriffsermächtigungen in speziellen Vorschriften zu unterscheiden.[3] Diese Eingriffsermächtigungen finden sich zahlreich in den Landesgesetzen und reichen u. a. von der Anordnung der gemeinschaftlichen Unterbringung über die Anordnung zum Tragen von Anstaltskleidung bis zur Anordnung von Trennscheibenbesuch.[4]

Lösungsskizze zu Fall 35.1, Frage 1
Bei der durchgeführten Haftraumkontrolle und der Durchsuchung der Person des Untersuchungsgefangenen handelt es sich um allgemeine Sicherungsmaßnahmen gem. § 32 I UvollzG NRW. Bei der körperlichen Gewaltanwendung um den Angriff des Untersuchungsgefangenen zu beenden handelt es sich um eine Maßnahme des unmittelbaren Zwangs gem. § 36 UVollzG NRW. Die Anwendung unmittelbaren Zwangs war gem. §§ 37, 38 UVollzG erforderlich, weil der angestrebte Zweck – Beendigung des Angriffs – nicht anders zu erreichen war. Eine vorherige Androhung des unmittelbaren Zwangs war nach den Umständen gem. § 39 II UVollzG NRW entbehrlich.

Bei der Fesselung und der Unterbringung im besonders gesicherten Haftraum handelt es sich um besondere Sicherungsmaßnahmen gem. § 42 II Nr. 6 und Nr. 5 UVollzG NRW.

HmbUvollzG; § 35 Hess. UvollzG; §§ 42 UVollzG NRW; § 47 des 2. Buches des JVollzGB BW; § 156 I i. V. m. § 81 NJVollzG; Art. 27 BayuVollzG i. V. m. Art. 96 BayStVollzG.

[3] Vgl. allgemein zur Abgrenzung der einzelnen vollzuglichen Eingriffsbefugnisse für den Bereich des Strafvollzugs: *Arloth* § 81 Rn. 3; *Kaiser/Schöch* § 8 Rn. 3.

[4] Vgl. nur § 10 II UVollzG NRW (gemeinschaftliche Unterbringung); § 13 IV UVollzG NRW (Tragen von Anstaltskleidung) und § 19 I 1 (optische Besuchsüberwachung mittels Trennscheibe).

35.2 Anordnungsvoraussetzungen der besonderen Sicherungsmaßnahmen

Besondere Sicherungsmaßnahmen können vom Anstaltsleiter angeordnet werden.[5] Nach der Nr. 62 III UVollzO lag die Anordnungskompetenz allein beim Haftrichter; diesem waren alle angeordneten Sicherungsmaßnahmen zur Genehmigung vorzulegen. Die Übertragung der Anordnungskompetenz auf die Anstaltsebene ist – ähnlich wie bei der Übertragung der Disziplinarbefugnis auf den Anstaltsleiter – vielfach kritisiert worden.[6] Die Landesgesetzgeber sind aber allesamt dem Wunsch der Praxis nach einer Verkürzung der Entscheidungswege ohne Richterbeteiligung nachgekommen. Angesichts der weitreichenden Grundrechtseingriffe im Zusammenhang mit der Anordnung besonderer Sicherungsmaßnahmen erscheint dies verfassungsrechtlich zumindest fragwürdig.

Fall 35.2

Im Haftraum des Untersuchungsgefangenen Flink werden im Rahmen der Haftraumkontrolle Ausbruchspläne gefunden. Flink sitzt wegen des Tatvorwurfs des Raubes in Untersuchungshaft. Er konnte erst einige Wochen nach der Tat auf der Flucht festgenommen werden. Bislang waren gegen den Flink weder Sicherungsmaßnahmen von Seiten der Vollzugsanstalt angeordnet worden, noch bestanden Beschränkungen von Seiten des Haftrichters. Wer ist nach Bekanntwerden der Fluchtpläne für den Erlass von besonderen Sicherungsmaßnahmen bzw. Beschränkungen für den Flink zuständig?

Lösungsskizze
Fraglich ist, wie weit die Anordnungskompetenz des Anstaltsleiters reicht. Er wäre allein zuständig wenn es sich vorliegend bei der Anordnung von Sicherungsmaßnahmen gem. § 42 UVollzG NRW um eine nach dem Untersuchungshaftvollzugsgesetz Nordrhein-Westfalen notwendige Entscheidung gem. § 5 UVollzG NRW handeln würde. Dies könnte man bejahen, da bei Ausbruchsplänen immer auch die Anstaltssicherheit betroffen ist. So gesehen könnte der Anstaltsleiter z. B. den Entzug von ausbruchsgeeigneten Gegenständen gem. § 42 II Nr. 1 UVollzG NRW anordnen. Zu berücksichtigen ist vorliegend aber, dass es bei der Anordnung von Sicherungsmaßnahmen gegen den Untersuchungsgefangenen Flink doch primär um die Abwendung einer Fluchtgefahr geht. Bei verfassungskonformer Lesart endet die Anordnungskompetenz des Anstaltsleiters, wenn mit den besonderen Sicherungsmaßnahmen die Durchsetzung von Verfahrenszwecken der Untersuchungshaft im Sinne des § 119 I 1 Nr. 1–5 StPO

---

[5] Vgl. jeweils § 52 der UVollzG für die Länder Brandenburg, Rheinland-Pfalz, Berlin, Bremen, Mecklenburg-Vorpommern, Saarland, Sachsen-Anhalt, Schleswig-Holstein und Thüringen; § 55 HmbUvollzG; § 36 Hess. UvollzG; §§ 43 UVollzG NRW; § 50 des 2. Buches des JVollzGB BW; § 156 I i. V. m. § 84 NJVollzG; Art. 27 BayUvollzG i. V. m. Art.99 BayStVollzG.

[6] Vgl. *Püschel/Bartmeier/Mertens* § 10 Rdn. 23, 155, 174 m. w. N.

35.2 Anordnungsvoraussetzungen der besonderen Sicherungsmaßnahmen

verfolgt wird. In diesem Bereich – z. B. bei der Anordnung von Maßnahmen, die einer erhöhten Fluchtgefahr nach Bekanntwerden von Ausbruchsplänen begegnen sollen – ist alleinig der Richter auf der Grundlage des § 119 I StPO anordnungsbefugt. Von der Anordnungskompetenz des Anstaltsleiters sind lediglich Maßnahmen umfasst, die der Gefahrenabwehr zur Wahrung der Sicherheit und Ordnung der Anstalt dienen. Soweit es um Maßnahmen geht, die darüber hinaus gehen und den Zweck der Untersuchungshaft betreffen, muss der Anstaltsleiter gem. § 5 II 2 UVollzG NRW das Haftgericht entsprechend informieren. Soweit die Landesgesetze teilweise eine Anordnungskompetenz des Anstaltsleiters auch im Falle „einer erhöhten Gefahr der Entweichung" voraussetzen, geht dies deutlich zu weit. Der Sache nach geht es hierbei um Beschränkungen zur Durchsetzung der Haftzwecke – hier der Fluchtgefahr -, die in die Zuständigkeit des Haftrichters fallen. Bei verfassungskonformer Gesetzesanwendung ist die Anordnungskompetenz des Anstaltsleiters auf den Bereich der Gefahrenabwehr zu reduzieren.[7]

Der Anstaltsleiter kann die Kompetenz zur Anordnung von besonderen Sicherungsmaßnahmen auf Anstaltsbedienstete delegieren.[8] In der Praxis kommen vor allem die Vollzugsabteilungsleiter als relevante Entscheidungsträger in Betracht. Eine Eilkompetenz, die allerdings der nachträglichen Genehmigung bedarf, besteht aber für alle Anstaltsbedienstete.

Aus dem Verhältnismäßigkeitsgrundsatz folgt zwingend, dass besondere Sicherungsmaßnahmen nicht länger als erforderlich aufrechterhalten bleiben dürfen. Alle Landesgesetze haben daher die Untersuchungshaftanstalten verpflichtet, bestehende Sicherungsmaßnahmen regelmäßig auf ihre Notwendigkeit hin zu überprüfen.[9]

Zum Teil sehen die Ländergesetze für den Fall einer länger als drei Tage andauernden Fesselung oder Unterbringung in einem besonders gesicherten Haftraum besondere Meldepflichten an Aufsichtsbehörde, Gericht und Staatsanwaltschaft vor.[10] Hintergrund ist, dass bei diesen gravierenden Maßnahmen eine Information erfolgen soll, die ggf. eine Intervention von außen zur Beendigung der Maßnahmen möglich macht.

---

[7] Vgl. zur Abgrenzung der Anordnungsbefugnis des Gerichts gem. § 119 Abs. 1 StPO und des Anstaltsleiters: AnwK U-*Haft/Rubbert/Scharmer* § 52 Rn. 2–4 m. w. N.

[8] Vgl. jeweils § 52 der UVollzG für die Länder Brandenburg, Rheinland-Pfalz, Berlin, Bremen, Mecklenburg-Vorpommern, Saarland, Sachsen-Anhalt, Schleswig-Holstein und Thüringen; § 55 HmbUvollzG; § 36 Hess. UvollzG; §§ 43 UVollzG NRW; § 50 des 2. Buches des JVollzGB BW; § 156 I i. V. m. § 84 NJVollzG; Art. 27 BayUvollzG i. V. m. Art. 99 BayStVollzG.

[9] Vgl. jeweils § 52 IV der UVollzG für die Länder Brandenburg, Rheinland-Pfalz, Berlin, Bremen, Mecklenburg-Vorpommern, Saarland, Sachsen-Anhalt, Schleswig-Holstein und Thüringen; § 55 III HmbUVollzG, § 42 IV UVollzG NRW; § 47 V des 2. Buches des JVollzGB BW; Hessen, Hamburg und Niedersachsen haben auf eine explizite Regelung verzichtet.

[10] Vgl. jeweils § 52 V der UVollzG für die Länder Brandenburg, Rheinland-Pfalz, Berlin, Bremen, Mecklenburg-Vorpommern, Saarland, Sachsen-Anhalt, Schleswig-Holstein und Thüringen;§ 55 IV HmbUVollzG; § 36 V Hess. UVollzG; Niedersachsen, Nordrhein-Westfalen und Baden-Württemberg haben auf Mitteilungspflichten verzichtet.

35.3 Ausgewählte Sicherungsmaßnahmen

35.3.1 Durchsuchung

Besonders häufig ist der Untersuchungsgefangene von der allgemeinen Sicherungsmaßnahme der Durchsuchung seines Haftraums, seiner Sachen und seiner Person betroffen.[11] Bereits bei der Aufnahme in die Untersuchungshaftanstalt werden die Sachen des Untersuchungsgefangenen und der Untersuchungsgefangene selbst – in der Regel verbunden mit einer Entkleidung – körperlich erstmals durchsucht. Im weiteren Haftverlauf wird der Haftraum des Untersuchungsgefangenen und seine Sachen regelmäßig mindestens einmal wöchentlich durchsucht werden. Bestehen darüber hinaus besondere Hinweise oder Anhaltspunkte auf den Kontakt mit Betäubungsmitteln oder den Besitz nicht zugelassener Gegenstände – häufigster Fall in der Praxis ist der Besitz von Mobiltelefonen – muss der Untersuchungsgefangene mit einer weitaus höheren Durchsuchungsfrequenz rechnen. Je nach Sicherheitsstandard der Anstalt kann zudem die Anordnung des Anstaltsleiters bestehen, dass Untersuchungsgefangene verdachtsunabhängig vor und nach Besuchskontakten sowie vor und nach jedem Verlassen der Anstalt (z. B. Arztausführung, Ausantwortung zur Polizei, Ausführung zum Gericht) körperlich zu durchsuchen sind.

Anlassunabhängig und ohne konkrete Anhaltspunkte für eine Gefährdung der Anstaltssicherheit ist die Absuchung – in der Regel mittels einer Metalldetektorsonde – und die Durchsuchung des Haftraums, der Sachen und des Untersuchungsgefangenen möglich.

Konkreter Anhaltspunkte für eine reale Gefährdung der Anstaltssicherheit bedarf es in jedem Fall bei einer mit Entkleidung des Untersuchungsgefangenen verbundenen körperlichen Durchsuchung.[12] Bereits die zufällige, stichprobenweise Durchsuchung eines Untersuchungsgefangen, bei dem der Verdacht besteht, dass er vor der Inhaftierung als Drogendealer tätig war, dürfte angesichts des intensiven Eingriffs in die Intimsphäre und der bestehenden Unschuldsvermutung nicht zulässig sein.[13] Die bloße Möglichkeit, dass ein Untersuchungsgefangener seine Freiheiten missbrauchen könnte, reicht für die Anordnung einer körperlichen Durchsuchung nicht aus.[14]

Bei jeder Durchsuchung ist das Schamgefühl des betroffenen Untersuchungsgefangenen in besonderer Weise zu schonen. Alle Ländergesetze enthalten entsprechende Regelungen, wonach Durchsuchungen nur in Anwesenheit von

---

[11] Vgl. jeweils die landesrechtlichen Regelungen zur Durchsuchung: § 44 der UVollzG für die Länder Brandenburg, Rheinland-Pfalz, Berlin, Bremen, Mecklenburg-Vorpommern, Saarland, Sachsen, Schleswig-Holstein, Sachsen-Anhalt und Thüringen; § 50 HmbUVollzG; § 31 Hess. UVollzG; §§ 32 UVollzG NRW; § 46 des 2. Buchs des JVollzGB BW; § 156 I i. V. m. § 77 NJVollzG; Art. 42 BayUVollzG i. V. m. Art. 91 I BayStVollzG.

[12] BVerfG v- 4.2.2009 – 2 BvR 455/08, StV 2009, 253.

[13] AnwK U-*Haft/Rubbert/Scharmer* § 44 Rn. 9 m. w. N.

[14] BVerfG v. 20.6.1996 -2 BvR, StV 1997, 257.

gleichgeschlechtlichen Bediensteten in einem abgeschlossenen Raum und unter Ausschluss anderer Gefangener oder Bediensteter durchgeführt werden dürfen.[15]

Bei der körperlichen Durchsuchung dürfen nur Kontrollmaßnahmen durchgeführt werden, die ohne medizinische Hilfsmittel (Rektroskopie, Röntgen, Ultraschall) durchführbar sind. Die Kontrolle ist somit auf eine Sichtkontrolle der einsehbaren Körperöffnungen beschränkt. Besonders klar ist in diesem Zusammenhang die Regelung des § 31 II 2 Hess. UVollzG wonach die Untersuchung von Körperöffnungen allein durch den ärztlichen Dienst vorgenommen werden darf.

Die Durchsuchung des Haftraums und der Sachen des Untersuchungsgefangenen darf regelmäßig in Abwesenheit des Untersuchungsgefangenen erfolgen.[16] Die Durchsuchung ist aber „schonend" durchzuführen, d. h. Unordnung und Beschädigungen sind zu vermeiden.

Lösungsskizze zu Fall 35.1, Frage 2
Die Durchsuchung des Untersuchungsgefangenen erfolgte auf der Grundlage des § 32 II 2 UVollzG NRW. Hier gab es konkrete Anhaltspunkte für eine Gefährdung der Anstaltsordnung aus dem Umstand heraus, wie der Untersuchungsgefangene den Gegenstand verschwinden ließ. Da er sich weigerte den Gegenstand herauszugeben, war eine Durchsuchung mit Entkleidung bei ihm erforderlich, um den Gegenstand bei ihm zu finden. Eine Anordnung durch Vollzugsbeamte ist dann möglich wenn Gefahr im Verzug vorliegt. Dies ist dann der Fall, wenn sich eine Gefahr verwirklichen könnte, wenn zunächst die Entscheidung des an sich Zuständigen abgewartet würde. Hier bestand die Möglichkeit, dass der Untersuchungsgefangene den Gegenstand endgültig verschwinden lassen würde, wenn zunächst der Anstaltsleiter benachrichtigt werden würde. Somit lag Gefahr im Verzug vor. Ein Anordnungsgrund und eine Anordnungsbefugnis des Abteilungsbediensteten liegen somit vor. Die Durchführung der Maßnahme ist allerdings nicht regelkonform erfolgt. Nach § 32 III UVollzG NRW ist die Durchsuchung in einem geschlossenen Raum durchzuführen. Das war vorliegend nicht der Fall. Dies ändert jedoch nichts an der Rechtmäßigkeit der ursprünglichen Anordnung. Der betreffende Bedienstete ist allerdings zur Vermeidung von Wiederholungsfällen entsprechend über die Durchführung von mit einer Entkleidung verbundenen Durchsuchungen zu belehren.

35.3.2 Beobachtung/Videoüberwachung

Dies besondere Sicherungsmaßnahme der Beobachtung wird bei entsprechenden Risikogruppen (suizidgefährdete, psychisch auffällige oder besonders gefährliche Gefangene)

---

[15] Vgl. § 44 I der UVollzG für die Länder Brandenburg, Rheinland-Pfalz, Berlin, Bremen, Mecklenburg-Vorpommern, Saarland, Sachsen-Anhalt, Schleswig-Holstein und Thüringen; § 50 I HmbUVollzG; § 31 I Hess. UVollzG; §§ 32 I UVollzG NRW; § 46 I, II des 2. Buches des JVollzGB BW; § 156 I i. V. m. § 77 NJVollzG; Art. 42 BayUVollzG i. V. m. Art 91 BayStVollzG.
[16] Für den Strafvollzug: *Arloth* § 84 Rn. 3.

regelmäßig angeordnet und gestaltet sich praktisch so, dass der Untersuchungsgefangene rund um die Uhr in unregelmäßigen Zeitabständen von nicht mehr als 15 min mittels eines Sichtspions von einem Anstaltsbediensteten kontrolliert wird. Dementsprechend empfinden viele Untersuchungsgefangene eine im Rahmen der Suizidprophylaxe angeordnete gemeinschaftliche Unterbringung als wesentlich mildere Maßnahme. Voraussetzung hierfür ist aus Sicht der Vollzugsbehörde aber immer eine entsprechende Zahl an „zuverlässigen", d. h. selbst nicht suizidgefährdeten Gefangenen und die „Verträglichkeit" der Betroffenen für eine gemeinschaftliche Unterbringung. Angesichts der großen Zahl suchtmittelabhängiger und psychisch auffälliger Gefangener sind in einzelnen Haftabteilungen mittlerweile 30–40% der Untersuchungsgefangenen unter Beobachtung gestellt. Der Kontrollaufwand ist entsprechend personalintensiv, so dass die Länder nunmehr – die Begründung zum nordrhein-westfälischen UVollzG benennt kameralistische Motive explizit als Gesetzeshintergrund[17] – auch die Beobachtung mittels technischer Hilfsmittel ermöglicht haben.[18] Soweit die entsprechenden technischen Voraussetzungen bestehen, ist jetzt eine Total- und Dauervideoüberwachung des Untersuchungsgefangenen in seinem Haftraum möglich. Unüberwachte Rückzugsmöglichkeiten verbleiben dem Betroffenen bei dieser Form der Beobachtung nicht. Hierdurch ist der Kernbereich privater Lebensgestaltung (Art. 2 I i. V. m. Art. 1 I GG) betroffen, so dass die Anordnung nur äußerst restriktiv bei akuter Suizidalität getroffen werden kann.[19]

35.3.3 Unterbringung in einem besonders gesicherten Haftraum

Im Ausnahmefall der erheblichen Gefahr der Selbstverletzung, der Selbsttötung oder Gewalttätigkeiten gegen Mitgefangene oder Anstaltsbedienstete kann der Untersuchungsgefangene in einem besonders gesicherten Haftraum ohne gefährdende Gegenstände untergebracht werden.[20] Die Anordnung geht regelmäßig mit dem Entzug gefährdender Gegenstände sowie der optischen und akustischen Dauerüberwachung einher. In seltenen Fällen, insbesondere bei besonders gewalttätigem Verhalten oder erhöhter Selbstverletzungsgefahr (Schlagen des Kopfes gegen Boden oder Wände), kann auch eine Fesselungsanordnung erfolgen. Dann ist – zumal

---

[17] Begründung des Gesetzentwurf NRW zu § 42 UVollzG, LT-Drucks. 14/8631, 72.
[18] Vgl. § 49 II Nr. 2 der UVollzG für die Länder Brandenburg, Rheinland-Pfalz, Bremen, Berlin, Mecklenburg-Vorpommern, Saarland, Sachsen-Anhalt, Schleswig-Holstein und Thüringen; § 35 II Nr. 2 Hess. UvollzG; § 54 II Nr. 2 HmbUVollzG; § 42 II Nr. 2 UVollzG NRW; § 47 II Nr. 2 des 2. Buches i. V. m. § 32 des 1. Buches des JVollzGB BW; §§ 156 I i. V. m. § 81 II Nr. 2 NJVollzG; Art. 27 BayUVollzG i. v. m. Art. 96 II Nr. 2 BayStVollzG.
[19] AnwK U-*Haft/Rubbert/Scharmer* § 49 Rn. 18.
[20] Vgl. § 49 II Nr. 5 der UVollzG für die Länder Brandenburg, Rheinland-Pfalz, Bremen, Berlin, Mecklenburg-Vorpommern, Saarland, Sachsen-Anhalt und Thüringen; § 35 II Nr. 5 Hess. UvollzG; § 54 II Nr. 5 HmbUVollzG; § 42 II Nr. 5 UVollzG NRW; § 47 II Nr. 5 des 2. Buches des JVollzGB BW; § 156 I i. V. m. § 81 II Nr. 5 NJVollzG; Art. 27 BayUVollzG i. v. m. Art. 96 II Nr. 2 BayStVollzG.

es in der Vergangenheit bei Fixierungen von Personen im Polizeigewahrsam bzw. Strafvollzug zu tragischen Todesfällen gekommen ist – zum Schutz des Untersuchungsgefangenen eine ständige Sitzwache durch einen Vollzugsbediensteten vorzunehmen.

Die Unterbringung eines Untersuchungsgefangenen in einem besonders gesicherten Haftraum ist ärztlich zu überwachen.[21] Der Anstaltsarzt hat den Untersuchungsgefangenen „alsbald" nach der Unterbringung und bei fortbestehender Unterbringung täglich aufzusuchen. In Nordrhein-Westfalen besteht darüber hinaus die Verpflichtung, dass eine tägliche Betreuung durch den Anstaltspsychologen zu erfolgen hat.[22]

35.3.4 Fesselung

Die Fesselung des Untersuchungsgefangenen ist in allen Landesuntersuchungshaftvollzugsgesetzen vorgesehen.[23] Gängige Fesselungsformen sind die Hand- und Fußfessel, die Fesselung mittels Bauchgurt sowie die sog. „Hamburger Fessel". Bei der Fesselung mittels Bauchgurt werden die gefesselten Hände und/oder Füße zusätzlich nochmals an einem Bauchgurt fixiert, so dass der Bewegungsspielraum des Betroffenen auf kleine Schrittbewegungen reduziert ist. Bei der „Hamburger Fessel" hingegen werden Arme und Beine gefesselt, die Fesselung ist locker miteinander verbunden und wird unter der Kleidung geführt. Nach außen ist die Fesselung nicht sichtbar, macht dem Betroffenen aber schnelle Laufbewegungen unmöglich.

Grundsätzlich steht die Fesselung unter dem strengen Gebot des Verhältnismäßigkeitsgrundsatzes. Dementsprechend kommt eine Fesselung eines Untersuchungsgefangenen innerhalb der Anstalt nur in den Ausnahmefällen der Fixierung eines extrem suizidgefährdeten oder gewalttätigen Untersuchungsgefangenem während der Unterbringung im besonders gesicherten Haftraum oder bei der „Bewegung" eines extrem gewalttätigen oder fluchtbereiten Untersuchungsgefangenen in Betracht. Für die Anordnungsgründe müssen entsprechend konkrete Anhaltspunkte vorliegen. Gleichzeitig dürfen mildere Maßnahmen wie z. B. die Begleitung und Bewachung durch mehrere Vollzugsbedienstete nicht ausreichend sein.

Die größte praktische Bedeutung hat die Fesselung bei Ausführungen außerhalb der Anstalt. In Betracht kommen hier vor allen Dingen Ausführungen zu externen Ärzten, zum Justizvollzugskrankenhaus oder zur gerichtlichen Hauptverhandlung.

---

[21] Vgl. § 53 der UVollzG für die Länder Brandenburg, Rheinland-Pfalz, Bremen, Berlin, Mecklenburg-Vorpommern, Saarland, Schleswig-Holstein, Sachsen-Anhalt und Thüringen; § 56 II, III HmbUVollzG; § 36 II Hess. UvollzG; § 44 II UVollzG NRW; § 52 des 2. Buches des JVollzGB BW; § 156 I i. V. m. § 85 NJVollzG; Art. 27 BayUVollzG i. V. m. Art. 100 BayStVollzG.

[22] § 44 II UVollzG NRW.

[23] Vgl. §§ 49 II Nr. 6, 51 der UVollzG für die Länder Brandenburg, Rheinland-Pfalz, Bremen, Berlin, Mecklenburg-Vorpommern, Saarland, Schleswig-Holstein und Thüringen; § 54 II Nr. 6 HmbUVollzG; § 35 II Nr. 6 Hess. UvollzG; § 42 II Nr. 6, V UVollzG NRW; §§ 47 II Nr. 6; 48 des 2. Buches des JVollzGB BW; § 156 I i.V.m. §§ 81 II Nr. 6, 83 NJVollzG; Art. 27 BayUVollzG i. V. m. Art. 96 II Nr.6 BayStVollzG.

Ausführungen stellen sich aus vollzuglicher und richterlicher Sicht immer als besonders risikoträchtige Situationen dar, weshalb in der Praxis (zu) häufig gefesselt wird.[24] Dies gilt sowohl für den Weg von und zur Hauptverhandlung, während der Zuführung in den Gerichtssaal als auch während der Hauptverhandlung.

Die Anordnungskompetenz für die Fesselung anlässlich von Ausführungen und Gerichtsvorführungen liegt allein beim Haftrichter gem. § 119 I StPO, da die Maßnahme allein der Sicherung des Haftzwecks (Fluchtgefahr) dient.

Lösung zu Fall 35.1, Frage 3 und 4
Die Anordnung der Unterbringung im besonders gesicherten Haftraum gem. § 42 II Nr. 5 UVollzG NRW war vorliegend angesichts des massiven Angriffs auf den Bediensteten gerechtfertigt. Mildere Maßnahmen standen in der konkreten Situation nicht zur Verfügung. Auch die vorübergehende Fesselung gem. § 42 II Nr. 6 UVollzG NRW war angesichts des hohen Aggressionspotentials erforderlich. Beide Maßnahmen wurden auch nicht länger als erforderlich aufrechterhalten, vgl. § 42 IV UVollzG NRW. Die Abteilungsbediensteten waren wegen Gefahr im Verzug gem. § 43 1 UVollzG NRW auch unmittelbar anordnungsbefugt. Die nachträgliche Entscheidung des Anstaltsleiters ist aber gem. § 43 2 UVollzG NRW noch unverzüglich einzuholen.

35.4 Sonderfall: Festnahmerecht der Vollzugsbehörde im Bereich der Untersuchungshaft

Fall 35.3

Der Untersuchungsgefangene Abel entweicht über die Mauer einer JVA. Der Vollzugsbedienstete Greif überlegt, ob er ihn verfolgen und festnehmen kann.

Lösungsskizze
Im Gegensatz zum Strafvollzugsgesetz und den übrigen Untersuchungshaftvollzugsgesetzen der Länder[25] enthält das UVollzG NRW keine Vorschrift, wonach ein entwichener Gefangener festgenommen werden kann. Allerdings besteht ein rechtlich begründetes Gewahrsamsverhältnis an dem Gefangenen.[26] Dieses wird durch die Flucht von dem Anstaltsgelände nicht aufgehoben, sondern erst dann, wenn der zeitliche und/oder örtliche Zusammenhang mit der JVA nicht mehr besteht. Die Streitfrage im Strafvollzug, ob ohne die Vorschrift des § 87 StVollzG

---

[24] Vgl. *Schlothauer/Weider* Rn. 1134; *Münchhalffen/Gatzweiler* Rn. 569.
[25] §§ 48 der UVollzG für die Länder Brandenburg, Rheinland-Pfalz, Bremen, Berlin, Mecklenburg-Vorpommern, Saarland, Sachsen-Anhalt, Schleswig-Holstein und Thüringen; § 53 HmbUVollzG; § 34 Hess. UvollzG; § 51 des 2. Buches des JVollzGB BW; § 156 I i. V. m. § 80 NJVollzG; Art. 42 BayUVollzG i. V. m. Art. 95 BayStVollzG.
[26] Vgl. für den Strafvollzug: *Callies/Müller-Dietz* § 87 Rdn. 1

ein Vollstreckungshaftbefehl nötig wäre, um einen entwichenen Strafgefangenen wieder in die JVA zu verbringen, spielt bei dem Untersuchungsgefangenen keine Rolle, weil bei ihm in jedem Fall ein Haftbefehl existiert.

Greif hat den flüchtigen Abel also unverzüglich und nachdrücklich zu verfolgen (so auch die VV zu § 87 StVollzG).

36 Disziplinarverfahren und Disziplinarmaßnahmen

Fall 36.1

Bei der Durchsuchung des Einzelhaftraums des Untersuchungsgefangenen Krapf wird unter der Matratze ein Mobiltelefon gefunden. Daraufhin wird ein Disziplinarverfahren eingeleitet. Als Krapf zu dem Fund angehört wird, macht er keinerlei Angaben. Er verweist darauf, dass er sich zunächst mit seinem Anwalt beraten möchte. Dies wird ihm vom zuständigen Abteilungsleiter mit der Begründung „so lange könne man nicht warten" verwehrt. Der Abteilungsleiter setzt gegen den Krapf als Disziplinarmaßnahme eine einmonatige Einkaufssperre sowie den Entzug von Lektüre und Fernsehempfang für zwei Wochen fest. Ist das gegen Krapf geführte Disziplinarverfahren ordnungsgemäß abgelaufen?

Im Bereich Zweckbestimmung der Disziplinarmaßnahmen haben die Länder umfangreiche Neuregelungen zu Disziplinartatbeständen, möglichen Disziplinarsanktionen und deren Vollzug sowie zur Disziplinarbefugnis und zum Disziplinarverfahren geschaffen.[1]

Ihrer gesetzlichen nach verfolgen Disziplinarmaßnahmen ein doppeltes Ziel. Sie sollen zum einen die repressive Ahndung von Angriffen auf Sicherheit und Ordnung der Anstalt sowie den Zweck der Untersuchungshaft sicherstellen, aber gleichzeitig auch präventive Wirkung auf den Einzelnen sowie – generalpräventiv – auf alle am Untersuchungshaftvollzug Beteiligten entfalten.[2]

---

[1] Vgl. jeweils §§ 60–64 der UVollzG für die Länder Brandenburg, Rheinland-Pfalz, Berlin, Bremen, Mecklenburg-Vorpommern, Saarland, Sachsen-Anhalt, Schleswig-Holstein, Thüringen; §§ 59–63 SächsUHaftvollzG; §§ 64–69 UVollzG Hamburg; §§ 36, 40, 41 Hess. UVollzG; §§ 45–47 UVollzG NRW; §§ 62–67 des 2. Buchs des JVollzGB BW; § 156 i.V.m. §§ 94 ff. NJVollz; Art. 28 Abs.1 BayUVollZG.

[2] Vgl. AnwK U-Haft/*Rubbert/Scharmer*, § 60 Rn. 6.

36.1 Disziplinartatbestände

Bei der Formulierung der Disziplinartatbestände sind die Bundesländer unterschiedlichen Ansätzen gefolgt. Die Mehrzahl der Bundesländer hat einen abschließenden Katalog der Anordnungsgründe formuliert.[3] Dieser ist überaus weitreichend gestaltet und erfasst u. a. Verstöße gegen Strafgesetze oder Tatbestände des OWiG, Verstöße gegen haftrichterliche Anordnungen, tätliche und sogar verbale Angriffe auf andere Personen, die Beschädigung fremden Eigentums und sogar eigener Lebensmittel, das Einbringen oder den Besitz verbotener Gegenstände, das (sogar bloß versuchte) Entweichen aus der Anstalt und wiederholte bzw. schwerwiegende Hausordnungsverstöße.

Ein anderes, verfassungsrechtlich aber fragwürdiges Gesetzesmodell haben dagegen Baden-Württemberg (2. Buch § 62 I JVollzG BW); Niedersachsen (§ 156 i.V.m. § 94 NJVollzG), Bayern (Art. 28 I BayUVollzG) und Nordrhein-Westfalen (§ 45 I UVollzG NRW) gewählt und die Anordnungsgründe, welches Verhalten eine Disziplinarmaßnahme nach sich zieht, in einer allgemein gefassten Blankettvorschrift niedergelegt. Für den Bereich des Strafvollzugs ist diese gesetzgeberische Vorgehensweise vom BVerfG noch akzeptiert worden.[4] Nach der Entscheidung des BVerfG zur verfassungsgemäßen Ausgestaltung des Jugendvollzugs und der insoweit empfohlenen Beachtung internationaler Standards erscheint es zumindest zweifelhaft, ob die entsprechenden Vorschriften einer Prüfung durch das BVerfG standhalten.[5] Die Europäischen Strafvollzugsgrundsätze des Europarates vom 11.06.2006 führen unter Nr. 57.2 aus, dass die Mitgliedstaaten in ihren Vollzugsgesetzen explizit auflisten sollen, welche Handlungen und Unterlassungen zu Disziplinarmaßnahmen führen.[6] Eine entsprechende Änderung der einschlägigen Vorschriften in Baden-Württemberg und in Nordrhein-Westfalen ist mithin nicht nur verfassungsrechtlich, sondern auch im Sinne einer bundeseinheitlichen Gesetzesanwendung dringend angezeigt.

Lösungsskizze 36.1, 1. Teil

Der Untersuchungsgefangene Krapf hat, da er im Besitz eines in der Haftanstalt nicht zugelassenen Mobiltelefons war, gegen seine Pflichten gem. § 45 I 1 i.V.m § 13 II 2 UVollzG NRW verstoßen. Der Besitz von Mobiltelefonen ist wegen des unkontrollierten/unüberwachten Daten- und Kommunikationsaustausches regelmäßig nicht mit Anstaltssicherheit und -ordnung vereinbar.[7] Dies gilt in besonderem Maße in einer Untersuchungshaftanstalt.

---

[3] Vgl. jeweils § 60 der UVollzG für die Länder Brandenburg, Rheinland-Pfalz, Berlin, Bremen, Mecklenburg-Vorpommern, Saarland, Sachsen-Anhalt, Schleswig-Holstein und Thüringen; § 59 SächsUHaftvollzG, § 64 UVollzG Hamburg; § 40 Hess. UVollzG.

[4] BVerfG v. 11.8.1997– 2 BvR 2334/96, NStZ 1998, 103.

[5] Vgl. BVerfG v. 31.05.2006– 2 BvR 1673/04 und 2402/04, NJW 2006, 2097; zum Ganzen AnwK U-Haft/*Rubbert/Scharmer*, § 60 Rn. 22.

[6] Europäische Strafvollzugsgrundsätze – die Empfehlung des Europarates vom 1.1.2006, Rec (2006) 2, Nr. 57.1 i.V.m. Nr. 5.

[7] Vgl. nur OLG Stuttgart, NStZ-RR 2003, 347.

36.2 Disziplinarmaßnahmen

Als zulässige Disziplinarmaßnahmen formulieren die jeweiligen Landesgesetze weitgehend einheitlich
- den Verweis (dieser ist nicht mit der Verwarnung, die keine Disziplinarmaßnahme darstellt, zu verwechseln),
- die Beschränkung bzw. der gänzliche Entzug des Einkaufs bis zu drei Monaten,
- die Beschränkung oder der Entzug des Hörfunk-/Fernsehempfangs, der gleichzeitige Entzug jedoch nur bis zu zwei Wochen,
- die Beschränkung oder der Entzug von Gegenständen für die Freizeitbeschäftigung oder der Auschluß von gemeinsamer Freizeit oder von allen Freizeitveranstaltungen bis zu drei Monaten,
- den Entzug der zugewiesenen Arbeit oder Beschäftigung bis zu vier Wochen unter Wegfall der Bezüge und
- den Arrest bis zu vier Wochen.[8]

Hinsichtlich des Sanktionsmaßes und einzelner Sanktionsformen gibt es in den Ländergesetzen vereinzelt Abweichungen nach unten oder nach oben.[9] Bundesweit weggefallen sind die nach Nr. 68 UVollzO noch vorgesehenen Möglichkeiten der vorzeitigen Haftraumverdunkelung und des Entzugs der Teilnahme an der täglichen Freistunde.

Sehr weitreichend sind die im Rahmen von Disziplinarmaßnahmen bestehenden Möglichkeiten, den Untersuchungsgefangenen von aktuellen Informationen abzuschneiden. Zulässig sind der gleichzeitige Entzug von Hörfunk und Fernsehen für die Dauer von zwei Wochen. Bereits dies ist als Verstoß gegen das Grundrecht auf Informationsfreiheit zu werten, wird von den meisten Ländern aber unter Hinweis auf die fortbestehenden Informationsmöglichkeiten durch Tageszeitungen gerechtfertigt. Nordrhein-Westfalen geht an dieser Stelle noch weiter und erlaubt in § 45 II Nr. 4 UVollzG NRW für die Dauer von zwei Wochen den gänzlichen Entzug von Hörfunk, Fernsehen und Lesestoff. Diese erweiterte Beschränkung des Zugangs auch zu Lektüre durch Disziplinarmaßnahmen widerspricht nicht nur den Empfehlungen des Europarates zur Untersuchungshaft, sondern ignoriert das Recht auf Informationsfreiheit gänzlich.[10]

Mehrere Disziplinarmaßnahmen können miteinander verbunden werden, also nebeneinander angeordnet werden. Regelmäßig werden angeordnete Disziplinarmaßnahmen sofort vollstreckt. Allerdings sehen die Ländergesetze vor, dass Disziplinarmaßnahmen ganz oder teilweise bis zu 6 Monaten zur Bewährung ausgesetzt werden können.

---

[8] Vgl. jeweils § 60 der UVollzG für die Länder Brandenburg, Rheinland-Pfalz, Berlin, Bremen, Mecklenburg-Vorpommern, Saarland, Sachsen-Anhalt, Thüringen.

[9] Vgl. zu den Abweichungen im Einzelnen AnwK-U-Haft/*Rubbert/Scharmer*, § 61 Rn. 12 (hinsichtlich Sachsen-Anhalt, Hamburg, Berlin und Brandenburg), Rn. 17 (Baden-Württemberg), Rn. 21 (Niedersachsen) und Rn. 23 (Nordrhein-Westfalen).

[10] Vgl. AnwK U-Haft/*Rubbert/Scharmer*, § 61 Rn. 8, 23.

> **Lösungsskizze zu Fall 36.1, 2. Teil**
> Der zuständige Abteilungsleiter hat vorliegend gegen den Untersuchungsgefangenen zwei Disziplinarmaßnahmen verhängt. Zum einen im Rahmen der „Einkaufssperre" den Entzug des Rechts auf Beschaffung von zusätzlichen Nahrungs- und Genussmitteln für einen Monat gem. § 45 II Nr. 2 UVollzG NRW, zum anderen den Entzug des Lesestoffs und des Fernsehempfangs für die Dauer von zwei Wochen gem. § 45 II Nr. 3 UVollzG NRW. Grundsätzlich können mehrere Disziplinarmaßnahmen miteinander verbunden werden (§ 45 III 1 UVollzG NRW). Fraglich ist, ob der Entzug von Lektüre und Fernsehempfang vorliegend erfolgen durfte. Dies zum einen, weil der nach § 45 II Nr. 3 UVollzG NRW zwar zulässige, gleichzeitige Entzug der Informationsquellen „Zeitungen und Bücher" sowie „Fernsehen" den Untersuchungsgefangenen unverhältnismäßig in seinem Recht auf Informationsfreiheit trifft. Zum anderen, weil kein Zusammenhang dieser Disziplinarmaßnahme mit der zugrundeliegenden Verfehlung – Besitz des Mobiltelefons – erkennbar ist. Ein solcher Zusammenhang ist nach § 45 III 3 UVollzG NRW jedoch erforderlich, so dass hiernach jedenfalls die Anordnung der Maßnahmen gem. § 45 II Nr. 2 UVollzG NRW nicht erfolgen durfte.

36.3 Anordnungskompetenz

Während Nr. 67 I UVollzO hinsichtlich der Anordnungskompetenz von Disziplinarmaßnahmen noch einen Richtervorbehalt vorsah, ist nunmehr nach allen Landesuntersuchungshaftvollzugsgesetzen allein der Anstaltsleiter für die Anordnung der Disziplinarmaßnahmen zuständig. Eine Richterbeteiligung ist nicht mehr vorgesehen. Dieses gesetzgeberische Modell ist eine an den Bedürfnissen des Untersuchungshaftvollzugs orientierte Lösung, lässt sich aber kaum mit den durch Disziplinarmaßnahmen verbundenen Grundrechtseingriffen in Einklang bringen. Disziplinarmaßnahmen kommen einer Strafe gleich und können – angesichts der Möglichkeit mehrere Maßnahmen zu verbinden – für den betroffenen Mandanten zu einem zeitweiligen Untersuchungshaftvollzug „ohne Information" (§ 45 II Nr. 3 UVollzG NRW), „bei Anstaltskost" (§ 45 II Nr. 2 UVollzG NRW) bei „weitgehender" (§ 45 II Nr. 5 UVollzG NRW) oder „gänzlicher Isolation" (§ 45 II Nr. 7 UVollzG NRW) führen.

Exemplarisch sei in diesem Zusammenhang insbesondere die Befugnis des Anstaltsleiters nach § 45 II Nr. 7 UVollzG NRW, einen Arrest von bis zu vier Wochen anzuordnen, angeführt. Eine solche Regelung ist schon im Strafvollzug zweifelhaft.[11] Beim Vollzug der Untersuchungshaft geht es aber um Betroffene, die die Unschuldsvermutung für sich in Anspruch nehmen können. Diese sollen ohne

---

[11] Vgl. AK-StVollzG/*Walter*, § 104 Rn. 6.

richterliche Anordnung einem verschärften Freiheitsentzug unterworfen werden. Dies verstößt gegen den Richtervorbehalt des Art. 104 II, 1 und 2 GG. Hierzu heißt es z. B. in der nordrhein-westfälischen Entwurfsbegründung: „Eine Disziplinarmaßnahme wird nur dann Wirkung entfalten, wenn sie unmittelbar im Anschluss an die Verfehlung verhängt wird. Verzögerungen durch eine Zuständigkeit des Ermittlungsrichters werden vermieden."[12] Die gesetzgeberische Übertragung der Disziplinarbefugnis auf den interessengebundenen, weisungsgebundenen und der Dienstaufsicht unterstehenden Anstaltsleiter – der diese Befugnis zudem weiter nach unten delegieren kann – ist allein pragmatischen Gesichtspunkten geschuldet. Der Richter als unabhängige Kontrollinstanz ist schlicht aus dem Verfahren genommen worden. Ihm bleibt im Einzelfall nur die Feststellung im Verfahren nach § 119a StPO, das eine vom Anstaltsleiter angeordnete und sofort vollstreckte Maßnahme rechtswidrig war. Soweit keine Amtspflichtverletzung (§ 839 BGB, Art. 34 GG) vorliegt, bleibt diese Feststellung folgen- und für den zu Unrecht Betroffenen entschädigungslos. Für den Bereich der Disziplinarmaßnahmen, insbesondere die Anordnung des Arrests, muss daher – angesichts der weitreichenden Grundrechtseingriffe – weiterhin eine Anordnungskompetenz des Richters bestehen. Die Verfassungsmäßigkeit der nunmehr getroffenen Regelungen ist mehr als zweifelhaft.[13]

> **Lösungsskizze zu Fall 36.1, 3. Teil**
>
> Der Abteilungsleiter war vorliegend im Wege der Delegation vom Anstaltsleiter mit der Disziplinarbefugnis betraut, so dass er gem. § 46 III UVollzG NRW für die Anordnung der Disziplinarmaßnahmen zuständig war.

36.4 Ablauf des Disziplinarverfahrens

Im Rahmen der Durchführung des Disziplinarverfahrens ist zunächst der Sachverhalt zu klären. Die Vollzugsbehörde ist verpflichtet, die Erhebungen und die Einlassung des jeweils betroffenen Untersuchungsgefangenen schriftlich festzuhalten. Im Sinne einer rechtsstaatlichen Durchführung des Verfahrens ist dem Untersuchungsgefangenen rechtliches Gehör zu dem erhobenen Disziplinarvorwurf zu gewähren. Dies beinhaltet, dass der Untersuchungsgefangene sich vor der Disziplinaranhörung mit seinem Verteidiger beraten kann.[14] Ein Anwesenheitsrecht des Verteidigers bei der Disziplinaranhörung selbst besteht nicht. Mit Ausnahme von Nordrhein-Westfalen sehen alle Landesgesetze die Möglichkeit vor,

---

[12] LT-Drucks 14/8631, 91.

[13] Vgl. AnwK U-Haft/*Rubbert/Scharmer*, § 63 Rn 7 mit Hinweis auf die Stellungnahme der Bundesrechtsanwaltskammer von Juni 2009, Nr. 17/2009, S. 8 f.

[14] Vgl. für den Bereich des Strafvollzugs: OLG Bamberg v. 3.5.2010– 1 Ws 145/10, NStZ-RR 2011, 124.

bei schweren Verfehlungen im Rahmen der Entscheidungsfindung die an der Betreuung des Untersuchungsgefangenen Mitwirkenden zu beteiligen.[15] Dies wird vorzugsweise in einer Konferenz geschehen. Insoweit es sich auch hier um eine interne Dienstbesprechung handelt, besteht auch hier kein Anwesenheitsrecht des Verteidigers.

Soweit kranke Inhaftierte oder Schwangere von einer Disziplinarmaßnahme betroffen sind, ist vorab der Anstaltsarzt zu beteiligen. Eine anstaltsärztliche Beteiligung ist darüber hinaus immer dann notwendig, wenn es um die Vollstreckung eines angeordneten Arrestes geht (so genannte „Arresttauglichkeit").[16]

Die abschließende Disziplinarentscheidung des Anstaltsleiters wird dem Untersuchungsgefangenen lediglich mündlich eröffnet, die tragenden Gründe werden in der Gefangenenpersonalakte dokumentiert. Es ist zwar wünschenswert, aber nicht gesetzlich vorausgesetzt, dass der Entscheidungsträger (Anstaltsleiter oder Vollzugsabteilungsleiter) die Entscheidung dem Gefangenen selbst eröffnet. Diese Aufgabe kann und wird in der Vollzugspraxis häufig auf Bedienstete des Allgemeinen Vollzugsdienstes delegiert. Nach Abschluss des Disziplinarverfahrens schließt sich – anders als nach der bislang geltenden UVollzO, die den Richtervorbehalt vorsah – nach nunmehr geltendem Landesrecht die sofortige Vollstreckung der Disziplinarmaßnahme an.

Lösungsskizze zu Fall 36.1, 4. Teil

Der Untersuchungsgefangene ist vom Abteilungsleiter nicht ordnungsgemäß gem. § 46 I 1 UVollzG NRW angehört worden. Der Abteilungsleiter hätte ihm zumindest Gelegenheit zur vorherigen telefonischen Beratung mit seinem Rechtsanwalt geben müssen. Das Disziplinarverfahren ist somit nicht ordnungsgemäß geführt worden. Ein Antrag auf gerichtliche Entscheidung gem. § 119a StVollzG hätte somit wegen dieses Verfahrensverstoßes und der nicht zulässigen Anordnung der Entziehung von Lektüre und Fernsehempfang Aussicht auf Erfolg.

---

[15] Vgl. jeweils § 64 II der UVollzG für die Länder Brandenburg, Rheinland-Pfalz, Berlin, Bremen, Mecklenburg-Vorpommern, Saarland, Sachsen-Anhalt, Thüringen; § 63 II SächsUHaftVollzG; §§ 68 UVollzG Hamburg; § 41 II 4 Hess. UVollzG; §§ 66 II 1 des 2. Buchs des JVollzGB BW; § 156 i.V.m. §§ 98 II 1. NJVollzG; Art. 28 I BAyUVollzG i.V.m. Art. 113 II BayStVollzG. Hingegen enthält § 46 UVollzG NRW keine entsprechende Bestimmung.

[16] Vgl. hierzu m.w.N. AnwK U-Haft/*Rubbert/Scharmer*, § 64 Rn. 14.

Jugendliche Untersuchungsgefangene 37

37.1 Zielgruppe

Zum Stichtag 31.03.2012 befanden sich rund 1400 junge Untersuchungsgefangene zwischen 14 und 21 Jahren in den bundesdeutschen Justizvollzugsanstalten. Dies stellt einen Anteil von 13 % an der Gesamtzahl der Untersuchungsgefangenen dar.[1]

Der Vollzug der Untersuchungshaft ist für diesen Personenkreis nach der Föderalismusreform nunmehr in den Landesuntersuchungshaftvollzugsgesetzen, jeweils in einem besonderen Abschnitt „Besondere Bestimmungen für junge Untersuchungsgefangene", geregelt.[2] Diese landesgesetzlichen Regelungen haben die nur rudimentären bundesgesetzlichen Regelungen der §§ 93, 110 JGG sowie die Bestimmungen der Nr. 77–85 UVollzO abgelöst.

In der Gruppe der „jungen Untersuchungsgefangenen" erfasst sind die zur Tatzeit Jugendlichen, d. h. die 14 bis 17-jährigen, für die gemäß § 1 JGG zwingend Jugendstrafrecht zur Anwendung kommt und die Heranwachsenden, d. h. die 18 bis 20-jährigen, für die bei einer Verurteilung gemäß § 105 I JGG Jugendstrafrecht zur Anwendung kommen kann. Zu beachten ist, dass eine Unterbringung im Untersuchungshaftvollzug für junge Gefangene nur bis zur Vollendung des 24. Lebensjahres erfolgen kann. Bei volljährigen jugendlichen Untersuchungsgefangenen kann von einer Unterbringung unter den Bedingungen des Untersuchungshaftvollzugs für junge Gefangene im Einzelfall abgesehen werden. Die Vorschriftenlage korrespondiert insoweit mit der Herausnahme von volljährigen Jugendlichen zwischen 18

---

[1] Statistisches Bundesamt, Online-Veröffentlichung Justizvollzug, Stand 03/2012, S. 7.

[2] Vgl. jeweils § 66 ff. der UVollzG Berlin, Bremen, Brandenburg, Mecklenburg, Vorpommern, Rheinland-Pflaz, Saarland, Sachsen-Anhalt und Thüringen; § 72 ff. UVollzG Hamburg; § 43 Hess. UVollzG, § 69 des 2. Buches des JVollzG BW; § 157 NJVollzG; §§ 48 ff. UVollzG BW.

und 24 Jahren aus dem Jugendstrafvollzug durch den Jugendrichter gemäß § 89b JGG.[3]

37.2 Erzieherische Ausgestaltung des Vollzuges

Fall 37.1

Die 17jährige Jana S. und ihre 23jährige Schwester Petra S. haben gemeinsam im großen Stil Internetbetrügereien begangen. Der Haftrichter ordnet gegen beide Untersuchungshaft an. Beide werden in der Untersuchungshaftanstalt Köln untergebracht.

Frage 1: Was sind die wesentlichen Unterschiede im Vollzug der Untersuchungshaft bei jugendlichen Untersuchungsgefangenen (vgl. hierzu die Hervorhebungen im Text)?

Frage 2: Ist die gemeinsame Unterbringung von jugendlichen und erwachsenen Untersuchungsgefangenen in einer Anstalt zulässig?

Wegen der **besonderen Schutzbedürftigkeit** von jungen Untersuchungsgefangenen gelten für die Vollzugsgestaltung besondere Gestaltungsgrundsätze. Zentrales Element ist dabei die **erzieherische Ausgestaltung des Vollzugs**. Die Untersuchungshaftanstalten stehen insoweit in der Pflicht, den jungen Untersuchungsgefangenen adäquate Bildungs-, Beschäftigungs- und Freizeitmöglichkeiten sowie weitere entwicklungsfördernde Hilfsangebote zu unterbreiten. Hierzu erheben die Anstalten in der Regel zunächst den konkreten **Förder- und Erziehungsbedarf** des einzelnen jungen Untersuchungsgefangenen, Nr. 79 UVollzO sah insoweit noch eine „Persönlichkeitserforschung" vor, und halten den Jugendlichen im Rahmen des „Weckens und Förderns" (vgl. z. B. § 49 II UVollzG NRW) zur Teilnahme an den Angeboten an.

Auch für den jugendlichen Untersuchungsgefangenen gilt mit Blick auf das Strafverfahren die Unschuldsvermutung. Bei der Erforschung der Persönlichkeit muss bei jungen Untersuchungsgefangenen der Tatvorwurf außer Betracht bleiben.[4] Ziel der **Persönlichkeitserforschung** ist immer die Bedarfsfeststellung für die Vollzugsgestaltung. Eine zielgerichtete Erhebung von Erkenntnissen für das Strafverfahren ist nicht zulässig. Die jugendlichen Untersuchungsgefangenen sind in ihrer Entscheidung, ob sie erzieherische Angebote der Anstalt annehmen oder nicht, frei. Eine Teilnahmeverweigerung darf daher keine negativen Konsequenzen haben. Eine zwangsweise Auferlegung von Erziehungsmaßnahmen ist, Ausnahmen gelten für minderjährige, schulpflichtige Untersuchungsgefangene, nicht möglich.

---

[3] In diesem Zusammenhang umfassend zur Regelungskompetenz zwischen Bund und Ländern: AnwK U-Haft/*Kirschke* § 66 Rn. 12 ff.

[4] AnwK U-Haft/*Kirschke* § 69 Rn. 5.

37.2 Erzieherische Ausgestaltung des Vollzuges

Lösungsanmerkungen zu Fall 37.1, Frage 2

Die besondere Schutzbedürftigkeit jugendlicher Untersuchungsgefangener ist auch bei der **Unterbringung** zu beachten. Die Landesgesetze formulieren zwar die Zielsetzung der vollkommenen Trennung vom Straf- und Erwachsenenvollzug sowie das Prinzip der Einzelunterbringung, sehen aber gleichwohl zahlreiche Ausnahmetatbestände vor. Eine gemeinsame Unterbringung mit jugendlichen oder erwachsenen Straf- oder Untersuchungsgefangenen in einer Anstalt ist z. B. gem. § 50 II UVollzG NRW möglich, setzt aber voraus, dass die Anstalt entsprechende bauliche und organisatorische Vorkehrungen getroffen hat, die eine erzieherische Ausgestaltung des Vollzuges gewährleisten und die jugendlichen Untersuchungsgefangenen vor schädlichen Einflüssen schützen. Der Gesetzgeber hat hier insbesondere auf die Bedürfnisse der Praxis bei der Unterbringung der nur sehr geringen Zahl der weiblichen, jugendlichen Untersuchungsgefangenen Rücksicht genommen.[5]

Hervorzuheben ist, dass die Länder Hessen und Brandenburg die Unterbringung der Jugendlichen bereits während der Untersuchungshaft im **Wohngruppenvollzug als Regelvollzugsform** vorsehen.[6] Die besondere Eignung dieser stationären Unterbringungsform für Jugendliche ist allgemein anerkannt.[7] Der Wohngruppenvollzug erfordert aber kostenintensive bauliche, personelle und konzeptionelle Anstrengungen, so dass in den übrigen Ländern der Wohngruppenvollzug in der Untersuchungshaft nur als eine mögliche Unterbringungsmöglichkeit vorgesehen bzw. zumindest nicht ausgeschlossen worden ist.[8]

Minderjährige, schulpflichtige Untersuchungsgefangene unterliegen auch während der Untersuchungshaft der **Schulpflicht** und sind dementsprechend zur Teilnahme am allgemein- oder berufsbildenden Unterricht verpflichtet. Eine Verweigerung kann disziplinarisch durch den Anstaltsleiter geahndet werden.

Für die übrigen jungen Untersuchungsgefangenen besteht **keine Arbeitspflicht**. In Nr. 80 II 1 UVollzO war eine Arbeitspflicht für Jugendliche noch vorgesehen. Die Landesgesetzgeber haben aber angesichts des offenkundigen Widerspruchs mit der Unschuldsvermutung auf eine entsprechende Nachfolgeregelung verzichtet.[9] Die Untersuchungshaftanstalten bieten im Rahmen der erzieherischen Ausgestaltung regelmäßig entsprechende Arbeits- und auch Ausbildungsmöglichkeiten an, es besteht aber keine Teilnahmeverpflichtung. Eine direkte Sanktionierung im Rah-

---

[5] Begründung des Gesetzentwurfs zum nordrhein-westfälischen UVollzG, Drucksache 14/8631, S. 80.

[6] Vgl. jeweils § 70 II UVollzG Brandenburg und Hessen.

[7] BVerfG, Urteil vom 31.5.2006 – 2 BvR 1673/04, NJW 2006, 2093.

[8] Vgl. den Gesetzgebungsüberblick bei AnwK U-Haft/*Kirschke* § 66 Rn. 2. Bis auf das UVollzG NRW, das hierzu keine Angaben macht, erwähnen die UVollzG aller übrigen Länder die Möglichkeit der Unterbringung in Wohngruppen.

[9] So explizit die Begründung des Gesetzentwurfs zum nordrhein-westfälischen UVollzG, Drucksache 14/8631, S. 79 mit Hinweis auf den insoweit grundlegenden Beschluss des AG Hamburg vom 06.02.1985 – 11a Gs 27-28/85, NStZ 1985, 288 f.

men von Disziplinarmaßnahmen oder indirekt über die Reduzierung von Haftvergünstigungen (z. B. Sport- und Freizeitmöglichkeiten) ist nicht zulässig.

Sollten gegen den jugendlichen Untersuchungsgefangenen **Disziplinarverfahren** geführt werden, so ist die Wahrung des Verhältnismäßigkeitsgrundsatzes besonders zu prüfen. Bei jungen Untersuchungsgefangenen gilt insoweit ein **dreistufiges Sanktionssystem,** bestehend aus erzieherischem Gespräch, erzieherischen Maßnahmen sowie Disziplinarmaßnahmen.[10] Eine Disziplinarstrafe kommt nur nachrangig in Betracht und ist in der Praxis auf schwerwiegende bzw. wiederholte Pflichtenverstöße beschränkt.

Der besonderen Haftempfindlichkeit tragen schließlich die **erweiterten Besuchs- und Sportmöglichkeiten** für junge Untersuchungsgefangene Rechnung. Junge Untersuchungsgefangene dürfen **im Monat mindestens 4 h Besuch** (vgl. z. B. § 72 I UVollzG Berlin) erhalten und können sich **mindestens 2 h wöchentlich sportlich betätigen** (vgl. z. B. § 73 III 2 UVollzG Berlin).

Ausnahmecharakter in beiden Bereichen haben die nordrhein-westfälischen Regelungen. Während § 53 UVollzG NRW i.V m. § 54 JStVollzG NRW ein Mindestsportangebot von sogar 3 h wöchentlich vorsieht, vornehmlich auch an den Wochenenden, gibt es weder im UVollzG NRW unmittelbar oder durch Verweis auf das Jugendstrafvollzugsgesetz NRW eine Besserstellung der jungen Untersuchungsgefangenen bei den Besuchsmöglichkeiten. Gesetzlich vorgegeben ist somit lediglich eine Mindestbesuchszeit von 2 h (§ 18 I UVollzG). Dies stellt eine gravierende Schlechterstellung der jungen Untersuchungsgefangenen in NRW dar, die vor dem Hintergrund des „Foltermordes" im Jahr 2006 in der Jugendanstalt Siegburg und den daraus resultierenden Bemühungen zur Verbesserung des Jugendvollzugs umso mehr überrascht und der dringenden Korrektur bedarf.

---

[10] Vgl. jeweils § 75 UVollzG der Länder Brandenburg, Bremen, Berlin, Mecklenburg-Vorpommern, Rheinland-Pfalz, Saarland, Sachsen-Anhalt, Schleswig-Holstein und Thüringen; § 83 UVollzG Hamburg; § 53 Hess. UVollzG; § 80 des 2. Buches JVollzG BW; § 164 i. V. m. § 130 NJVollzG; § 53 UVollzG NRW i. V. m. §§ 92, 93, 94 JStVollzG NRW; Art. 40 BayUVollzG i.V.m. Art. 155, 156 BayStVollzG.

38 Rechtschutzmöglichkeiten des Untersuchungsgefangenen

Fall 38.1

Der Untersuchungsgefangene Dulisch hat laufend Ärger beim Besuch in der Untersuchungshaftanstalt Münster. Er ärgert sich unter anderem über
a) die vom Haftrichter angeordnete akustische Überwachung seiner Besuche,
b) die Tatsache, dass der Anstaltsleiter für die Besuche eines Freundes angeordnet hat, dass diese nur mittels Trennscheibenüberwachung erfolgen,
c) den Besuchsbeamten, der ihn beim letzten Besuch mehrfach ausgelacht hat und
d) den Umstand, dass die Besuchsräume aus seiner Sicht zu nicht hell genug sind und die Akustik zudem schlecht ist.

An wen kann sich der Untersuchungsgefangene Dulisch hinsichtlich der einzelnen Anliegen mit welchem Rechtsbehelf wenden?

Das – bereits dargelegte – Nebeneinander der Gesetzgebungszuständigkeiten des Bundes für das „Ob" der Untersuchungshaft sowie der Länder für das „Wie" des Untersuchungshaftvollzuges führt zu schwer lösbaren Abgrenzungsschwierigkeiten vor allem im Bereich der Rechtsschutzmöglichkeiten des einzelnen Untersuchungsgefangenen. Dem Untersuchungsgefangenen steht eine Vielfalt von – unterschiedlich effektiven – Rechtsschutzmöglichkeiten zur Verfügung. Diese gilt es präzise voneinander abzugrenzen.

38.1 Gerichtliche und außergerichtliche Rechtsbehelfe im Untersuchungshaftrecht im Überblick

Die Zielrichtung von Rechtsbehelfen im Zusammenhang mit der Anordnung und dem Vollzug von Untersuchungshaft lässt sich im Wesentlichen auf drei Bereiche konzentrieren: Rechtsschutz gegen die Anordnung der Untersuchungshaft, Rechtsschutz gegen beschränkenden Anordnungen im Rahmen des Untersuchungshaftvollzuges sowie die Durchsetzung von Entschädigungsansprüchen im Zusammenhang mit zu Unrecht erlittener bzw. menschenunwürdig vollzogener Untersuchungshaft.

38.1.1 Rechtschutzmöglichkeiten gegen die Anordnung von Untersuchungshaft

Soweit es um das „Ob" der Anordnung der Untersuchungshaft durch den Haftrichter geht, stehen dem betroffenen Beschuldigten zunächst der Antrag auf Aufhebung oder Außervollzugsetzung des Haftbefehls (§ 120 III StPO), der Antrag auf schriftliche Haftprüfung (§ 117 I StPO) sowie der Antrag auf mündliche Haftprüfung (§ 117 I i.V.m. § 118 I StPO) zur Verfügung. Über diese Anträge entscheidet der zuständige Haftrichter selbst. Zu einer Entscheidung übergeordneter Gerichte führt die Haftbeschwerde nach § 304 I StPO sowie die weitere Beschwerde (§ 310 I StPO). Abschließend zu erwähnen ist die besondere Haftkontrolle von Amts wegen durch das OLG gem. §§ 121, 122 StPO nach sechsmonatiger Dauer der U-Haft.[1]

38.1.2 Rechtschutzmöglichkeiten im Rahmen des Untersuchungshaftvollzuges

Geht es um das „Wie" der Untersuchungshaft, also um Entscheidungen und Maßnahmen des Gerichts, der Staatsanwaltschaft oder der Vollzugsbehörde im Rahmen des Untersuchungshaftvollzuges, so sehen die Neuregelungen des Untersuchungshaftrechts verschiedene Rechtsbehelfe vor. Diese stellen sich im Überblick wie folgt dar.

Im Rahmen der gerichtlichen Rechtsbehelfe sind die Anträge auf gerichtliche Entscheidung nach § 119 V StPO und § 119a StPO zu unterscheiden. Der Antrag auf gerichtliche Entscheidung gem. § 119a StPO ist für den inhaftierten Beschuldigten einschlägig, soweit es um vollzugssichernde Maßnahmen der Untersuchungshaftanstalt auf der Grundlage der jeweiligen Landesuntersuchungshaftvollzugsgesetze geht. Dieser Rechtsbehelf ist vom Antrag auf gerichtliche Entscheidung gem. § 119 V StPO zu unterscheiden, der eine Überprüfung von verfahrenssichernden Beschränkungen (§ 119 I StPO) ermöglicht, die durch den Haftrichter, die Staatsanwaltsschaft oder im Ausnahmefall die Untersuchungshaftanstalt angeordnet wurden (Abb. 38.1).

Auch dem Untersuchungsgefangenen stehen zahlreiche außergerichtlichen Rechtsbehelfe, wie z. B. das allgemeine Beschwerderecht, das Recht der Dienstaufsichtsbeschwerde sowie das Petitionsrecht an parlamentarische Petitionsausschüsse, den Anstaltsbeirat, die jeweiligen Bürger- bzw. Justizvollzugsbeauftragten der Länder, die Datenschutzbeauftragten sowie den „Europäischen Ausschuss zur Ver-

---

[1] Vgl. zu den prozessualen Verteidigungsmöglichkeiten gegen Haftentscheidungen: *Püschel/Bartmeier/Mertens* § 9 Rdn. 1 ff.

Abb. 38.1 Überblick über die unterschiedliche Zielrichtung der Anträge nach § 119a und § 119 V StPO

Antrag gem. **§ 119a StPO** bei **vollzugssichernden** Anordnungen der U-Haftanstalt auf Grundlage des jeweiligen **UVollzG**

Antrag gem. **§ 119 V StPO** bei **verfahrenssichernden** Maßnahmen von Gericht, StA oder U-Haftanstalt auf der Grundlage des **§ 119 I StPO**

hütung von Folter und unmenschlicher oder erniedrigender Behandlung oder Strafe (CPT)" zur Verfügung (Abb. 38.2).

38.1.3 Exkurs: Entschädigungsansprüche im Zusammenhang mit Untersuchungshaft

Entschädigungsansprüche für durch die Anordnung der Untersuchungshaft erlittene Schäden bestehen nach dem Gesetz über die Entschädigung für Strafverfolgungsmaßnahmen (StrEG) insbesondere dann, wenn der inhaftierte Beschuldigte freigesprochen wird, das Verfahren gegen ihn eingestellt oder die Eröffnung des Hauptverfahrens abgelehnt wird. Dabei ist die Höhe des immateriellen Entschädigungsanspruchs regelmäßig auf 25 € für jeden angefangenen Tag Freiheitsentziehung beschränkt.[2]

Darüber hinaus haben in jüngster Zeit Schadenersatzansprüche wegen menschenunwürdiger Unterbringung im Rahmen eines Amtshaftungsanspruchs gem. Artikel 34 GG, § 839 BGB Bedeutung erlangt. Bundesweit waren bzw. sind mehrere tausend Klageverfahren bei den Zivilgerichten anhängig. Welche konkreten Unterbringungsbedingungen einen Ersatzanspruch auslösen, ist abschließend noch nicht geklärt. In der Rechtsprechung anerkannt ist, dass eine menschenunwürdige Unterbringung jedenfalls dann vorliegt, wenn eine gemeinschaftliche Unterbrin-

---

[2] Vgl. hierzu umfassend: *Meyer*, Kommentar zum StrEG, 7. Auf. 2008.

Abb. 38.2 Überblick über die außergerichtlichen Rechtsbehelfe im Untersuchungshaftvollzug am Beispiel des nordrhein-westfälischen Landesrechts

Beschwerdemöglichkeiten innerhalb des Untersuchungshaftvollzuges
- Beschwerderecht gegenüber dem Anstaltsleiter bzw. Aufsichtsbehörde (§ 54 UVollzG NRW)
- Beschwerderecht gegenüber dem Anstaltsbeirat (§ 87 III UVollzG NRW)
- Dienstaufsichtsbeschwerde

Beschwerdemöglichkeiten außerhalb des Untersuchungshaftvollzuges
- Allg. Petitionsrecht gegenüber den Petitionsausschüssen der Landesvertretungen (Art. 4 LVerf NRW i. V. m. Art. 17 GG)
- Eingaben an den Justizvollzugsbeauftragten NRW
- Eingaben an den Landesdatenschutzbeauftragten (§ 72 1 UVollzG NRW i. V. m. § 18 IV, 6 DSG NRW)
- Eingaben an den „Europäischen Ausschuss zur Verhütung von Folter und unmenschlicher oder erniedrigender Behandlung oder Strafe (CPT)"

gung von Untersuchungsgefangenen in einem Haftraum erfolgt, ohne dass dabei die Toilette hinreichend abgetrennt ist.[3]

38.2 Die Rechtsschutzmöglichkeiten gegen Maßnahmen der Untersuchungshaftanstalt im Einzelnen

Der Vollzug der Untersuchungshaft unterwirft den inhaftierten Beschuldigten zahlreichen Beschränkungen und vollzuglichen Maßnahmen. Diese bestimmen den Alltag des Untersuchungsgefangenen und reichen von der Anordnung von Sicherungsmaßnahmen, die Gewährung bzw. Versagung privater Gegenstände bis zur Verhängung von gravierenden Disziplinarmaßnahmen. Das Rechtsschutzinstrumentarium gegen diese Maßnahmen der Vollzugsbehörde ist vielfältig. Im Einzelnen stehen dem Untersuchungsgefangenen bzw. seinem Verteidiger folgende Rechtsbehelfe zur Verfügung.

38.2.1 Antrag auf gerichtliche Entscheidung gemäß § 119a StPO

Soweit auf der Grundlage der Landesuntersuchungshaftvollzugsgesetze vollzugssichernde Entscheidungen und Maßnahmen getroffen werden, kann der Untersuchungsgefangene gemäß § 119a StPO gerichtliche Entscheidung beantragen.[4] Die Vorschrift musste, da die Regelungskompetenz für das gerichtliche Verfahren im Zuge der Föderalismusreform beim Bund verblieben ist, neu in die Strafprozess-

---

[3] Vgl. hierzu *Püschel/Bartmeier/Mertens*, § 12 Rdn. 9 mit umfangreichen Rechtsprechungshinweisen.

[4] Vgl. zu § 119a StPO auch AnwK U-Haft/*König* § 119a Rdn. 1 ff.; *Wiesneth*, Die Untersuchungshaft, 2010, Rdn. 388 ff.

ordnung aufgenommen werden. Inhaltlich eröffnet die Norm einen bundeseinheitlichen Rechtsweg gegen alle Entscheidungen, die materiell auf der Grundlage der jeweiligen Landesuntersuchungshaftvollzugsgesetze ergehen.

Abzugrenzen ist der Antrag gem. § 119a StPO vom Antrag auf gerichtliche Entscheidung gemäß § 119 V StPO. Dieser bezieht sich auf verfahrenssichernde Anordnungen und Entscheidungen des Haftrichters, bzw. für den Fall der vorläufigen Anordnung der Staatsanwaltschaft und ihrer Ermittlungspersonen oder der Vollzugsanstalt, gem. § 119 I StPO. Die bereits aufgezeigten Abgrenzungsschwierigkeiten in diesem Bereich zwischen den Kompetenzen des Haftrichters und der Anstalt erledigen sich spätestens im Bereich des Antrags auf gerichtliche Entscheidung gemäß § 119a StPO. Hier kann nun eine haftrichterliche Überprüfung auch der Maßnahmen, die der Vollzugsanstalt vorbehalten sind, erfolgen.

Zuständig für die Entscheidung ist nach § 126 I StPO nicht das Amtsgericht am Sitz der Untersuchungshaftanstalt, sondern der Haftrichter. Angesichts der größeren Sachkompetenz hinsichtlich des konkreten Verfahrens ist diese Zuständigkeitskonzentration beim Haftrichter sachlich gerechtfertigt. Befürchtungen, dass sich der Arbeitsaufwand für die Haftrichter durch die ggf. notwendige Anwendung des Untersuchungshaftvollzugsrechts eines anderen Bundeslandes (z. B. bei Inhaftierung des Betroffenen in NRW aufgrund eines Haftbefehls des Amtsgerichts Kiel) unzumutbar steigere, fallen demgegenüber kaum ins Gewicht. Zum einen sind die einzelnen Landesgesetze in zahlreichen Bereichen deckungsgleich, zum anderen ist die überwiegende Mehrzahl der Untersuchungsgefangenen in einer Anstalt am Sitz des Haftrichters untergebracht bzw. wird zeitnah nach dorthin überstellt. Ist bereits Anklage erhoben, so ist nach § 126 II StPO das erkennende Gericht zuständig.

Antragsberechtigt für einen Antrag sind neben dem Untersuchungsgefangenen und dessen Verteidiger auch Außenstehende (z. B. Besucher, Brief- und Paketabsender) oder der Anstaltsbeirat. Antragsgegner ist in der Regel die Untersuchungshaftvollzugsanstalt, vertreten durch ihren Leiter.

Das Verfahren ist weder kostenpflichtig noch fristgebunden. Inhaltlich kann der Antrag auf die Anfechtung, Verpflichtung, Vornahme, Unterlassung einer Maßnahme sowie die Feststellung der Rechtswidrigkeit abzielen. Insoweit bestehen deutliche Parallelen zum Verfahren gem. § 109 StVollzG für den Bereich des Strafvollzugs.

Insbesondere ist der Antrag nach § 119a StPO dann möglich, wenn ein für den Untersuchungshaftvollzug betreffender Antrag nicht innerhalb von drei Wochen beschieden worden ist, § 119a I 2 StPO. Hiermit wird für die Praxis sichergestellt, dass gestellte Anträge in angemessener Frist bearbeitet werden. Für den Fall eines entsprechenden Vornahmeantrags des Untersuchungsgefangenen, z. B. zur Entscheidung eines Antrags auf Zulassung eines Laptops, wird das Gericht sodann die Verpflichtung der Vollzugsanstalt zur Bescheidung aussprechen. Lehnt die Vollzugsanstalt zwischenzeitlich die Genehmigung des Geräts ab, muss der Antragsteller seinen Vornahmeantrag auf einen Verpflichtungsantrag umstellen.

Das Haftgericht entscheidet, nachdem die Beteiligten Gelegenheit zur Stellungnahme hatten, durch Beschluss. Die Staatsanwaltschaft ist, da verfahrenssichernde

Maßnahmen nicht Gegenstand des Verfahrens sind, nicht zu beteiligen. Ein Vollstreckungsinstrumentarium für in diesem Wege beschlossene gerichtliche Vornahmeverpflichtungen besteht nicht. Der Gesetzgeber ist zu Recht davon ausgegangen, dass die Vollzugsbehörden Gerichtsentscheidungen respektieren und zeitnah umsetzen. Nötigenfalls ist dies über die Aufsichtsbehörde im Wege der Dienstaufsicht durchzusetzen.

Der Antrag gem. § 119a StPO hat allerdings keine aufschiebende Wirkung. Der zwangsläufig eintretende Zeitverzug bis zu einer Entscheidung kann für den Untersuchungsgefangenen insbesondere bei der Vollstreckung von Disziplinarmaßnahmen einschneidende Konsequenzen haben. Regelmäßig wird in Eilfällen im Rahmen eines weiteren Antrags gemäß § 119a II 2 StPO darauf hinzuwirken sein, dass eine vorläufige gerichtliche Anordnung ergeht. Diese ist für den Fall der drohenden Vollstreckung von Disziplinarmaßnahmen darauf gerichtet, die Vollstreckung bis zur gerichtlichen Entscheidung vorläufig auszusetzen.

Gegen die Entscheidung des Gerichts kann gem. §§ 119a III, 304 StPO Beschwerde eingelegt werden. Das Beschwerderecht der Vollzugsanstalt ist, ähnlich wie für den Strafvollzug in § 116 StVollzG, in § 119a III StPO explizit vorgesehen.

38.2.2 Beschwerde an den Anstaltsleiter bzw. die Aufsichtsbehörde

Sämtliche Landesgesetze sehen ein Beschwerderecht des Untersuchungsgefangenen an den Leiter der Untersuchungshaftanstalt bzw. die Aufsichtsbehörde – in der Regel das jeweilige Justizministerium – vor.[5] Dieses Recht beinhaltet die Möglichkeit der schriftlichen Beschwerde in Angelegenheiten des Untersuchungshaftvollzugs. Beschwerden an den Anstaltsleiter, die sich auf das Strafverfahren und insbesondere auf gem. § 119 I StPO angeordnete Beschränkungen des Haftrichters beziehen, sind somit nicht statthaft.

Auch wenn die Regelungen des Untersuchungshaftvollzugs, anders als im Strafvollzug, keine ausdrückliche Verpflichtung zur Einrichtung einer regelmäßigen „Anstaltsleitersprechstunde" statuieren, hat der Untersuchungsgefangene das Recht auf ein persönliches Gespräch mit dem Anstaltsleiter.[6] Seinem Verteidiger steht dabei ein Anwesenheitsrecht zu bzw. er kann diese Gesprächsmöglichkeit für den Mandanten wahrnehmen.

---

[5] Vgl. jeweils § 65 UVollzG der Länder Berlin, Brandenburg, Bremen, Mecklenburg-Vorpommern, Rheinland-Pfalz, Saarland, Sachsen, Sachsen-Anhalt und Thüringen, § 70 Hmbg. UVollzG; § 42 Hess. UVollzG; § 68 JVollzGB BW; § 101 NJVollzG; Art. 42 BayUVollzG; § 54 UVollzG NRW.

[6] Vgl. AnwK U-Haft/*Harrendorf*, § 65 Rn. 7.

Die schriftliche Beschwerde bzw. die persönliche Vorsprache unmittelbar durch den Verteidiger wird die Erfolgschancen einer Eingabe erfahrungsgemäß beträchtlich erhöhen. Eine Vielzahl von Entscheidungen wird im Alltag einer Vollzugsanstalt im Rahmen der Delegation von Bediensteten des mittleren oder gehobenen Dienstes vor Ort getroffen. Der Anstaltsleiter kann, insbesondere in großen Vollzugseinrichtungen, schlechterdings nicht über alle Gefangenen, Entscheidungen und Entscheidungspraktiken in seiner Anstalt informiert sein, so dass es sinnvoll sein kann, Einzelfälle im Rahmen der Beschwerde an die Anstaltsleitung heranzutragen. Allein die Tatsache, dass der Einzelfall eines Inhaftierten der Anstaltsleitung im Rahmen der Beschwerde bekannt wird, kann auf den nachgeordneten Ebenen der Anstalt Entscheidungsprozesse erheblich beschleunigen, Fehlerquellen beseitigen und eine disziplinierende Wirkung in Bezug auf die Einhaltung rechtsstaatlicher Grundsätze im Umgang mit dem U-Gefangenen entfalten. Unabhängig davon, ob die Beschwerde sachlich im Ergebnis erfolgreich ist, bietet das persönliche Gespräch mit dem Anstaltsleiter Gelegenheit, die Gesamtsituation des U-Gefangenen zu erörtern. Dies kann in der Regel nur zu einer Besserstellung führen, so dass die Beschwerde oftmals ein wirksamerer Rechtsbehelf ist als die Anrufung des Gerichts nach § 119a StPO.

Erfolg versprechend kann im Einzelfall auch die Beschwerde an die Aufsichtsbehörde sein. Sie wird vor allen Dingen dann nötig und erfolgreich sein, wenn Vollzugsbehörden gerichtliche Entscheidungen nach § 119a StPO ignorieren. Hier wird die Aufsichtsbehörde im Rahmen der Dienstaufsicht regelmäßig für die notwendige Respektierung der Entscheidung sorgen müssen. Wesentlicher Nachteil der Beschwerde an die Aufsichtsbehörde ist die regelmäßig lange Dauer bis zu einer Entscheidung. Lange Berichtswege, großzügige Fristen und evtl. interne Beteiligungserfordernisse auf der Ebene der Aufsichtsbehörde begrenzen die Effektivität dieses Rechtsbehelfs erheblich.

38.2.3 Allgemeine Dienstaufsichtsbeschwerde

Deutlich limitiert sind bekanntermaßen auch die Erfolgsaussichten der allgemeinen Dienstaufsichtsbeschwerde. Diese ist ebenfalls in allen Landesgesetzen vorgesehen.[7] Der Sache nach richtet sich die Dienstaufsichtsbeschwerde gegen das Verhalten eines Bediensteten. Über Dienstaufsichtsbeschwerden gegen Vollzugsbedienstete seiner Anstalt entscheidet der Anstaltsleiter. Gegen seine Entscheidung ist die weitere Dienstaufsichtsbeschwerde an die Aufsichtsbehörde möglich. Dienstaufsichtsbeschwerden gegen unmittelbare, eigene Entscheidungen hat der Anstalts-

---

[7] Vgl. jeweils § 65 III UVollzG der Länder Berlin, Brandenburg, Bremen, Mecklenburg-Vorpommern, Rheinland-Pfalz, Saarland, Sachsen, Sachsen-Anhalt und Thüringen, § 70 III Hmbg. UVollzG; § 42 III Hess. UVollzG; § 68 III JVollzGB BW. Niedersachsen und Nordrhein-Westfalen haben auf eine explizite Regelung verzichtet.

leiter der Aufsichtsbehörde zur Entscheidung vorzulegen. Die Beschwerden sind formlos und fristlos einzulegen. Auch für den Untersuchungshaftvollzug gilt aber, dass sie in der Regel erfolglos sind.

38.2.4 Weitere Beschwerdemöglichkeiten

Darüber hinaus stehen dem Untersuchungsgefangenen zahlreiche weitere außergerichtliche Beschwerdemöglichkeiten zur Verfügung.

So besteht auf der Ebene der Untersuchungshaftanstalt die Möglichkeit einer **Beschwerde an den Anstaltsbeirat**.[8] Beiräte sind bei allen Untersuchungshaftanstalten zu bilden und sollen eine Beteiligung der Öffentlichkeit und eine entsprechende Kontrolle ermöglichen. Wesentliche Aufgabe der Mitglieder des Anstaltsbeirats ist die Entgegennahme und Behandlung von Beschwerden von Inhaftierten. Zu diesem Zwecke können sich die Inhaftierten an den Anstaltsbeirat wenden. Dieser Schriftwechsel wird nicht überwacht. Die Beiratsmitglieder suchen die betroffenen Inhaftierten dann persönlich auf, um sich das Anliegen schildern zu lassen. Je nach Problemlage – z. B. Einzelprobleme eines Inhaftierten bei seiner medizinischen Versorgung oder strukturelle, anstaltsweite Schwierigkeiten bei der Durchführung des Einkaufs – kann der Anstaltsbeirat im Gespräch mit den jeweiligen Bediensteten oder in Erörterung mit der Anstaltsleitung eine Verbesserung der Situation herbeiführen. Weisungs- oder Durchsetzungsrechte stehen dem Beirat nicht zu, er ist insoweit auf die Kooperation mit der Anstaltsleitung bzw. der Aufsichtsbehörde angewiesen.

Die Effektivität eines Anstaltsbeirates ist in der Praxis sehr unterschiedlich und hängt ganz wesentlich vom Selbstverständnis der Beiratsmitglieder, der Häufigkeit der Beiratssitzungen und dem Bemühen von Anstalt und Beirat, den Anstaltsbeirat als Ansprechpartner für die Inhaftierten präsent zu machen, ab. Bei günstigen Voraussetzungen, d. h. einem engagierten Beirat und einer kooperationswilligen Anstaltsleitung, kann der Anstaltsbeirat in der Praxis ein effektives Instrument zur Lösung von Einzelproblemen und zur Sensibilisierung der Entscheidungsträger für strukturelle Probleme in der Anstalt sein.

Darüber hinaus eröffnet das Petitionsrecht für den einzelnen Untersuchungsgefangenen die Möglichkeit, sich an die **Petitionsausschüsse der jeweiligen Landesvertretungen** zu wenden. Das Verfahren erweist sich in der Praxis aber als langwierig und in der Regel wenig Erfolg versprechend. Die Bundesländer Mecklenburg-Vorpommern, Rheinland-Pfalz, Thüringen und Schleswig-Holstein haben daneben sog. **„Bürgerbeauftragte"** eingerichtet. Diese stehen allen Bürgern, auch

---

[8] Vgl. jeweils § 87 II UVollzG der Länder Berlin, Brandenburg, Bremen, Mecklenburg-Vorpommern, Rheinland-Pfalz, Saarland, Sachsen, Sachsen-Anhalt, Thüringen und Hamburg; § 72 III Hess. UVollzG; § 18 III JVollzGB BW; § 187 II NJVollzG; § 59 III UVollzG NRW.

Untersuchungsgefangenen, für Anregungen, Eingaben und Beschwerden als Ansprechpartner zur Verfügung.

Das Land Nordrhein-Westfalen hat seit einigen Jahren eine spezielle Petitionsstelle eingerichtet. Diese zunächst als „Ombudsmann für den Justizvollzug NRW" später als **„Justizvollzugsbeauftragter für das Land NRW"** geführte Einrichtung dient nach ihrem Selbstverständnis einerseits als klassische Petitionsstelle für alle vom Justizvollzug Betroffenen, soll andererseits nunmehr aber auch an einer Fortentwicklung und Verbesserung des Justizvollzugs mitwirken.

In datenschutzrechtlichen Fragen besteht für den Untersuchungsgefangenen die Möglichkeit, **Eingaben an den jeweiligen Landesdatenschutzbeauftragten** zu richten.

Schließlich besteht auch für den Bereich der Untersuchungshaft die Möglichkeit, sich an den „Europäischen Ausschuss zur Verhütung von Folter und unmenschlicher oder erniedrigender Behandlung oder Strafe (CPT)" des Europarates zu wenden. Unmittelbare Abhilfe lässt sich über diesen Weg in aller Regel nicht erzielen, Beschwerden können aber ein probates Mittel sein, den dortigen Fokus auf bestimmte, grundsätzliche Problemlagen zu richten. Zuletzt wurden im Rahmen eines Deutschlandbesuchs im Jahr 2010 vor allem Verbesserungen im Bereich des Jugendvollzuges, der Sicherungsverwahrung und der chirurgischen Kastration von Sexualstraftätern angemahnt.[9]

Lösungsskizze, Fall 38.1

Der Untersuchungsgefangene muss sich wegen der angeordneten akustischen Besuchsüberwachung mit einem Antrag auf gerichtliche Entscheidung gem. § 119 V StPO an das Haftgericht wenden, da er sich gegen eine verfahrenssichernde Anordnung wendet.

Hinsichtlich der Trennscheibenanordnung als vollzugssichernder Anordnung des Anstaltsleiters ist der Antrag auf gerichtliche Entscheidung gem. § 119a StPO der richtige Rechtsbehelf.

Um eine Verhaltensänderung bei dem Besuchsbeamten zu erzielen, kann der Untersuchungsgefangene eine Dienstaufsichtsbeschwerde beim Anstaltsleiter gegen den Bediensteten einlegen.

Die Ausgestaltung der Besuchsräume kann er schließlich im Wege des Beschwerderechts beim Anstaltsleiter (vgl. § 54 UVollzG NRW) vorbringen und sich mit seinem Anliegen an den Anstaltsbeirat wenden (§ 59 III UVollzG).

---

[9] Die Berichte des Deutschlandbesuchs im Jahr 2010 sind über http://www.cpt.coe.int/en/states/deu.htm (Stand: 08.05.2012) abrufbar.

Teil III
Das Recht des Jugendstrafvollzuges

Vollzugsziel, Gestaltungsgrundsätze des Vollzuges

39

Fall 39.1

Die siebzehnjährige Vanessa sitzt ein wegen gefährlicher Körperverletzung. Der zuständige Psychologe hat ihr eine ungelöste Gewaltproblematik bescheinigt. Deshalb soll sie nach dessen Auffassung an einem Antiaggressivitätstraining teilnehmen. Vanessa weigert sich, da sie diese Problematik nicht erkennen könne. Im Gespräch mit dem Abteilungsbeamten gibt sie zu, dass ihr insbesondere der Termin nicht passe, weil dieser mit ihrer Lieblingssendung im Fernsehen „Desperate Housewives" zusammentreffe. In der Vollzugskonferenz wird dieser Fall erörtert.

Lösungsskizze

§ 2 JStVollzG NRW[1] gibt genauso wie § 2 StVollzG das Vollzugsziel der Wiedereingliederung des jungen Gefangenen in die Gesellschaft vor. Der Schutz der Allgemeinheit wird nicht als Ziel angesehen, wohl aber als bei der Gestaltung des Vollzuges zu gewährleistende Aufgabe. In § 3 sind darüber hinaus Gestaltungsgrundsätze formuliert. Dabei wird ausdrücklich hervorgehoben, dass der Vollzug erzieherisch auszugestalten ist. Bedienstete im Vollzug müssen deshalb über pädagogische Kenntnisse verfügen, das erforderliche Verständnis für die Besonderheiten im Umgang mit jugendlichen Straftätern haben und sich ihrer besonderen Verantwortung sowie Vorbildfunktion bewusst sein. Es soll nicht um Umerziehung durch Druck, sondern um „Fördern und Fordern" gehen.[2] Dementsprechend wird eine Mitwirkungspflicht der Gefangenen in § 4 I begründet. Pädagogisch zweifelhaft ist, ob gerade dies tatsächlich den geforderten Umdenkungsprozess fördern kann. Der Gesetzgeber sieht den Gefangenen hier eher als Objekt und nicht als Subjekt eines für notwendig gehaltenen Veränderungsprozesses an. Es ist eine Pädagogik „des erhobenen Zeigefingers", die darüber hin-

---

[1] §§ ohne Gesetzesbezeichnung beziehen sich im Folgenden auf das Jugendstrafvollzugsgesetz NRW.
[2] LT-Drucks 14/4412.

aus den anvertrauten jungen Menschen die Verantwortung für etwa gescheiterte Vollzugsverläufe zuweist.[3] Insofern entspricht das JStVollzGNRW wohl nicht der vom BVerfG[4] insbesondere für den Jugendstrafvollzug geforderten Orientierung am Stand der wissenschaftlichen Erkenntnisse. Es erscheint deshalb im vorliegenden Fall verfehlt, auf die Weigerung der jungen Frau mit der im Gesetz vorgesehenen Möglichkeit von Disziplinarmaßnahmen, etwa Fernsehentzug gem. § 93 III Nr. 2, zu reagieren. Vielmehr könnte es sinnvoll sein, den Hintergrund zu erforschen, warum gerade diese Fernsehserie bei ihr so beliebt ist. Vielleicht gibt es dann sogar Anknüpfungspunkte für ein Antiaggressivitätstraining. Arbeit im Jugendvollzug hat noch mehr als im Erwachsenenvollzug an den Bedürfnissen, Begabungen und Stärken des jungen Menschen anzusetzen.[5] Die Vollzugsbediensteten müssen in erster Linie mit Anreizen arbeiten, nicht mit Druck. Dieser kann allenfalls dann in Frage kommen, wenn es gilt, jemanden aus einer Situation herauszuholen, aus der er selbst nicht herausfindet. Unterstützend kann er so z. B. bei einer Drogentherapie hilfreich sein. Im hier dargestellten Fall ist die Weigerung von Vanessa letztlich zu akzeptieren, wenn die pädagogischen Interventionen keinen Erfolg haben. Allerdings sind ihr die Konsequenzen im Hinblick auf Lockerungen etc. zu verdeutlichen.

---

[3] Walter ZfJ 2004,400.
[4] BVerfGE 98,169, 201.
[5] Generell zur „Behandlung im Strafvollzug": Schriever ZfStrVo 2001, 329; 2006, 262.

Vollzugsplanung 40

Im Jugendstrafvollzug kommt der Vollzugsplanung eine noch größere Bedeutung zu als ohnehin sonst schon. Dementsprechend ist der Förderungs- und Erziehungsbedarf der Gefangenen grundsätzlich schon innerhalb der ersten 4 Wochen nach der Aufnahme zu ermitteln, soweit dies nicht schon im Rahmen eines Auswahlverfahrens (während der U-Haft) geschehen ist, § 11 II. Auf dieser Grundlage wird ein Vollzugsplan erstellt. Ein Verzicht hierauf wegen zu kurzer Vollzugsdauer, wie ihn VV zu § 6 StVollzG vorsieht, kommt nicht in Betracht, weil zumindest Maßnahmen zur Vorbereitung der Entlassung gem. § 12 III Nr. 13 notwendig erscheinen. In die Vollzugsplanung sind die Personensorgeberechtigten nach § 12 IV einzubeziehen. Ihre Teilnahme an der Vollzugsplankonferenz ist nicht zwingend vorgesehen, allerdings auch nicht ausgeschlossen. Wegen der starken Stellung, die Ihnen § 12 IV zuweist, dürften sie im Regelfall ein Recht zur Teilnahme haben, weil sie an der Behandlung des Gefangenen wesentlich Beteiligte sind gem. § 122 II.[1] Die Vollzugsplanung ist verbindlich, wird aber gem. § 12 II spätestens nach 6 Monaten überprüft und ist der Entwicklung des Gefangenen anzupassen.

---

[1] Vgl. zur Rechtswidrigkeit des Vollzugsplans bei mangelhafter Besetzung der Konferenz: OLG Frankfurt NStZ-RR 2007, 191.

41 Offener Vollzug, Lockerungen, Urlaub aus dem Vollzug, Entlassungsvorbereitung

Fall 41.1

Der junge Gefangene Waldemar hat im geschlossenen Vollzug eine Ausbildung zum Maler und Lackierer begonnen. Nachdem er mit befriedigendem Erfolg ein Dreivierteljahr daran teilgenommen hat, stellt er einen Antrag auf Verlegung in den offenen Vollzug, für den er auch grundsätzlich geeignet erscheint. Es stellt sich heraus, dass dort seine Ausbildung nicht weitergeführt werden könnte. Dennoch will Waldemar verlegt werden.

Lösungsskizze
Während im Erwachsenenvollzug die Unterbringung im offenen Vollzug als Ermessens- bzw. Sollvorschrift geregelt ist, sieht § 15 II eine Verpflichtung der Anstalt hierzu vor, wenn die Eignungsvoraussetzungen vorliegen. Diesbezüglich gelten die gleichen besonderen Anforderungen wie bei § 10 StVollzG. Allerdings gilt im Jugendstrafvollzug im besonderen Maße, dass der offene Vollzug auch ein Lernfeld sein soll, in dem der Gefangene seine Fähigkeiten und Verhaltensweisen verbessern und vervollkommnen und noch vorhandene kleinere Defizite beheben soll. Nur in den Fällen, in denen dies für die Erziehung oder Förderung des Gefangenen notwendig ist, darf der junge Gefangene gem. § 15 III trotz Eignung im geschlossenen Vollzug verbleiben. Vordergründig scheint dies im vorliegenden Fall so zu sein. Es müsste jedoch noch in Erfahrung gebracht werden, warum Waldemar plötzlich die Ausbildung beenden möchte. Dabei sind vielfältige und ganz unterschiedliche Motivationen denkbar, z. B. Schwierigkeiten mit Mitgefangenen, Wunsch nach mehr Lockerungen, das Gefühl überfordert zu sein. Erst wenn sich herausstellt, dass ein nicht akzeptabler Grund für den erstrebten Ausbildungsabbruch vorliegt, etwa Bequemlichkeit, könnte die Verlegung in den offenen Vollzug abgelehnt werden. Im Übrigen müsste man natürlich versuchen, der Bedürfnislage des Gefangenen auf andere Weise zu entsprechen. Es kämen also vermehrte Lockerungen auch aus dem geschlossenen Vollzug heraus in Betracht. Schwierigkeiten mit Mitgefangenen müssten mit allen Beteiligten aufgearbeitet, Überforderungsgefühlen durch zusätzliche

Förderung entgegen gewirkt werden. Handelt es sich bei dem Wunsch des Gefangenen auf Verlegung in den offenen Vollzug dagegen um eine Eingebung des Augenblicks ohne erkennbaren Hintergrund, was gerade bei jungen Menschen häufiger anzutreffen sein könnte, greift tatsächlich § 15 III ein, denn der Weiterführung der Ausbildung kommt eine ganz erhebliche Bedeutung im Rahmen der Wiedereingliederung zu. Das Gesetz eröffnet damit -durchaus konsequent- die Möglichkeit, den Gefangenen „zu seinem Glück zu zwingen".

Lockerungen und Urlaub sind in den §§ 16, 17 ähnlich geregelt wie im Erwachsenenvollzug. Die Formulierung in § 17, wonach Urlaub zur Förderung der Wiedereingliederung (und nicht etwa zur Erholung) dient, ist eine an sich selbstverständliche Klarstellung, entspricht der Praxis im Strafvollzug und bedeutet dieser gegenüber keine tatsächliche Veränderung. Das Urlaubskontingent beträgt anders als im Strafvollzug 24 Tage, das aber ebenso wie im Erwachsenenvollzug nicht zwingend ausgeschöpft werden muss, wobei die Vollzugsplanung in besonderem Maße zu berücksichtigen ist. In § 19 findet sich eine Regelung wie in § 35 StVollzG. Allerdings hat der Gesetzgeber im Hinblick auf die bei vielen jungen Gefangenen anzutreffende finanziell prekäre Situation den Aufwendungsersatz in das Ermessen der Anstalt gestellt.

Der **Entlassungsvorbereitung** kommt zu Recht im Jugendstrafvollzugsgesetz eine große Bedeutung zu. Der Sonderurlaub kann gem. § 21 bis zu zwei Wochen betragen. § 23 regelt die vorzeitige Entlassung ähnlich wie in § 16 StVollzG. Die so genannte kleine Weihnachtsamnestie ist aber großzügiger geregelt. Neu ist die Möglichkeit bis zu drei Monate über das Haftende hinaus in der Anstalt verbleiben zu können, § 24. Sogar eine Wiederaufnahme des entlassenen Gefangenen ist möglich. Die Einrichtung eines „persönlichen Entlassungsmanagers", der sich zusammen mit dem Gefangenen insbesondere um Unterkunft und Arbeit kümmert, sieht das Gesetz explizit nicht vor. Jedoch werden in § 21 konkrete Vorgaben für den Entlassungszeitraum und die Zusammenarbeit mit außervollzuglich tätigen Behörden, freien Trägern pp. vorgeschrieben.

Unterbringung, Haftausstattung, Bildung und Freizeitbeschäftigung

42

a. Im geschlossenen Vollzug sind die Gefangenen grundsätzlich einzeln unterzubringen, § 25 I. Übergangsvorschriften sind Ende 2010 ausgelaufen. Eine Überbelegung ist verboten, § 115. Das Jugendstrafvollzugsgesetz zieht hier die Konsequenzen aus den Vorfällen in der JVA Siegburg 2006. Tatsächlich dürfte es insbesondere aus Gründen der Verhinderung von Gewalttaten unter den Gefangenen geboten sein, eine gemeinschaftliche Unterbringung ausnahmsweise nur in den Fällen zuzulassen, wo Gefahr für Leben oder Gesundheit des Gefangenen besteht oder dieser hilfsbedürftig ist, § 25 II. Das Gesetz nennt ebenfalls Förderung der Erziehung als Grund für eine gemeinsame Unterbringung. Dies erscheint problematisch und ist allenfalls im Rahmen eines besonderen, umfassenden Konzepts nachvollziehbar. Hier ist namentlich an den Wohngruppenvollzug zu denken, der gem. § 25 IV als regelmäßige Unterbringungsform vorgesehen ist. Auch hier sollte allerdings dem Recht des Gefangenen auf Privatsphäre entsprochen werden und die gemeinsame Unterbringung auf die Freizeit und Arbeitszeit beschränkt bleiben. Im Übrigen enthält das Jugendstrafvollzugsgesetz NRW keine Regelung über die Unterbringung der Gefangenen, also insbesondere keine Regelung über die gemeinschaftliche Unterbringung während der Arbeitszeit und Freizeit wie in § 17 StVollzG. Der Gefangene kann also anders als im Erwachsenenvollzug[1] auch zu einer Einzelarbeit im Rahmen seiner Arbeitspflicht, § 40 II, herangezogen werden.
b. Die Haftraumausstattung ist in § 25 VI ähnlich wie in § 19 StVollzG geregelt. Das Gesetz sieht den Ausschluss bestimmter Gegenstände und Vorkehrungen aber nicht nur bei der Gefährdung von Sicherheit und Ordnung, sondern auch dann vor, wenn sie geeignet sind, das Erreichen des Vollzugszieles zu gefährden. Gerade hier ist besondere Sorgfalt bei der Auslegung gefragt, damit nicht der Erziehungsgedanke bzw. das Vollzugsziel letztlich bloß zur Erweiterung des vollzugsrechtlich Zulässigen verwendet wird. Aus der Grundüberlegung heraus, dass das Erlernen neuer positiver Verhaltensweisen auch eine entsprechende angenehme Lernatmosphäre benötigt, müsste eigentlich zumindest im

---

[1] Vgl. OLG Hamm NStZ 1990, 206.

Jugendstrafvollzug die Konsequenz zu ziehen sein, mehr Gegenstände zur individuellen Ausstattung des Haftraums zuzulassen als sonst üblich.

c. In § 40 I wird die herausragende Bedeutung der schulischen und beruflichen Aus- und Weiterbildung sowie einer darauf aufbauenden Beschäftigung besonders hervorgehoben. Damit wird deutlich gemacht, dass es sich um den wohl wichtigsten Bereich eines auf Erziehung und Förderung ausgerichteten Behandlungsvollzugs handelt. Im Jugendvollzug hat dementsprechend nach § 40 II die schulische und berufliche Aus- und Weiterbildung Vorrang vor allen anderen Beschäftigungsmöglichkeiten. Hieraus folgt, dass der Vollzug selbstverständlich auch eine große Palette an Angeboten in diesem Bereich vorhalten muss, um diesem Anspruch gerecht zu werden. Insoweit ist § 3 IV, der den Appell zu einer ausreichenden finanziellen und personellen Ausstattung entsprechend dem Bedarf des Vollzuges enthält, von großer Bedeutung. Ein **Vollzug nach Kassenlage** ist somit von Gesetzes wegen **nicht zulässig**. Auch in § 40 II ist wieder die Verpflichtung des Gefangenen zur Teilnahme an den Maßnahmen festgeschrieben (zur grundsätzlichen Kritik an diesem Ansatz siehe oben 1).

d. §§ 54, 55 unterstreichen einen weiteren wichtigen Bereich im Behandlungsprogramm des Jugendvollzuges, nämlich den der Freizeitbeschäftigung. Hierin kommt die Überzeugung zum Ausdruck, dass Straftaten von Jugendlichen oft auch mit ihrem Freizeitverhalten zusammenhängen. Dem soll ein umfangreiches Sport- und Freizeitangebot entgegenwirken, das sich am Vollzugsziel zu orientieren hat. Es mag zweifelhaft sein, ob tatsächlich der Sport und Freizeitbeschäftigung während des Vollzuges in die Zeit nach der Entlassung fortwirken können. Dies wird Gegenstand weiterführender Forschung sein müssen.[2] Äußerst plausibel hingegen ist der positive Einfluss des erweiterten Angebots (z. B. mindestens 3 Std. wöchentlich Sport) auf das Klima in der Anstalt.

---

[2] vgl. hierzu Ostendorf 5 Rdnr. 92 ff.

Sicherheit und Ordnung; Disziplinarrecht 43

Die Vorschriften über besondere Sicherungsmaßnahmen und den unmittelbaren Zwang in den §§ 71–91 entsprechen im Wesentlichen denen des Erwachsenenstrafvollzuges. Erwähnenswert sind:

§ 77 sieht vor, dass der Anstaltsleiter zur Feststellung von Suchtmittelkonsum eine Urinkontrolle anordnen und dem Gefangenen bei einem positiven Ergebnis die Kosten hierfür auferlegen darf, und regelt für den Bereich des Jugendstrafvollzuges die im Erwachsenenstrafvollzug strittige Frage, ob eine solche Maßnahme angeordnet werden darf und mit welchen Folgen.

In § 79 II ist nun in den abschließenden Katalog der besonderen Sicherungsmaßnahmen die Beobachtung der Gefangenen allgemein, unabhängig von der Tageszeit und auch mit technischen Hilfsmitteln (z. B. Kameras bei Dauerüberwachung) aufgenommen worden. Damit entfällt die Unklarheit und Unsicherheit hinsichtlich dieser Maßnahmen im Erwachsenenvollzug.

Nach § 90 ist der Schusswaffengebrauch auch im Jugendstrafvollzug ausdrücklich zugelassen.

Fall 43.1

Der 16-jährige Yilmaz verbüßt seit kurzem eine Jugendstrafe von 4 Jahren und sechs Monaten wegen versuchten Totschlags. Er stammt aus an sich sozial geordneten Verhältnissen und bereut nach eigenem Bekunden ganz außerordentlich seine Tat, bei der das Opfer schwer verletzt wurde. Sein Vollzugsverhalten war bisher beanstandungsfrei. Anlässlich einer regelmäßigen Zellenkontrolle werden in seinem Haftraum 9 g Haschisch, ein selbst gebasteltes Rauchgerät und 40 € Bargeld gefunden. In einer Vollzugskonferenz wird daraufhin über das weitere Vorgehen gegen den Jugendlichen beraten.

Lösungsskizze

Es liegt ein schuldhafter Pflichtverstoß gemäß § 92 I i.V.m. § 73 I vor, da Zacharias unerlaubt Gegenstände in seinem Besitz hatte. Außerdem hat der Jugendliche durch sein Verhalten das geordnete Zusammenleben, § 72 I 2 gestört. Während im Erwachsenenvollzug eine disziplinarrechtliche Reaktion in das Ermessen der Anstalt gestellt ist, sieht das Jugendstrafvollzugsgesetz einen zwingenden differenzierten Reaktionsmechanismus vor.

Dabei kommt zunächst ein erzieherisches Gespräch in Betracht. Verbleiben danach noch immer Konflikte, sind in einer zweiten Stufe weitere ausgleichende oder erzieherische Maßnahmen vorgesehen, die geeignet sind, den Gefangenen ihr Fehlverhalten bewusst zu machen. § 92 I nennt die Erteilung von Weisungen und Auflagen, die Beschränkung oder der Entzug einzelner Gegenstände für die Freizeitbeschäftigung und den Ausschluss von gemeinsamer Freizeit oder von einzelnen Freizeitveranstaltungen bis zur Dauer von einer Woche. Ein förmliches Verfahren ist hier noch nicht erforderlich, sodass auf eine Verfehlung unmittelbar reagiert werden kann. Da es sich aber um belastende Eingriffe – wenn auch geringerer Intensität – handelt, sind gem. § 92 II durch die Anstaltsleitung besonders geeignete Bedienstete zu bestimmen, welche befugt sind, diese erzieherischen Maßnahmen anzuordnen.

Hier hat Zacharias gute Chancen, dass eine Maßnahme i.S.d. § 92 als ausreichend angesehen wird. Sollte dies nicht der Fall sein, etwa weil Zacharias keine Erklärung für sein Fehlverhalten abgibt und sich uneinsichtig zeigt, kommen förmliche Disziplinarmaßnahmen gem. § 93 III in Frage. Die Verhängung einer Disziplinarmaßnahme verhindert nicht die Einleitung eines Straf- oder Bußgeldverfahrens, § 93 II. Die abschließend möglichen Disziplinarmaßnahmen sind gegenüber dem Erwachsenenvollzug eingeschränkt. Verzichtet wurde auf den Verweis, die Beschränkung oder den Entzug des Lesestoffes, den Entzug der zugewiesenen Arbeit oder Beschäftigung unter Wegfall der Bezüge und die Beschränkung des Verkehrs mit Personen außerhalb der Anstalt auf dringende Fälle (vgl. § 103 II StVollzG Nrn. 1,3,7,8). Es sind dies Disziplinarmaßnahmen, die ohnehin in der Vollzugspraxis bei Erwachsenen nur eine geringe Rolle spielen und im Jugendstrafvollzug vollends verfehlt erscheinen.

Im vorliegenden Fall dürfte es richtig sein, die Verfehlung jedenfalls nicht mit Arrest zu sanktionieren, da eine schwere oder mehrfach wiederholte Verfehlung, wie sie § 93 IV verlangt, bei Zacharias nicht zu erkennen ist. Angemessen erscheint eine Maßnahme gem. § 93 III Nr. 1 für zwei Wochen und eine Beschränkung der Verfügung über das Hausgeld für einen Monat.

Rechtsbehelfe der Gefangenen und Rechtsschutz

44

Fall 44.1

Dem Jugendrichter beim AG Bonn, der ihn seinerzeit verurteilt hat, schreibt der in der JVA Wuppertal-Ronsdorf einsitzende Jugendstrafgefangene Zacharias und stellt einen Antrag auf gerichtliche Entscheidung wegen einer vom Anstaltsleiter gegen ihn verhängten Disziplinarmaßnahme (zweiwöchige so genannte Freizeitsperre).

Das Jugendstrafvollzugsgesetz sieht keine besonderen Regelungen für den Rechtsschutz der Gefangenen vor. Diese Materie ist nämlich auch nach der so genannten Föderalismusreform weiterhin im Zuständigkeitsbereich des Bundes verblieben. Der Bundesgesetzgeber hat hierzu Regelungen in § 92 JGG getroffen. Diese gleichen denen des Strafvollzugsgesetzes. Nach § 92 I JGG kann zur Regelung einzelner Angelegenheiten auf dem Gebiet der Jugendstrafe gerichtliche Entscheidung beantragt werden. Die §§ 109 und 111-120 StVollzG gelten entsprechend. Zuständig ist die Jugendkammer gem. § 92 II JGG, in deren Bezirk die beteiligte Vollzugsbehörde ihren Sitz hat. Innerhalb der Jugendkammer ist nach § 92 IV JGG grundsätzlich der Einzelrichter zuständig. Nur wenn die Sache besondere Schwierigkeiten rechtlicher Art aufweist oder wenn ihr grundsätzliche Bedeutung zukommt, übernimmt die Jugendkammer den Antrag.

Im vorliegenden Fall liegt ein Anfechtungsantrag gem. § 109 I StVollzG vor. Zacharias kann geltend machen, möglicherweise in seinen Rechten verletzt zu sein, § 109 II StVollzG. Er muss den Antrag innerhalb der Frist des § 112 I StVollzG beim zuständigen Gericht stellen.

Unterliegt er in dem Verfahren, muss er gem. § 121 StVollzG die Kosten tragen, wovon aber entsprechend § 74 JGG abgesehen werden kann.

§ 92 JGG bezieht sich auch auf die §§ 116 ff. StVollzG. Unter den dort aufgeführten Voraussetzungen ist damit eine Rechtsbeschwerde zulässig. Es gelten hierzu die oben 20.4. genannten Ausführungen.

V Exkurs: Sicherungsverwahrung

45

Bei bestimmten Straftätern ordnet das Gericht neben der Strafe die Unterbringung in der Sicherungsverwahrung an. Kennzeichnend für diese Gruppe von Inhaftierten ist, dass bei ihnen der Hang besteht, erhebliche, für die Allgemeinheit gefährliche Straftaten zu begehen. Ende August 2012 waren in Deutschland 445 Gefangene in Sicherungsverwahrung- darunter 2 Frauen.[1] Die Fortdauer der Unterbringung wird regelmäßig von der Strafvollstreckungskammer geprüft. Sicherungsverwahrung ist rechtlich keine Strafe, sondern eine Maßregel der Besserung und Sicherung.

Zu unterscheiden sind die
- primäre Sicherungsverwahrung (die Sicherungsverwahrung wird im Urteil angeordnet) und die
- vorbehaltene Sicherungsverwahrung (die mögliche Anordnung der Sicherungsverwahrung zu einem späteren Zeitpunkt wird im Urteil lediglich vorbehalten).
- Die nachträgliche Sicherungsverwahrung kommt nach der Streichung von § 66 b I und II StGB[2] nur noch in Betracht, wenn die eigentlich vorgesehene Unterbringung in einem psychiatrischen Krankenhaus erledigt ist, weil die Voraussetzungen dafür nicht mehr vorliegen, und von dem Betroffenen aber noch immer mit hoher Wahrscheinlichkeit die Begehung erheblicher Straftaten zu erwarten ist, durch welche die Opfer seelisch oder körperlich schwer geschädigt werden. Zwar sieht das JGG noch darüber hinausgehend eine nachträgliche Sicherungsverwahrung vor, dies dürfte jedoch verfassungswidrig sein, sodass hier ebenfalls die oben genannten Einschränkungen gelten.

Weiterhin eröffnet das neue **Therapieunterbringungsgesetz** (ThUG) die Möglichkeit zu Sicherungsverwahrung Verurteilte, deren Anlasstat vor dem 31.01.1998 liegt und die bereits 10 Jahre in der Sicherungsverwahrung verbracht haben, weiterhin unterzubringen. Es regelt die Unterbringung von verurteilten Straftätern, die deshalb nicht länger in der Sicherungsverwahrung untergebracht werden dürfen, weil ihre Sicherungsverwahrung rückwirkend verlängert wurde, was vom

---

[1] Quelle: Bundesministerium für Justiz 2012.
[2] Vgl. hierzu BVerfG NJW 2011, 1931.

EuGH als unzulässig angesehen wurde.[3] Die Unterbringung hat in geschlossenen Einrichtungen, die räumlich und organisatorisch von Einrichtungen des Strafvollzuges getrennt sein müssen, zu erfolgen.

Voraussetzungen sind:
- Der Betroffene leidet an einer psychischen Störung
- Als Folge dieser Störung besteht eine hohe Wahrscheinlichkeit für eine Gefahr für bedeutende Rechtsgüter einer anderen Person
- Die Unterbringung ist zum Schutz der Allgemeinheit erforderlich (mildere Mittel, wie elektronische Fußfessel, Meldeauflagen etc. reichen nicht aus)

Das Therapieunterbringungsgesetz lässt im Unklaren, was eine psychische Störung ist. Liegt eine psychische Störung mit Krankheitswert vor, ist das PsychKG vorrangig. Der Betroffene muss also psychisch gestört sein, ohne dass dies Krankheitswert erreicht.

Der **Vollzug** der Sicherungsverwahrung schließt sich immer an die Verbüßung einer Freiheitsstrafe an. Er wird in den §§ 129 bis 135 Strafvollzugsgesetz geregelt. Sein Ziel ist die sichere Unterbringung des Straftäters zum Schutz der Allgemeinheit. Die Vollzugsbehörde ist aber auch verpflichtet, eine Palette an Maßnahmen bereit zu halten, die von Angeboten zum Erhalt der Lebenstüchtigkeit über Therapien bis zur Förderung der Kontakte zur Außenwelt reicht, um dem Gebot der Menschenwürde gerecht zu werden und im Hinblick auf eine mögliche Entlassung zur Bewährung den Verwahrten Eingliederungshilfe zu leisten.

Fall

Der Gefangene Unverzagt tritt die Sicherungsverwahrung an. Er möchte wissen, ob er nunmehr besser gestellt ist.

Sicherungsverwahrung muss von Strafhaft räumlich getrennt vollzogen werden, entweder in einer eigenen Anstalt oder in separaten Abteilungen einer Justizvollzugsanstalt, § 140 I. Das Trennungsgebot ist dabei kein Selbstzweck, sondern dient der Besserstellung des Sicherungsverwahrten.[4] In Nordrhein-Westfalen wird z. B. Sicherungsverwahrung im geschlossenen Vollzug in besonderen Abteilungen der Justizvollzugsanstalten Aachen und Werl vollzogen, die Außenstelle Pavenstädt der JVA Bielefeld-Senne ist als Erprobungsanstalt des offenen Vollzuges anerkannt. Für therapiegeeignete Verwahrte werden zudem Plätze in den sozialtherapeutischen Einrichtungen des Landes vorgehalten.

Die inhaltliche Ausgestaltung des Vollzuges muss die durch das Grundsatzurteil des Bundesverfassungsgerichts vom 05.02.2004 und 04.05.2011[5] festgelegten Voraussetzungen für einen verfassungsgemäßen Vollzug der Sicherungsverwahrung erfüllen:

---

[3] EuGH a.a.O.
[4] BVerfG NStZ-RR 2013, 26.
[5] NJW 2004, 739; NJW 2011, 1931.

- Der Vollzug muss die Verwahrten auf unbestimmte Zeit menschenwürdig unterbringen und die Voraussetzungen für ein verantwortliches Leben in Freiheit schaffen,
- den Verwahrten eine Resozialisierungschance einräumen und
- eine Besserstellung gegenüber den Strafgefangenen vorsehen. (so genanntes Abstandsgebot).

Der gebotenen Besserstellung der Sicherungsverwahrten ist damit u. a. durch einen größeren Bewegungsradius innerhalb des Hafthauses, eine umfangreichere Ausstattung des Haftraums, vermehrten Aufenthalt im Freien sowie die Unterbringung in der Form des Wohngruppenvollzugs – soweit Sicherheitsbedenken im Einzelfall nicht entgegenstehen – Rechnung zu tragen. Dazu gehört auch, dass ein Haftkostenbeitrag von Sicherungsverfahren nicht erhoben werden darf.[6] Allerdings kann zumindest bis zur Neuregelung des Rechts der Sicherungsverwahrung z. B. der Besitz der Spielkonsole Playstation 2 verweigert werden.[7] Einschränkungen müssen aber unerlässlich sein[8], um die Sicherheit und Ordnung des betroffenen Lebensbereichs aufrechtzuerhalten.

Das OLG Naumburg[9] verlangt eine Mindestgröße des Haftraums von 20 qm zuzüglich Nasszelle und Küchenzeile zur Wahrung der Verhältnismäßigkeit der Unterbringung. Außerdem sei der JVA hinsichtlich der zugelassenen Gegenstände ein erhöhter Kontrollaufwand als sonst üblich zuzumuten.

Der Europäische Gerichtshof für Menschenrechte (EGMR) hat in seiner Entscheidung vom 17.12.2009[10] beanstandet, dass der Vollzug der Sicherungsverwahrung im deutschen Justizvollzug zu „strafhaftähnlich" ausgestaltet sei. Das Gericht hält in besonderer Weise therapeutische Unterstützung zugunsten der Verwahrten sowie ein hohes Maß an Betreuung durch ein multidisziplinäres Team für erforderlich, um Fortschritte in Richtung auf eine Entlassung zu erzielen.

Seit dem 01.06.2013 gilt der neue § 66c StGB. Er schreibt vor:
- eine über das bisherige Maß hinausgehende, umfassende Behandlungsuntersuchung
- ein regelmäßig fortzuschreibender Vollzugsplan
- individuelle, intensive Betreuung, insbesondere das Angebot einer sozialtherapeutischen Behandlung
- Ziel ist, die Gefährlichkeit des Untergebrachten so zu vermindern, dass
- die Vollstreckung der Maßregel möglichst bald zur Bewährung ausgesetzt oder sie für erledigt erklärt werden kann.

Die neuen Landesgesetze zum Strafvollzug und zur Sicherungsverwahrung werden sich daran orientieren müssen.[11]

---

[6] OLG Celle NStZ 2013, 712 zu §§ 112, 52 NJVolzG.
[7] OLG Frankfurt NSTZ-RR 2012, 223.
[8] OLG Nürnberg NStZ 2012, 396.
[9] ZfStrVo 2012, 55.
[10] NJW 2010, 2495.
[11] So das neue SVVo.llzGNRW vom 25.04.2013.

Mit dem neuen § 119a StVollzG ist für die Sicherungsverwahrung seit dem 01.06.2013 ein neuer Rechtsbehelf eingeführt worden. Nunmehr ist von Amts wegen gemäß § 119a III alle zwei Jahre durch die StVK zu entscheiden, ob die Vollzugsbehörde eine Betreuung angeboten hat, die dem § 66c II, I StGB entspricht. Soweit dies nicht der Fall ist, kann die StVK entsprechend § 119a I Nr. 2 der Anstalt vorschreiben, welche Maßnahmen sie anzubieten hat. Auch die Anstalt kann gemäß § 119a II von sich aus die StVK anrufen und ihre Maßnahmen, die z.B. in einem Vollzugsplan festgelegt worden sind, auf ihre Rechtmäßigkeit überprüfen lassen. Ein Antrag auf gerichtliche Entscheidung des Untergebrachten wird dadurch nicht unzulässig. Es besteht damit die Gefahr widersprüchlicher Entscheidungen. Es bleibt abzuwarten, wie Praxis und Rechtsprechung mit dem komplizierten Rechtsmittelgefüge umgehen.

Gemäß § 109 III und § 119a VI ist dem Gefangenen ein Rechtsanwalt beizuordnen, wenn Angelegenheiten des § 66c eine Rolle spielen. Für eigene Rechtsbehelfe des Sicherungsverwahrten gilt dies aber nur, wenn der Antragsteller nicht selbst seine Rechte wahrnehmen kann oder die Sach- und Rechtslage kompliziert ist.

Sachverzeichnis

A

Ablösung von der Arbeit, 81, 218, 268
Abschiebehaft, 6, 7
AIDS, 55, 172, 173
Akteneinsicht, 115, 226, 231, 264
Alkoholverbot, 39, 41
Amtshaftungsprozess, 221
Anbahnungsgespräch, 309
Anfechtungsantrag, 123, 208, 357
Angelegenheiten, einzelne, 206, 357
Angleichungsgrundsatz, 49, 57, 81, 261, 296
Anhalten von Schreiben, 125
Anhörung, 40, 176, 189, 209, 226
Anklopfen, 50
Annahmeverweigerung, 108
Anordnung
 einstweilige, 213, 216
 verfahrenssichernde, 246, 253, 339, 343
 vollzugssichernde, 245, 299, 343
Anordnungsvoraussetzungen, 153, 316
Anschlussstrafe, 29
Anstaltsleiter, Zuständigkeit, 176, 189, 245
Anstaltsverpflegung, 88, 293
Antrag auf gerichtliche Entscheidung, 203
Antragsbefugnis, 207, 215
Arbeit
 der U-Gef, 267
  Arbeitsniederlegung, 267
  Ablösung, 268–270
  Arbeitsentgelt, 268, 270
  wirtschaftlich ergiebige, 69
Arbeitsentgelt, 68, 69, 76, 85, 94, 109, 210, 268
Arbeitslosenversicherung, 86, 89
Arbeitspflicht, 67, 333, 353
Arbeitstherapie, 69
Arbeitsurlaub, 76, 79
Arbeitsverbot, 93
Arbeitsverweigerung, 94, 145, 267
Arbeitszeit, 57, 85, 154, 353

Arbeitszuweisung, 67, 269
Arrest, 74, 161, 164, 175, 179, 182
Aufbewahrung von Schreiben, 125
Aufnahme
 des Verhafteten, 51, 251
 in U-Haft, 251
Aufnahmeersuchen, 242, 251
Aufnahmeverfahren, 51
Aufrechnung, 95–100
Aufschluss, 57, 131, 284
Aufwendungsersatz, 95, 352
Ausbildungsbeihilfe, 68, 272
Ausführung, 119, 131, 155, 248
Ausgang, 37, 119, 131, 213, 220
 begleiteter, 66, 131
Ausgleichsentschädigung, 78
Ausländische Gefangene, 108, 140, 141
 Beurlaubung, 141
Auslegungsrichtlinien, 19
Auslieferungshaft, 6, 7, 9
Außenbeschäftigung, 10
Aussetzung der Strafvollstreckung, 53
Aussetzung des Vollzugs einer Maßnahme, 213, 223

B

Behandlungsempfehlung, 31
Behandlungsuntersuchung, 31, 51
Belegungsfähigkeit, 63
Beleuchtung
Benachrichtigun Angehöriger, 251
Beobachtung/Videoüberwachung, 314, 319
Beschäftigung, angemessene, 69
Beschäftigungsverhältnis, freies, 80–83, 86–88, 131
Beschwerde, 91, 191, 192–199, 279, 340
Besitz, 103
Besondere Sicherungsmaßnahmen, 153
 Anordnungsvoraussetzungen, 316
 Arten, 313, 318

Aufhebung, 157
Besonders gesicherter Haftraum, 97, 155–157
Besuch
 Besuchserlaubnis, siehe dort
 Sonderbesuche, 119, 282, 301
 Besuchsüberwachung, 120–122, 285, 302–304
 Übergabe Gegenstände, 303
 Trennscheibenbesuch, 314
Besuchsabbruch, 302
Besuchsempfang, 119
Besuchserlaubnis, 253, 299–301
Besuchsüberwachung, 120, 285, 302
 akustische, 343
 optische, 302
Besuchsverbot, 120–122, 199, 300
Besuchsverkehr, 106, 304
Bewährung, 143, 153, 182
Bezahlung, untertarifliche, 83
Bezüge der Gefangenen, 85–101
Bezugsgröße, 85, 270
Blutentnahme, zwangsweise, 172
Böse-Buben-Haus, 4
Briefkontrolle, 248, 253
Briefmarken, 88, 204

C

CD-ROM-Laufwerk, 265

D

Daten, kriminologische, 235
 Altersstruktur, 238
 Anlasstaten, 237
 Dauer, 236
 Haftgründe, 237
 personenbezogene, 116, 117, 226
 Zahl Gefangene, 235
Datenschutz, 115
Delegation, 22, 177, 189, 207, 270
Dienstaufsichtsbeschwerde, 191, 341
Differenzierung, 21, 43, 112
Differenzierungsprinzip, 25, 31, 121
Disziplinarbefugnis, 176, 189, 316, 329
Disziplinarmaßnahmen, 175, 325
 Anordnungskompetenz, 328
DNA-Feststellung, 163
Drogen, 37, 128, 170, 254, 283, 303
Drogenscreening, 286
 Markertestverfahren, 287
Drogenkonsum, 50, 95, 101, 303
Durchlieferungshaft, 6, 7
Durchsuchung, 151
 des Besuchers, 120
 des Gefangenen, 120, 150

des U-Gef, 254, 318
des Verteidigers, 127, 310

E

Eigengeld, 79, 93, 204–211
Einfluss, schädlicher, 124
Eingliederungsgrundsatz, 50
Einkauf
 Alkohol, 297
 Sonderkost, 293
 Selbstverpflegung, 294
 Sicht-/Listeneinkauf, 295
Einkaufshöchstbetrag, 296
Einschränkung, 104, 113, 128, 293
Einstweilige Anordnung, 213, 216
Einstweiliger Rechtsschutz, 212–214, 223
Einstweilige Unterbringung, 6, 143, 231
Einweisungsanstalt, Zuständigkeitsbestimmung, 29
Einweisungsverfahren, 29, 31
Einzelhaft, 158, 183, 259, 314
Einzelne Angelegenheiten, 206, 357
Einzelunterbringung, 57, 58, 257–259, 333
Entlassung, 36, 55, 76, 101, 146, 251, 254, 351
Entlassungszeitpunkt, 76
Entweichung, 37, 154, 181, 317
Erkennungsdienstliche Maßnahmen, 152
Ermessen, 12, 19, 38, 104, 107, 126, 166
Ermessensrichtlinien, 19
Ersatzeinkauf, 93, 107
Ersatzfreiheitsstrafe, 101
Ersatzzuwendung, 86
Erzwingungshaft, 6, 9, 53
Europäisches Recht, 18, 193, 343

F

Fehlzeiten, anrechenbare, 71, 75
Fernsehgerät, 110–112
Fesselung, 159, 162, 220, 313, 321
 bei Ausführung, 159, 321
Festnahmerecht, 153, 322
Feststellungsantrag, 219–221
Fluchtgefahr, 11, 12, 42, 117, 154, 282, 316, 322
 als Haftgrund, 238, 241
Förderung der Behandlung, 19, 46, 119
Folgenbeseitigungsantrag, 218
Freibeweisverfahren, 225
Freigang, 131, 132
Freigängerurlaub, 147
Freiheitsentziehende Maßnahmen, 6, 7, 9, 13
Freiheitsstrafe, lebenslängliche, 59, 143, 155
 Beurlaubung, 143

Sachverzeichnis

Freistellung von der Arbeitspflicht, 70–77
Freizeit, 57, 113, 181, 259, 353
Freizeitbeschäftigung, Gegenstände, 113, 261, 327, 356

G

Gefahr, 35, 57, 60, 112, 154–157, 170–173, 317
  im Verzug, 128, 156, 319, 322
Gegensteuerungsgrundsatz, 49
Gegenstand, religiöser, 108, 289, 294
Gegenvorstellung, 191, 199, 247
Gehör, rechtliches, 139, 177, 226, 329
Gelder der Gefangenen, 86
Generalprävention, 8
Gesamtstrafe, 29, 180
Gesetzgebungszuständigkeit, 229, 335
Gesundheitsfürsorge, Zwangsmaßnahmen, 169
Gesundheitspflege der U-Gef., 280
Gewahrsam, 103, 261
Grundrechte, 15–18, 104, 115, 221, 229
Guthaben der Gefangenen, 85, 117

H

Haftbefehl, 32, 39, 237–239, 241, 252, 278, 336
Haftgründe, 237, 238, 241, 263
Haftkostenbeitrag, 87, 88, 94, 272, 361
Haftraum, besonders gesicherter, 97, 155–157
Haftraumarbeit, 94, 97
Haftraumausstattung, 65, 353
Haftraumgröße, 63
Haftraumkontrolle, 50, 126, 313, 316
Haftrichter, 245–252, 299, 304, 309, 316, 335, 336, 339
Haftzweck, 261, 266, 299
Hamburger Fessel, 159, 321
Handeln auf Anordnung, 169
Hausgeld, 64, 86, 116, 182, 204, 218, 271, 356
Heimerziehung, 6
HIV, 172, 173

I

Individualprävention, 8, 10
Internationale Rechtsquellen, 18
Intimsphäre, 50, 151, 287, 318

J

Journalist, 109, 122
Jugendarrest, 6, 7, 32, 169
Jugendliche
  Arbeitspflicht, 333
  Besuchs-/Sportmöglichkeiten, 334
  Erziehungsbedarf, 332, 349

Persönlichkeitserforschung, 332
  Unterbringung, 331–333
Jugendstrafe, 7, 9, 12, 32, 203, 357

K

Kaffeemaschine, 65
Kinder, nichtschulpflichtige, 61
Klassifizierung, 25, 26, 32
Kleidung der Gefangenen, 66, 261–263
Kommunikation
  mit der Außenwelt, 299
  Verteidiger/Mandant, 309
    Anbahnungsgespräch, 309
    Briefverkehr, 312
    Mitnahme von Laptops, 311
Konferenz, 22, 38, 52, 54, 59, 116, 177, 189, 193, 330, 349, 355
Kontaktsperregesetz, 129
Kontrollbefugnis, 103
Körperpflegemittel, 89, 105

L

Ladung, 132, 206
Langzeitbesuch, 120
Lebenslängliche Freiheitsstrafe, 59, 143, 155
  Beurlaubung, 143
Lockerungen, 52, 122, 131–136, 144, 188, 205, 212, 348, 351, 352
Lockerungseignung, 124, 211

M

Mandat, 22
Maßnahme
  erkennungsdienstliche, 152
  freiheitsentziehende, 6, 7, 9, 13
  regelnde, 206
Medizinische Versorgung, 277
  Anstaltsarzt, 278–284
  Arztvorstellung, 279, 280
  Behandlung durch externe Ärzte/Vertrauensärzte, 281
  Krankenhausaufenthalt, 283
  Versorgung mit Arznei-, Verband-, Heil- und Hilfsmitteln, 277, 278
Meinungsverschiedenheiten, 247
Menschenrechtskonvention, 197
Minima, 18

N

Nacheile, Kosten, 97, 98
Nachschieben von Gründen, 201
Nahrungs- und Genussmittel, 89, 91, 105, 296, 306, 328
Nichtrückkehr aus Urlaub, 139, 141

Normenhierarchie, 18, 19
Notrecht, 165, 167

O
Offener Vollzug, 35–42, 122, 131, 168, 351, 352
  Bedeutung, 35
  besondere Anforderungen, 37
  Progression, 36
Ordnung der Anstalt, 60, 245, 247, 261, 303–306, 325
Ordnungshaft, 6, 9

P
Paketempfang, 306
Personalcomputer, 49
Personenbezogene Daten, 116, 117, 226
Pfändbarkeit, 89
Pflichtverstoß, 178–182, 186–190
Pflichtverteidigung, 230
Pornographie, 110, 125
Post, 108, 123–126, 312
Paketempfang, 306
Privatisierung, 17
Probeexemplar, 110
Programmauswahl, 111
Progression, 36, 38

Q
Quellen (aus denen Gelder zufließen), 86

R
Radiogerät, 112
Rauhes Haus, 4
Rechtliches Gehör, 139, 177, 226, 329
Rechtsbegriff, unbestimmter, 19, 65, 104
Rechtsbehelf, 191, 193, 335, 357
  Antrag auf Haftprüfung, 336
  Antrag auf gerichtliche Entscheidung, 203, 215,
  Ausschuss, europäischer (CPT), 337, 343
  Beschwerde
    Anstaltsleiter, 194
    Anstaltsbeirat, 338, 342, 343
  Bestimmung, 193
  Bürgerbeauftragte, 342
  Dienstaufsichtsbeschwerde, 191, 341, 343
  förmlicher, 193
  formloser, 191
  Justizvollzugsbeauftragter, 343
  Petitionsausschüsse, 336, 342
  U-Haft, 29, 31, 71–88
Rechtsbeschwerde, 221
Rechtsmittel, 142, 223–224

Rechtsquellen, internationale, 18
Rechtsschutz, einstweiliger, 212–214, 223
Rechtsstaatsprinzip, 16, 24, 25
Regelnde Maßnahme, 206
Regelurlaub, 135
Rektoskopie, 169, 170
Religiöse Gegenstände, 108, 289, 294
Restfreiheitsstrafe, 29
Rücknahme rechtswidriger Maßnahmen, 219, 269, 270
Ruhezeit, 57

S
Sachaufsichtsbeschwerde, 191, 199
Sachentscheidung, Zeitpunkt, 210
Schadenersatz, 63, 95
Schallplattenspieler, 113
Schlagstock, 163
Schlichtzelle, 157
Schreibmaschine, elektrische, 113
Schriftverkehr, 119, 123, 304
Schusswaffe, 162, 163, 168, 169
Schusswaffengebrauch, 167–169
Schwere der Schuld, 12, 145
Seelsorge, 289
Selbstbeschäftigung, 80, 86
Selbstbestimmung, 171
  informationelle, 115, 280, 287
  sexuelle, 10
Selbsteintrittsrecht der Aufsichtsbehörde, 123
Selbstmordversuch, 156, 188
Selbstverpflegung, 294
Sicherheit und Ordnung, 149, 355
Sicherungsmaßnahmen, allgemeine, 150
Sicherungshaft, 6
Sicherungsmaßnahmen
  allgemeine, 150
  besondere, 153
    Anordnungsvoraussetzungen, 316
    Arten, 313, 318
    Aufhebung, 157
Sicherungsverwahrung, 359
Sichtspion, 157, 158
Sonderbesuch, 119
Sonderurlaub, 135, 144
Sony-Play-Station, 113
Soziale Hilfe, 55
Sozialtherapeutische Anstalt, 6, 21, 47, 48, 52
Spiegelungsgebot, 181
Staatsanwalt, Briefkontrolle, 248, 252
Strafarrest, 6–8, 189, 203
Straftat während des Urlaubs, 186
Strafunterbrechung, 101, 140
Strafvollstreckung, 12, 13, 24, 53

Sachverzeichnis

Aussetzung gem. § 35 BtMG, 53
Strafvollstreckungsordnung, 12, 24
Strafvollzugsgeschichte, 3
Strafvollzugsrecht, 261
Strafzwecke, 7
Stufentheorie, 8
Sühne, 8, 11

T
Tagessatz, 85–88, 99, 100
Taschengeld, 92, 273
Tatverdacht, dringender, 241
Telefonverkehr, 126
Telegramm, 126
Teppichboden, 105
Therapievermittlung, 53
Transport, 39, 155, 168, 294
Tränengas, 164
Trennscheibe, 122, 302
Trennungsprinzip, 25

U
Überbelegung, 58, 63
Überbrückungsgeld, 182, 210, 271
Überhaft, 128
Überlassung von Gegenständen, 103, 104
Übersichtlichkeit des Haftraums, 65, 104
Überstellung, 43, 208
Umschluss, 57, 131
Unterbringung der Gefangenen, 57
  einstweilige, 6, 143, 231
  in Gemeinschaft, 268, 269
  in U-Haft, 29, 31, 107
Unterhaltsgläubiger, 89
Untersuchung, 151, 169, 170
  ärztliche, 51, 170, 280
Untersuchungsgrundsatz, 225
Untersuchungshaft, 227, 229, 235, 241, 261
Untersuchungshaftvollzugsgesetze, 232, 289
Urinprobe, 187, 188, 285–288
Urlaub aus der Haft, 77, 135
Urlaubskosten, 140
Urlaubstage, Berechnung, 140

V
Verdunklungsgefahr, 263
Verfassungsrecht, 15
Verfügungsbefugnis, 88
Verfügungsgrundsatz, 225
Vergeltung, 5, 8
Vergütungsstufen, 270
Verhältnismäßigkeitsgrundsatz, 164, 254, 302, 314, 317

Verlegung, 43, 44
Verpflichtungsantrag, 208–211, 219
Versorgung, medizinische, 277
  Anstaltsarzt, 278–284
  Arztvorstellung, 279, 280
  Behandlung durch externe Ärzte/
    Vertrauensärzte, 281
  Krankenhausaufenthalt, 283
Versorgung mit Arznei-, Verband-,
  Heil- und Hilfsmitteln, 277, 278
Verteidigerverkehr, 127, 128
Verwaltungsakt, 24, 82, 269
Verwaltungsbefugnis, 85
Verwaltungsvorschriften, 18–20, 23, 25
  zur Urlaubsgewährung, 135, 136
  zum offenen Vollzug, 35–37
Verwertungsbefugnis, 94
Videorekorder, 113
Vollstreckungsplan, 24, 43
Vollstreckungsrecht, 7
Vollzugsbediensteter, 22, 168, 320
Vollzugsbehörde, 63, 85, 94, 103, 322
Vollzugslockerungen, 131
Vollzugsplan, 52–54, 204, 205, 211
Vollzugsplanung, 49, 349
Vollzugs- und Sicherungsmaßnahme, 163, 165, 166
Vollzugsverwaltung, 21, 23
Vollzugsziel, 7, 347
Vorbehalt des Gesetzes, 15, 18
Vorenthaltung, 104, 162, 314
Vorführungsbefehl, 132
Vorführungsersuchen, 132
Vornahmeantrag, 218, 219, 339
Vorverlegung der Entlassung, 76, 78
Vorwegnahme der Hauptsache, 214, 216

W
Waffen, 162, 163, 165
Wahlpaket, 107, 109
Weiterleitung von Schreiben, 125
Wertsachen, 255
Wesensgehaltssperre, 16
Widerruf begünstigender Maßnahmen, 81
Widerspruch, 199–201
Wiederholungsgefahr, 220, 246, 279
Wohnort, 26, 28, 46, 116

Z
Zeitpunkt der Sachentscheidung, 210
Zeitschriften-/Zeitungsbezug, 109–110, 262
Zielkonflikt, 7, 10
Zugangsgespräch, 51, 55

Zusammenbringen, 259
Zuständigkeit, 21, 24, 36
  Disziplinarmaßnahmen, 175, 327
  Einweisungsanstalt, 29
  Haftrichter, 245, 246, 248, 250, 268, 302, 339
  Justizvollzugsanstalten, 22, 24
  offener Vollzug, 36
Zwang, unmittelbarer, 161, 165, 167
Zwangsernährung, 171, 172
Zwangsvollstreckung, 100
Zwangshaft, 6
Zweckbindung eingezahlter Gelder, 100
Zwecke von Freiheitsentziehung, 6, 143

Printed by Publishers' Graphics LLC